# 민주주의

— 밀과 토크빌

대우학술총서

626

# 민주주의

## —밀과 토크빌

서병훈 지음

아카넷

# 책을 내면서

고등학교 3학년 때였던 것 같다. 사회과목 선생님이 루소(J. J. Rousseau)의 사회계약론을 설명하면서 "대낄이제?"라고 하셨는데 그 말이 내 가슴에 와 꽂혔다. 존재의 의미를 찾아 나름 방황하던 무렵이라 '모든 사람은 평등하다. 대통령도 국민의 심부름꾼에 불과하다.'는 루소의 발상이 무척 새로웠다. 따뜻하게 위로해주는 듯했다. 나는 그 길로 도서관에 가서 루소의 책을 뒤졌고 마침 두툼한 『참회록』을 손에 넣었다. 영문도 모르면서 나는 그 책을 다 읽었고 그 이후 '민주주의자'가 되었다. 대학에 들어가서는 그 의식이 한층 더 공고해졌다. 어느 늦가을 불현듯 반정부 시위가 터졌는데 나는 그때 친구들이 눈물을 흘리던 장면을 잊지 못한다.

그 무렵 독재자는 '한국적 민주주의'라는 프레임으로 나 같은 '서구 민주주의자'들을 윽박질렀다. 나는 박정희의 정치적 암수(暗數)를 꿰뚫고 있었지만 그 논리를 깨부수기가 쉽지 않았다. 흔히 민주주의의 태생적 비효율을 오히려 민주주의의 장점인 양 둘러대지만 일이 그리 간단하지 않다.[1] 되는 것도 없고, 안 되는 것도 없는, 그래서 "민주주

---
[1]  민주주의 체제에서는 많은 사람이 관여하기 때문에 정책결정 속도가 느리고 비

의가 밥 먹여주냐?"라는 1차원적 항변에 힘이 실리는 것이 엄연한 현실이다. 그래서 나는 최근 한국 사회에서 "이러려고 민주주의를 부르짖었나?" 하고 탄식하는 사람이 늘어나는 것을 가볍게 볼 수 없다.[2] 수십 년 전 나를 괴롭혔던 '한국적 민주주의'라는 괴물, 즉 '민주주의는 무능하고 우리 몸에 맞지 않다.'는 조롱에 맞서 싸우는 것이 이 책을 쓰는 첫 번째 목적이다.

그것만이 아니다. 한국 사회에서 민주화가 진전되면서 민주주의의 속살도 함께 드러나고 있다. 나는 특히 민주주의의 '오만'[3]에 걱정이 많다. 작은 성공에 도취하면 쓰라린 실패가 뒤따른다는 철칙에는 예외가 없기 때문이다. 다수가 지배하는 민주주의는 '지배받는 소수'를 전제하고 있다. 국민 또는 인민주권의 이름으로 반대편을 겁박하고 법치를 무력화하면 그것은 민주주의가 아니다. 민주주의로 포장한 독재로 전락할 수 있다. 그래서 나는 한국의 자칭 민주주의자들이 굳이 민주와 자유를 떼어놓으려는 저의와 그 무지를 심각하게 받아들인다. 자유 없는 민주주의는 민주주의가 아니다. 민주주의가 또다시 치명적 과오[4]를 저지르지 않게 그 실체적 진실을 들추고 비판하는 것이 이 책의 두 번째 목적이다.

---

용도 많이 든다고 한 Schmitter, pp. 85-87 참조.

2)  1987년 민주화 이후 한국 정치의 문제 해결 능력이 크게 저하되고 있다는 지적을 눈여겨볼 필요가 있다. 졸속으로 부실하게 만들어진 대통령선거공약이 주요 국정 과제가 되고, 좌우 편향 정권이 들어서면서 국정의 일관성을 상실한 고질 등에 대해 이홍균, pp. 4-5 참조.

3)  민주주의를 만병통치약으로 생각하는 '오만'이 민주주의를 '위기의 덫'에 빠뜨린다는 Runciman, pp. 14-15 참조.

4)  죄 없는 소크라테스가 아테네의 민주 법정에서 민주적인 절차에 따라 죽음을 당한 것을 기억하자. 독일의 바이마르 공화국이 히틀러의 앞길을 예비해주었던 것도 잊어서는 안 될 것이다.

나는 이런 문제의식을 존 스튜어트 밀(John Stuart Mill)과 알렉시 드 토크빌(Alexis de Tocqueville)의 저술을 통해 펼쳐 보일 것이다. 밀과 토크빌은 거대한 산맥과도 같아서 그들의 생각을 특정 주제로 규정한다는 것은 무모할 수도 있다. 그럼에도 나는 이 책에서 두 사람의 민주주의이론, 그중에서도 특히 나의 문제의식과 공명하는 부분을 중심으로 논의를 전개하려 한다. 밀은 민주주의의 효율 문제를 천착했다. 민주주의의 틀 안에서 숙련된 전문가가 보다 큰 역할을 할 수 있어야 한다고 주장했다. 토크빌은 '다수의 압제'를 준열하게 나무랐다. 민주적 전제(專制)가 일어나지 않게 시민들이 공인의식을 가질 것을 촉구했다. 나는 밀의 사상 속에서 나의 첫 번째 고민, 토크빌의 이론 속에서 나의 두 번째 질문에 대한 해법을 찾아볼 것이다.[5]

나는 밀과 토크빌의 '열린 생각'을 좋아한다. 밀은 편견을 넘어 진실을 찾기 위해 노력했고, 토크빌은 당파(黨派)에 구애받지 않고 멀리 보기 위해 분투했다. 두 사람은 분명 민주주의에 대해 쓴소리를 마다하지 않았다. 그래서 보수주의자, 때로는 반민주주의자라는 지적을 받기도 하지만 나는 생각이 다르다. 민주주의의 취약점을 엄정하게 다룬 탓에 마치 민주주의에 등을 돌린 것처럼 보이지만 그들은 분명 민주주의자이다. 나는 민주주의의 친구이기 때문에 민주주의를 아프게

---

5)  보비오(Norberto Bobbio)는 이것을 지배력 상실(ungovernability)과 다수독재라는 명제로 정리한 바 있다. 보비오는 민주사회에서 권력이 평등하게 배분되면서 사회적 갈등이 더 많이 발생하게 된다고 보았다. 문제는 시민사회에서 분출하는 각종 요구가 체제 능력을 초과하면서 권위주의적 해결책을 부추긴다는 점이다. 보비오는 현대 민주주의가 당면한 또 다른 과제로 다수독재가 개인의 자유를 침해할 가능성을 꼽았다.(Bobbio, pp. 102-105) 같은 맥락에서 한국 민주주의가 사회갈등을 드러내고 문제화하는 데 기여했지만 그 갈등을 해소하는 능력을 구비하지 못했고 그 결과 민주주의 체제 정당성이 훼손되면서 '민주적 방식으로 민주주의를 포기'하게 될 개연성을 염려한 이황직, pp. 300-301 참조.

비판할 수 있다는 두 사람의 진정성을 믿는다. 민주주의를 '물신숭배' 하는 것은 사이비 민주주의자들이나 할 짓이다. 나는 이 시점이야말로 밀과 토크빌의 경구(警句)에 귀를 기울여야 할 때라고 강조하고 싶다.

나는 평생 서양 정치사상을 공부했지만, 한시도 이 땅의 정치현상에서 눈을 뗀 적이 없다. 역사의 현장에서 살아가는 정치학자로서는 너무나 당연한 일이다. 나의 궁극적 관심사는 밀과 토크빌의 생각을 한국의 정치현실과 연결시켜 나름대로 고민하고 답을 찾아보는 것이다. 누가 보더라도 지금 이 시점에서 민주주의는 '미완의 꿈'이다. 바로 그렇기에 "어떤 일이 있더라도 그 꿈이 소멸되지 않고 생생히 살아 있도록 유지시키는 것이 사상가의 과제"(Woodruff, p. 7)일 것이다.

이 연구를 지원해주고 오랜 시간 기다려준 대우재단 학술사업부에 고마운 마음을 전한다. 척박한 문화 풍토이기는 하나 학술 서적을 출판할 수 있게 도와주는 이런 사회적 시스템이 지속될 수 있기를 고대한다.

이 책을 완성해나가면서 여러분의 조언을 들었다. 특별히 이화여대 남경희, 고려대 김병곤 두 분 선생님에게 감사를 드린다. 고려대 김경현 선생님을 비롯한 고전 모임의 여러 회원들도 깊은 생각거리를 제공해주셨다. 이 책을 쓸 수 있게 도와준 문지영 선생의 후의도 잊지 않고 있다. 아카넷 출판사 이하심 선생의 따뜻한 배려도 고마웠다.

딱히 의도한 바는 아니지만 이 책을 마지막으로 나는 숭실대학교를 떠난다. 30년 넘는 긴 세월 동안 편하게 공부하고 강의할 수 있었던 남다른 행운에 가슴이 먹먹하다. 앞으로 좀 더 찬찬히 책을 읽고 싶다. 이제 나는 자유다.

2020년 9월 정발산에서
서병훈

# 차례

책을 내면서 5

## 1부 서론 11

1장 플라톤의 경고 13

2장 밀과 토크빌의 해법 16

3장 생애와 사상 18

4장 자유주의자의 우정 28

## 2부 토크빌: '민주독재'를 경계하라 33

1장 토크빌의 속마음 35

2장 '민주독재'에 대한 두려움 44

3장 '나는 본질적으로 민주주의자' 76

4장 질서와 도덕이 살아 있는 민주주의 86

5장 민주주의의 축소 100

6장 민주주의의 확대 115

7장 민주주의의 순치 126

8장 참여와 절제의 오묘한 균형 133

## 3부 밀: '숙련 민주주의'를 위한 제언 137

1장 '진보적 자유주의자'의 선택 139

2장 급진주의 개혁운동의 이론과 실천 142

3장 대의 민주주의에 대한 포부 175

4장 '숙련 민주주의'를 위한 구상 209

5장 플라톤주의의 민주적 환생 228

6장 창조적 절충의 과제 270


**4부 자유의 동반자: 밀과 토크빌 비교 분석** 273

1장 민주주의의 친구 275

2장 밀이 토크빌보다 더 민주적? 278

3장 '고결한 자유'를 위한 행진? 304

4장 밀은 토크빌의 '학생'? 354

5장 '자유를 향해 두 손을 맞잡고' 374


**5부 결론** 381

1장 우리 시대에 대한 성찰 383

2장 민주주의의 미래 411


참고문헌 417

찾아보기 431

1부

# 서론

그 당시 사람들이 다 그렇겠지만 밀과 토크빌은 플라톤을 매우 좋아했다. 밀은 어려서부터 플라톤의 대화편을 정독했다. 정신교양을 위해 플라톤보다 더 소중한 사람이 없다고 생각했다. 토크빌도 플라톤을 위대한 저술가의 표본으로 추앙했다. 플라톤이 인간지성사에 길이 영향력을 끼칠 것이라고 역설했다. 묘하게도 이 세 사람은 정치와 민주주의의 본질에 대해 비슷한 문제의식을 가졌다. 이 책은 그 지점에서부터 시작한다. 이어서 내가 이 책을 쓰는 목적을 간략하게 서술한 다음, 밀과 토크빌의 삶도 짧게 소개할 것이다.

# 1장
# 플라톤의 경고

플라톤이 민주주의를 못마땅해했던 것은 사실이다. 그가 보기에 민주주의는 사람들의 차이를 인정하지 않는다. 평등의 이름으로 대중이 주인 행세를 한다. 플라톤은 배를 몰거나 병을 고치는 일은 전문가에게 맡기면서 그것보다 훨씬 더 중요한 일, 즉 정치는 장삼이사(張三李四) 아무나 할 수 있다고 생각하는 것이 말이 되느냐고 묻는다. 그는 이런 '무차별 평등'이 '멋대로 자유'로 이어지며 끝내 폭정을 부르고 말 것이라고 경고했다.

그러나 플라톤이 민주주의를 나쁘게만 이야기한 것은 아니다. 플라톤은 그의 최후, 최대작인 『법률』에서 민주주의의 순기능을 역설하고 있다. '자유를 적정한 수준에서 허용했던 체제는 엄청난 발전을 이룩했지만 과도하게 자유를 억압하면 그 결과가 좋지 못했다.'(Plato, 701e)는 것이다. 플라톤은 자유가 있어야 사람들이 나라에 대해 일체감을 느낄 수 있다고 생각했다. 법에 대해 자발적으로 복종하는 마음도 생긴다고 했다. 이것이 바로 자유의 힘이다. 따라서 플라톤은 당시 아테네처럼 너무 과하지 않고, 그렇다고 당시 페르시아처럼 너무 모자라지도 않은 적절한 균형 민주주의를 가장 바람직한 정치체제라고 생각했다.[1]

---

1)   오늘날 비록 소수이지만 '플라톤 자유주의(Platonic liberalism)'에 관심을 가지는 학자들이 늘어나고 있다.(Smith, p. 789 참조) 바커(Ernest Barker)는 플라톤이 민주주의 그 자체를 비판한 것은 아니고 특정 왜곡된 형태에 대해서만 문제를 삼았다고 보았다. 그는 오늘날의 대의 민주주의가 '인민에 의한 지배'라는 민주

이 대명천지에 웬 플라톤이냐고 할지도 모르겠지만 나는 그가 민주주의에 대해 품었던 문제의식을 대단히 소중하게 여긴다. 첫째, 플라톤은 정치의 근본을 고민한 사람이다. 오늘날 대세는 기능주의이다. 모모한 정치이론가들은 민주주의를 그저 '평화적 정권교체를 가능하게 하는 체제' 정도로 이해한다.[2] 플라톤은 다르다. 정치를 기능이 아니라 본질 차원에서 접근했다. 그는 '좋은 삶'을 영위할 수 있게 도와줄 정치를 그렸다. 사람들이 나라와 일체감을 느끼고 법의 지배를 자유와 동일시하게 되는, 그런 꿈같은 정치가 민주주의 안에서 실현될 수 있다고 믿었다. 나는 그런 플라톤이 그립다.

---

적 원리와 '가장 현명한 자에 의한 지배'라는 플라톤의 정치원리를 잘 결합하고 있다고 주장한다.(Barker, p. 89) 스트라우스(Leo Strauss)도 플라톤의 대화편이 관용과 개방, 그리고 회의주의를 기치로 내건다는 점에서 J. S. 밀 못지않은 자유주의적 면모를 지닌다고 역설한다.(Smith, p. 804 참조)

2)  포퍼(Karl Popper)는 민주주의를 정치적 문제를 해결하는 방법 또는 절차로 이해하면서 "피 흘리지 않고 정부를 바꿀 수 있는 제도"라는 이유로 민주주의를 높게 평가한다.(Popper I, p. 124) 틀린 말은 아니다. 그러나 나는 민주주의의 매력을 그런 식으로 한정하는 시각을 좋아하지 않는다. 나는 민주주의가 사람을 평등하게 대우해야 한다는 당위를 전제한다는 점을 무엇보다 중요하게 생각한다. 평등 속에 자유가 나온다. 따라서 민주주의 체제 안에서 모든 사람이 인간으로서의 기본권을 향유할 수 있어야 한다는 생각만큼 소중하고 아름다운 명제는 다시없다. 오늘날 민주주의에 대한 믿음이 급격히 줄어들면서 동네 밉상이 되다시피 하고 있지만, 평등과 자유라는 민주주의의 존재이유 자체만은 그 어떤 경우에도 부정될 수가 없다. 나는 이런 의미에서 분명히 민주주의자이다.
    논의를 본격적으로 진행하기 전에 내 나름으로 '민주주의'를 규정할 필요가 있을 것 같다. 나는 '다수의 지배'에 주목한다. 평등한 사람들끼리 모여 어떤 결정을 내릴 때, 다수의 뜻을 따르는 것이 자연스럽다. 그래서 나는 이 책에서 민주주의를 '공정하고 주기적인 선거를 통해 다수가 지배하는 체제'라고 규정한다. '다수의 지배'가 다수의 압제로 일탈하지 않도록, 다시 말해 민주주의의 이름으로 자유를 침해하지 못하게 '공정하고 주기적인 선거'라는 제동장치를 전제한 것이다. 나는 이 점을 거듭 강조할 것이다.

둘째, 플라톤은 현실 민주주의를 아프게 비판했다. 그는 인간의 삶에서 크고 중요한 것을 깨우친 '기술자'가 정치를 전담하는 것이 옳다고 생각했다. 지혜는 없고 욕심만 가득한 아테네 대중이 정치의 주체 행세를 하는 것을 보고 참을 수가 없었다. 음악경연대회의 심판은 전문가가 맡는 것이 옳다. 방청석의 대중이 나서서 자기 입맛에 맞는 사람들에게 상을 주자고 하면 어떻게 될까? 플라톤은 정치인들이 그런 대중의 환심을 사기 위해 아첨을 일삼는다고 비판했다. 포퓰리즘의 뿌리를 보고 있었던 것이다. 나는 플라톤의 철인정치가 시대착오적인 엘리트주의로 흘러갈 개연성을 간과하지는 않는다. 그러나 민주주의의 주인이라고 할 대중이 자기성찰을 게을리해서는 안 된다는 플라톤의 당부는 아무리 강조해도 지나치지 않다. 오늘 이 시점에 더욱 그런 생각이 든다.

셋째, 플라톤은 민주주의가 그 자체의 속성 때문에 비참한 종말을 맞을 수 있다고 생각했다. 자칫 가공할 독재체제로 귀결될 것이라고 예단했다. 2400년 전 플라톤의 글을 읽으면 소름이 돋는다.[3] 히틀러는 민주주의의 등에 올라타서 '국가사회주의'라는 괴물을 만들어냈다. 오늘날에는 포퓰리즘이 '진짜 민주주의'라는 가면을 쓰고 세상을 농락하고 있다. 민주주의의 죽음 또는 파탄을 증언하는 글들이 쏟아져 나오는 현실을 예사로 보아선 안 될 것이다.[4]

---

3)  플라톤의 그런 경고가 오늘날 '예언처럼 싸늘하게 메아리친다.'고 한 Taylor, p. 12 참조.

4)  그중의 몇 권만 살펴보자: Steven Levitsky and Daniel Ziblatt. 2018. *How Democracies Die*, 박세연 옮김, 『어떻게 민주주의는 무너지는가』, 어크로스; Yascha Mounk. 2018. *The People versus Democracy: Why Our Freedom Is in Danger & How to Save It*, 함규진 옮김, 『위험한 민주주의』, 와이즈베리; David Runciman. 2018. *The Confidence Trap*, 박광호 옮김, 『자만의 덫에 빠진 민주

## 2장
# 밀과 토크빌의 해법

　내가 플라톤을 새삼 추억하는 것은 존 스튜어트 밀(John Stuart Mill, 1806~1873)과 알렉시 드 토크빌(Alexis de Tocqueville, 1805~1859) 때문이다. 두 사람은 19세기 유럽의 지성을 상징하는 인물들이다. 밀은 '좋은 정치'를 모색하였고 토크빌은 '위대한 정치'를 구상했다. 그들은 당시 유럽사회의 부르주아 기득권 정치를 타파하고 인간 존재의 본질을 구현하고자 하였다. 밀과 토크빌은 올바른 정치의 복원을 소망했다는 점에서 플라톤의 판박이다.[5]

　동시에 밀과 토크빌은 민주주의에 대해 걱정이 많았다. 밀은 '자유주의의 양심'으로 불린다. 그는 『자유론』과 『대의정부론』 등을 썼고, 그 누구보다 먼저 노동자와 여성의 참정권 확보를 위해 분투했다. 그러나 그는 대중 민주주의의 어두운 측면을 간과할 수 없었다. 토크빌은 그의 나이 서른에 『아메리카의 민주주의』를 썼다. 그 책 한 권으로 토크빌은 민주주의이론의 대표주자가 되었다. 그는 19세기 초반 미국 대륙을 직접 현장관찰하면서 민주주의의 한계와 가능성을 동시에 목격했다.

　민주주의와 자유가 화해할 수 있는 길을 찾는 것이 두 사람의 공통

---

　　주의』. 후마니타스.
5)　물론 두 사람이 플라톤과 생각이 다 똑같았던 것은 아니다. 이를테면 플라톤의
　　사유체계 안에서 보통사람의 정치적 역할은 잘 보이지 않는다. 밀과 토크빌이 정
　　치참여를 통해 사람이 발전할 수 있다고 본질적 의미를 부여한 것과 선명하게 대
　　비된다.

된 과제였다. 밀은 민주정치의 주체에 대해 논구했다. 그는 사람들이 사적 이익에 매몰되지 않아야 올바른 의미의 대의 민주주의를 실현할 수 있다고 생각했다. 대중이 '주권자' 노릇을 제대로 하자면 공익을 염려하는 마음이 있어야 한다는 것이다. 밀은 그런 이유에서 능력이 뛰어난 사람이 상대적으로 더 큰 목소리를 내게 해주어야 민주주의의 효율성을 증진시킬 수 있다고 역설했다. 지도자가 전면에 나설 수 있게 대중이 한 발 뒤로 물러서는 그림을 제시한 것이다. 밀의 주장이 편협한 엘리트주의처럼 들릴 수 있다. 그러나 그는 단순한 사람이 아니다. 나는 '민주주의자' 밀의 충언을 새겨들어야 한다고 주장한다.

프랑스의 사상가 토크빌은 『아메리카의 민주주의』에서 민주사회의 위험을 적나라하게 지적했다. 평등한 사회에서는 다수가 힘을 가지는 것이 당연하다. 문제는 그 다수가 생각이 다른 소수를 억압할 수 있다는 점이다. 토크빌은 다수의 압제 앞에서 개인의 자유와 개별성이 압살될 개연성, 특히 민주주의라는 이름 아래 전제정치가 횡행할 가능성을 누구보다 일찍 경고했다. '부드러움'으로 가장한 민주독재의 실상을 예리하게 고발했다. 그는 참여를 통해 대중이 '주체적 인간'으로 거듭남으로써 그런 재앙을 극복하기를 기대했다. 자유 없는 민주주의의 격랑이 몰아치는 시대이기에 토크빌의 문제의식은 더욱 소중하게 다가온다.

묘하게도 두 사람은 플라톤이 지적했던 민주주의의 두 가지 고질(痼疾)을 하나씩 나눠서 고민했다. 중요한 것은 그들이 비관론에 매몰되지 않고 민주주의의 새 길을 개척하기 위해 분투했다는 사실이다. 진정한 민주주의자가 아닐 수 없다. 내가 두 사상가를 좋아하는 이유가 여기에 있다. 나는 150여 년 전에 활동했던 밀과 토크빌을 읽지만 나의 관심사는 당연히 이 시대 우리 문제에 집중하고 있다. 이 책은 두 사람의 생각 속에서 21세기 현대 민주주의가 걸어가야 할 길을 찾아볼 것이다.


## 3장
# 생애와 사상[6]


### 1. 알렉시 드 토크빌

토크빌은 1805년 7월 29일 파리에서 태어났다. 토크빌의 집안은 무관 출신 명문세가였다. 그의 아버지 에르베 드 토크빌(Hervé de Tocqueville, 1772~1856)은 구체제의 권력자 집안에 장가들면서 또 한 번 신분상승을 실현하는 듯했다. 그러나 불과 몇 년 후 장인, 장모 등 처가 식구 8명이 반혁명세력으로 몰려 목숨을 잃고 말았다. 토크빌의 부모는 구사일생으로 목숨을 건졌지만, 어머니는 정신적 내상(內傷)을 크게 입어 평생 고통에 시달려야 했다.

어린 시절 토크빌에게 가장 큰 영향을 준 사람은 아버지였다. 충실한 왕당파였던 아버지는 두드러진 공직을 맡지는 못했지만 대의에 헌신하는 모습을 아들에게 보여주었다. 토크빌의 정신세계를 이해하기 위해 빼놓을 수 없는 인물이 나이 든 가정교사 르죄르 신부(Louis

---

6)　이 부분은 서병훈. 2017. 『위대한 정치: 밀과 토크빌, 시대의 부름에 답하다』, 책세상(이제부터 『위대한 정치』라고 표기)에서 많이 따왔다.

Leseur, 1751~1831)였다. 그는 반자유주의적 성향의 엄격한 경건주의 자였다. 하지만 그는 타고난 부드러운 심성으로 부모 노릇을 대신해 주었다.

토크빌은 십 대 사춘기 시절에 방황의 시간을 가졌다. 그는 이십 대 중반에도 '질풍노도와도 같은 열정'을 버리지 못했다. 그 무렵 미래 의 아내 메리 모틀리(Mary Mottley)를 만났다. 모틀리(결혼 후에는 마리 (Marie)로 불렸다.)는 아홉 살 연상의 영국 여인이었다. 토크빌 집안과 는 달리 개신교 신자였고 집안 내력도 특별하지 않았다. 두 사람의 결 혼 생활이 순탄한 것만은 아니었다. 토크빌이 토로했듯이, '두 사람은 성격이 너무 달랐다.' 다음 절에서 소개되듯이 해리엇 테일러처럼 지 적 능력이 뛰어난 것도 아니었다.

토크빌이 젊어서 어떤 책을 읽었는지는 잘 알 수 없다. 어려서 쓴 글이 전해오지 않은 것으로 봐서 그가 늦된 아이였을 가능성도 있다. 토크빌은 밀처럼 천재 특유의 일화를 남기지 않았다. 그의 교육과정 이 특별한 것도 아니었다. 한 가지 주목할 것은 아버지의 서재였다. 토크빌은 열여섯 살 무렵 심각한 지적 방황을 겪었다. 아버지 서재에 서 맞닥뜨린 책들이 문제의 출발점이었다. 이때까지 그는 책보다 노 는 데 더 많은 시간을 썼다. 아무런 문제의식이나 특별한 질문 없이 소년기를 보내고 있었다. 소년 토크빌은 어느 날 한낮에 아버지의 서 재에 들어갔고 거기서 전혀 새로운 세계와 마주쳤다. 그는 끝없는 호 기심에 이끌려 아버지의 큰 서재에서 닥치는 대로 책을 읽었다. 보다 원숙한 나이에 어울릴 법한 온갖 종류의 생각과 관념을 허겁지겁 머 릿속에 집어넣었다. 그는 학교보다 아버지의 서재에서 더 많은 것을 배울 수 있었다.

토크빌은 1827년에 베르사유 법원의 심의관(juge-auditeur)으로 사회에 첫발을 내딛었다. 토크빌은 집안의 여망에 따라 일을 맡기는 했으나 아무런 열정도 느낄 수 없었다. 그는 이 무렵 비로소 공부다운 공부를 했다. 베르사유에서 사귀기 시작한 보몽(Gustave de Beaumont, 1802~1866)과 같이 책을 읽고 토론했다. 영국사에 관한 책을 읽었고, 프랑스 혁명 등 프랑스 역사도 집중 공부했다. 두 사람은 역사 공부를 하는 동안 당대의 프랑스 대표 지성인 기조(François Pierre Guillaume Guizot, 1787~1874)에게 매료되었다.

토크빌은 다른 사람의 책을 잘 안 읽었다. 자신의 독창성에 집착한 나머지 아무 책이나 읽지 않았다. 책을 고를 때 매우 신경을 많이 썼다. 또한 다른 사람의 글을 잘 인용하지도 않았다.(Furet, p. 121) 인용해놓고 그 출처를 잘 안 밝히는 경우도 많았다. 자존심 때문이기는 했지만, 요즘 기준으로는 분명 표절에 해당하는 행위였다. 그런 토크빌이 예외적으로 인정하는 사상가가 둘 있었다. 파스칼과 루소다. 그는 하루도 빠지지 않고 파스칼과 루소의 글을 읽는다고 자랑스럽게 말했다.

토크빌은 서른 살에 『아메리카의 민주주의(De la démocratie en Amérique)』를 썼고 그 길로 그의 인생이 바뀌었다. 그는 막 스무 살이 되었을 때부터 미국에 가는 것을 생각하기 시작했다. 그는 신생 미국에서 민주주의가 어떻게 선(善)작동을 하는지 눈으로 직접 확인하고 싶었다. 조국 프랑스의 미래에 대한 염려 때문이었다. 토크빌은 40일 가까이 배를 타고 아메리카 대륙으로 건너갔다. 『아메리카의 민주주의』는 9개월 10일 동안 미국의 구석구석을 찾아가 탐문한 현장 조사의 결실이다. 1835년 1월 나온 책은 즉시 베스트셀러가 되었다. 미국을 배경으로 민주주의라는 낯선 괴물을 정면으로 해부한 이 책은 유럽의 지성들에게 신선한 충격을 안겨주었다. 영국의 밀도 얼마 지나지 않아 책을 구입해서 읽게 될 정도였다.

토크빌의 저작 목록은 단출하다. 출판된 저서는 몇 권 안 된다. 불후의 명작 『아메리카의 민주주의』1권에 이어 5년 뒤인 1840년에 후속편이 출간되었다. 1848년 2월 혁명을 생생하게 기록한 『회상록 (Souvenirs)』은 그가 정계에서 물러난 뒤인 1850년에 심심풀이로 쓴 책이다. 혁명의 진행 상황과 역사적 인물들의 민낯을 구체적으로 묘사하고 있어 단순한 '지적 유희'로 치부하기에는 사료적 가치가 너무 크다. 1856년에는 그의 마지막 저서인 『앙시앵레짐과 프랑스 혁명 (L'ancien régime et la révolution)』이 나왔다. 1789년 프랑스 혁명의 발발 원인과 정치사적 의미를 토크빌 특유의 시각으로 풀어낸 책이다.

이처럼 토크빌이 쓴 책은 몇 권 안 된다. 주제도 역사와 정치에 집중되어 있다. 편지나 기록된 대화들도 주제의 범위가 좁은 편이다. 그러나 그의 글에서는 영감이 번득인다. 『아메리카의 민주주의』가 보여주듯이 시대의 본질을 꿰뚫는 그의 통찰력은 여간 비범하지 않다. 평등으로서의 민주주의, 자유의 양면성, 다수의 압제, 소시민적 삶에 대한 질타 등은 그대로 살아 움직이는 경구이다. 토크빌은 '서한(書翰) 정치'에도 일가견이 있었다. 그 시대의 지식인들이 그랬듯이 토크빌도 수많은 편지를 썼는데, 시국에 대한 자신의 재단(裁斷)과 처방을 그 속에 담았다. 편지 묶음이 워낙 방대해서 그의 전집 출간은 아직도 '현재 진행 중'이다.

토크빌은 어려서부터 큰 정치인이 되는 꿈을 키워왔다. 정치 말고는 다른 직업을 생각해보지도 않았다. 토크빌은 왜 그렇게 정치에 나서고 싶었을까?

토크빌은 "이리저리 덧없이 흔들리는 인생"에 대해 번뇌가 깊었고, 그럴수록 위대한 일을 찾았다. 위대한 일에 열정적으로 매달림으로써 존재의 그늘을 망각하고 싶었다. 그가 살았던 19세기 프랑스 사회는 도무지 위대함과는 거리가 멀었다. 정치는 그 존재이유를 상실했고, 정치하는 사람들은 시정잡배와 다를 바 없었다. 토크빌은 분노했다. 그의 조국 프랑스의 영락(零落)이 그의 가슴을 뜨겁게 했다. 그 자신이 직접 위대한 정치를 꽃피우고 싶었다. 정치를 통해 프랑스의 위대함을 부활시키고 싶었다. 토크빌이 일찍부터 정계 입신의 뜻을 다진 데는 이런 배경이 크게 작용했다.

1834년부터 정계진출을 모색하던 토크빌은 1837년 향리인 발로뉴에서 하원의원 후보로 처음 출마했다. 그는 1차 투표를 통과하고 결선까지 나갔지만 현역 의원에게 247 대 220으로 패했다. 토크빌은 자신이 개인적으로 인기가 없어서가 아니라 귀족(gentilhomme) 출신이어서 진 거라고 패인을 분석했다. 토크빌은 1839년 3월 선거에 다시 출마해 손쉽게 승리를 거두었다. 그는 이후 모든 선거에서 한 번도 지지 않았다. 1842년, 1846년 선거는 일방적인 승리로 끝났다. 1848년 2월 혁명 이후 치러진 선거에서 토크빌은 거리낌 없이 '반혁명주의자'를 자처했다. 그러나 그 신념은 진정한 공화국에 대한 염원에 바탕을 둔 것이었다. 유권자들은 그의 충정에 감동했다. 역시 대승을 거두었다.

1848년 12월의 대통령선거에서 나폴레옹 3세가 74퍼센트의 지지를 얻어 당선되었다. 그 반대편에서 선거운동을 했던 토크빌은 낙심했다. 공직에서 물러날 생각을 했지만 마음을 고쳐먹고 1949년 5월 입법의회 의원들을 뽑는 선거에 나가 역시 승리를 거두었다. 그는 1849년 6월 나폴레옹 체제에서 외교장관이 되었다. 동지들이 대거 정부 요직을 차지하면서 기대가 컸기 때문이다. 그는 소신껏 장관직을 수행했다. 그러나 10월 31일 내각이 해산되자, 나폴레옹의 만류에도 불구하고 4개월 만에 장관직을 그만두었다. 합법적인 방법으로 권력을 연장할 길이 막힌 나폴레옹은 1851년 12월 2일 쿠데타를 일으켰고, 토크빌을 비롯한 의원들을 불법 감금하는 등 헌정질서를 유린했다. 토크빌은 이 탈법을 결코 용서할 수 없었다. 나폴레옹의 폭거에 대한 항거의 표시로 의원직을 내던졌다. 그의 13년 정치 역정에 종지부를 찍었다.

토크빌은 정치현장에 들어간 뒤 어느 정파에도 얽매이지 않는 '젊은 좌파'가 되고자 했다. 그는 '새로운 자유주의'를 꿈꾸었다. '자유주의적이면서 혁명적이지 않은' 정당만이 자기에게 맞는다고 생각했다. 토크빌은 의사당 안에서 오직 공공선이라는 행동 규칙에 따라 움직였다. 공공의 이익만이 그의 관심사였고, 그 밖의 사적 관심은 모두 배제되었다. 토크빌은 의회에 몸담고 있는 동안 대부분 대외 문제 전문가로 활동했다. 조국 프랑스의 명예와 국가적 위신에 대해 예민하게 반응했다.

그러나 크게 봐서 토크빌의 정치인생은 그리 성공적이지 못했다. 토크빌은 『아메리카의 민주주의』의 명성에 도취한 나머지 현실의 장벽을 제대로 인식하지 못했다. 특히 대중 민주주의의 진군에 걸맞은 대중정치인의 모습을 보여주지 못했다. 토크빌은 위대한 정치인이 갖추어야 할 조건으로 "사람들을 한데 묶고 그들을 하나의 집단으로 이끄는 기술"을 강조했다. 그러나 그 자신은 사람과의 관계에서 치명적으로 취약했다. 자기 생각 속으로 사람들을 끌어들이려 노력했지만 별 성과가 없었다. 따라서 그는 의사당 안에서 제대로 능력을 발휘하지 못했다. 적어도 그가 꿈꾸었던 이상에 비추어보면 그렇다.

토크빌은 정치현장에서 청춘을 다 보내고 난 뒤, 그 길이 자신의 길이 아닌 것을 깨달았다. 젊은 시절의 토크빌은 정치를 위해 글을 썼다. 뒤늦게 그는 글을 통해 위대함을 구현하는 가능성을 발견했다.

그러나 그것이 그에게 충분한 위안이 되지는 못했다.

토크빌은 젊은 시절부터 건강 상태가 좋지 않았다. 편두통, 신경통, 소화불량, 위경련에 시달렸다. 결정적으로 폐가 안 좋았다. 1849년에 이어 1852년 다시 각혈을 했다. 가슴에서 이상한 소리가 들렸다. 의사는 따뜻한 곳에 가서 요양할 것을 권했다. 토크빌 같은 환자에게는 이탈리아가 좋았지만 마리가 바닷길 여행을 싫어했다. 그래서 선택한 곳이 프랑스 남쪽 해안의 칸이었다. 토크빌 일행은 1858년 10월 말에 길을 떠났는데 일기가 너무 안 좋았다. 녹초가 된 상태에서 겨우 칸에 도착했다. 그의 마지막 봄은 그렇게 왔다. 1859년 4월 16일, 토크빌은 잠시 의식을 잃었다가 오후 7시 15분에 눈을 감았다. 만 54세가 채 안 됐으니 너무 이른 죽음이었다. 그의 장례는 칸에서 종교 의식에 따라 치러졌다. 그 뒤 시신이 파리를 거쳐 토크빌로 옮겨졌고 5월 10일 땅에 묻혔다.


## 2. 존 스튜어트 밀

존 스튜어트 밀은 1806년 5월 20일 런던에서 9남매의 장남으로 태어났다. 당대의 대표 지성이자 공리주의 개혁운동의 선봉이었던 제임스 밀(James Mill, 1773~1836)이 그의 아버지였다. 밀은 정규교육을 전혀 받지 않았다. 아버지가 시간을 내서 어린 존을 도맡아 가르쳤다. 밀은 아버지가 만들었다고 해도 과언이 아니다.

제임스 밀은 첫째 아들 존에게 상상을 초월할 정도의 공부를 시켰다. 어린 아들은 세 살 때 그리스어를 배웠고 일곱 살 때 『에우티프론』에서 『테아이테토스』에 이르기까지 플라톤의 초기 대화편 6편을 읽었다. 여덟 살 때는 라틴어를 배우기 시작했다. 아버지는 아들에게 역사와 철학 책을 많이 읽혔다. 산수, 기하학, 대수학, 미분학 등도 가르쳤다. 존은 열두 살부터는 논리학을 깊이 공부하기 시작했고 그 이듬해에는 경제학 전 과정을 공부하였다. [7]

밀은 스물다섯 살 때 운명의 여인 해리엇 테일러(Harriet Taylor)를 만났다. 그가 "뛰어난 시인이요 사상가, 내 생애의 영광이며 으뜸가는 축복" 등 온갖 현란한 수사를 동원해서 예찬한 여인이다. 그때 해리엇은 밀보다 두 살 적은 스물세 살이었다. 결혼 생활 4년째에 두 아이를 둔 유부녀였다. 두 사람은 19년이나 파격적인 사랑을 이어나갔다. 런던 사회가 들썩일 만한 스캔들이었다. 그러나 밀은 '강한 애정과 친밀한 사귐이 있었을 뿐, 세상 사람들이 흔히 하는 억측과 관련해 조금도 흠 잡힐 일이 없었다.'고 주장했다. 두 사람은 사상도 같이 나누었다. 그는 그녀와 다른 생각을 품는다는 사실조차 두려워했다. 그가 쓴 글은 모두 그녀의 손을 거쳤다. 그녀는 밀의 완벽한 동반자였다. 해리엇의 남편이 병으로 죽고 2년 가까이 흐른 뒤 1851년 4월 두 사람은 마침내 정식 부부가 되었다. 밀이 45세, 해리엇이 43세 때였다.

그러나 기다린 세월에 비해 행복의 순간은 너무 짧았다. 7년 반 만에 밀과 해리엇은 생과 사의 갈림길에 서고 말았다. 두 사람은 1858년 10월 영국의 축축한 날씨를 피해 프랑스 남부로 휴양 여행을 떠났다. 11월 3일 아비뇽에서 해리엇이 갑자기 발작을 일으키며 호흡이 힘들어졌다. 폐충혈이었다. 그것으로 끝이었다. 해리엇은 아비뇽 교외 생베랑의 시립묘지에 묻혔다. 밀은 묘지 바로 근처의 작은 하얀 집을

---

7)  열두 살 무렵 존 스튜어트 밀의 지적 능력이 30세의 똑똑한 사람에 버금갔다고 말하는 사람도 있다.(Berlin, p. 133)

샀다. 말년을 그곳에서 지냈다.

밀은 평생 동인도회사에 근무했다. 직장생활을 하는 틈틈이 수많은 글을 썼다. 1843년 '생각의 이론' 그 자체를 다룬 그의 첫 책『논리학 체계(A System of Logic)』가 나왔다. 1848년 두 번째 저서『정치경제학 원리(Principles of Political Economy)』에서는 인간의 활동 영역 중 하나인 정치경제학을 세밀하게 탐구했다.(Packe, p. 296) 두 책이 잇달아 대성공을 거두면서 사상가 밀의 입지가 확고해졌다.

밀의 저서 가운데 가장 널리 알려진『자유론』은 자유의 이름으로 개별성(individuality)의 중요성을 역설하는 책이다. 2년 후 1861년에는 밀의 "성숙한" 정치이론을 담은『대의정부론』이 출판되었다. 이후 밀의 관심은 사회 윤리 쪽에 집중된다. 1863년에 출판된『공리주의』는 질적·양적 쾌락을 구분함으로써 공리주의 윤리학을 벤담주의를 넘어 보다 원숙한 경지로 끌어올린 것으로 유명하다. 1869년에 나온『여성의 종속(The Subjection of Women)』은 남녀평등을 주장해온 밀의 생각을 잘 담고 있다. 1873년 밀이 세상을 떠난 직후 출판된『자서전(Autobiography)』은 밀의 정신적 성장과정과 그가 정치현장에 참여하게 된 배경 등을 세밀하게 기록한 흥미로운 책이다. 그 외에『종교론』(1874)과『사회주의론』(1879)이 그의 사후에 출간되었다.『종교론』은 무신론자로 알려진 밀의 또 다른 측면을 보여주고,『사회주의론』은 그가 사회주의의 윤리적 목표에 경도된 이유를 짐작하는 데 도움을 준다.

밀은 이상에서 언급되지 않은 수많은 다른 저술도 남겼다. 1991년 캐나다의 토론토 대학 출판부가 총 33권의『존 스튜어트 밀 전집(Collected Works of John Stuart Mill)』을 완간했다. 이 전집에는 그의 저서뿐만 아니라 편지와 연설문, 심지어 어린 시절의 학습 노트까지 포함돼 있다. 이 전집의 제목만 일별해도 밀이 얼마나 위대한 저술가인지 분명해진다.

밀은 성실하게 살아가는 지식인의 전형이었다. 그의 사상도 그랬지만, 그의 생활 또한 진지하기 이를 데 없었다. 밀은 또한 참여파 지식인이었다. 늘 현실을 염두에 두고 이론 공부를 했다. 그런 밀이 뒤늦게 하원의원 선거에 나가 당선되었다. 1865년 초에 런던의 웨스트민스터 지역구 유권자들이 그를 찾아와 출마를 간곡하게 권유했다. 그가 생각하기에 "정치란 앞장서서 남더러 따라오라고 하는 사람만이 할 수 있는 일"이었다. 밀이 볼 때 자신은 "주의 깊은 관찰자나 분석가"이지 행동가는 아니었다. 그러나 그는 '동료 시민'들의 간절한 부탁을 마냥 외면하기가 어려웠다. 나아가 그 자신이 진보적 자유주의를 정치현장, 특히 하원에서 구현해야 한다는 필요성을 무겁게 받아들였다.

하원의원 밀은 의회에 진출한 뒤 철저하게 자신의 원칙대로 행동했다. 그에게 비판적인 사람들도 그의 기여를 인정할 정도였다. 그러나 그는 의사당에 들어간 지 3년 만에 치러진 1868년 11월의 두 번째 선거에서는 낙선하고 말았다. 당시 영국 보통 사람들의 상식을 뛰어넘는 밀의 과격한 '진보노선'이 가장 큰 요인이었다. "이상주의적·교조적(doctrinaire) 정치인"으로 묘사될 정도였다. 밀 본인이 말했듯이, 그는 냉정한 이론가였지 열정적인 행동파가 아니었다. 밀 자신의 기준에 비추어 보더라도 '정치인 밀'의 실제 모습에는 아쉬운 점이 많았다.

밀은 1854년 3월에 폐결핵 진단을 받고 신변 정리를 서둘렀다. 그러나 시골에서 요양한 효험이 있어 기적적으로 살아났다. 그 후에는 건강에 특별한 문제가 없었다. 식물 채집을 하면서 많이 걸어 다닌 것이 밀을 아주 튼튼하게 만들었다. 그런 가운데 밀의 마지막 날은 불현듯, 그러나 아름답게 찾아왔다. 산속을 15마일이나 기분 좋게 걸어 다닌 뒤 갑자기 병이 났다. 그는 딱 사흘간 앓고 눈을 감았다. 마지막 순간에 "내가 할 일은 다 한 것 같다."는 말도 남길 수 있었다. 밀은 아비뇽의 해리엇 옆에 안치되었다. 예순일곱 살 때였다.


4장

# 자유주의자의 우정


나는 밀과 토크빌의 생각뿐만 아니라 두 사람의 삶, 그리고 그들의 개인적인 관계에도 관심이 많다.[8] 밀과 토크빌은 특별한 사람들이었다. 이 점에 대해 굳이 더 말을 지어낼 필요는 없을 것이다. 그들은 또한 특별한 우정을 나누었다. 한 살 터울의 영국 사람과 프랑스 사람이 찬란한 교제를 시작할 수 있었던 것은 물론 그들의 철학이 근사했기 때문이었다. 그리고 그 우정이 애잔하게 식고 만 배경에도 철학의 다툼이 있었다.

밀은 배울 것이 있다 싶은 사람에게 정말 열심히 편지를 보냈다. 그러다가 생각이 통하면 우정을 이어나갔다. 그는 토크빌의 『아메리카의 민주주의』를 읽고 대단한 충격을 받았다. 밀은 즉각 토크빌을 만났고 그와 편지를 나누기 시작했다.[9] 두 사람은 심중의 깊은 말도 거

---

8)  나는 밀과 토크빌을 오래 연구해온 터라 두 사람의 인간적인 면모나 그 편린에
    도 관심이 많다. 2017년에 나온 『위대한 정치: 밀과 토크빌, 시대의 부름에 답하
    다』는 밀과 토크빌의 일생, 글쓰기, 정치 활동, 그리고 두 사람의 우정을 종합적
    으로 그리고 있다. 나는 그 책을 준비하면서 두 사람이 묻혀 있는 프랑스의 아비
    뇽과 토크빌을 찾았던 경험을 소중한 추억으로 간직하고 있다.
9)  두 사람은 첫해인 1835년에 열 통, 그 이듬해에 아홉 통의 편지를 주고받았다.

침없이 털어놓았다. 밀은 "현재 살아 있는 유럽 사람들 그 누구보다 선생을 존경한다."고 했고 토크빌은 영국인 중에서 그보다 더 기쁨을 주는 사람은 없다며 두 사람의 '진정한 우정'을 확신했다.

그러나 이처럼 아름다웠던 우정은 오래가지 못했다. 두 사람의 밀월 관계는 1844년 갑자기 깨져버렸다. 세월이 많이 흐른 뒤 토크빌이 애잔하게 회고했듯이, 두 사람은 '편지를 주고받는 아름다운 습관을 잃어버렸다.' 토크빌은 숨을 거두기 몇 달 전에 밀에게 마지막 편지를 보냈다.

"선생이 매우 바쁘다는 걸 잘 알고 있기 때문에 답장을 보내달라고 하지는 않겠습니다. 다만 선생이 나를 완전히 잊지는 않았으면 좋겠습니다. 이 순간 내가 바라는 것은 그것뿐입니다."

밀과 토크빌의 개인적인 관계에 관심을 기울이는 연구자들 대부분은 두 사람의 관계가 차갑게 식어버리게 된 계기로 밀의 1842년 편지를 주목한다. 밀은 그 편지에서 당시 심각한 국면으로 치닫던 국제정세 속에서 토크빌이 영국에 대해 호전적 선동을 벌였다며 그를 거칠게 비판했다. 1840년대 초반의 국제관계를 둘러싼 두 사람의 대립이 그들의 우정을 파국으로 이끌었다고 생각할 만도 하다.

그러나 이런 통설에는 여러 허점이 있다. 이 통설은 '그 사건'이 있은 다음해인 1843년에도 두 사상가가 다섯 통의 편지를 더 주고받았

---

1835년부터 1842년까지의 기간 동안 그들이 교환한 편지는 모두 스물여섯 통이었고, 그 후 17년 동안 그들은 열 번 더 편지를 주고받았다. 토크빌이 스물한 통, 밀이 열다섯 통을 썼다.(두 사람의 전집에 실린 편지를 계산한 것이다. 중간에 유실된 것이 있을지 모른다.)

다는 사실을 설명하지 못한다. 밀이 자신의 『자서전』에서 토크빌에게 매우 우호적인 언급을 남긴 것도 통설에 대한 의문을 더한다. 밀은, 프랑스의 곤궁한 처지에 속이 상한 나머지 토크빌이 민족주의적 감정을 도발적으로 표출했을 때, 그를 변호하며 그와의 변함없는 우정을 재확인했다.

결국, 1840년대 초반에 밀과 토크빌이 국제정세를 둘러싸고 불협화음을 내긴 했지만 그것 때문에 두 사람의 관계가 급속하게 냉각되었다고 단정하기에는 석연치 않은 면이 많다. 그렇다면 1844년 이후의 '이상한 단절'을 어떻게 설명해야 할까? 나는 국제정세를 둘러싼 두 사람 사이의 이견에 덧붙여 두 가지 사실을 더 눈여겨봐야 한다고 생각한다. 하나는 프랑스의 정치인 프랑수아 기조에 대해 두 사람이 극명하게 엇갈리는 평가를 내렸다는 것이고, 다른 하나는 밀이 표방한 '선의의 제국주의'를 토크빌이 매우 냉소적으로 바라봤다는 것이다. 이런 사안들은 밀과 토크빌의 정치철학을 가로지르는 핵심 개념과 직접적으로 맞닿아 있다. 따라서 두 사람의 관계를 정확히 파악하기 위해서는 이 충돌지점들을 유심히 살펴볼 필요가 있다.

그러나 이런 사상적인 접근만으로는 두 사람 사이의 '이상한 단절'을 해명하는 데 한계가 있다. 나는 두 사람이 보여준 생각의 차이 못지않게 밀의 개인적인 사정도 중요한 변수가 되었으리라 생각한다. 즉 그가 《런던-웨스트민스터 평론(London and Westminster Review)》에서 손을 떼게 된 것, 그리고 그의 아내 해리엇이 토크빌을 매우 부정적으로 평가했던 그간의 사정 또한 두 사람의 우정을 급속하게 냉각시킨 큰 변수로 작용했다는 것이 나의 최종 결론이다.(자세한 내용은 4부 참조) 밀과 토크빌의 우정이 짧고 뜨거운 밀월 기간을 뒤로하고 하루아침에 '이상한 단절'로 내리막길을 걷게 된 데는 이처럼 여러 요인이 복합적으로 작용한 것 같다. "자유를 향해 같이 손잡고 나가자."는 토크빌의 마지막 말이 짙은 여운을 남긴다.

나는 이 책에서 두 사람의 개인적인 우정 너머, 그들의 학문적 주고받음을 깊숙하게 살펴보고자 한다. 범위를 좁혀 민주주의에 대한 밀과 토크빌의 생각을 엄밀하게 비교해볼 것이다. 나는 다음과 같은 세 가지 질문을 던지고 그에 대한 답을 찾는 형식으로 글을 써나갈 것이다. 첫째, 밀은 토크빌보다 자신이 민주주의에 좀 더 '우호적'이라고 했다. 과연 그럴까? 둘째, 밀과 토크빌은 만년(晚年)에 편지를 주고받으며 '고결한 자유'를 칭송했다. 그리고 토크빌은 그의 마지막 편지에서 밀에게 '자유를 향해 손을 맞잡고 같이 걸어가자.'고 했다. 과연 그럴 수 있었을까? 셋째, 밀은 그의 『자서전』에서 자신이 토크빌의 영향을 받아 민주주의에 관한 생각을 바꾸게 되었다고 회고했다. 과연 이 고백은 사실일까?

지금껏 서양 학계에서 밀과 토크빌을 개별적으로 연구한 저술은 셀 수 없을 정도로 많지만 두 사람의 삶을 한 지점에 같이 올려놓고 비교하는 글은 거의 없다시피 하다. 나는 이 지성사적 공백을 메우는 일에 관심이 많다.

이런 문제의식 아래 이 책은 다음과 같은 순서로 구성되어 있다. 우선 2부와 3부에서는 토크빌과 밀의 민주주의 정치이론을 차례로 소개한다. 두 사람의 생각을 짧은 지면에 다 풀어놓을 수는 없을 것이다. 나는 토크빌과 밀이 민주주의의 가장 큰 문제로 생각했던 것, 즉 평등 민주주의가 자칫 민주독재로 귀결되거나(토크빌) 계급이익에 휘둘린 끝에 사악하고 무능한 정치체제로 타락할 수 있다(밀)는 사실을 집중적으로 들여다볼 것이다. 4부는 두 사람의 민주주의이론을 세 차원에서 비교해본다. 토크빌과 밀은 당시 민주주의의 어두운 측면을 날카롭게 비판했으나 비관론에 매몰되지는 않았다. 그들은 참여를 통해 사람들의 생각과 습속이 새로운 시대에 걸맞게 변화할 것이라는 전망을 내놓고 있다. 이런 공통점 위에서 나는 두 사상가가 예민하게 엇갈리는 세 부분을 분석하고 음미해볼 것이다. 마지막 5부는 토크빌과 밀의 정치이론이 오늘 우리에게 어떤 의미로 다가올 수 있을지 숙고한다. 결국은 사람이다. 사람이 바뀌어야 민주주의가 축복이 될 수 있다. 쉬운 일은 아니나 밀과 토크빌을 통해 그 길을 찾아보는 것이 나의 목적이고 희망이다.

# 2부

# 토크빌: '민주독재'를 경계하라

토크빌은 민주주의에 대해 할 말이 많았다. 그만큼 생각도 복합적이었다. 그는 분명 민주주의의 가능성을 의심하지 않았다. 민주주의만이 보여줄 수 있는 여러 장점도 정확하게 짚어냈다. 그러나 토크빌은 민주사회의 평등이 야기할 부작용에 걱정이 컸다. 평등에 도취한 나머지 자칫 '민주적 전제'로 떨어질 것을 무엇보다 염려했다. 다행히 토크빌은 참여의 확대를 통해 그 '해독제'를 찾을 수 있을 것으로 기대했다. 2부는 이 문제를 중심으로 토크빌의 생각을 정리해본다.

# 1장

# 토크빌의 속마음

산이 높으면 골이 깊은 것인가. 토크빌의 글에는 모호함이 넘친다. 양면성도 두드러진다. 토크빌은 한 입으로 두말하는 것처럼 보일 때가 있다. 따라서 그를 일목요연하게 규정하기가 여간 어렵지 않다. 그는 '분류되는 것'을 거부하는 듯하다. [1]

그의 대표작 『아메리카의 민주주의』가 특히 그렇다. 토크빌은 그 책 여러 곳에서 민주주의에 대해 평가하고 있는데, 그 내용이 서로 다른 경우가 많다. 한쪽에서는 민주주의의 폐단을 예리하게 공격하고 다른 한편으로는 민주주의의 장점을 높이 칭송한다. 그러니 평자들도 이쪽저쪽으로 갈린다. 토크빌의 속마음은 무엇일까.

## 1. 두 얼굴의 토크빌

『아메리카의 민주주의』의 전체적인 기조는 대단히 비관적이다. 토

---

[1] 이를테면 토크빌에게는 '보수주의자', '자유주의자' 또는 '급진 공화주의자'라는 서로 이질적인 칭호가 따라다닌다. 그를 자유주의자로 부르는 사람도 '보수주의적 자유주의', '귀족적 자유주의', '자유주의적 보수주의'라는 범주 중에서 어느 하나를 고르기가 쉽지 않다. 정말 '이상한 자유주의'가 아닐 수 없다.(서병훈 2011b 참조) 이 밖에 토크빌의 사상을 콩스탕(Constant)의 '자유주의', 샤토브리앙(Chateaubriand)의 '보수주의', 루소(Rousseau)의 급진 '민주주의'가 이상하게 섞인 것이라고 해석하는 Boesche 1987, p. 21, 266 및 토크빌을 변화에 대해 전향적인 자세를 견지하면서 의회 민주주의의 틀 안에서 보수적인 노선을 추구하는 '발전적 보수주의자'로 규정한 Viereck, pp. 14-16, 76, 78도 참조.

크빌은 평등사회의 사람들이 개인주의에 빠져 물질에 탐닉하고, 그 결과 공공 문제에 관심을 두지 않는 것에 크게 실망한다. 그는 이런 사회가 민주주의의 이름으로 자유를 탄압하는 이른바 '민주독재'[2]를 초래할 수 있다고 강력하게 경고한다.

『아메리카의 민주주의』를 관류하는 이런 '반민주적' 인식은 그의 출신배경과 겹쳐지면서 한층 무겁게 다가온다. 잘 알려져 있듯이, 토크빌은 프랑스 명문세가에서 태어났다. 그러나 그의 집안은 프랑스 대혁명의 여파로 초토화되다시피 했다. 그때 입은 상처는 평생 그를 괴롭혔다.[3] 시대가 바뀌었지만 그의 아버지와 두 형은 강경 왕당파의 전통을 고수했다. 정도의 차이가 있었지만, 토크빌도 과거 귀족시대의 정신적 유풍(遺風)을 흠모했다. 자신이 그 체제의 후손이라는 사실에 자부심을 느꼈다. '존재가 의식을 규정한다.'고 했던가. 사람은 자신이 살아온 환경의 굴레를 벗어나기가 쉽지 않다. 토크빌이 1841년 "(나는) 본능적으로는 귀족체제에 더 끌린다 …. (민주주의를) 경멸하고 또 두려워한다."고 고백할 만도 한 것이다.

그런데 토크빌은 '민주사회가 더 정의롭다.'는 등 민주주의의 좋은 점도 여러 차례 이야기했다. 사람들이 활력이 넘친다면서 이것을 민주주의의 진정한 장점이라고 주장하기도 했다. 그리고 그는 되풀이해

---

2) 다음 장에서 보듯이 토크빌은 '민주적 전제'라는 표현을 썼다. 이 책에서는 '전제' 대신 어감상 우리에게 좀 더 익숙한 '독재'라는 말을 쓴다.

3) 앞에서 보았듯이 토크빌의 부모도 파리의 감옥에서 처형 날짜만 기다리던 중 구사일생으로 살아났다. 감옥 생활의 심적 고통이 얼마나 컸던지 아버지는 하루아침에 머리가 백발로 바뀌었다. 그의 나이 스물한 살 때의 일이었다. 어머니는 정신 건강을 크게 해쳤다. 평생 우울증과 신경쇠약에 시달렸다. 토크빌은 체질이 허약했고 지나치게 예민했다. 조울증 증세를 보였는데, 아무래도 어머니의 영향이 컸던 것 같다. 『위대한 정치』, pp. 82–87 참조.

서 자신을 '민주주의자'라고 불렀다. 민주주의를 경멸하고 두려워한다는 사람이 어떻게 민주주의가 '나의 운명'이라는 말을 할 수 있을까? 그렇다면 토크빌은 '둘 다이고 둘 다 아니'라는 말인가?[4] 토크빌 정치사상의 정체는 과연 무엇일까?

나는 토크빌이 민주주의 앞에서 실존적 번민을 거듭했다고 생각한다. 그는 눈이 밝은 사람이라 민주주의의 상반된 두 측면을 외면할 수 없었을 것이다. 그러나 토크빌은 평등의 확산, 곧 민주주의의 도래가 인류 문명사의 대세인 것을 분명히 인지했다. 민주주의를 받아들이는 것 외에 달리 선택의 여지가 없다고 확신했다. 그렇다면 민주주의의 좋은 경향을 북돋우고 나쁜 성질을 최대한 억제하는 일에 집중해야 한다.[5] 토크빌은 민주주의가 개인의 자유를 심각하게 억압할 수 있다고 보았다. 어떻게 하면 자유와 민주주의 '둘 다' 발전시킬 수 있을 것인가? 이것이 그의 평생 화두였다.

토크빌이 볼 때, 귀족주의시대는 역사의 건너편으로 흘러가 버렸다. 이제 공화정이 세상을 지배할 수밖에 없다. 문제는 그 공화정이 어떤 성격을 띠느냐이다. 자유로운 공화정일 수 있고, 반대로 억압적인 공화정일 수도 있다. 공화정에 따라 인민이 민주적 자유를 누리거나, 반대로 민주적 압제에 시달릴 것이다. 토크빌은 어떤 공화정이 들어서는가에 따라 세계의 운명이 달라질 것이라고 생각했다. 그는 어느 시대나 전제정치는 고약한 결과를 낳지만, 민주시대의 전제정치가 특히 더 두렵다고 했다.[6] 민주주의의 이름으로 압제가 행해지는 것,

---

4)  토크빌이 민주주의에 대해 비관과 낙관을 교차하고 있었다고 주장하는 David Runciman, 『자만의 덫에 빠진 민주주의』, pp. 20, 26–62 참조.
5)  A. Tocqueville. 2018. *De la Démocratie en Amérique*, 이용재 역, 『아메리카의 민주주의』 I & II. 아카넷(이제부터 『아메리카』 I 또는 II라고 표기), I, pp. 16–19.

다시 말해 민주독재를 어떻게 예방하고 무슨 방법으로 제어할 것인가? 『아메리카의 민주주의』는 이 문제 하나를 붙들고 씨름하고 있다고 해도 과언이 아닐 정도이다.

그의 눈에 신생 민주국가 미국이 들어왔다. 그 나라에서는 민주주의가 생각보다 잘 움직이는 것 같았다. 토크빌은 그 이유를 알고 싶었다. 그래서 미국으로 직접 건너가 현장을 치열하게 관찰하고 탐문했다. 거기에서 민주주의가 자유와 함께 갈 수 있는 희망을 보았다.(『아메리카』I, pp. 529-530) 토크빌은 민주주의를 순화하면 평등사회의 재앙을 최소화할 수 있다는 확신이 생겼다. 그는 이 경험을 바탕으로 '새로운 정치학'을 쓰고 싶었다. 『아메리카의 민주주의』는 그렇게 탄생했다.

아래에서는 우선 『아메리카의 민주주의』 1, 2권의 탄생 배경과 그 과정, 그리고 토크빌의 글쓰기 철학을 간략하게 소개한다. 이어 2장과 3장에서는 민주주의를 바라보는 토크빌의 상반된 평가를 정리해본다. 토크빌은 민주독재가 평등사회의 '내재적 징후'임을 날카롭게 지적한 다음 그것을 극복할 '새로운 정치학'을 제시한다. 4장에서는 이런 논의를 바탕으로 그가 꿈꾸었던 이상적 정치체제의 성격을 추출해본다. 5장과 6장은 그런 정치체제에 도달하기 위한 토크빌의 방법론을 규명한다. 토크빌은 한편으로 민주주의의 오만을 경계하고 다른 한편으로 정치참여의 확대를 통해 새 시대에 맞는 새로운 습속을 확립하자고 주장한다. 마지막 7장은 이런 토크빌의 정치이론을 현대적 관점에서 음미해본다.

---

6)  토크빌이 1848년 『아메리카의 민주주의』 1권의 12판 서문에서 한 말이다.(『아메리카』II, pp. 592-593 참조)

## 2. 『아메리카의 민주주의』 탄생

토크빌이 남긴 책은 몇 권 안 된다. 철학, 경제학 등 여러 방면에 걸쳐 방대한 글을 출간한 존 스튜어트 밀과 아주 대조적이다. 그러나 토크빌이 자신의 이름을 역사에 남기는 데『아메리카의 민주주의』한 권이면 충분했다. 책이 세상에 나오자마자 그는 그 즉시 유럽의 대표 지성이 되었다. 그 파장이 너무 커서 토크빌 본인도 놀랄 정도였다.

『아메리카의 민주주의』는 토크빌이 9개월 10일 동안 미국의 구석구석을 찾아가 조사 연구한 노력의 결실이다. 토크빌은 스무 살 때부터 미국에 갈 생각을 했다. 그가 미국 여행을 열망한 데는 이유가 있었다. 1835년『아메리카의 민주주의』1권이 출판된 직후 오랜 친구 케르고를레(Louis de Kergorlay, 1804~1880)에게 밝혔듯이, 그는 이 책에 담긴 생각의 큰 틀을 이미 10년 전부터 다듬고 있었다. 토크빌은 이런 자신의 생각을 눈으로 보고 확인하고 싶어 미국에 갔다.[7] 당시 그는 법원에서 일을 하는 공직자였기 때문에 나라의 허락이 필요했다. 그는 프랑스 교도(矯導) 행정의 개혁 방안을 찾기 위해 미국 출장이 필요하다는 구실을 댔다. 그러나 그것은 미국에 들어가기 위한 '여권'에 불과했다.[8]

---

[7]    토크빌의 개인적인 이유도 작용했다. 1830년 7월 혁명으로 부르봉 왕조가 무너지고 입헌군주정이 들어서자 공직자였던 토크빌은 새로운 체제에 충성 서약을 해야 했다. 그의 집안 분위기나 그 자신의 정치적 성향에 비추어볼 때 여간 괴로운 일이 아니었다. 그는 시간도 벌 겸 미국으로 장기간 여행을 떠나게 되었다.(『위대한 정치』, pp. 164-165 참조)

[8]    A. Tocqueville. 1985. *Selected Letters on Politics and Society.* Roger Boesche (ed.) Berkeley: University of California Press(이제부터 Selected라고 표기), p. 95.

토크빌은 1831년 4월 2일 구두 다섯 켤레와 장화를 들고 평생 친구 보몽(Gustave de Beaumont, 1802~1866)[9]과 함께 고향 인근의 항구 도시 르아브르(Le Havre)에서 미국행 배를 탔다. 500톤짜리 여객선이었다. 18명의 승무원과 163명의 여객을 태운 배는 38일의 여정 끝에 5월 11일 뉴욕에 도착했다. 그는 9개월 남짓 미국에서 머문 뒤 1832년 2월 20일 귀국길에 올랐다. 갈 때와 같은 항로였다.(『위대한 정치』, pp. 166-168 참조)

토크빌은 미국 여행에서 돌아온 뒤 이런저런 일에 쫓기다 18개월 후인 1833년 9월부터 책을 쓰기 시작했다. 미국에서 만든 수많은 노트들을 면밀하게 재검토하는 한편 미국에 관한 책들을 새로 읽었다. 파리의 다락방에 칩거해 글 쓰는 일에 전념했다. 1834년 8월 글을 쓰기 시작한 지 1년도 안 돼 700쪽이 넘는 초고가 완성되었다. 『아메리카의 민주주의』는 인쇄소의 직원들부터 알아봤다. 그들은 위대한 책을 만든다는 사실에 크게 자부심을 느끼는 모습이었다. 1835년 1월 23일 마침내 책이 나왔다. 그 일부는 영어판도 동시에 출간되었다. 미국을 배경으로 민주주의라는 낯선 괴물을 정면 해부한 이 책은 유럽의 출판계를 강타했다.[10]

토크빌은 『아메리카의 민주주의』 1권이 선풍적 인기를 얻자 그 여

---

9) 토크빌의 삶은 보몽을 떼놓고 생각할 수 없다. 토크빌의 출세작 『아메리카의 민주주의』는 그가 보몽과 함께 다녀온 미국 여행의 결과물이었다. 보몽이 없었다면 그 책의 운명이 어떻게 됐을지 아무도 모른다. 잠시 곡절이 있었지만 두 친구는 정치도 함께했다. 보몽은 토크빌에게 평생 후견인과도 같았다. 보몽은 토크빌의 유작을 정리, 출간하는 작업을 전담했다. 토크빌이 죽은 바로 다음 해인 1860년에 나온 두 권짜리 『토크빌 저작 및 서한집(Oeuvres et Correspondance)』은 보몽이 편찬한 것이다.(『위대한 정치』, pp. 100-103 참조)

10) 토크빌이 이 책을 써나가는 자세한 과정은 『위대한 정치』, pp. 170-172 참조. 이 책을 읽고 나서 밀이 보인 반응은 4부 참조.

세를 몰아 2권을 쓰기 시작했다. 곳곳에서 응원의 박수 소리가 들렸다. 그는 1835년 10월에 결혼식을 올리고 곧 작업에 들어갔다. 그러나 2권은 여러 사정으로 진척이 더뎠다. 아내의 건강 때문에 4개월 동안 스위스로 요양을 가야 하는 등 온갖 방해 요인이 다 끼어들었다. 가장 결정적인 문제는 토크빌의 정치 입문이었다. 그는 1839년 하원의원에 당선되면서 꿈에 그리던 의사당에 들어갔다. 의정활동을 하면서 책을 쓴다는 것은 여간 어려운 일이 아니었다. 꼬박 4년이 지나 1840년 4월에야 『아메리카의 민주주의』 2권이 출판되었다. 영어판도 동시에 나왔다.

2권은 앞의 책보다 훨씬 짜임새 있게 구성되었다. 그러나 막상 책이 나오자 반응이 전 같지 않았다. 기대만큼 관심을 끌지 못했다. 토크빌은 실망이 컸다. 여러 원인이 복합적으로 얽힌 결과였다. 가장 큰 원인은 역시 책 자체에 있었다. 일반 독자들에게는 책이 어렵게 다가왔다. 내용이 너무 심각하고 추상적이었다. 밀이 토크빌을 위로하며 말했듯이, 장점이 약점으로 작용했다.[11]

나는 『아메리카의 민주주의』를 써나간 토크빌의 '성실한 투혼'에 박

---

11) 밀은 1840년 12월 30일 편지에서 토크빌의 '상심(傷心)'을 다음과 같이 진심으로 어루만져주었다. "선생이 내가 쓴 서평에 흡족해했다니 얼마나 기쁜지 모르겠습니다. 잘 아시겠지만, 선생 책에 대해 이런저런 논평을 하는 사람들은 그 깊은 뜻을 제대로 헤아릴 준비가 안 돼 있습니다. 또 그럴 능력도 없습니다 … 이 2권에 대한 대중의 반응이 1권에 비해 시원찮은 것은 전혀 놀라운 일이 아닙니다. 선생이 열거한 이유들도 일리가 있지만, 그보다는 2권의 내용이 대중의 눈에 생소한 데다가, 인간의 본성 그 자체를 훨씬 깊숙이 파고들었기 때문에 어렵게 비친 것이 더 결정적인 이유가 됐으리라 봅니다. 지난 한 세기 동안 그 누구도 하지 못한 것을 그 책은 해냈습니다." John Stuart Mill. 1963-91. J. M. Robson, ed. *Collected Works of John Stuart Mill*. Toronto: University of Toronto Press(이제부터 CW라고 표기), XIII, pp. 457-458.

수를 보내고 싶다. 토크빌은 혼신의 힘을 다해 진실하게 글을 썼다. 그는 사실을 관념에 꿰맞추는 따위의 일은 결코 하지 않았다.(『아메리카』I, p. 31) 자기주장을 내세우기 위해 사실을 조작하거나 자의적으로 동원하지 않은 것이다. 그래서 토크빌의 글을 읽으면 믿음이 간다. 그가 쓴 글 한 줄 한 줄에서 진정성이 느껴진다.[12] 이 점에서도 존 스

---

12) 토크빌은 연구 대상을 직접 눈으로 확인하는 것을 무엇보다 중요하게 여겼다. 그래서 그는 신생 미국에서 민주주의가 어떻게 작동하는지 직접 관찰하기 위해 미국 땅을 9개월 이상 종횡으로 누비고 다녔다. 거친 숲속을 헤쳐나갔고 차가운 바닷물에 빠지는 아찔한 순간을 맞기도 했다. 토크빌은 영국도 세 차례 다녀왔다. 그는 영국이 분권화, 귀족계급의 사회적 책임 등 프랑스가 갖지 못한 정치적 자산을 보존, 발전시키고 있다고 생각했다. 그는 영국을 여행하면서 많은 분량의 기록을 남겼다. 토크빌은 일찍부터 알제리에 주목했다. 그는 프랑스가 지지부진한 국내외 상황을 타개하기 위해서는 알제리를 활용해야 한다고 주장했다. 1833년에는 케르고를레와 함께 알제리에 땅을 사서 정착하는 문제를 진지하게 검토했다. 이를 위해 아랍어를 배울까 생각하기도 했다. 이슬람 경전인 코란도 공부했다. 1841년에는 보몽과 함께 3개월 일정으로 알제리 현지 조사에 나섰다. 그러나 아프리카에 도착하자마자 장염에 시달리는 등 건강이 좋지 않았다. 끝내 혈변을 동반한 이질 때문에 일정을 단축할 수밖에 없었다. 첫 번째 알제리 여행은 한 달 남짓으로 끝났지만 그는 보고 들은 것을 수첩에 빼곡하게 기록했다. 글로 본 것과 직접 확인한 현실 사이의 괴리가 컸다. 토크빌은 1846년에 다시 알제리에 갔다. 이번에는 위험을 무릅쓰고 내륙 깊숙이 들어가 3개월 동안 현장을 관찰했다. 그는 이 여행을 바탕으로 그다음 해에 두 차례 장문의 보고서를 의회에 제출함으로써 프랑스의 알제리 정책에 큰 영향을 끼쳤다. 토크빌이 인도 문제에 관해 책을 쓸 준비를 하다 끝내 단념하게 된 것도 바로 이런 '결벽증' 때문이었다. 토크빌은 오래전부터 영국의 인도 경영에 관심이 있었다. 알제리 등 프랑스의 해외 식민지 정책을 온전히 수립하는 데 도움을 얻기 위해서라도 어떻게 영국 사람들이 소수의 인력만으로 그 거대한 인도 대륙을 효율적으로 관리하는지 알고 싶었다. 그는 1840년 가을부터 인도 사정을 공부하기 시작했다. 3년 동안 열심히 자료를 섭렵한 뒤 「인도 노트」를 작성했다. 토크빌은 장차 책도 쓸 생각이었다. 그가 생각하기엔 인도를 정확하게 파악하자면 현장을 직접 관찰하는 것이 필수적이었다. 그러나 그 당시 그는 인도를 방문할 처지가 못 되었다. 결국 그는 인도에 관한 집필을 포기했다. 그리하여 그가 책으로 내기 위해 준비했던 「노트」만 전해지게 되었다. 이 「노트」는 비록 미완성이기는 하지만 대단히 "인상

튜어트 밀과 의기투합했을 것 같다.

토크빌은 자신의 주장이 몰고 올 파장의 크기를 충분히 예견하고 있었다. 그래서 양심에 따라 균형 있게 글을 쓰기 위해 더욱 세심한 주의를 기울였다. 토크빌은 『아메리카의 민주주의』를 쓰면서 시대의 편견을 뛰어넘기 위해 조심했다. 그는 '특정 진영'에 속한 사람들과 "사물을 달리 볼" 뿐 아니라 그들보다 "더 멀리 보려고" 했다. 그런 사람들이 "내일의 문제"에 관심을 집중했다면, 그는 "더 먼 미래의 일"에 대해 고민하고자 했다.(『아메리카』 I, p. 33)[13]

토크빌은 자신의 글이 가까운 사람들의 마음을 아프게 할 수도 있지만 개의치 않았다. 철저하게 '중립적인 시각'에서 글을 쓴다고 확신했기 때문이다. 그는 『아메리카의 민주주의』 1권에서 "프랑스를 갈라놓은 여러 정당들의 귀에 거슬리겠지만 내가 생각하는 바를 남김없이 말하겠다."고 공언했다.(『아메리카』 I, p. 330) 2권에서도 똑같은 말을 했다. 상충된 견해들의 한복판에서 자신의 공감과 반감을 잠시 접어 두고자 무던 애썼다.(『아메리카』 II, p. 23) 그는 동시대를 사는 그 누구에게 아부하거나 비판하려는 생각이 없기 때문에 거침없이 자기 생각을 펼칠 수 있었다.(『아메리카』 II, p. 370) 토크빌의 글이 우리에게 감동을 주는 또 다른 이유이다.

---

적인 작업"이라는 평가를 받고 있다. 반면 존 스튜어트 밀은 동인도회사에서 30년 넘게 근무했지만 한 번도 인도를 찾지 않았다. 그는 아버지의 논리에 따라 인도 현지를 방문하지 않은 것이 인도라는 대상에 대한 객관적 관찰에 도움이 된다고 생각했다. 방법론의 차이이기는 하지만, 이 점에서는 토크빌과 무척 대조적이다.(『위대한 정치』, 2부 참조)

13)  『회상록』과 『앙시앵레짐과 프랑스 혁명』의 저술에 관한 이야기, 그리고 토크빌의 글쓰기 전반에 관해서는 『위대한 정치』, pp. 178-187 참조.

## 2장

# '민주독재'에 대한 두려움

토크빌은 '아무런 제약도 받지 않은 채 질주하는 민주주의'에 두려움을 느꼈다. 『아메리카의 민주주의』 1권을 출간한 그다음 해인 1836년 케르고를레에게 보낸 편지에서 그렇게 썼다. 그는 미국 민주주의를 직접 관찰한 경험에 비추어 다수가 다스리는 정치체제는 아무리 우호적인 조건에서라도 결코 뛰어난 체제가 될 수 없다고 단언했다. 그가 볼 때, 민주사회에서는 모든 것이 극단적으로 불안정하다. 지속성이나 계승의 중요성이 철저하게 무시되고 있다. 이런 이유에서 토크빌은 이해관계 당사자가 모두 정치에 직접 관여하는 것을 좋게 생각할 수 없었다. 그는 대중이 참여하는 대신 지성이 높고 도덕적으로 잘 무장된 계급이 지도력을 행사해야 가장 합리적인 정부가 될 수 있다고 확신했다.(Selected, pp. 55-56) 토크빌은 이런 생각에서 민주주의의 폐단을 조목조목 열거했다. 민주주의의 과잉이 빚어내는 여러 가지 폐해를 그 누구보다 더 아프게 비판했다. 민주주의가 그 힘의 남용 때문에 망하게 된다는 사실을 강조하기도 했다.[14] 그의 민주주의 비판은 '민주독재'에 대한 두려움을 길게 설명하는 대목에서 절정에 이른다.

토크빌은 민주주의 사회에서 자유를 위협할 전제정의 유형으로 입법부 전제, 다수 전제, 시저(Caesar)형 전제, 민주적 전제(행정적 전제),

---

14) A. Tocqueville. 2000. *Democracy in America*. Harvey Mansfield and Delba Winthrop (tr. and ed.) with an introduction. Chicago: University of Chicago Press(이제부터 DA라고 표기), p. 672, 248.

군사적 전제 다섯을 꼽았다.(Richter 2006 참조) 2장에서는 다수 전제와
민주적 전제를 중심으로 토크빌의 문제의식을 정리한다.


## 1. 민주주의 비판

### 1) 평등 제일주의

토크빌은『아메리카의 민주주의』1권 첫머리에서 평등이 곧 민주주
의라고 말한다. 민주주의라는 말을 다양한 각도[15]에서 이해할 수 있
겠지만, 그는 '조건들의 평등(égalité des conditions)'을 민주주의의 가
장 중요한 특징으로 규정한다. 토크빌은 이런 전제에서 '민주주의의
점진적이고 전향적인 발전이 인간 역사의 과거이면서 동시에 미래'라
고 선언한다. 그는 오랜 관찰과 진지한 명상을 통해 이 사실을 깨달
았다고 주장한다.(『아메리카』 I, p. 17)

토크빌은 미국에 머무는 동안 그 사회에서 평등이 전방위로 확대되
고 있는 것에 큰 충격을 받았다. 그의 관찰에 따르면, 조건들이 평등
해지면서 공공정신, 법체계 등 미국 사회 전반에 엄청난 변화가 일어
났다. 통치자들에게 새로운 규준을 제시했고 피치자들에게는 특정 습
관을 심어주었다.(『아메리카』 I, p. 11) 중요한 것은 지난 700년 역사를
돌아볼 때, '조건의 평등'이 보편적으로, 그리고 확고하게 진행되고 있
다는 사실이다. 사람은 물론 중요한 사건들이 모두 평등의 확대를 향
해 작용했다는 것이다.(『아메리카』 I, p. 16)

---

15)   그가 민주주의를 여러 의미로 사용했다는 점은 4부에서 다시 논의한다.

토크빌은 묻는다. 오래전 과거로부터 시작된 사회운동이 한 세대의 노력에 의해 중단될 수 있겠는가? 봉건제를 파괴하고 군주제를 무너뜨린 민주주의가 부르주아지와 부자들 앞에서 뒷걸음질칠 수 있겠는가? 민주주의의 행진이 중단될 수 있겠는가? 토크빌이 볼 때 민주주의를 막는 것은 인간 능력 바깥의 일이다. 그것은 신의 의지를 거역하는 것이나 마찬가지이다. 그렇다면 각 민족이 할 일은 그저 섭리를 통해 인간에게 주어진 사회상태에 잘 적응하는 것뿐이다.(『아메리카』 I, p. 18) 토크빌은 이렇게 『아메리카의 민주주의』의 첫 장을 열었다.

문제는 그 평등이 자유를 억압하고 정신적 가치를 배격한다는 데 있다. 토크빌은 '조건의 평등'이 초래한 여러 복합적 사회현상을 심각하게 비판한다. 평등은 좋은 것이다. 그 자체가 합목적적인 것이라고 할 수도 있다. 그런데 토크빌은 평등에도 두 가지 종류가 있음을 환기시킨다. '당당하고 정당한 평등'은 사람들이 강하고 존경받는 존재가 되게 자극을 준다. 이런 평등은 평범한 사람도 위대한 사람의 대열로 끌어올린다는 점에서 좋은 것이다. 그러나 인간 본성 속에는 '저급한 평등'을 갈망하는 마음도 있다. 약한 자가 강한 자를 자기들 수준으로 끌어내리면서 그것을 평등이라고 미화하는 것이다.(DA, p. 52)

토크빌은 이 '저급한 평등'을 민주사회의 고질이라고 보았다. 이 왜곡된 평등관 때문에 민주주의가 중병을 앓게 된다고 생각했다. 이를테면 민주사회에 시기하고 질투하는 감정이 팽배한 것도 충족시킬 수 없는 평등에 대한 동경 때문이라는 것이다.[16] 민주사회 사람들은 다

---

16) 토크빌이 관찰하기로, 아메리카인들은 뛰어난 재능을 가진 사람들을 좋아하지 않는다. 자기보다 우월한 사람들을 국정에서 제외시키려 하는 은밀한 본능을 가지고 있다. 따라서 능력 있는 사람이 비굴한 태도를 취하지 않는 한, 정치적으로 성공을 거두기가 어렵다. 보통선거제가 유권자들의 지혜로운 선택을 보장하지

른 사람과 평등하게 살 권리가 있다고 생각한다. 그러나 민주적 제도
는 그에 합당한 수단을 제공하지 못한다. 평등을 향한 사람들의 욕구
를 충족시킬 수 없음에도 불구하고 그런 열정을 자극하고 부추긴다.
민주적 제도가 사람들의 마음속에 시기하는 마음을 심어놓는 것이
다.(DA, p. 189)[17]

　무엇보다도 심각한 것은 민주사회 사람들이 평등의 맛에 몰입한
나머지 자유를 냉대한다는 점이다. 그들도 자유를 향한 본능적 욕구
를 가지고 있다. 그러나 자유가 그들의 1차적이고 지속적인 욕구 대
상은 아니다. 그들이 항구적으로 사랑하는 것은 평등이다. 자유를 향
해 달려가지만 그 목표를 이루지 못하게 되면 스스로 포기하고 만다.
그러나 평등이 없으면 그 어떤 것으로도 만족을 느끼지 못한다. 그들
은 평등을 잃느니 차라리 멸망의 길을 선택할 것이다. 노예가 되더라
도 다 같이 평등하다면 기꺼이 받아들인다. 토크빌은 이런 경향을 인
간의 본성과 연결시켜 분석하면서 이것이 결국 전제정치의 도구가 되
고 마는 상황을 걱정했다.(평등과 자유의 관계에 대한 토크빌의 분석은 4부
에서 다시 검토한다.)[18]

---

　　않는 것이다.(DA, p. 189)

17)　토크빌은 후일 시니어(Nassau Senior)와 대화를 나누면서 평등을 '질투심의 표
　　현'이라고 불렀다. 그는 공화주의자들의 마음 깊숙한 곳에 "누구도 나보다 더
　　잘되면 안 돼."라고 하는 질투심이 가득하다고 비판했다. 그들은 평등에 눈
　　이 어두운 나머지 자유나 안전, 교육 등 정부의 그 어떤 목적에 아무런 관심이
　　없다. 토크빌은 질투가 만연한 곳에서는 좋은 정부를 세울 수 없다고 한탄했
　　다. A. Tocqueville. 1968. *Correspondence And Conversations of Alexis de
　　Tocqueville with Nassau William Senior from 1834 to 1859*. Vol. I, II, ed. by
　　M. C. M. Simpson. NY: Augustus M. Kelley Publishers(이제부터 Senior I 또
　　는 II라고 표기), I, p. 94.

18)　평등사회에서는 시민들이 권력의 침탈에 맞서 자신의 독립을 지켜내기가 어려워
　　진다. 어느 누구도 혼자서 싸움을 할 수 있을 만큼 강력하지 못하기 때문에, 시

## 2) 개인주의의 늪

이 오도된 평등관이 연쇄적으로 문제를 일으킨다. 토크빌은 민주 사회의 사람들이 눈앞의 물질적 욕구에 집착하며 신체에 따르는 즐거움에 몰두한다고 비판한다. 그가 볼 때, 민주주의 사회는 근본적으로 철학이 모자라는 사회이다. 사람들은 그저 물질의 향유에 모든 것을 건다.(『아메리카』 II, p. 60) 근본적인 원리를 추구하지 않으니 정신문화가 피폐할 수밖에 없다.(DA, pp. 436-437; Tocqueville 1983, p. xiii) 그 결과 사람들의 영혼이 유약해지고 모든 활력을 잃게 된다.(『아메리카』 II, p. 243) 토크빌은 『앙시앵레짐과 프랑스 혁명』에서도 금전이 유일한 가치척도가 된 민주주의 사회를 직설적으로 비판한다. 모두가 돈 버는 데 혈안이 되면서 물질적 만족과 안락한 삶에 대한 환상이 시대적 열정으로 급속하게 부각되고 있다는 것이다.(OR, p. xiii, 118)

이처럼 토크빌은 평등 앞에서 사람들의 정신과 도덕 기준이 지속적으로 악화되는 것을 피할 수 없음을 염려한다.[19] 그런데 이런 현상이

---

민들이 모두 힘을 합쳐야만 자유를 지킬 수 있다. 그러나 그렇게 단합한다는 것이 쉬운 일은 아니다.(DA, p. 52) 토크빌은 20년쯤 지나 쓴 『앙시앵레짐과 프랑스 혁명』에서도 '평등을 향한 프랑스 사람들의 열정'을 걱정스럽게 묘사하고 있다. 그의 분석에 따르면, 평등 사랑은 프랑스 사람들의 마음속에 자리를 잡은 이래, 한 번도 후퇴하지 않았다. 자유를 향한 충동은 상황의 변동에 따라 힘을 잃거나 얻는 데 반해 평등에 대한 집착은 어떤 희생도 마다하지 않을 만큼 맹목적일 정도로 열정적이다. A. Tocqueville. 1983. *The Old Regime and the French Revolution*. tr. by Stuart Gilbert. NY: Anchor Books(이제부터 OR이라고 표기), p. 210.

19) 토크빌은 이런 사회에서도 개인적으로는 덕성 있는 사람들, 즉 '좋은 아버지, 정직한 장사꾼, 모범적인 지주, 그리고 훌륭한 기독교인'이 나올 수 있음을 인정했다. 그러나 그는 그런 조건 아래에서는 '결코 위대한 시민이 나올 수 없다. 위대한 민족은 더 말할 것도 없다.'고 단언했다.(OR, p. xiv)

국가 전체의 도덕 수준을 저하시키는 것으로 끝나지 않는다. 토크빌은 물질적 행복만 좇다 보면 예종(隷從)의 삶이 불가피해진다는 사실을 무엇보다 두려워한다.(OR, p. xiii) 왜 그럴까?

사람들이 돈 버는 일에 너무 몰두하면, 각자의 재산과 모두의 번영 사이에 밀접한 관계가 있다는 사실을 망각하게 된다. 정치보다 경제적 문제를 더 중요하게 여기면서 공공선에 대해서는 전혀 개의치 않는다. 정치참여를 시간낭비라고 간주한다. 스스로 '자신의 일'이라고 부르는 것에 집중하기 위해 가장 중요한 업무, 즉 '자신에게 주인이 되는 일'을 게을리하는 것이다. 토크빌은 이런 세태야말로 독재정부를 불러들이는 초대장이 되고 말 것이라고 경고했다.(『아메리카』 II, pp. 255-256; Selected, pp. 189-194, 139)

저급한 평등이 확산시킨 물질주의는 더 큰 재앙을 불러일으킨다. 민주주의 사회에서 개인은 자기 안에서 믿음을 찾고 자신의 모든 감정을 자기에게만 돌린다. 토크빌은 민주사회가 '자신에게만 모든 감정을 집중하면서 동료와 사회로부터 떠나 자신만의 성에 안주하는 잘못된 판단'을 부추긴다면서 이런 현상에다 개인주의(individualisme)라는 이름을 붙였다.(DA, p. 482) 토크빌은 '인간들을 서로 따로 떼어놓고 각자 자기 일에만 몰두하게 만드는' 이런 현상을 무엇보다 심각하게 받아들인다.(『아메리카』 II, p. 188, 60) 그가 민주주의에 대해 품는 의구심의 가장 큰 뿌리가 여기에서 나온다고 할 수 있을 정도이다.

그는 개인주의를 '새로운 관념이 만들어낸 생소한 표현'이라고 규정했다. 평등사회 특유의 부산물이라는 것이다. 토크빌에 따르면, 개인주의는 '자신에 대해 열정적이고 과장된 애착을 느끼는 이기주의(égoisme)'와는 그 성격이 다르다. 이기주의는 모든 것을 자기 자신에게만 결부시키게 만들며, 자신만을 좋아하게 만든다. 그에 비해 개인주의는 각 시민이 동료 대중으로부터 스스로 고립되게 만들고 가족이나 친지들과 거리를 두게 만든다. 그래서 자기만의 아주 작은 사회를 만들어낸 후 기꺼이 큰 사회를 내팽개친다.

이기주의가 맹목적 본능에서 생긴다면, 개인주의는 숙고된 평온한 감정의 결과물이다. 개인주의는 타락한 감정이라기보다는 잘못된 판단에서 나온다. 마음의 악덕뿐만 아니라 정신의 결함 때문에 생기기도 한다는 것이다. 이기주의는 모든 미덕의 씨앗을 말려버린다. 그러나 개인주의는 오직 공적 미덕의 원천만 고갈시킨다. 하지만 개인주의는 마지막에 다른 미덕의 원천도 공격해서 파괴해버리고 마침내 이기주의 속으로 흡수되고 만다. 가장 중요한 것은 이 이기주의가 이 세상만큼이나 오래된 악덕으로서 어느 사회에나 존재하는 데 반해 개인주의는 조건이 평등한 민주시대 고유의 산물이라는 점이다.(『아메리카』 II, pp. 188-189)

토크빌에 따르면 우리 선조들은 이 개인주의라는 단어를 몰랐다. 과거에는 모두가 가족, 카스트(caste), 계급, 직종별 조합 같은 집단에 다중적으로 연결되어 있었다. 그 어떤 집단에도 속하지 않아 절대적으로 홀로였다고 생각될 수 있는 개인은 존재하지 않았다. 수많은 작은 집단들이 단지 자신만을 생각하며 활동했다는 점에서 집단적 개인주의 같은 것은 있었지만 순수한 의미의 개인주의는 평등사회에 들어와서 처음 생겼다는 것이다.(OR, p. 113)

토크빌은 평등이 개인 고립을 심화시키고 그에 따라 개인주의도 덩달아 깊어져 간다고 보았다.(DA, p. 482) 왜 그럴까? 평등한 사회에서는 과거 사람들을 한데 묶어주던 집단이 더 이상 존재하지 않는다. 따라서 이런 사회에서는 사람들이 그 어떤 연대의식도 느끼지 못한다. 좋은 이웃이 되고자 하는 감정과 공동체 전체의 이익을 증대하고자 하는 욕망도 자라나지 못한다. 각자 자기만의 사적인 삶 속에 빠져들면서 서로서로 더욱 소원해진다. 결국 자기이익만 생각하고 공공선에 대해서는 전혀 개의치 않는 자기중심적 인간이 될 가능성이 굉장히 농후하다.(OR, p. xiii)

이처럼 민주주의 사회의 개인들은 자신의 조상을 잊어버리고 후손에게 무관심해지며 동시대인들과 떨어져 살게 된다. 이들에게는 자기보다 우월한 지도자도 없고 열등한 지도자도 없다. 필요한 동료도 없다. 다른 사람과 단절된 채 자기만의 고독 속에 완전히 갇혀 지내는 것이 민주사회의 삶의 모습이라는 것이다.(『아메리카』 II, p. 191, 512)[20]

심각한 것은, 이런 개인주의는 전제정치가 활개를 칠 수 있는 온상이 된다는 점이다. 토크빌은 개인주의가 확산되면 사람들이 전면적 무기력증에 빠지게 된다고 본다. 평등사회의 시민들은 개인적 일상을 넘어서 공공업무에 관여하는 것을 매우 꺼린다. 그 부담을 국가에 맡겨버리려 한다. 이런 이유에서 토크빌은 개인주의가 한편으로는 무정부상태, 다른 한편으로는 전제정치의 뿌리가 된다고 예단한다.(『아메리카』 II, p. 512, 588) 그는 민주주의가 아이러니컬하게 전제정치를 불러들일 개연성을 매우 염려한다.(이에 대해서는 다음 절에서 길게 논의한다.)

전제정치는 그 속성상 의심이 많다. 사람들이 각종 집단을 통해 밀접한 관계를 맺고 있으면 불안을 느낀다. 사람들이 뿔뿔이 흩어져야 체제를 유지하기가 쉽다. 관계의 절연이야말로 전제정치의 토대가 되

---

20) 기묘한 것은 사람들이 그토록 분리되어 있으면서도 서로 너무나 유사해서 구별이 되지 않는다는 점이다.(OR, p. 113) 어디서나 한결같은 획일적 광경에 서글픈 느낌이 들 정도이다.(『아메리카』 II, p. 574) 토크빌은 개인주의가 창궐하는 민주사회에서 개별성은 오히려 말살 위기에 빠져드는 이런 역설을 심각하게 받아들인다. 이 점에 대해서는 4부에서 다시 살펴보기로 하자.

는 것이다. 결국 전제정치가 만들어내는 악덕은 평등이 조장하는 악덕과 정확히 일치한다. 이 둘은 아주 불길한 방식으로 서로를 보완한다. 평등은 사람들을 흩어지게 만든다. 전제정치는 사람들을 한데 묶는 공동의 끈을 무서워한다. 그래서 무관심을 공공의 미덕으로 포장한다.(『아메리카』 II, pp. 194-195)

토크빌은 전제정치에 대한 두려움에 덧붙여 자유의 상실도 경고한다. 민주사회의 사람들이 개인주의에 빠져 정치에 무관심하고 공민의식을 결여하면서 끝내 자유도 잃게 된다는 것이다. 토크빌은 이런 이유에서 개인주의를 민주주의 사회의 가장 큰 해악으로 단정한다. 물질지향적인 부르주아 사회에서 원자화된 개인주의가 새로운 전제정치를 불러들일 가능성을 특히 경계한다.(Krouse, pp. 209-210 참조)

### 3) 천박한 정신세계

평등사회의 사람들은 물질적 욕구에 눈이 어두워 정신문화를 도외시한다. 토크빌은 이 점을 아주 못마땅해한다. 흔히 민주국가에서 열정은 넘치지만 깊은 성찰은 부족하다고 말한다. 이성보다는 감정에 더 휩쓸린다는 것이다. 토크빌도 민주주의가 열정을 다스리고 순간의 욕구를 억제하는 데 어려움을 겪는다고 지적한다. 그래서 지성과 경험에 바탕을 두고 미래를 정확하게 인식하는 능력이 모자라다고 비판한다.(DA, pp. 214-215)

그러나 토크빌이 민주사회의 병폐와 관련해서 더 본질적으로 문제삼는 것은 평등이 진척되면서 사람들이 소소한 욕심에 눈이 멀게 된다는 사실이다. 인간의 정열이 약화되고 천박해지면서 사회 전체가 덜 고상해지는 것이다. 민주주의 사회에서는 한마디로 고매한 야심을 품는 사람이 드물어진다. 그저 잘난 사람을 시기하는 마음만 충만해진다. 귀족사회가 정신을 소중히 여기고 위대한 일에 야심을 품는 것과 극명하게 대비되는 모습이다.(DA, pp. 436–437) 토크빌은 피폐해진 민주사회의 민낯을 이렇게 비판한다:

"인간 정신을 고상하게 하는 것, 세상에 대해 관대한 시각을 가지는 것, 물질적 이익에 대해 일종의 경멸감을 품게 하는 것, 근본적 문제에 대해 확신을 가지고 위대한 헌신을 준비하게 하는 것, 풍습을 순화하고 예의범절을 높이며 예술을 발전시키는 것, 그리고 시와 명성, 영광을 바라는가? 어떤 민족이 다른 모든 나라에 대해 군림하는 자리에 오르게 통솔하고 싶은가? 그 민족이 위대한 일을 이루어내게 하고, 그 노력의 결과가 무엇이든지 역사에 훌륭한 흔적을 남기도록 시도하고 싶은가? 이런 목적이라면 민주주의 정부를 취하지 말라. 분명히 말하지만 그 정부로는 그런 목적을 달성할 수 없다."(DA, p. 234)

적어도 정신문화에 관한 한, 민주주의에 기대할 것이 없다는 말이다. 그러면서 토크빌은 민주사회의 사람들이 꿈이 작을 뿐 아니라 욕망조차 작다고 꼬집는다. "민주사회가 대담하다기보다는 너무 욕망이 작다는 데 대해 훨씬 걱정이 든다."는 것이다. 사적 삶의 사소한 것들에 끊임없이 매이면서 야심의 분출도, 위대한 야심도 모두 잃어버린 것이 평등한 사람들이 모여 사는 사회의 모습이다.(DA, p. 604) 토크빌은 민주주의의 초기단계에 접어든 프랑스에서 '자기 침대에서 편안하게 잠드는' 것이 시대가치가 되면서(Senior II, pp. 207–208) '헛된 욕심, 이기심, 소심한 기질'이 만연하고 있다고 개탄했다.[21] 그는 프랑스 사람들이 물질적 즐거움(jouissances matérielles)과 사소한 쾌락

(petits plaisirs)에 빠져드는 까닭에 언제 "공공선을 사랑하고 … 사심 없는 헌신을 통해 마침내 진실성이 영광스러운 자리에 오를 그날"이 올지 전혀 기대할 수 없었다.(Tocqueville 1954, p. 336; Selected, p. 146)

그가 1841년 존 스튜어트 밀에게 쓴 편지에서도 프랑스가 겪는 위기의 본질이 잘 나타나 있다:

"… 습속이 점차 나약해지고 정신이 저급해지며 기호마저 평범해지고 있습니다. 미래를 위협하는 가장 큰 불안요소가 바로 이것입니다. … 이제 사람들은 일신의 안락과 사소한 것들에 탐닉하느라 위대한 그 무엇을 버리고 있습니다."(Tocqueville 1954, p. 335)

토크빌은 1830년 혁명 이후 프랑스의 정치권력을 장악한 중산층(Bourgeois)이 이런 정신적 퇴영에 큰 책임이 있다고 거칠게 비판했다. 그는 중산계급이 권력을 잡자마자 정부를 마치 자신의 개인 기업처럼 부리고 사소한 이해관계에 눈이 어두워 인민을 쉽사리 망각한 것을 결코 용서할 수 없었다.(Recollections, p. 5) 토크빌은 부르주아의 천성이 너무 천박한 나머지 그들의 영혼에는 자유나 인간의 존엄성 같은 소중한 가치가 설 자리가 아예 없다고 주장했다. '강렬한 증오심, 뜨거운 사랑, 위대한 희망, 그리고 강력한 확신' 같은 것이 있어야 제대로 된 인간이라고 할 수 있는데 그들은 그저 주식시장에서 이문을 얻는 것 외에는 다른 아무런 관심도 없다는 것이다.[22] 그런 부류이다 보

---

21)  A. Tocqueville. 1995. *Recollections: The French Revolution of 1848*. J. P. Mayer and A. P. Kerr (ed.) London: Transaction(이제부터 Recollections라고 표기), p. 5.

22)  1858년 고비노(Arthur de Gobineau, 1816~1882)에게 쓴 편지, Ossewaarde, p.

니 자신의 안락을 지켜주는 정부라면 어떤 체제이든 상관하지 않았다.(Recollections, p. 78) 토크빌은 이런 '민주주의와 부르주아 체제'에 절망할 수밖에 없었다.[23]

토크빌은 민주주의가 고착되면서 '거대한 지적·정치적 혁명'이 일어나는 것이 더욱 어려워진다고 걱정한다. 사람들이 사소한 이해관계에 몸을 던지면 사회적 공분(公憤)에 둔감해지기 쉽다. 재산에 대한 애착이 활활 타오르는 사람의 눈에 모든 새 이론은 위험하게 보인다. 혁신은 골칫거리로, 사회적 진보는 혁명을 향한 첫걸음처럼 생각된다. 사람들이 현세적 향락에 몰두하면 사회와 후손의 미래에 아예 관심을 잃어버릴 수 있다. 토크빌은 이런 상황이 지속되면서 인류의 진보가 멈춰버리지 않을까 걱정이 컸다.(『아메리카』 II, pp. 462-464) 그래서 토크빌은 민주사회의 사람들을 향해 '보다 크고 장대한 생각'을 품어야 한다고 독려한다. 겸손이 아니라 자존심이 더 중요한 덕목이 되어야 한다고 강조한다.(DA, p. 604)


## 2. '민주독재'의 등장

지금까지 평등제일주의에서 물질적 개인주의까지 토크빌이 민주주의를 좋아할 수 없는 이유를 훑어보았다. 그 핵심은 평등사회 사람들이 정신적 가치를 멀리한 채 천박한 삶에 빠져든다는 것이다. 그는 이런 논의를 바탕으로 자신이 민주주의에 본질적으로 회의의 눈초리를

---

58 참조.

23)  1840년 보몽에게 쓴 편지, Ossewaarde, p. 57 참조.

보낼 수밖에 없는 보다 결정적인 이유를 제시한다. 평등에 대한 지나친 열망이 '자유롭지 않은 민주주의 사회'를 초래하게 된다는 것이다. 평등주의의 미망에 빠진 사람들이 자유를 멀리하고 그 결과 민주주의의 이름으로 전제정치를 불러들이게 된다는 것이 토크빌이 『아메리카의 민주주의』에서 가장 힘주어 강조하는 내용이다. 평등사회가 왜 민주적 전제(despotisme démocratique)를 자초하게 되는가?

## 1) 다수의 압제

토크빌은 오도된 평등관에서 파생한 물질지향적 개인주의가 '다수의 압제(tyrannie de la majorité)'를 낳을 수밖에 없다고 단언한다.[24] 이 대목에서 민주주의적 평등에 대한 그의 두려움은 정점에 이른다.

평등한 사람들이 모여 사는 곳에서 개인주의가 팽배해진다는 것은 위에서 살펴보았다. 민주사회에서 각 개인은 공적 영역을 멀리한 채 자신의 성에 안주하고 산다. 그러면서도 고립은 두려워한다. 이 두려움을 이기기 위해 자신과 같은 처지의 주변 사람들과 더불어 행동하려고 한다.

이를테면 길을 찾는 것도 그렇다. 평등사회의 사람들은 자신의 이해범주를 벗어나는 초월적 진리를 인정하지 않는다. 이해할 수 있는 것만 받아들인다. 특히 자기보다 지적으로 뛰어난 사람을 인정하지 않는다. 다 똑같은 사람이라는 이유로 권위자를 따라가는 것을 싫어

---

24) 토크빌은 압제(tyrannie)와 전횡(arbitraire)을 구별했다. 그에 따르면, 압제는 법률을 통해, 다시 말해 합법적으로 행사되지만 전횡은 그렇지 않다. 대신 압제는 지배자 본인의 이익을 추구하는 반면 전횡은 피치자의 이익을 겨냥하는 점에서 다르다.(『아메리카』 I, p. 430)

한다. 그렇다고 자기 스스로 독자적 판단을 내릴 수 있는 능력은 안 된다. 가장 손쉬운 방법은 다수를 따라가는 것이다. 자신과 다를 바 없는 고만고만한 사람들이지만 다수가 더 많은 지혜를 가지고 있다고 생각하기 때문이다. 개인보다는 집단이, 소수보다는 다수가 보다 확실한 진리의 근거가 되리라 생각하는 것이다.[25] 이런 이유에서 여러 사람에 묻혀 자신을 숨기려 한다.

진리뿐만이 아니다. 다수는 도덕적 우월성도 가지게 된다. 평등한 사람들 사이에서는 최대다수의 이익이 소수의 이익보다 우선되어야 한다고 생각하기 때문이다. 다수파의 도덕적 제국 앞에서 개인은 자기 목소리를 낼 수가 없다. 무력한 존재가 될 수밖에 없다.

이처럼 대중은 진리와 도덕을 독점한다. 개인은 존재감을 상실하게 된다. 다수의 위력에 눌려 개인은 점점 더 자신에 대해 무력감을 느끼게 된다. 그래서 다수가 자신더러 틀렸다고 말하면 그대로 자기가 틀렸다고 인정하게 된다. 대중의 비난에 맞서 자신을 옹호하기가 힘들어진다. 대중이 버린 의견을 홀로 고집하는 것은 더욱 어렵다. 그러다 보니 다수의 결정 앞에서는 누구나 입을 다문다. 도전이나 토론을 생각할 수 없다. 어느 쪽이 다수인지 아직 판가름 나지 않을 때는 토론이 가능하지만, 다수가 확정되고 나면 누구나 입을 다물어버린다.(『아메리카』I, p. 432) 조건들이 균등해지고 사람들이 무기력해질수록 개인은 대중의 흐름에 더 영합하게 된다. 민주사회에서 살아갈 때 다수의 관심과 호의가 공기만큼 필수적인 요소가 된다. 그러다 보니 여론이 엄청난 무게로 개인의 영혼을 짓누른다.(DA, p. 237; 『아메리카』I, pp.

---

25)  이것은 지성에 적용되는 평등이론이라고 할 수 있다. 토크빌은 이런 이론은 인간의 자존심을 완전히 짓밟는다고 주장한다.(DA, p. 236)

420-421)

결국 개인이 고독할수록 다수에 의존하는 경향이 커진다. 다수가 개인의 삶에 절대적인 영향력을 행사하게 되는 것이다. 평등시대에 다수의견, 즉 여론이 일종의 종교와 같은 위력을 가지게 되는 이유가 여기에 있다.(DA, pp. 236, 403-410) 다수는 실질적·윤리적 권력을 장악한다. 개인의 행동을 금지할 뿐 아니라 그런 행동을 하고자 하는 욕망까지도 금지한다. 신체는 자유롭게 내버려 두지만 영혼은 사방팔방으로 얽매고 있다.(DA, pp. 243-244)[26]

대중은 주류와 어긋나게 생각하는 사람들을 굴복시키는 데 법률을 동원할 필요가 없다. 그저 인정하지 않는다는 의사만 밝히면 원하는 것을 충분히 얻을 수 있다. 과거 군주정의 폭군들은 물리적 폭력을 구사했다. 영혼을 지배하기 위해 신체를 거칠게 공격했다. 민주공화정의 폭군은 다른 방식을 동원한다. 신체는 내버려 두고 곧장 영혼을 공격한다. 인간의 의지를 통제하기 위해 심리적 폭력을 구사한다. 예전처럼 물리적 위협을 통해 생각을 통제하지 않는다. 말 안 듣는 사람에게 자유를 준다. 어떤 생각도 용인한다. 그 대신 그 사람을 이방인 취급한다. 목숨은 살려주지만 차라리 죽느니만 못한 처지로 내모

---

26)  토크빌과 깊은 교분을 나누었던 존 스튜어트 밀은 그의 『자유론』에서 거의 똑같은 의견을 피력한다: "다수의 압제는 … 다른 어떤 형태의 정치적 탄압보다 훨씬 더 가공할 만한 것이 된다. 정치적 탄압을 가하는 사람들과는 달리 웬만해서는 극형을 내리지 않는 대신, 개인의 사사로운 삶 구석구석에 침투해, 마침내 그 영혼까지 통제하면서 도저히 빠져나갈 틈을 주지 않기 때문이다 …. 사회는 이런 방법을 통해 다수의 삶의 방식과 일치하지 않는 그 어떤 개별성(individuality)도 발전하지 못하도록 방해한다. 그리고 할 수만 있다면 아예 그 싹조차 트지 못하도록 막으면서, 급기야는 모든 사람의 성격이나 개성을 사회의 표준에 맞도록 획일화시키려고 한다." John Stuart Mill. 2018. *On Liberty*. 서병훈 옮김, 『자유론』. 책세상(이제부터 『자유론』이라고 표기), pp. 27-28.

는 것이다.(『아메리카』I, pp. 434-435)

따라서 '다수의 제국'에서는 다수가 설정한 길을 벗어날 수가 없다. 대중의 인정을 받지 못하는 사람들은 고립감, 무기력에 시달리다 이내 절망할 수밖에 없다.(『아메리카』II, pp. 460-461) 시민으로서의 권리, 나아가 인간답게 사는 것 그 자체를 포기하지 않는 한, 다수 사람들과 불화하며 살 생각을 하지 말아야 한다. 토크빌의 생각에 그런 것은 살아도 사는 것이 아니다.(DA, p. 247; 『아메리카』II, p. 215)

과거 어느 군주라 하더라도 반대파를 모두 제압할 수 있을 만큼 절대적인 권력을 휘두르지 못했다. 그러나 이제 민주사회의 다수는 법률을 만들 수 있고 나아가 집행도 할 수 있다. 그뿐만이 아니다. 프랑스 앙시앵레짐에서 "국왕은 오류를 범할 수 없다."고 했는데, 이제 아메리카에서는 그것이 "다수는 오류를 범할 수 없다."로 바뀌었다.(DA, p. 237) 토크빌은 이런 다수의 억압에 빗대어, 미국만큼 사상과 언론의 진정한 자유를 결여한 나라가 또 없다고 했다. 사유의 자유가 없으니 위대한 작가가 나올 리 없다고 단언했다. 다수가 전권을 행사하는 상황에서 저명한 인물이 정계에 진출할 리가 없다. 미국에서 위대한 정치가가 보이지 않는 이유가 여기에 있다고 했다.(『아메리카』I, pp. 420-421, 436-437) 민주주의가 정신의 자유를 오히려 제약하고 있는 것이다. 토크빌은 이런 상황에 경악한다.

## 2) 전제정치의 출현

지금까지 사회적 차원에서 다수 압제를 살펴보았다. 토크빌은 사회가 개인에게 '절대군주'처럼 군림하는 현상을 실감나게 묘사했다. 이제 그는 정치적 차원에서 또 다른 압제자를 고발한다. 국가가 바로 그 범인이다.

민주주의 체제에서 다수가 정치적 결정권을 가지는 것은 당연하다. 평등한 사람들이 모인 곳에서는 다수의 생각이 우선권을 가질 수밖에 없다. 토크빌도 '모든 권위는 다수의 의지에서 나온다.'는 사실을 인정한다.(DA, p. 240) 그러나 다수가 법률을 만드는 특권에다 그 법률에 복종하지 않을 권리까지 요구하면 이야기는 달라진다.(『아메리카』 I, p. 429, fn. 4) 다수가 '국민의 이름'을 내세워 정치적으로 무엇이든지 할 권리를 가진다는 것은 온당하지 못하기 때문이다. 토크빌은 이 점을 특별히 강조한다.

그는 무제한 권력은 그 자체로 나쁘고 위험하다고 믿었다. 무제한 권력은 인간을 타락시키는 아주 확실한 방법이라고 생각했다. 왜 그럴까? 토크빌이 볼 때, 인간에게는 그런 권력을 분별 있게 행사할 능력이 없다. 따라서 '인민이든 국왕이든, 민주정치든 귀족정치든, 왕정이든 공화정이든' 무한권능은 압제의 씨앗이 될 수밖에 없다. 권력이 스스로 자제할 수 있게 도와주는 장애물이 없다면 자유는 위험에 빠지게 마련이라는 것이다.

이런 이유에서 토크빌은 인간이 스스로 타락하는 것을 막는 유일한 방법은 어느 누구에게도 무제한 권력을 주지 않는 것이라고 주장한다. 전능한 힘을 어느 누구에게도 부여하지 않는 것, 그것이 인간의 품위 저하를 막는 단 한 가지 수단이라고 강조한다.(『아메리카』 I, pp. 420-421, 428, 440) 토크빌은 자신과 동등한 인간 그 누구에게도 모든 짓을 할 수 있는 권력을 줄 수는 없다고 말한다. 아무리 다수라 하더라도 그런 권력은 절대 부여하지 않을 것이라고 한다. 다수에게 전권을 주자고 부추기는 것을 '노예의 언어'라고 비판한다.

그런데 민주사회에서는 그런 무제한 권력이 손쉽게 들어올 수 있다. 그것을 방지할 마땅한 방법도 없다. 토크빌은 그 이유를 이렇게 설명한다. 민주국가에서 이론상으로는 국민이 주권자이다. 그러나 국민은 평등하지만 고독한 개인들로 구성되어 있어 매우 허약하다. 귀족시대에는 시민들이 상호 유대감을 가지면서 밀접하게 연결되어 있었다. 필요할 때 다른 사람의 도움을 기대할 수 있었다. 조직의 도움도 받을 수 있었다. 그러나 평등시대 사람들은 그렇지 못하다. 서로 고립되어 있기 때문에 도움을 요청할 만한 친구가 없다. 연대감을 느낄 계급도 없다. 상황이 이렇다 보니 누구나 일방적으로 내몰리고 짓밟힐 수 있다. 평등이 사람들을 서로 떼어놓고 허약하게 만드는 것이다.(『아메리카』 II, pp. 561-562)

그러나 모든 개인을 대표하고 포괄하는 민주국가는 매우 강력하다.[27] 개인이 고독할수록 국가에 권력이 집중되기 때문이다. 토크빌은 네 가지 이유 때문에 민주주의 사회가 중앙집권화로 나가게 된다고 보았다. 첫째, 고립된 개인들이 국가의 간섭을 반대하면서도 그 도움을 갈망하기 때문에 국가의 영향력이 확대된다. 둘째, 평등사회의 사람들은 특권에 반감을 가지기 때문에 국가만이 개인에게 영향력을 미칠 수 있다. 따라서 국가에 정치권력이 집중된다. 셋째, 민주주의 사회에서 각 개인은 공적 업무에 무관심하기 때문에 국가의 할 일이 많아지고 그 결과 권력도 확대될 수밖에 없다. 넷째, 공업이 성장하면서 노동자의 건강 등 복지 문제를 통제할 감독의 필요성이 커진다. 따라서 정부에 권력이 집중되는 것을 막을 수 없다.(이황직, pp. 252-254 참조)

---

27) 토크빌은 자기 주변 사람들을 시원찮게 보고 경멸하는 사람일수록 그에 비례해서 절대적인 정부를 선호한다는 말도 했다.(OR, p. xv) 그에 따르면, 평등사회의 사람들은 자신의 능력을 믿지 않듯이 다른 사람도 우습게 본다. 그러니 믿을 것은 국가뿐이라는 논리가 성립되는 것이다.

토크빌은 이런 권력 집중이 개인의 자유를 심각하게 위협한다고 보았다. 다수가 행사하는 사회적 권력보다 중앙집중형 정치적 권력이 더 큰 위협이 된다고 생각했다. 그는 국가가 행정의 효율과 일관성을 앞세워 개인의 사상과 감정까지 획일적으로 통제하게 될 가능성을 크게 걱정했다.(Maletz 2002, pp. 759-760 참조)

고립된 개인에게 정부 행동을 통제하고 감시할 능력이 있겠는가. 이 공백을 틈타 국민의 이름을 앞세운 절대권력자가 군림하게 된다. '국가'라는 이름의 이 거대한 힘은 "인간을 얼마든지 자신이 원하는 모습으로 변화시킬 수 있다." 국가에로 권력집중을 막지 못하면 '민주적 전제'로 흘러간다는 것이다. 토크빌은 '민주적 전제' 중에서도 최악의 형태로 1인 독재자의 등장을 예고한다.

토크빌은 이런 이유에서 사회적 조건이 평등한 나라에서 절대적 전제적 정부가 더 쉽게 들어설 수 있다고 생각했다. 그는 민주주의 체제가 취약하기는커녕 저항할 수 없을 정도로 막강하다는 것을 가장 염려한다. 개인은 점점 종속적이고 허약해지는데 국가는 갈수록 활력이 넘치고 더욱 강해진다는 것이다.(『아메리카』 II, pp. 558-559) 사람들은 민주주의 사회에서 극단적인 자유가 범람할까 걱정한다. 그러나 토크빌은 민주적 폭정에 대항할 수 있는 방파제가 없다는 것이 더 위험하다고 강조한다.(DA, p. 241) 민주주의시대에 역설적으로 전제정치의 대두를 더욱 우려해야 하는 것이다. 토크빌은 이러한 민주적 전제에 전율하지 않을 수 없었다. 민주시대에 자유가 더욱 소중하다는 사실을 외치고 싶었다.(Tocqueville 1983, p. 182; 『아메리카』 II, pp. 557)

'민주적 전제'라는 말은 형용모순적이다. 민주주의가 어떻게 독재와 동거할 수 있을까. 토크빌은 이런 신조어를 통해 민주주의의 원리 자체에 내재하는 징후적 위험을 밝혀 보여주고자 했다. 그는 이미 『아메리카의 민주주의』1권에서 '최대다수의 평온한 지배'를 제때 확립하지 못한다면 조만간 1인의 '무제한' 권력 아래 들어가게 될 것이라고 경고한 바 있다.(『아메리카』I, p. 540) 그는 1835년 1월에도 케르고를레에게 보낸 편지에서 '프랑스처럼 사회상태가 민주적이고 도덕적으로 퇴폐한 곳'에서 절대정부가 들어선다면 그 폭정의 한도가 어디까지일지 알 수 없다고 토로했다. 나폴레옹 1세와 루이필리프에게서 이미 민주독재의 싹을 발견할 수 있었던 것이다.(Selected, p. 94)

토크빌은 5년 뒤 『아메리카의 민주주의』2권에서도 민주적 전제의 출현 가능성을 예단하고 있다. 다만 아직 그런 정치적 현상을 경험해보지 못했기 때문에 그것을 직접 묘사할 수는 없고 단지 논리적으로 추론만 할 수 있었다:

"민주국가에서 봉착하게 될 압제의 종류는 여태껏 이 세상에 존재했던 것과는 전혀 다를 것이라고 나는 생각한다. 우리 현대인의 기억 속에서는 이와 비슷한 사례를 찾아볼 수 없다. 내가 머릿속에 떠올리는 개념을 정확하게 드러내주는 표현을 찾아보려 했지만 헛수고이다. 전제정치(despotisme)나 폭군정치(tyrannie)라는 단어는 적합하지 않다. 개념 자체가 새로운 것이라 그것에다 이름 붙이기가 쉽지 않다면 우선 그것을 정의해보도록 하자."(『아메리카』II, p. 550)

전체적으로 보면 『아메리카의 민주주의』1권은 다수의 압제를 제어할 수 있으리라는 낙관론에 기울어져 있었지만 2권에서는 그 기조가 바뀌었다. 프랑스의 경험에 비추어볼 때 민주주의의 실패가 '민주적 전제'로 나타날 것이라고 비관적인 예측을 하고 있기 때문이다.(이황직, p. 320 참조) 『앙시앵레짐과 프랑스 혁명』에 이르면 그의 우려는 보다 구체화되어 나타난다. 토크빌은 그 책에서 "1. 우리 시대는 어떤 미지의 힘에 의해 귀족정치를 파괴하고 있다. 2. 귀족정치가 더 이상 존재하지 않는 곳에서는 전제정부를 제거하기가 매우 힘들다. 3. 전제정치는 이런 유형의 사회에서 가장 나쁜 결과를 가져온다."고 주장한다.(OR, pp. 6-7) 얼핏 귀족정치를 그리워하는 것처럼 읽히지만 과거 전제군주의 폭압을 견제할 수 있었던 사회적 완충장치가 소멸해버린 것에 대한 아쉬움을 그런 식으로 표현한 것이다.(이 부분에 대해서는 2부 5장에서 다시 논의한다.)[28]

### 3) '부드러운 독재'

토크빌은 민주적 전제가 국민을 억압하는 데 그치지 않고 국민 개개인의 인간성을 근본적으로 유린하게 된다는 점을 역설한다. 그는

---

28) 토크빌은 이러한 민주적 전제가 혁명이 발발하기 이전인 18세기 중엽에 이미 '혁명적이고 민주주의적'인 '공공행정 전문가 집단, 경제학자 또는 중농주의자'에 의해 개념화되었다고 주장한다. 이들은 '만인은 평등하다'는 굳은 신념 아래 특권이라면 무엇이든 증오했다. 경제활동의 자유방임(laissez faire, laissez passer)을 주장했지만 정치적 자유에 대해서는 별로 관심이 없었다. 대의기구나 지방의 하위 권력체들에 강한 반감을 품고 있었다.(OR, pp. 177-179) 따라서 이들은 국가의 권능에 어떤 제한도 두지 않았다. "국가는 인간을 얼마든지 원하는 모습으로 변화시킬 수 있다."고 주장했다. 그들의 이론에 따르면, 완전히 평등한 개인들로 구성된 '전체국민'이라고 하는 무차별적 다수가 이론상 유일한 합법적 주권자이다. 그러나 이들은 정부 행동을 통제, 감시할 권한을 교묘하게 박탈당했다. 마침내 국민의 동의 없이, 국민의 이름으로 모든 권한을 행사할 수 있는 유일한 주권자가 국민 위에 군림하게 되었다.(OR, p. 182) 이들이 구상한 거대한 힘은 인격을 초월했다. 국왕이 아니라 '국가'가 최고 권력자가 되었다. 국가는 국민의 이름으로 개인의 권리를 무시할 수 있었다.(OR, pp. 162-163) 토크빌은 이들이 평등에 대해 단호한 열정을 가지고 있으나 자유에 대한 취향은 너무 불확실한 것이 마치 자기와 동시대 인물 같은 느낌이 들 정도라고 했다.(OR, p. 184)

민주주의 사회에 등장하는 전제정치가 그 이전 시대의 폭압정치와 그 성격이 근본적으로 다르다고 주장한다. 우선 다수 압제는 가공할 사회적 권력을 행사하지만 그 모양새는 사뭇 부드럽다. 신체가 아니라 영혼을 대상으로 하기 때문이다. 토크빌은 국가가 행사하는 무제한 정치권력도 비슷한 성격을 띤다고 보았다. 과거 황제들은 무자비한 폭력을 휘둘렀지만 그 범위는 제한적이었다. 이에 반해 민주국가의 전제정치는 인간에게 직접적으로 신체적인 고통을 주지 않는 부드러운 형태를 띠지만 그 실체는 훨씬 더 무섭다.

전제정치가 어떻게 부드러운 형태를 띨 수 있을까? 전제정치를 불러들인 바로 그 평등원리가 전제정치를 부드럽게 만든다. 평등사회에서는 구성원 어느 누구도 남을 압도할 만큼 막강한 권력과 엄청난 부를 가질 수 없다. 다들 고만고만한 재산을 가진 까닭에 사람들의 열정이 모두 미적지근하다. 상상력은 제한적이고 쾌락은 단순하다. 이런 전반적 분위기 때문에 통치권자도 온건해질 수밖에 없다. 그런 사회에서 강렬한 욕망을 가진 사람이 나올 수 없기 때문이다. 전제군주처럼 자의적으로 권력을 휘두를 수 없다. 따라서 민주주의시대에는 폭정이 물리력을 휘두를 기회와 무대를 얻지 못한다. 전제정치이지만 그 외양은 부드러운 것이다.(『아메리카』 II, pp. 548-549)

그러나 그 영향력이 퍼지는 범위는 훨씬 넓다. 평등시대의 통치권자들은 과거에 비해 훨씬 쉽게 공권력을 장악한다. 개인의 사생활 영역까지 일상적으로 깊숙이 개입한다. 그 정도가 지나쳐 마침내 인간의 기본적 품위마저 훼손하게 된다. 토크빌은 민주주의시대가 불러들이는 이러한 새로운 형태의 전제정치에다 '후견(後見)체제'라는 이름을 붙인다.

토크빌은 민주주의시대 사람들의 '자잘한 열정과 온유한 생활태도,

교육수준, 신앙, 습관, 절제력'을 생각해보면, 폭군(tyrans)이 아니라 후견인(tuteurs) 통치가 새로운 지배양식이 될 가능성이 높다고 주장했다. 통치자 스스로 과거 폭군처럼 권력을 휘두르기보다 가부장적 지도자가 되기를 바란다.(Richter 2006, p. 256 참조)

토크빌은 민주사회가 외형은 부드럽지만 실제로는 더 가공할 폭압을 행사하게 된다고 염려했다. 바로 이 후견체제의 속성 때문에 그렇다. 그에 따르면, 후견 권력은 인간의 자유의지를 쓸모없는 것처럼 여긴다. 그래서 사람들의 의지적 활동을 아주 좁은 범위 안에 가두어두고, 각자가 자신의 역량을 활용할 의지마저 조금씩 앗아간다. 개인의 의지를 분쇄하지는 않지만, 그것을 연약하게 만들고 구부러트려 마음대로 조종한다.

이 체제에서도 아주 중요한 사안들에 대해서는 시민 개개인이 자신의 뜻을 관철할 여지가 아직 남아 있다. 이를테면 개인들은 권력의 대표자를 선출하는 등 중요한 사안에 자신의 자유의지를 활용할 수 있다. 그러나 그런 일은 어쩌다 가끔씩 일어날 뿐이다. 그것도 잠시 자기 생각을 발휘하는 데 지나지 않는다.

그런데 사소한 사안들에 대해서는 개인이 전혀 개입할 수 없다. 권력은 사소한 일에 사람들을 속박해서 자기 뜻대로 행동하지 못하게 한다. 개인의 정신을 위축시키고 영혼을 무기력하게 만든다. 후견체제에서 사람들은 스스로 생각하고 느끼며 행동하는 능력을 조금씩 잃어버리게 된다. 그 결과 인간성이 평균적 수준 이하로 떨어진다. 토크빌은 바로 이처럼 사소한 영역에서 인간을 노예로 만들 위험이 도사리고 있다고 주장한다. 중요한 일보다 별 의미 없는 일들에서 자유가 더 필수적이기 때문이다.

이런 예종상태는 질서정연하고 부드러우며 평온해 보인다. 따라서 얼핏 자유의 외형을 갖춘 것처럼 보인다. 토크빌은 이런 이유에서 인민주권의 그늘 아래 민주독재가 확립될 가능성이 커진다고 경고한다.(『아메리카』II, p. 552)

평등시대 사람들은 인민주권을 주장하면서도 '행정적 전제'[29]는 쉽게 받아들인다. 자유롭고자 하는 욕구와 지배받고자 하는 욕구를 동시에 가지고 있는 것이다. 그래서 후견인을 선출한 뒤, 그 후견인의 지배를 받는 자신의 처지에 위안을 느낀다. 국민 전체를 대표하는 권력에게 기꺼이 자신의 자유를 넘겨준다. 그러면서 개인 자유를 보장하기 위한 노력을 완수했다고 자평한다. 자기가 내준 것은 바로 자신에게 되돌아온다고 생각한다. 따라서 통치권자에게 복종하는 것이 바로 자기 자신에게 복종하는 것이나 마찬가지라고 믿는다.

그러나 토크빌은 이런 후견체제가 민주국가에서 나타날 수 있는 전제정치의 여러 형태 중 가장 나쁜 것이라고 단정한다.(『아메리카』II, pp. 552-554) 자치하는 습성을 완전히 잃어버린 국민은 머슴이 되고 만다. 아니, 겁 많고 열심히 일하는 한 떼의 가축으로 전락해버린다. 정부는 그 가축을 돌보는 목자가 된다. 이런 상황에서 국민이 투표를 통해 자유롭고 활력이 넘치며 현명한 정부를 선택할 수 있을까? 토크빌은 부정적이다. 사람들은 정치인에게 지치고 자기 자신에게 지쳐서 조만간 한 명의 주인, 즉 전제 지배자의 품 안으로 들어가고 싶어 한다는 것이다.(『아메리카』II, pp. 550-556) 그래서 토크빌은 말한다. 평등은 인간이 이 모든 사실을 받아들일 뿐 아니라 때로는 일종의 혜택인 것처럼 착각하게 만든다는 것이다.(『아메리카』II, pp. 551-552)

---

29) 토크빌이 '통치의 중앙집권화'와 '행정의 중앙집권화'를 구분하면서 행정권력의 분산을 강조한 것은 다음 장 참조. 그는 평등사회 사람들이 행정적 전제를 기꺼이 받아들이는 것을 강력하게 비판했다.

## 3. 귀족정에 대한 향수

이처럼 토크빌이 평등에 바탕을 둔 민주주의를 좋아할 수 없는 이유가 많았다. 특히 그는 평등사회의 암적 존재인 민주독재를 척결하는 일에 그의 온 영혼을 걸다시피 했다. 반면 그는 귀족정에 대해서는 본능적 일체감을 느꼈다. 무엇보다 귀족체제를 떠받치던 정신세계에 대한 향수가 컸다. 토크빌은 『아메리카의 민주주의』 2권을 출판한 다음 해인 1841년 자신의 '깊숙한 본능'과 '기본원칙'에 대해 다음과 같이 털어놓았다:

"이성적으로 나는 민주적 정치체제를 선호한다. 그러나 본능적으로는 귀족체제에 더 끌린다. 다시 말해 나는 군중을 경멸하고 또 두려워한다. 나는 자유와 법을 열정적으로 사랑한다. 그리고 권리를 존중한다. 그러나 민주주의에 대해서는 그렇지 않다. 이것이 내 가슴 깊은 곳에서 나오는 솔직한 고백이다. 나는 선동, 대중의 무질서한 행동, 그들이 폭력적이고 분별없이 공공업무에 관여하는 것, 하층계급의 과도한 질투심, 반종교적 행태, 이런 것들을 증오한다. 이것이 내 가슴 깊은 곳에서 나오는 솔직한 고백이다."[30]

토크빌은 머리로는 민주주의를 받아들였지만, 가슴은 그렇지 못했다. 본능적으로는 귀족체제에 더 끌렸다. 자유와 법을 열정적으로 사랑하고 권리를 존중하지만 민주주의에 대해서는 그런 마음이

---

30)  A. Tocqueville. 2002. *The Tocqueville Reader: A Life in Letters and Politics*. Olivier Zunz and Alan S. Kahn (ed.) Oxford: Blackwell(이제부터 Reader라고 표기), p. 219.

없었다. 그는 군중을 경멸하고 두려워했다. 그들이 선동에 휘둘리며 무질서하게 행동하는 것을 증오하고 무서워했다. 반면, 그는 귀족(gentilhomme)에 대해서는 똑같은 언어를 구사하는 '한 가족'이라는 느낌이 든다고 했다. 비록 생각이 다르고, 의견이나 희망, 관점이 상반된다 하더라도, 금세 그들과 서로를 이해할 수 있을 것 같다고 했다.(Senior I, p. 69)[31]

이것이 토크빌의 가슴 깊은 곳에서 우러나오는 솔직한 고백이다. 이런 언급을 보면 그는 민주주의자일 수가 없다. 그의 기질부터 민주주의와는 거리가 멀었다. 그는 평범한 사람을 싫어했다. 지적으로나 감성적으로 아주 특별하지 않으면 전혀 관심을 두지 않았다. 경멸하는 것은 아니지만 자신과 아무런 관련이 없다고 생각했다.[32] 그로 인한 외로움을 기꺼이 감수했다.(Mayer, pp. 16-17 참조) 토크빌은 1854년 시니어(Nassau Senior)[33]와 대화하면서 "귀족사회를 잃어버린 것은

---

31) 그는 이런 말도 했다: "이 세계가 중요한 사람과 하찮은 사람, 부유한 사람과 가난한 사람, 유식한 사람과 무식한 사람 등으로 가득 차 있을 때, 나는 후자에게서 눈을 돌려 전자에 관심을 집중했다. 전자를 너그러운 눈길로 대했다."(『아메리카』 II, pp. 574-575)

32) 토크빌은 주변 사람들에게 무관심했고, 평범한 보통 사람을 경멸했다. 그는 진부한 사람들이 세상을 움직이는 것이 너무 싫었다. 어떤 사람이든 생각이나 감정에서 특별히 그의 시선을 끌지 않는 한 아예 관심을 두지 않았다. 그렇다 보니 그는 그들이 "코나 입이나 눈을 가지고 있겠지만 그 전체가 어울려 각각 어떤 모습을 하는지" 기억하지 못했다. 그는 사람들을 만날 때마다 이름을 묻고는 곧 잊어버렸다.(『위대한 정치』, p. 360 참조)

33) 시니어(1790~1864)는 영국의 저명한 법률가, 경제학자이다. 그는 『아메리카의 민주주의』를 읽고 "이 시대의 가장 중요한 책"이라고 칭찬을 아끼지 않았다. 시니어는 토크빌과 주고받은 편지를 잘 보관한 것은 물론이고, 함께 나눈 대화도 그냥 흘려 보내지 않았다. 시니어는 그 대화 내용을 세세하게 기록한 뒤 일일이 토크빌 본인의 확인을 받았다. 그래서 나온 두 권의 책이 바로 『토크빌과 시니어 대화록, 1834-1859(*Correspondence and Conversations of Alexis de*

우리에게 크나큰 불행"이라고 했다. 그로서는 그럴 만한 이유가 충분히 있었다.(Senior II, p. 83, 85)

## 1) 귀족사회의 정신적 가치

앞에서 보았듯이, 토크빌은 평등제일주의로 흘러가는 민주사회는 현실적·육체적 쾌락에 매몰된다고 생각했다. 사람들이 재산증식에 집착하느라 시야가 좁아지면서 소소한 욕심에 눈이 멀게 된다는 것이다. 그 결과 인간의 정열이 약화되고 천박해지면서 사회 자체가 하루같이 점점 활력을 잃는다. 민주주의 사회에서는 한마디로 고매한 야심을 품는 사람이 드물다. 사회 전체가 덜 고상해지는 것이다. 그저 잘난 사람을 시기하는 마음만 충만해진다.

그러나 그가 볼 때, 귀족사회는 다르다. 귀족은 고상한 관념과 정신적 기쁨을 추구한다. 웅대하고 고귀한 목표를 추구하며 명예를 소중히 여긴다. 하찮은 쾌락을 멀리하며 진리에 대해 거의 신성에 가까울 정도로 큰 가치를 부여한다. 사소한 즐거움을 경멸하기 때문에 비굴한 생각과 거리가 멀다.(DA, p. 436)[34] 왜 그럴까? 어디에서 이런 차

---

*Tocqueville with Nassau William Senior from 1834 to 1859)*이다. 이 책은 토크빌에 관한 '1차 자료'로서 그 문헌적 가치가 매우 크다. 토크빌이 세상을 떠난 뒤 시니어는 "프랑스와 유럽에 너무나 큰 손실이라 어떻게 메울 도리가 없다."며 애도했다.(『위대한 정치』, pp. 104-105 참조)

34)  바로 이런 이유에서 토크빌은 그와 동시대를 살았던 권세가들(이를테면 부르봉 왕조의 계승을 주장하는 정통주의자(légitimiste))에 대해 크게 실망했다. 그의 증언에 따르면, 18세기 말 파리의 최상류층 인사들은 광범위한 지적 호기심, 독립심, 건전한 판단능력으로 무장한 채 자유롭게 자신의 생각을 표명했다. 무엇보다 공공정신이 충만했다. 반면 토크빌 시대 사람들은 조상들에 비해 지적으로나 교양 면에서 너무 열등했다. 천박하고 이기적 탐욕에 젖어 있었다. 야심도 없

이가 나는 것일까?

토크빌은 귀족사회의 여론 주도세력, 국정 담당 세력들이 사회적·경제적으로 일반 대중보다 높은 위치에 있다는 사실을 그 원인으로 꼽는다. 신분의 차이가 자연스럽게 자신과 인간에 대해 고상하고 차원 높은 생각을 품게 만든다는 것이다.(DA, p. 436) 그는 조건의 불평등과 명예 사이에 강력한, 그리고 불가피한 관계가 있다고 보았다. 명예를 빚어내는 것은 사람들 사이의 차이와 불평등이라는 것이다. 이런 차이가 희미해지면 명예, 곧 고상한 야심도 약해지고 만다는 것이 그의 생각이었다.(DA, pp. 598-599)

## 2) 귀족사회의 구조적 장점

토크빌은 어떤 수를 쓰더라도 민도(民度)를 일정 수준 이상 끌어올리는 것은 어렵다고 했다. 지식의 접근을 촉진하고, 교육 방법을 개선하며, 과학 이용을 손쉽게 해도 소용이 없다는 말까지 했다. 상당한 시간과 노력을 투자해야 사람이 개화되고 지성도 함께 발전한다는 사실을 다소 과장되게 표현한 것으로 보인다.(DA, p. 188)

토크빌은 지적 발전이 일어나기 위한 일종의 한계조건으로 '얼마나 먹고사는 일에 얽매이지 않는가.'를 꼽았다. 그런 위치에 있는 사람이라야 정신소양의 발전을 위해 매진할 수 있다는 말이다. 이런 기준을 따르면, 모든 사람의 생각이 깨어 있는 나라를 상상한다는 것은 모든 사람이 부자인 나라를 생각하는 것만큼이나 현실성이 떨어진다. 아리

---

었다. 권력을 욕심 내는 사람도 조국을 위해 무엇인가 큰일을 하겠다는 포부보다는 단지 재산을 늘리고 이름을 날리는 데만 관심을 쏟았다.(Senior II, pp. 83, 85, 207-208)

스토텔레스의 말을 인용하지 않더라도, 어느 곳에서나 가난한 사람이 늘 다수를 이룰 수밖에 없기 때문이다. 가난한 다수 대중도 나라의 이익을 진지하게 열망할 수는 있다. 그러나 그들에게는 국익증진에 몰두할 시간과 수단이 없다.(DA, pp. 188-189) 학문과 교양에 관심을 기울이기도 힘들 것이다.[35]

민주사회에서는 거대재산을 축적할 수 있는 직업이 모든 사람에게 차별 없이 열려 있다. 사람들의 자격은 모두 비슷하다. 누가 그런 좋은 직업을 차지할 것인가? 평등원칙을 훼손하지 않는 한, 그들 중 누구의 손을 특별히 들어줄 수가 없다. 가장 손쉬운 방법은 모든 사람이 똑같은 몫을 나눠 가지는 것이다. 그렇게 되면 특출한 사람이 나오기 힘들다. 모든 사람의 진전이 느릴 수밖에 없다.

큰 목적을 추구하고 싶어도 사소한 장애물들이 무수히 많다. 오랜 시간이 걸려야 그것들을 치울 수 있다. 이런 것을 잘 아니까 사람들의 야심이 퇴색하고 지쳐버린다. 그러니 멀리 떨어져 있고 가능성이 희박해 보이는 것 대신에 덜 고상하지만 주위의 보다 손쉬운 것에 매달린다. 법적 제약 때문이 아니라 그들 스스로 위축되어버리는 것이다.

따라서 민주국가의 사람들은 대단히 한정된 범위 안에서만 욕망을 추구할 수밖에 없다. 야망을 품기는 하지만 대단히 높은 것을 겨냥할 수는 없다. 평등원리가 제도와 풍습 속으로 침투하면 할수록 누군가 일정 수준 이상으로 빨리 위대해진다는 것은 갈수록 어려워지는 것이다. 이처럼 평등은 모든 사람이 어떤 일이든 할 수 있게 하지만, 남보다 훨씬 빠르게 성취하는 것은 가로막는다.

---

35) 그는 이런 말도 했다: "미국 사람들은 처음에 모두 가난했다. 그 결과 학문에 대한 관심이 있을 때는 그 일에 몰두할 시간적 여유가 없고, 시간이 생기고 나면 공부에 대한 열정이 사라진다."(DA, p. 51)

토크빌은 이 점에서도 귀족사회가 상대적 강점을 지닌다고 보았다. 귀족사회에서는 집안이나 가문의 도움을 받아 남보다 앞서 출발할 수 있기 때문이다. 파스칼이 말했듯이, "다른 사람이 나이 50에서나 지닐 수 있는 자질을 18세 또는 20세에 가질 수 있다는 것은 엄청난 이점이다. 30년을 그저 버는 것이나 마찬가지이다." 귀족사회에서는 위대한 성취가 가능하다는 것이다.(DA, pp. 601-603)

### 3) 귀족체제가 더 유능

토크빌은 과거 역사를 통틀어 볼 때, 세계를 주름잡던 민족, 위대한 계획을 입안하고 실천에 옮겼던 민족들이 거의 모두 귀족정 체제 아래에서 활동했다고 주장한다. "이것에 대해 놀랄 사람이 어디 있겠는가?" 하며 되묻기까지 한다. 왜 그럴까?

토크빌은 귀족체제가 민주정보다 질적인 면에서 더 우월하다고 보았다. 그는 민주정과 왕정, 귀족정의 차이를 다음과 같이 분석했다. 인민대중은 자신들의 무지 또는 정열 때문에 잘못된 길을 걸어갈 수 있다. 왕은 그 수명이 유한할 뿐 아니라, 한두 사람의 손에 휘둘릴 수 있다. 편견이나 우유부단의 폐해를 낳을 수도 있다. 그러나 귀족정은 음모 때문에 방향을 잃기에는 그 수가 너무 많고, 생각 없는 정열에 도취되기에는 그 수가 너무 적다. 따라서 결연한 의지와 지혜를 갖출 수 있다. 귀족정은 확고한 의지와 개명된 지식을 가진, 죽지 않는 사람과 같다는 것이다.(DA, p. 220)

토크빌은 이런 잣대로 민주정을 비판적으로 접근한다. 그는 민주국가가 한 세기 동안 공화주의 요소를 지탱할 수 있다면 다른 나라들보다 더 부유하고 인구도 많아져서 더 번창할 것이 분명하다고 말한다. 문제는 그 체제 내부의 취약점 때문에 이 기간 동안 다른 나라에 정복당하지 않고 버티기가 힘들다는 점이다.(DA, p. 214)

토크빌은 민주사회의 사람들이 열정적이고 즉흥적이라는 사실을 매우 부정적으로 평가한다. 이성보다는 감정에 더 휩쓸리기 때문에 지성과 경험에 바탕을 둔 깊은 성찰이 부족하고, 따라서 미래에 대해 분명히 인식할 수 없다는 것이다. 뿐만 아니라 이런 사회의 사람들은 현실을 지키기 위해 몸을 던질 생각도 별로 없다. 나라를 위해 희생할 때 어떤 대가를 얻을지 확신할 수 없기 때문이다. 가난한 사람의 죽음은 아무런 영광도 주지 않는다. 민주사회의 공공정신이 상대적으로 척박한 이유가 여기에 있다.[36] 나아가 민주주의 사회에서는 법이 거의 언제나 결함이 있거나 때를 못 맞춘다. 그러므로 수단이라는 측면에서 볼 때, 민주주의는 귀족정보다 훨씬 불완전하다. 심지어 때로 뜻하지 않게 자해(自害) 활동을 하기도 한다.

따라서 토크빌은 귀족정이 민주정보다 말할 수 없을 정도로 더 능란하다고 생각했다. 귀족정의 지도자들은 덧없는 유혹에 흔들리는 일이 없다. 장기적 계획을 세워서 적절한 환경이 도래할 때까지 참고 기다릴 줄 안다. 목표를 위해 효율적으로 동원하고 현명하게 일을 추진한다. 목표를 향해 힘을 결집하는 능력이 있기 때문이다.(DA, p. 222)

토크빌은 대외정책을 예로 들어 민주정부가 결정적으로 취약하다는 것을 입증하려 한다. 민주주의는 일상적인 소소한 일은 잘 처리한다. 그러나 국가의 운명을 좌우하는 대외정책 등 큰일 앞에서는 역부족이다. 대사를 추진하면서 세세한 사항을 조정하거나 계획을 확정하

---

36) 이 점에서 귀족사회는 강점을 가진다. 귀족은 희생의 대가로 장차 영광을 얻을 것이라는 기대를 가질 수 있기 때문이다.(DA, p. 214)

는 것, 굳은 의지로 온갖 장애를 뚫고 헤쳐나가는 일 등은 민주정의 능력 밖이다. 토크빌은 이런 자질이 귀족정에서 발견된다고 말한다. 귀족이 다스리는 나라에서 역사에 남을 일을 많이 한 이유가 여기에 있다고 했다.(DA, p. 219)

　그러면서 그는 워싱턴(George Washington, 1732~1799)같이 훌륭한 정치가가 대중의 사려 깊지 못한 열정 때문에 정치적 위기상황에 빠져들어야 했던 사례를 상기시킨다. 민주주의의 내재적 경향, 즉 이성이 아니라 감성에 휩쓸려 위기를 자초하고, 일시적 열정에 눈이 어두워 오래 숙고하며 준비한 계획을 내쳐버리는 잘못을 저질렀기 때문이다.[37]

---

37)　프랑스 혁명 때, 미국 사람들 사이에서 프랑스를 돕기 위해 영국에 선전포고를 해야 한다는 여론이 비등했다. 당시 최소한의 이성을 가진 사람이라면 미국이 유럽 전역을 피로 물들이고 말 그런 투쟁에 관여하지 않아야 한다는 것을 뚜렷하게 알고 있었다. 그런데도 인민들의 뜻이 워낙 강해 고매한 인격의 소유자로 뜨거운 인기를 누렸던 워싱턴도 악전고투 끝에 겨우 선전포고를 피할 수 있었다. 이 과정에서 워싱턴은 하원에서 소수파가 되고, 심지어 반역자로 몰려야 했다. 토크빌은 그때는 미국 국민 대다수가 워싱턴의 결정을 비난했지만, 이제는 모든 사람이 그것을 지지한다는 사실을 눈여겨보았다.(DA, pp. 219-221)

# '나는 본질적으로 민주주의자'

토크빌은 "본능적으로는 귀족체제에 더 끌린다."고 고백했다. 귀족이 "한 가족이라는 느낌이 든다."는 말도 했다. 이런 그가 민주주의를 높이 평가하는 말을 여러 차례 했다. 그 강도(強度)가 여간 세지 않아 그의 본심을 종잡기가 어려울 정도이다. 결정적으로 그는 자신을 민주주의자라고 불렀다. 어느 토크빌이 진짜 토크빌인가?

## 1. 민주주의의 장점

이를테면 토크빌은 '좋은 평등'을 거론하면서 '평등의 정의로움이 위대함과 아름다움'을 만들어낸다고 했다.(『아메리카』 II, p. 575) 평등이 공화정의 번영에 가장 알맞은 습관, 관념, 습속을 강화해준다는 말도 했다.(『아메리카』 I, p. 475) 평등제일주의에 질색하던 그가 아닌가?

그는 또 귀족정치가 인민대중이 아니라 귀족들 자신만의 이익을 도모한다면서 이것을 그 체제의 '결정적 약점'으로 지목했다.(『아메리카』 I, p. 388) 반면 민주주의는 정치적 권리를 가장 낮은 계층의 시민들에게까지 확산시킨다. 토크빌은 이것을 '민주정부의 가장 큰 장점 가운데 하나'라고 꼽았다. 토크빌은 민주주의가 일부 사람을 억압하는 과오를 저지르는 반면 귀족주의는 나머지 사람 전부를 억압한다면서 비판하기도 했다.(DA, p. 180)

뿐만 아니라 토크빌은 민주주의가 행정의 질서정연함 등 수단이라는 측면에서 훨씬 불완전하지만, '더 중요한 목표, 즉 인간성을 보다 잘 고취하는 점'에서는 귀족정보다 더 낫다고 말했다.(DA, p. 222) 민주사회의 법률이 최대다수의 복지증진을 목적으로 한다는 점에서 그 입법목적이 귀족정보다 더 인간적이고 유용하다는 것이다. 또 민주주의가 장기적으로 독재체제보다 더 많은 것을 생산하고 사회 전반에 엄청난 힘을 불어넣는다고 했다. 토크빌은 이런 것을 민주주의의 '진정한 장점'이라고 역설했다.(DA, p. 234)

토크빌은 이런 말끝에 자신을 민주주의자로 불렀다. 그는 1835년 6월 밀에게 보낸 편지에서 그런 말을 했다. 토크빌은 다수 시민이 국정을 온전히 담당할 수 있는 상태에 오르게 하는 것을 '민주주의의 진정한 목표'라고 규정한 뒤, '이런 의미에서 나는 민주주의자'라고 고백했다.(Selected, pp. 100-102) 토크빌은 1839년 밀에게 다시 한 번 스스로 '민주주의의 친구'라고 표현했다. 그는 자신이 민주사회의 어두운 측면을 용감하게 들추어내는 까닭은 단지 그 과오를 시정하기 위해서라며, 민주주의에 대해 진실된 충고를 하는 것이 친구의 임무라고 말했다.[38]

그가 『아메리카의 민주주의』 2권에서 "민주주의를 적으로 삼지 않는 까닭에 민주주의에 대해 있는 그대로 진솔하게 말하고자 한다."고 적은 것도 같은 맥락에서 보아야 한다. 평등이 약속하는 새로운 축복을 널리 선전하는 사람은 많지만 그 평등이 초래하는 위험을 과감하게 경고하는 사람은 거의 없다. 그는 그 위험을 명확하게 알아보았기 때문에 더 이상 침묵할 수 없었다.(『아메리카』 II, pp. 22-23) 토크빌은

---

38)   A. Tocqueville. 1954. *Correspondance Anglaise*. Édition définitive publiée sous la direction de J.-P. Mayer. *Oeuvres Complètes*. Paris: Gallimard(이제부터 OC라고 표기). Tome VI. p. 326.

1848년에도 자신이 '본질적으로 민주주의자'임을 다시 한 번 분명히 밝혔다.(Reader, p. 250)

## 2. 역사의 대세

토크빌의 밝은 눈에 이런저런 민주주의의 장점이 보였기 때문에 그가 민주주의자로 '전향'했다고 볼 수 있다. 그럴 수도 있다. 그러나 이 책은 토크빌이 그런 입장을 취하지 않을 수 없는 보다 결정적인 계기를 더 주목한다. 토크빌은 일찌감치 민주주의가 '거스를 수 없는 시대의 대세'인 것을 간파했던 것이다. 그는 미국을 여행하던 1831년 케르고를레에게 보낸 편지에서 "이제 어느 정부든지 민주주의를 결코 거부할 수는 없을 것"이라고 단언했다. 어떤 노력을 기울이든지 민주주의를 향한 움직임을 중단시킬 수는 없고 단지 잠시 멈추게 할 수 있을 뿐이라고 했다. 그러면서 그는 시대의 흐름을 역류해서는 안 된다는 말을 덧붙였다.(Selected, pp. 55~56)

토크빌은 그때 그의 뇌리를 강타하던 그 직관을 몇 년 후 『아메리카의 민주주의』1권에서 보다 분명하게 풀어놓았다. 그는 지난 700년 역사를 돌아볼 때, '조건의 평등'이 보편적으로, 그리고 확고하게 진행되고 있음을 확인할 수 있다고 선언했다. 그의 눈에, 사람뿐만 아니라 모든 사건이 그 방향으로의 발전에 기여하고 있었다. 큰 사건 치고 평등의 확대를 향해 작용하지 않는 것이 없었다. 토크빌은 이런 역사의 진행이 인간의 능력에 의해 저지될 수 있는 것이 아니라고 확신하게 되었다:

"오래전 과거로부터 시작된 사회운동이 한 세대의 노력에 의해 중단되리라고 믿는 것이 현명한 일일까? 민주주의가 봉건제를 파괴하고 군주제를 무너뜨렸는데, 그런 민주주의가 부르주아지와 부자들 앞에서 뒷걸음질치리라고 생각할 수 있겠는가? 민주주의는 이렇게 강력해졌고, 그 적들은 반대로 이렇게 무력한 상황에서, 민주주의의 행진이 중단될 수 있겠는가? 이 거역할 수 없는 혁명은 수많은 세기 동안 모든 장애를 뚫고 전진해 나왔다. 오늘날에도 그것이 초래한 폐허 가운데서 여전히 앞으로 나아가고 있다."(DA, pp. 5–6)

뿐만 아니다. 토크빌은 평등의 이런 점진적이고 전향적인 발전, 곧 민주주의의 확대가 절대자의 뜻이라고 받아들였다. 그는 '오랜 관찰과 진지한 명상'을 통해 그와 같은 결론에 이르게 되었다. 그는 말한다. 민주주의는 인간 역사의 과거이면서 동시에 미래이다. 그것은 주권적 절대자의 의지를 반영한 결과이다. 따라서 민주주의의 진행을 가로막는 것은 신의 뜻 자체를 거역하는 것이다.(DA, pp. 6–7) 이런 말끝에 토크빌은 '고해성사'를 아프게 한다:

"창조주 입장에서 가장 만족스러운 일은 일부 사람의 개별적 번영이 아니라 모든 사람이 최대한 행복을 누리는 것이다. 그러므로 나의 눈에 퇴영(退嬰)처럼 보이는 것이 그의 눈에는 발전이다. 나에게는 괴로운 것이 그에게는 바람직스러운 일이다. 평등이라는 것이 아마도 덜 고결할지는 몰라도 더 정의로운 것이다. 바로 이런 정의 때문에 평등이 위대하고 아름다운 것이다. 나는 이 문제에 관해 신의 관점에 서기 위해 노력한다. 그리고 이 관점에서 인간의 문제에 대해 생각하고 판단하려 하는 것이다."(DA, pp. 674–675)

토크빌은 이제 민주주의를 받아들이는 것 외에 우리에게 달리 선택의 여지가 없다고 말한다. 그 자신도 자기를 내려놓고 신의 관점에서 민주주의를 받아들이지 않을 수 없었다. 토크빌은 자신의 시대가 귀족정과 민주정 둘 중 하나를 골라야 하는 상황이 아니라는 것을 명백하게 주지시킨다. 누군가 헨리(Henry) 4세[39]나 루이(Louis) 14세[40] 같은 왕조를 복구시킬 수 있다고 믿는 사람이 있다면, 그가 보기에 그는 눈이 먼 사람임에 분명하다.(DA, p. 301)

그는 민주적 제도와 풍습이 최선이라고 말하지는 않는다. 그러나 그것의 점진적 발전이 우리를 자유로운 상태로 머물게 해주는 유일한 수단이라고 확신했다. 그래서 민주정부를 사랑하지 않는 사람이라 하더라도, 민주주의가 사회적 병폐들에 맞서 싸울 수 있는 제일 응용가능하고 또 가장 정직한 해법이라는 사실을 받아들이는 것이 옳다고 역설했다.(DA, p. 301) 결정적으로, 토크빌은 민주주의의 발목을 잡으려 드는 사람에게 '재앙'을 예고했다. 적당한 시간 안에 '최대다수가 지배하는 평화로운 제국'을 건설하지 못하면, 멀지 않아 단 한 사람이 지배하는 무한권력의 지배 아래 놓이게 되고 말 것이라고 단언한 것이다.(DA, p. 302)


## 3. 그럼에도 중립

그러면 토크빌의 진심은 무엇일까? 민주주의에서 민주독재의 씨

---

39) 랭커스터 왕조를 연 잉글랜드의 왕(1366~1413).
40) 72년이나 프랑스를 통치하면서 태양왕(Le Roi Soleil)이란 별명을 얻었다(1638~1715).

앗을 예견한 그와 민주주의와 자유의 상생 가능성을 설파한 그, 누가 진짜 토크빌인가? 토크빌의 집안 역사를 잘 아는 사람들은 자연스럽게 『아메리카의 민주주의』를 민주주의를 견제하고 부정하기 위해 쓴 책으로 여겼다. 그들은 '다수의 압제'같이 민주주의의 어두운 측면을 부각시킨 내용을 거론하며 그를 서슴없이 보수주의 이론가로 자리 매김했다.[41] 그러나 반대되는 시각도 있었다. 민주주의자들은 또 그들대로 토크빌을 '자기 편'으로 생각했다. 그가 민주주의의 장점을 예찬하고 그 시대적 불가피성을 역설한 대목에 환호했다.(Mill 1977b, p. 156 참조)

이러한 평가는 토크빌을 자기들에게 유리한 대로 해석한 결과일 뿐이다. 토크빌도 이 사실을 잘 알고 있었다.(Selected, pp. 93-95) 그는 1835년 스토펠(Eugène Stoffels)에게 사람들이 『아메리카의 민주주의』에서 자기의 구미에 맞는 내용만 골라서 보기 때문에 그런 일이 생긴다고 말했다. 그들은 토크빌을 '제대로 알지 못했다.'(Selected, pp. 99-100)

그는 어느 쪽도 아니었다. 밀이 칭찬했듯이, 토크빌의 이론은 편파성에서 자유롭다는 점에서 타의 추종을 불허할 정도였다.(Mill 1977b, p. 156) 그저 그들과 다른 곳을 쳐다보고 있었을 뿐이다. 토크빌은 1835년 2월 『아메리카의 민주주의』 1권 출간 직후 프랑스의 각종 정치세력들로 하여금 진실을 바로 보게 하는 것이 그가 그 책에서 달성

---

41)  거듭 말하지만, 민주주의 예찬론을 펴는 토크빌의 심기가 결코 편할 수는 없었다. 그는 1831년 케르고를레에게 보낸 그 편지에서 자신이 이런 결론 앞에서 갈등을 겪을 수밖에 없음을 솔직하게 토로했다.(Selected, p. 56) 토크빌은 되풀이해서 민주주의의 한계를 꼬집는다. 민주주의라는 것은 변덕스럽고 그 체제를 움직이는 사람들은 야비하다. 그 법률도 불완전하다. 평등원리는 자칫 인간을 노예상태와 야만, 비참한 상태로 이끌 수 있다.(DA, p. 301)

하고 싶었던 '정치적 목표'였다고 했다.

토크빌은 평등이 인간의 자유를 얼마나 위협하는지 활짝 들추어내고자 했다. 그는 오늘날 어떤 내밀한 힘이 이런 경향을 끊임없이 조장하고 있어 의식적으로 노력하지 않으면 인간 마음이 되돌릴 수 없는 상태로 떨어질 것이라고 생각했다. 미래에 나타날 모든 위험 중 가장 심각하고 가장 예견하기 힘든 것이 바로 이것이라고 믿었다.

그런 한편, 토크빌은 '현대인'들이 바로 그 평등에 대해 잘못된 관념을 가지고 있다고 생각했다. 평등이 만들어내는 무질서만 부각시키면서 그 후유증을 걱정한다는 것이다. 그들은 평등에 대한 두려움이 지나친 나머지 자신의 자유의지마저 염려하고 부담스러워한다. 끝내 자유가 위험하다면서 자유를 포기하려 든다. 특히 교육을 많이 받은 소수의 사람들은 평등이 사람들을 가차 없이 예종상태로 이끈다고 질겁한다. 그것에 저항하는 것은 불가능하다면서 아예 자유를 포기해버린다. 이런 사람들은 곧 등장하게 될 독재자에게 기꺼이 복종할 기세이다. 토크빌은 자유가 불가능하다면서 자유를 포기해버리는 이런 사람들을 강력하게 비판한다. 자신이 그런 생각에 동조했다면 『아메리카의 민주주의』를 쓰지도 않았을 것이라고 토로한다. 그저 이웃들의 운명에 남모르게 슬퍼하기만 했을 것이라고 말한다.(『아메리카』 II, pp. 569-570)

그러면서 토크빌은 민주주의의 '친구와 적'에게 동시에 쓴소리를 했다. 그는 우선 민주주의자들이 '이상적 신기루를 좇는' 환상[42]에서 벗어날 것을 촉구했다. 민주주의의 이상이 쉽게 실현되지 않을 뿐 아니

---

42)  토크빌은 '민주주의를 무(無)에서 솟아오른 새로운 신으로 찬양하는 사람들'이라는 표현도 썼다.(『아메리카』 I, p. 416)

라 그것이 상상하는 것만큼 굉장한 변화를 일으키지도 않는다는 사실을 알려주고 싶었다. 민주주의가 잘 작동하기 위해서는 '높은 수준의 사고능력, 사적 도덕심, 신념' 같은 것이 전제돼야 하지만, 당시 사회가 그런 조건들을 전혀 구비하고 있지 않다는 것이다.(Selected, pp. 98-99)

토크빌은 보수주의자들의 각성도 압박했다. 민주주의를 '격변, 무정부 상태, 약탈, 살인'과 동일한 것으로 치부하는 사람들에게 민주주의를 정도 이상 두려워할 이유가 없다는 사실을 명백하게 보여주고 싶었다. 민주정부가 사유재산, 권리, 자유, 신앙과 양립할 수 있음을 보여주려 했다. 그는 평등의 도래가 거역할 수 없는 시대의 흐름인 것을 애써 부인하면서 민주주의 그 자체를 파괴할 궁리나 하는 보수주의자들을 신랄하게 질책했다.(DA, pp. 7-8;『아메리카』I, p. 416)

토크빌은 보수주의자와 민주주의자 양측 모두 자신들이 증오하거나 찬미하는 대상에 대해 잘 모른 채 어둠 속에서 함부로 몽둥이를 휘둘러대고 있다고 비판하였다.(『아메리카』I, p. 416) 그는 한쪽은 열정을 좀 줄이고 다른 한쪽은 저항의 강도를 좀 낮춘다면 인류 사회가 예정된 길을 보다 평화롭게 전진할 수 있을 것이라고 믿었다.(Selected, pp. 98-99) 그는 어느 쪽도 아니었던 것이다.(Mayer, p. 31)[43]

---

43) 토크빌의 입장은 초지일관 이어졌다. 그는 1848년 혁명 이후 의회에 진입한 좌우 양극단 세력을 모두 멀리했다. 그는 자신의 '양비론'적 접근이 양쪽 그 누구로부터도 환영받지 못한다는 것을 잘 알고 있었다. 좌파 쪽의 '산악파'는 더 많은 민주주의를 요구할 것이고, 우파 쪽의 '왕당파'는 민주주의의 현격한 축소를 촉구할 것이기 때문이다.(Recollections, p. 192)

## 4. '새로운 정치학'

중요한 것은 토크빌이 평등사회가 직면한 어려움에 겁을 먹거나 좌절하지 않았다는 점이다. 그는 이 위험이 극복될 수 없는 것이라고 생각하지 않았다. 우리가 하기에 따라 이런 위험을 이겨내고 자유와 지혜, 번영을 이룰 수 있다고 자신했던 것이다. 토크빌은 1831년 미국 여행에서 그 가능성을 똑똑히 보았다. 그는 미국 민주주의의 장엄한 모습에 크게 감명받았다. 민주정부가 그 어느 정부보다도 뛰어날 수 있다는 확신을 갖게 되었다.(Selected, pp. 56-57) 그가 『아메리카의 민주주의』를 쓴 것도 이것을 증언하기 위해서였다.(『아메리카』 II, p. 513)[44]

토크빌은 '좋은 경향을 북돋우고 나쁜 경향을 최대한 억제하면'(DA, p. 7) 평등사회가 직면한 위험을 얼마든지 이겨낼 수 있다고 믿었다. 그의 소망인 자유와 민주주의 '둘 다' 발전시킬 수 있다고 확신했다.(DA, p. 672, 302) 토크빌은 이제 우리가 할 일은 신이 우리에게 부여한 사회적 운명을 최대한 잘 이용하기 위해 노력하는 것이라고 역

---

44)  토크빌은 1835년 4월 코르셀(Francisque de Corcelle, 1802~1892)이 민주주의에 대한 자신의 전망을 너무 우울하게 그리고 있다고 지적했다. 그는 분명 이런 위험스러운 경향들에 맞서 싸울 수 없다고 주장하지 않았다는 것이다. 적절하게 대처하면 충분히 피할 수 있다는 것이 그의 생각이었다. 그러면서 토크빌은 자신을 주프루아(Théodore Jouffroy, 1796~1842)와 같은 부류로 분류하는 것에 불쾌감을 표시했다. 주프루아는 민주주의의 위험을 낱낱이 밝혀낸 뒤, 그 위험을 피할 수 없다고 주장했다. 그는 그저 그런 위험에 순응하든지, 아니면 가능한 한 늦추는 것만이 해결책이라고 생각했다. 토크빌은 그런 주장에 동의할 수 없었다. 토크빌은 민주주의의 위험을 분명히 인식하되 필요 이상 두려움을 느낄 필요가 전혀 없다고 하는 것이 『아메리카의 민주주의』의 기본 줄기임을 독자들이 분명히 인식해주기를 희망했다.(『아메리카』 II, pp. 601-603)

설했다.(DA, p. 676) 그래서 토크빌은 '새로운 세계를 위한 새로운 정치학(science politique nouvelle)'을 정립하기로 마음먹었다. 민주주의의 폐해를 완화시키고, 그것의 이로운 점들을 발굴하는 것이 '새로운 정치학'의 목표였다.(DA, p. 7)

어떻게 그런 목표를 달성할 것인가? 토크빌은 우선 사람들의 마음을 좀먹고 괴롭히는 여리고 무기력한 공포심을 떨쳐낼 것을 주문했다. 건전한 두려움을 가지고 미래에 맞서 싸우자고 독려했다.(『아메리카』 II, p. 571) 그는 민주사회가 올바르게 번영하기 위해서는 사람들이 그렇게 되기를 바라는 것만으로 충분하다고 확신했다.(『아메리카』 II, p. 577)

둘째, 토크빌은 새로 등장한 사회를 옛 시대의 낡은 관념들로 판단하지 말 것을 당부했다. 그는 평등사회와 귀족사회가 서로 엄청나게 달라서 양립할 수 없다는 것을 분명히 했다. 그는 구체적으로 과거의 덕성들을 평등사회에 요구하는 것은 더 이상 합리적이지 않다고 말했다. 귀족사회는 이미 사라졌고, 그와 더불어 그 사회상태에 내재한 모든 장점과 결함도 다 사라진 지 오래이다. 토크빌은 낡은 사회에서 유래하는 제도와 견해, 관념들 중 이것저것 골라내 새로운 세계에 가져가려 하는 무모한 노력을 신랄하게 비판했다. 그것은 시간낭비라고 했다. 그는 조건의 불평등이 주는 특별한 이점을 되살리기보다 평등이 주는 새로운 장점을 확보하는 것이 중요하다고 말했다. 조상들을 닮아가려 하지 말고 우리 자신에게 알맞은 위엄을 세우고 행복을 찾는 노력을 기울여야 한다는 것이다.(『아메리카』 II, pp. 576-577)

셋째, 토크빌은 민주주의를 대폭 '손보아야' 한다고 생각했다. (Kelly, p. 28) 민주주의를 계도하고, 그 관습을 순화하며, 그 움직임을 규제해야 한다고 말했다. 과학적인 방법으로 경험의 부족을 메우고,

맹목적 본능 대신에 진정한 이익을 찾아야 한다고 강조했다.(DA, p. 7) 구체적으로 무엇을 어떻게 해야 한다는 말인가? 이에 대한 답을 얻기 위해서는 토크빌이 어떤 민주주의를 머릿속에 그리고 있었는지 살펴보아야 한다.


4장

# 질서와 도덕이 살아 있는 민주주의


민주주의를 둘러싼 토크빌의 복합적 시선은 민주주의를 달성하기 위해 그가 제시한 조건의 높이에서 다시 한 번 확인된다. 그는 대단히 까다로운 조건을 설정하고 있다. 그렇다면 토크빌이 현실적으로 기대하고 추구하는 민주주의는 최선이 아니라 차선의 것이라고 생각할 수밖에 없다.


## 1. 세 개의 선택지

토크빌은 '민주주의'라는 말을 명쾌하게 정의하지 않았다. 그래서 민주주의를 정치적 행위의 한 방식, 정치 및 도덕원리들의 집합, 또는 전반적 삶의 방식 등으로 다양하게 이해했다.(Runciman, p. 25)[45] 상황이

---

45)  선거에 출마하는 등 정치권력을 계속 추구했던 토크빌이 지역구 유권자들의 심기

나 문맥에 따라 8가지, 심지어 19가지 이상 다른 의미로 썼다. (Richter 2004, p. 61; Craiutu, p. 602) 불필요한 오해가 생길 수밖에 없었다.

그러나 크게 보면 토크빌은 민주주의를 두 차원으로 정의했다. 첫째, 그는 민주주의를 '조건이 평등한 사회상태'로 규정했다. 바로 이런 이유 때문에 토크빌의 민주주의이론이 독특하다는 말을 듣는다. 그는 『아메리카의 민주주의』 첫 장에서 지난 700년 역사 동안 조건의 평등이 도도하게 진행되고 있다면서 이 현상이 사회생활 전반에 엄청난 영향을 끼치고 있다고 말했다. 즉, 조건의 평등이 공공정신을 일정한 방향으로 틀을 지우며 법체계에 변화를 불러일으키고 있다고 했다. 나아가 통치자들에게 새로운 규준을 제시하고 피치자들에게는 전에 없던 새 습관을 심어주고 있다고 했다.(DA, p. 3) 토크빌은 이렇게 전제한 뒤, 조건의 평등과 학식의 평등에서부터 민주공화정이 샘물처럼 솟아났다고 보았다. 평등이 공화정의 번영에 가장 알맞은 습관, 관념, 습속을 강화해준다는 것이다.(『아메리카』 I, p. 475)

둘째, 그는 민주주의를 인민주권의 틀 안에서 규정했다. 민주주의의 통상적 용법과 다르지 않은 것이다. 토크빌은 민주주의를 인민의 뜻에 따라 지배하는 정치체제라고 이해했다. 『아메리카의 민주주의』는 민주정부를 '최대다수 사람들의 의지에 의존하는 정부'라고 불렀다.(『아메리카』 I, 475)[46]

---

를 불편하게 하지 않으면서 신흥 부르주아 계층에 대한 자신의 생각을 펼치자면 자연히 민주주의를 모호하게 사용할 수밖에 없었다는 Boesch 1987, p. 282 참조.

46)　토크빌은 민주주의를 다수 중에서도 특히 가장 빈곤한 사람들이 다스리는 체제라고 해석했는데 이 대목은 아리스토텔레스를 연상시킨다. 아리스토텔레스는 민주주의를 흔히 다수지배로 이해하지만 사실은 가난한 사람들이 다스리는 체제라고 부르는 것이 더 정확하다고 주장했다. 어느 곳에서나 가난한 사람이 다수이기 때문에 틀린 말은 아니지만 민주주의를 사람의 수가 아니라 계급(즉, 가난한

토크빌은 1848년 2월 혁명 무렵에는 좀 더 구체적인 언급을 남겼다. 그는 민주주의를 '모든 사람에게 자유, 지식, 권력을 가능한 한 많이 나누어주는 체제'라고 불렀다. 다시 말해 '인간의 자유를 제한하는 대신에 그것을 수많은 다양한 방법으로 도와주기 위해 애쓰는 정부'가 민주정부란 것이다.[47]

더 중요한 것은, 이 정부에서는 거의 모든 사람이 공무에 참여한다는 점이다. 토크빌은 바로 이 측면에서 민주주의가 아무 통제도 받지 않는 1인 지배체제와 구분된다고 했다.(Selected, p. 93) 앞에서 보았듯이 그는 다수 시민이 국정을 온전히 담당할 수 있는 상태에 오르게 하는 것을 '민주주의의 진정한 목표'라고 말했다. 통치권을 전 국민이 아니라 일부 사람들에게만 맡기는 것은 민주주의의 이상을 제대로 이해하지 못한 까닭이라고 비판하기도 했다.(Selected, pp. 100-102) 그러면서 토크빌은 다수지배를 가능하게 하는 강력한 수단으로 인민주권 원칙과 그에 따른 보통선거 실시를 꼽았다.(『아메리카』 I, p. 463)

그는 이런 의미의 민주주의를 흔쾌히 받아들였다. 이를테면 그는 정치적 권리를 가장 낮은 계층의 시민들에게까지 확산시키는 것을 '민주정부의 가장 큰 장점 가운데 하나'라고 꼽았다. 민주사회가 최대 다수의 복지증진을 목적으로 한다는 점에서 귀족정보다 더 인간적이고 유용하다고 칭찬했다. 장기적으로 독재체제보다 더 많은 것을 생산하고 사회 전반에 엄청난 힘을 불어넣는 것을 민주주의의 '진정한

---

사람)을 기준으로 규정하는 것이 옳다는 것이다.(Aristoteles, 3권 8장 및 4권 4장 참조)

47)  나아가 '모든 시민이 최상의 시민으로서 독립성을 가지고 행동하게 하는 정부 … 모든 사람이 똑같이 가난하라고 강요하는 대신 모든 이가 정직한 방법으로 일을 통해 부를 축적할 수 있게 해주는 정부'라는 말도 했다.(Reader, pp. 250-251)

장점'이라고 역설하기도 했다. 결정적으로, 토크빌은 민주주의 사회의 궁극적 모습을 '모든 시민이 통치에 참여하고 누구나 통치에 참여할 대등한 권리를 가지는 것'이라고 규정한다.(『아메리카』 II, pp. 181-182) 그는 바로 이런 의미에서 자신을 '민주주의자' 또는 '민주주의의 친구'라고 표현했다.

그러나 문제가 그리 간단하지가 않다. 토크빌이 민주주의가 성공적으로 뿌리를 내릴 수 있는 조건을 열거하는 장면에 이르면 머리를 갸웃거리게 되기 때문이다. 토크빌은 일단 민주주의가 '대단히 간단하고 자연스러운 생각' 위에 서 있다고 말했다. 그렇다면 민주주의가 손쉽게, 당장 등장할 것 같다. 그러나 결코 그렇지 않다. '지성, 개인적 도덕성, 그리고 종교적 믿음' 측면에서 일정한 조건을 충족해야 하기 때문이다.(Selected, pp. 98-99) 토크빌은 사회가 '일정한 수준의 문명과 개명'에 도달해야 민주주의가 제대로 작동할 수 있다고 생각했다.(DA, pp. 215-216) '매우 개화되고 대단히 학식이 깊은 사회'에서나 민주주의가 원활하게 뿌리를 내릴 수 있다는 것이다.(『아메리카』 I, p. 352) 심지어 그런 사회는 오직 '최후의 순간'에만 들어설 수 있다고 생각했다.(『아메리카』 I, p. 352)

민주주의가 안정적으로 개화할 수 있는 조건에 관한 토크빌의 이런 언급들은 독자들을 당혹스럽게 만든다. 도대체 그런 조건을 충족시킬 수 있는 사회가 몇이나 되겠는가?[48] 미국이라고 그런 조건을 갖추

---

48)  토크빌은 당시 프랑스 사회가 이런 조건을 갖추지 못하고 있다고 보았다. 그는 민주주의가 뿌리를 내릴 수 있는 토양, 즉 '법, 사상, 습관, 그리고 관습'의 변화 없이 민주주의 혁명이 사회 전반으로 퍼져나가는 현실을 매우 염려했다.(DA, pp. 7-8) 각고의 노력이 없으면 기대하는 정치적 결과를 얻을 수 없다면서 이상적 민주주의에 환상을 가지지 말 것을 촉구했다.(Selected, pp. 98-99)

었을까? 토크빌은 민주주의의 부정적 측면을 설명하면서 미국 사회의 실상을 예로 들 때가 많았다. 그가 지역 참여 민주주의를 실천하는 미국인들의 모습에 크게 고무된 것은 사실이지만 미국 사회의 수준이 '최후의 순간'에나 들어설 수 있을 정도는 아니었다.

그렇다면 그가 내건 민주주의의 조건이라는 것은 어떤 사회를 겨냥하고 있는 것일까? 여러 상황을 종합해볼 때, 토크빌이 당시 미국에서 목격되는 불완전한 민주주의를 위해 그토록 까다로운 조건을 내걸었다고 생각할 수 없다. 나는 토크빌이 대단히 수준 높은 민주주의, 이상적인 민주주의를 머릿속에 두고 '최후의 순간'이라는 표현을 썼다고 해석한다.

그 단서를 그가 1835년 2월 친구 스토펠에게 보낸 편지에서 찾을 수 있다. 스토펠은 아마 『아메리카의 민주주의』 1권을 읽고 큰 충격을 받은 모양이다. 그래서 토크빌은 자신이 그 책을 쓴 '정치적 목적'을 다시 한 번 명료하게 설명해준다. 우선 그는 평등사회의 사람들은 민주주의를 향해 앞으로 나아가는 것 외에는 대안이 없다고 못을 박았다. 조건의 평등이 역사의 철칙으로 확립되는 마당에 귀족체제에 미련을 둔다는 것은 부질없는 일이라고 단언했다.

그다음에 중요한 말이 나온다. 이제 민주주의를 받아들이는 것 외에 다른 선택의 여지가 없다면 '도저히 회피할 수 없는 악' 세 가지 중에서 하나를 고르는 일만 남았다는 것이다. 평등시대의 사람들에게 어떤 선택지가 있는가? 그 첫째는 '진정 시(詩)와 위대함은 결여하고 있지만 그런대로 질서가 있고 도덕이 살아 있는 민주정'이다. 둘째는 '무법천지에 타락한 민주정'이다. 셋째는 로마 제국 이래 그 어느 때보다 더 가혹한 속박의 굴레(즉, 민주독재 체제)로 굴러 떨어지는 것이다.(Selected, pp. 98-99) 답은 분명하다. 첫 번째를 골라야 하고 또 그렇게 할 수밖에 없다.

이 언급을 곰곰이 살펴보면 토크빌의 속생각이 명료하게 드러난다. 그는 당시 7월 왕정 치하의 프랑스 사회가 민주주의의 부정적 측면에 무방비로 노출되어 있다고 생각했다. 그야말로 '무법천지에 타락한 민주정'이었다. 토크빌은 1841년에 밀에게 쓴 편지에서 "… 프랑스 사람들의 정신이 저급해지며 … 일신의 안락과 사소한 것들에 탐닉하느라 위대한 그 무엇을 버리고 있다."라고 안타까움을 표했다. 그는 "사소한 쩨쩨함"이 시대정신이 되고 있다고 크게 개탄했다. 토크빌은 사람들이 "자신과 인간 자체에 대해 보다 크고 장대한 생각을 품도록" 자극을 주고 싶었다. 위대함이 없으면 자유도 누릴 수 없다는 사실을 깨우쳐주고 싶었다.(『위대한 정치』, pp. 250-261 참조)

토크빌은 이 '타락한 민주정'이 최악의 '가혹한 속박'으로 전락할 가능성을 두려워했다. 그래서 평등사회가 민주독재로 후퇴할 수 있음을 널리 알리고 그런 일이 벌어지지 않도록 막는 것을 최우선 과제로 삼았다. 그의 다음 목적은 타락한 민주정이 '그런대로 질서가 있고 도덕이 살아 있는' 체제로 개선될 수 있는 방안을 찾는 것이었다. 토크빌은 현 단계에서 그것을 최상의 선택지라고 생각했다.

문제는 그런 체제에 '시와 위대함'이 없다는 점이다. 4부에서 다시 보겠지만, 토크빌은 '위대한 정치'를 꿈꾸었다. 시와 위대함을 가꾸고 발전시키는 것이 그의 정치적 이상이었다. 그러나 그는 그 꿈을 '최후의 순간'으로 미루어야 한다는 것을 알고 있었다. 토크빌은 분명 '모든 시민이 통치에 참여하고 누구나 통치에 참여할 대등한 권리를 가지는' 민주주의의 모습에 박수를 보냈다. 그러나 그것 역시 먼 미래의 일이었다. 그는 미국의 경험에 비추어볼 때 '다수가 다스리는 정치체제는 아무리 우호적인 조건에서라도 결코 뛰어난 체제가 될 수 없다.'

는 사실을 인정하지 않을 수 없었다.(Selected, pp. 55-56) 그는 뛰어난 사람을 제대로 대우해주는 '당당하고 정당한 평등'을 기대했지만, 당분간 현실은 약한 자가 강한 자를 자기들 수준으로 끌어내리는 '저급한 평등'에 의해 지배될 수밖에 없었다.(DA, p. 52)

그래서 토크빌은 '시와 위대함'에 대한 꿈을 잠시 접고 질서와 도덕이 살아 있는 민주주의를 목표치로 삼았다. 이 체제는 토크빌이 기대하는 이상적인 정부는 아니지만 당시 프랑스 사회에서 현실적으로 기대할 수 있는 최대치에 가까웠다. 따라서 지금부터 검토할 토크빌의 생각들은 '그런대로 질서가 있고 도덕이 살아 있는 민주정'을 전제로한 것임을 미리 밝혀둔다. 그는 이것을 최저선으로 설정하고 조금씩 상황을 개선해나가는 쪽으로 방향을 잡았다.


## 2. 합리적 공화주의

이렇게 정리하기는 했지만 민주주의자 토크빌의 실체가 깔끔하게 정리된 것은 아니다. 이를테면 그는 "공화국이 아니라 세습군주정을 더 원한다."는 충격적인 말을 했다.

1836년의 일이다:

"그럼 나는 누구냐, 나는 무엇을 원하느냐 …. 내가 원하는 것은 공화국이 아니고 세습군주정이다."(Reader, p. 156)

이것은 일과성 발언이 아니다. 토크빌은 10여 년이 지나 똑같은 말을 했다. 그는 1848년 혁명을 겪고 난 뒤 '그때나 지금이나' 자신은 공화정 형태의 정부가 프랑스의 실정에 최상의 정치체제라고 생각하지 않는다고 주장했다.(Recollections, p. 200) 그는 거듭 공화국 체제에 대한 반감을 숨기지 않았다:

"나는 공화주의 헌법이 프랑스의 현재 상황에 비추어 적합하다고 전혀 생각할 수 없습니다. 따라서 1848년의 공화국 헌법은 대단히 잘못된 것입니다. 그 핵심조항을 손보는 것이 시급합니다."(Senior I, p. 74)

그럼 토크빌이 공화정을 전면 부정했는가? 그가 세습군주정으로의 회귀를 꿈꾸었는가? 그것은 전혀 아니다.[49] 토크빌은 공화정이 아니라 세습왕정을 더 원한다고 선언했던 그 시점에서 그와 정면 상충되는 말도 했다. 그는 '도덕적이고 종교적이며 절제할 줄 아는' 미국 공화주의자들을 칭찬하며 "이런 공화정이 실현된다면 나는 당연히 공화주의자가 될 것"이라고 단언했다.(이용재, p. 74 재인용) 토크빌은 1848년 혁명 이후 치른 선거 유세에서도 공화국을 뜨겁게 지지할 것이고 그 체제가 잘 유지되도록 힘을 합칠 것이라고 선언했다.[50] 자신은 왕정에 대해 전혀 미련이 없고 그저 자유와 인간의 존엄만 추구할 뿐이

---

49) 토크빌은 구체제에 대한 미련이 전혀 없었다. 토크빌은 샤를(Charles) 10세에게 연민의 정이 없지 않았지만 그가 민주적 권리를 침범하는 것을 보고는 그의 퇴장을 기뻐했다.(Recollections, p. 65) 토크빌은 부르봉(Bourbon) 왕조가 질서와 안정 속에 민주주의를 받아들이지 않고 귀족주의 구습을 강화하려 드는 것을 보고 크게 실망했다.(Furet, p. 131 참조)

50) 그는 선거를 앞두고 갑자기 공화주의자로 '신분세탁'한 사람들, 즉 '공화정 형태의 정부가 프랑스를 위해 최상일 뿐 아니라 생각해낼 수 있는 유일한 종류의 정부라고 찬양하는 사람들'과 선을 그었다. 그는 자신이 공직자로서 왕정에 충성서약을 했고 그것에 끝까지 책임을 졌다고 밝혔다. 그리고 그 이후 공화국이 자신의 뜻과 무관하게 들어선 것도 인정했다.(Recollections, p. 89)

라고 밝혔다.[51]

그러면 이런 충돌을 어떻게 해석해야 하는가? 그 요체는 '공화'라는 말의 뜻에 달려 있다. 토크빌은 '공화국'을 행정부의 최고 책임자가 선거로 선출되는 체제로 이해했다.(Senior I, p. 74) 그는 최고 책임자가 그런 방식으로 뽑히는 것을 두려워했다. '어리석은 대중'에 의해 임명되고 통제를 받는다면 최악의 폭군 또는 독재자를 피할 수 없다고 보았기 때문이다.(Senior II, pp. 68-69) 더 큰 문제는 대통령이 국민의 투표에 의해 선출될 뿐 아니라 옛날 군주처럼 막강한 권한을 가지는 경우이다. 토크빌은 그런 체제에서 공화국은 불가능하다고 보았다. 따라서 그 권한을 대폭 축소하든지 국민의 직접 투표가 아니라 의회를 통해 선출해야 한다고 주장했다.[52]

토크빌은 여러 이유에서 이런 공화정을 흔쾌히 수용할 수 없었다. 일단 그 체제는 불안정하다. 토크빌의 생각에 공화국이란 한마디로 '균형을 잃고 있는 정부'였다. 그는 정부의 최고 책임자에게 이처럼 광범위한 권력을 부여하면 체제가 불안정해지고 혁명으로 치달을 수밖에 없다는 사실을 매우 두려워했다.

그에게는 보다 심각한 문제가 있었다. 공화정은 자유를 건사할 수

---

51)  토크빌은 그 밖에도 여러 차례 공화주의에 대한 일체감을 피력했다. 그는 1848
    년 혁명 이후 새로 구성된 의회에 들어와서 의정생활 중 처음으로 행복하다는 느
    낌을 가질 수 있었다고 했다. 900명 의원들 중 다수가 자신과 '취향, 이성, 양심'
    이 일치한다고 생각했기 때문이다. 그는 동료 의원들이 진심으로 공화국을 건
    설하기를 희망한다는 기대감에 대단히 만족했다.(Recollections, pp. 105-106)
    토크빌은 루이나폴레옹(Louis-Napoleon)이 권력을 장악한 뒤인 1851년 2월에
    도 그의 속마음을 읽을 수 있는 말을 남겼다. 즉, 공화정이 한 번 들어서기를
    바랐는데 나폴레옹이 대통령이 되면서 그 희망이 무산되었다고 아쉬워한 것이
    다.(Reader, pp. 260-261)
52)  『회상록』 초고에 들어 있던 내용이다.(Recollections, p. 174, fn. 8)

없다는 것이다. 입헌군주정에 비해 '더 많은 자유를 주겠다고 약속해 놓고 실제로는 더 적게 줄 수밖에 없는 체제'가 바로 공화정이라는 것이다.(Recollections, pp. 200-201; Senior I, p. 265)

이 대목에서 토크빌이 도저히 용납할 수 없었던 '공화주의' 정치세력을 적시해둘 필요가 있다. 과격 급진 혁명세력이 바로 그런 부류이다. 그는 1836년 '절대정부에 대한 사랑'과 매우 쉽게 결탁하는 소위혁명정신이라는 것을 누구보다 증오한다고 말했다.(Reader, p. 156) 토크빌은 '자유의 이름으로 독재를 행사하는 것을 공화국'이라 부르는 사람들을 강력하게 비판했다. 그들은 단지 정치제도를 바꾸는 데 그치지 않고 사회구조 그 자체를 변혁하기 위해 선동한다고 보았기 때문이다. 토크빌은 그런 사람들이 도모하는 공화국은 결코 지지할 수 없다고 선언했다.(Recollections, p. 89)

토크빌은 특히 공화국의 새 원리를 빌려와 세상을 뒤흔드는 세력, 즉 사회주의자와 산악파(Montagnards)[53]를 단호하게 배격했다. 그는 자칭 공화주의자들이 보편적 증오에 빠져 파리 시내를 테러로 물들이는 것에 큰 충격을 받았다. 그는 파리 노동자들이 아니라 프랑스 인민의 의지가 제 목소리를 내야 한다고 생각했다. 민주주의의 이름으로 혁명파의 선동을 잠재우는 것이 그의 목표였다.(Recollections, pp. 87, 105-106)

토크빌은 프랑스에서 자신만큼 혁명을 싫어하는 사람이 없다고 자신했다.(Reader, p. 156) 그는 산악파 같은 혁명주의자들이 공화국의 정신을 오염시키지 않도록 분투했다.(Recollections, pp. 105-106) 온건하고 합리적인 공화주의자들이 정국을 주도하기를 희망했던 것이다.

---

53) 프랑스 대혁명을 주도한 자코뱅파 등 강경 좌파 세력.

따라서 토크빌이 '공화국보다 세습군주정을 더 선호한다.'고 했을 때, 그의 속마음을 헤아려 읽을 필요가 있다. 그가 어떠한 형태의 군주정이든 그것을 바람직하다고 여기거나 그의 시대에 재현하고자 했던 것은 아니다. '무법천지에 타락한 민주정'에 대한 분노를 그렇게 표현했을 뿐이다. '도덕적이고 종교적이며 절제할 줄 아는' 공화정이라면 거부할 이유가 없었다. 그에게는 '자유와 인간의 존엄' 이상 더 중요한 것이 없었기 때문이다.(Recollections, pp. 105-106) 토크빌은 '사람과 재산을 존중하는 공화국'이라면 그런 가치와 공존할 수 있다고 생각했다. 그래서 그런 공화정은 '정당한 체제'라고 불렀다.(Recollections, p. 87)

## 3. 강력한 민주국가

그러면 평등사회, 특히 프랑스의 현실을 고려할 때 토크빌은 어떤 정치체제를 희망했는가? 토크빌은 『아메리카의 민주주의』 1권에서 '현실을 전제한 최상의 정치체제'를 다음과 같이 묘사하고 있다.

우선 그는 정치체제가 '다수의 진정한 의지'에 기반을 두어야 한다는 사실을 수용한다. 인민이 정치에 참여할 길도 열어놓는다. 여기까지는 전형적인 민주주의자의 논리에 가깝다. 문제는 그다음이다. 토크빌은 인민의 '양보'를 요구한다. 인민이 공공업무에 직접적이고 무제한적인 영향력을 행사하는 것은 자제해야 한다고 했다. '질서와 국가의 안녕'을 위해 평등에 대한 생래적 욕구를 스스로 억눌러야 한다고 했다. 이것은 두 차원에서 설명될 수 있다. 첫째, 다음 절에서 보듯이, 토크빌은 이해당사자 모두가 직접 정치에 참여하는 것은 좋게 보지 않았다. 둘째, 토크빌의 마음속에 강력한 국가에 대한 열망이 자리 잡고 있었다. 이 점을 먼저 살펴보자.

토크빌의 '강대국' 염원은 여러 각도에서 조망된다. 그가 세습왕정을 선호한다고 했을 때, 그의 심중에는 그런 체제가 대외적으로 더 강력할 것이라는 기대감이 작동하고 있었다.(Reader, pp. 156-157)

토크빌은 정치지도자가 얻을 수 있는 영광의 크기가 나라의 크기와 힘에 비례한다는 생각도 했다. 큰 나라에서만 '어떤 사람'이 국민의 갈채를 받기 위해 행동에 나설 욕구가 커진다는 것이다. 토크빌이 미국 건국과정에서 연방주의자들을 더 선호했던 이유도 여기에 있다. 그는 연방주의자들이 국민의 일시적 인기에 영합하지 않고 나라의 미래를 위해 고군분투한 것을 높이 평가했다. 거기에 덧붙여 그들은 미국을 '큰 나라'로 만들었다. 강력한 국가를 만듦으로써 위대한 지도자가 배양될 수 있는 환경을 창조한 것이다. 토크빌 생각에 약소국의 지도자는 아무리 노력해도 공직생활을 통해 그리 큰 영광을 얻을 수가 없다. 토크빌은 강력한 공화국이라는 큰 무대에서 위대한 정치를 구현하고 싶었다.(Alulis, p. 90 참조)[54]

---

54) 토크빌이 일견 국수주의적 '프랑스 제일주의'를 내건 이유도 프랑스 국민의 영광에 대한 열망 때문이었다. 그는 19세기 중반 영국과 러시아가 프랑스를 배제한 채 세계질서를 재편하려 하자 "그런 일이 벌어지게 하느니 차라리 전쟁을 선택하는 편이 낫다."라는 발언을 서슴지 않았다. 존 스튜어트 밀이 그에게 거친 말을 내뱉게 된 계기가 된 사건이었다. 토크빌은 개인과 마찬가지로 민족에게도 자긍심이 매우 중요한 역할을 한다고 생각했다. 이 감정만이 애국심과 공공정신을 고취할 수 있다고 믿었기 때문이다. 그래서 그는 민족 자존심의 회복을 위해 '적대적 선동'을 마다하지 않았다. 토크빌이 제국주의 경영에 관심을 가진 것도 비슷한 이유에서였다. 그는 알제리에 프랑스의 식민지를 건설하는 것을 '위대한' 과업으로 불렀다. 토크빌은 식민지를 통해 경제적 이익을 확보하는 문제는 중요하게 고려하지 않았다. 오직 프랑스 국민을 위대한 각성에 이르게 하는 정치적 효과만이 그의 관심사였다. 토크빌의 판단에 당시 프랑스는 근대국가의 건설과 민

어떻게 하면 강력한 국가를 만들 수 있을까? 토크빌은 행정권력은 지방으로 분산되어야 하지만 정치권력은 중앙집권화가 바람직하다고 강조했다.(아래 6장 참조) 국력이 중앙으로 집중될 수 있게 도와야 한다면서 '한 가문 또는 한 인물'에게 모든 권한을 몰아주는 데 동의해줄 것을 요구했다. 그는 중앙정부가 자신의 행동 영역 안에서 활력이 넘치길 희망했다. 그런 체제가 특히 대외적으로 더 강력할 것이기 때문이다. 토크빌은 사회세력이 귀족제보다 더 분산되어 있는 민주제에서 중앙정부가 더 강력한 힘을 행사해야 한다고 믿었다.

중앙정부에 권력을 집중시킨다는 발상이 민주주의라는 이름에 부합할 수 있을까? 토크빌은 중앙정부가 막강한 권한을 행사하면서 동시에 지역의 자유를 잘 발전시키는 것이 가능하다고 생각했다. "국력은 더욱 중앙으로 집중되고 인민의 영향력은 줄어들지만, 개개 시민이 각자 자기 영역에서 공무 업무에 참여하는 그런 민주사회를 상상해볼 것"을 당부했다.(『아메리카』 I, pp. 529-531) 이런 체제 밑에서 국민 다수가 정치적 권리를 직접 또는 간접적으로 광범위하게 행사할 수 있다고 믿었다. 그는 '정치적 삶이 거의 온 사방으로 확산'되기를 기대했다. 토크빌은 1836년 10월 이렇게 말했다:

---

주주의로의 이행이라는 지난(至難)한 과제 앞에서 표류하고 있었다. 그는 '위대한 정치'에서 그 탈출구를 찾고 싶었다. 그 요체는 공공의 이익을 위해 자기를 희생하는 것이었다. 고대 공화국에서 그랬듯이, 공공선을 위해 사적 이해관계를 희생할 수 있어야 위대한 프랑스가 재건될 수 있다는 것이다. 이를 위해서는 '민족의 영광'이 중요한 역할을 한다. 프랑스 사람들 사이에 '우리 민족은 위대하다.'는 느낌과 자부심을 불어넣어 줄 수 있어야 한다. 그가 알제리를 식민지로 만드는 일을 '위대한 사업'으로 거듭 규정한 이유가 여기에 있다.(『위대한 정치』, pp. 200-206, 253 참조)

"나는 정부가 원칙적으로 자유정신에 따라 작동되기를 바란다. 다시 말해 정부 일이 가능하면 최대한 각 개인의 주도적 움직임에 의해 처리되기를 희망한다. 나는 이런 모든 희망사항이 현실적으로 가능하다고 믿는다. 아니, 이런 요소들이 성공적으로 결합되지 않으면 질서와 평온이 결코 가능하지 않다고 분명히 확신한다."(Reader, pp. 156-157)[55]

토크빌은 미국을 예로 들어 자신의 주장을 뒷받침하고 있다. 그의 관찰에 따르면 아메리카 공화정은 개인의 모든 권리를 인정하고 있다. 세계 어느 곳보다 개인 재산을 잘 보장한다. 그런데도 무정부상태를 걱정할 일은 없다. 그 나라에서는 무정부상태라는 것이 폭정만큼이나 알려지지 않았다고 했다. 토크빌은 그 이유를 아메리카 헌법의 기초가 되는 원칙에서 찾았다. 질서와 세력균형, 법에 대한 신실하고 깊은 존중이 진정한 자유의 밑바탕이 되고 있다는 것이다. 토크빌은 모든 공화국이 이러한 교훈을 공유해야 한다고 역설한다.(『아메리카』 II, p. 594)

---

55) 토크빌의 사상 속에는 이런 모순 또는 양면성이 일상적일 정도로 자주 발견된다. 상호 대립되는 것처럼 보이는 가치들을 함께 추구한다는 점에서 밀을 닮았다. 이를테면 토크빌은 연방주의자들에게 호감을 가지고 있었다. 그러나 동시에 그의 마음은 반연방주의자들을 향하고 있었다. 당시 인민주권론자, 즉 '잭슨 민주주의(Jacksonian Democracy)'를 좋아하는 사람들은 토크빌의 책이 연방주의자 입장에 서서 편견으로 가득 차 있다고 비판했다. 그러나 그가 반연방주의자들의 주장을 보다 세련되게 재구성한 것도 사실이다. 시민적 덕성을 고양하고 정치적 자유의 진정한 토대가 된다는 이유로 반연방주의자들처럼 작은 공화국을 추구했기 때문이다. 그의 목표는 두 관점을 절충하고 균형을 맞추는 것이었다.(Alulis, p. 85 참조)

5장

# 민주주의의 축소

그렇다면 토크빌은 현실에 바탕을 둔 이상적 정치체제, 즉 '그런대로 질서가 있고 도덕이 살아 있는 민주정'을 건설하기 위해 어떤 구체적 방법론을 생각하고 있는가? 4장과 5장에서는 상호 모순되는 것처럼 보이는 두 가지 접근법을 정리해본다. 4장에서는 그가 민주주의의 부정적 측면을 예방하기 위해 제시한 민주주의 축소 방안들을 검토한다. 5장에서는 반대로 민주주의의 긍정적 측면을 강화하기 위한 민주주의 확대 방안들을 음미해본다. 토크빌의 속생각은 이런 상반된 조치들의 역동적 조화를 겨냥하고 있다.

## 1. 인민에 대한 '거역'

민주주의의 부정적 측면을 세세하게 검토한 토크빌이 민주주의의 그런 오작동을 방지하려 든 것은 충분히 예상되는 일이다. 토크빌은 '민주주의자'답게 인민으로부터 업무를 위탁받은 정치인은 인민의 뜻을 따라야 한다는 대원칙을 존중했다. 그러나 그는 인민이 공공선을 도모하는 과정에서 종종 오류를 범할 수 있다는 사실을 심각하게 생각했다. 그래서 토크빌은 그 인민의 뜻이 '성숙하고 사려 깊은 여론'이어야 한다는 조건을 내세웠다. 인민의 격정이나 일시적 충동은 인민의 진정한 이익과 배치될 수 있으므로 따라가서는 안 된다는 것이다. 그는 이것을 '공화주의 원칙'이라고 불렀다. 토크빌은 인민이 공공선을 촉진하는 수단을 찾으면서 항상 '옳은 일'만 한다고 주장하는 사람이 있다면, 이런 아첨꾼은 경멸해야 마땅하다고 주장했다.(『아메리카』 I, p. 254)

인민이 민주주의의 주체이기는 하지만 그렇다고 무소불위(無所不爲)의 존재가 되어선 안 된다. 그렇게 되면 민주주의의 타락을 피할 수 없다. 이것이 토크빌의 핵심 주장이다. 어떻게 인민의 힘을 민주적으로 견제할 것인가? 토크빌은 인민의 독주를 저지할 독립적 권력체의 소중함을 역설했다. 언론이나 사법부, 특히 다음 장에서 보게 될 시민단체 같은 집단이 그런 역할을 해야 한다는 것이다. 토크빌은 그런 권력체가 인민들 바깥에서 인민의 힘을 견제할 수 있어야 민주주의의 건강한 발전에 도움이 된다고 생각했다. 물론 권력체가 인민과 완전히 등을 돌리게 하자는 말은 아니다. 그것은 민주주의를 부정하는 발상이다. 그가 희망하는 것은 권력체들이 각각의 영역에서 어느 정도 큰 자유를 누리는 것이다. 그래야 인민이 변덕을 부릴 때 저항하고 위험한 것을 요구할 때 거절할 수 있다고 생각했다.(DA, p. 129)

토크빌은 미국이 다수 인민의 '열정과 무지'를 견제하는 각종 장치를 도입한 것을 유심히 관찰했다. 그 결과 미국 민주주의가 지성과 도덕적 탁월성을 지닌 사람을 존중하고, 아무런 거리낌 없이 그들에게 '순종하는 전통'을 지켰기 때문에 현명한 선택을 할 수 있었다는 것을 확인했다.(DA, p. 191)

그는 특히 신생 미국의 정치 구도가 공화주의자와 연방주의자로 양분된 가운데, 연방주의자들이 권력을 잡은 것이 미국에는 큰 행운이었다고 주장한다. 왜 그런가? 공화주의자는 인민주권을 무한대로 늘리자고 주장한 반면, 연방주의자는 이를 제한하려 했다. 토크빌이 볼 때, 시대의 대세를 거역하는 지혜와 용기를 지닌 연방주의자가 정답이었다.(DA, pp. 167-169) 연방주의자는 자유를 사랑하는 바로 그 마음으로, 자유가 파괴되는 것을 막기 위해 인민들의 변덕에 저항하고 위험한 요구를 거절할 수 있었다는 것이다.(DA, p. 129) 연방주의자들이야말로 민주주의를 '다루는 법'을 알고 있었던 것이다. 그가 연방주의자 해밀턴이 쓴 『연방주의자 논설집(*The Federalist Papers*)』[56] 71장을 길게 인용한 것도 이런 이유에서이다:

"공화주의[57] 원리는 인민의 순간적 열정이나 일시적 충동에 대해서도 무조건적으로 순종할 것을 요구하지 않는다. 인민의 이익을 지켜야 하는 사람들은 그들이 보다 냉정하고 사려 깊은 판단을 할 시간과 기회를 주기 위해 본인들부터 그릇된 착각을 이겨낼 수 있어야 한다. 그렇게 하기 위해서는 때로 인민의 불쾌한 반응도 감수할 수 있는 용기를 지녀야 한다."(DA, p. 144 참조)

해밀턴은 '인민의 순간적 열정이나 일시적 충동'에 대해 무조건적으로 순종해서는 안 된다고 생각했다. 진정한 지도자라면 인민의 불쾌

---

56) 1787년 9월 필라델피아 연방회의에서 미합중국 헌법 초안이 완성되었지만 연방헌법에 반대하는 반(反)연방주의자(anti-federalist)의 반발이 거셌다. 이에 세 명의 연방주의자 알렉산더 해밀턴(Alexander Hamilton, 1755~1804), 제임스 매디슨(James Madison, 1751~1836), 그리고 존 제이(John Jay, 1745~1829)가 이들을 설득하기 위해 매주 한 편씩 쓴 85편의 글을 묶은 것이 『연방주의자 논설집』이다. 해밀턴이 51편, 매디슨이 29편, 제이가 5편을 썼다.

57) 토크빌은 원래 공화주의와 민주주의를 특별히 구분하지 않았다. 미국적 상황에서 반연방주의자를 가리킬 때 공화주의자라는 말을 쓰기도 했다. 해밀턴은 그와 달리 공화주의를 대의 민주주의(또는 자유주의)와 비슷한 의미로 사용했다. 반면, '민주주의'는 직접 민주주의로 이해했다. 서병훈 2009b, pp. 136-139. 이 책 결론 부분에 나오는 공화주의는 토크빌이나 해밀턴의 용법과 다른 의미를 지니고 있음을 미리 밝혀둔다.

한 반응도 때로 감수할 수 있는 용기를 발휘해야 한다는 것이다. 토크빌은 해밀턴의 주장을 높이 평가했다. 인민주권을 적절히 제어해야 할 필요성에 상호 공감하고 있었다. 다수 대중에 대해 과감한 거역을 할 수 있는 것을 정치지도자의 중요한 덕목으로 여겼다.


## 2. 대의제 부활

토크빌은 인민의 힘을 민주적으로 견제할 수 있는 정치원리를 모색했다. 그는 대의 민주주의에서 그 가능성을 엿보았다. 그는 대의제를 직접 민주주의의 차선책으로 여기지 않았다. 오히려 그 제도의 적극적 기능을 중시했다. 토크빌은 유권자들이 대의원에게 과도하게 간섭하는 것을 비판하고 정치적 자율성을 보장할 것을 역설했다.(Krouse, p. 208 참조) 이 점에서 밀과 닮았다.(3부 참조)[58]

토크빌은 아메리카인들이 대의제정부의 보장책들을 유명무실하게 만드는 행동을 계속한다고 비판했다. 유권자들이 대의원을 뽑으면서 행동지침을 내리거나 반드시 이행해야 할 의무사항을 부과하는 것을

---

58) 토크빌은 직접 민주주의의 주창자인 루소(J. J. Rousseau)를 좋게 보지 않았다.(Reader, p. 8) 1848년 2월 혁명을 직접 체험한 그는 '정치적 대표는 인민의 대리인일 뿐'이라고 규정한 급진 신문과 이에 맞장구친 '악당들'을 동시에 비판했다.(Recollections, p. 117) 이 점에서도 그는 연방주의자들과 생각을 같이했다. 매디슨은 '최상의 지혜, 최상의 덕을 가진 사람을 통치자로 얻는 것'이 모든 정치체제의 목적이라면서 대의제의 당위성을 역설했다. 그는 "선출된 집단(즉, 대표)은 현명할 뿐 아니라 애국심과 정의에 대한 사랑을 지니고 있어 나라의 진정한 이익을 잘 분별할 수 있다."고 주장했다. 나아가 이들을 통해 대중의 견해도 더욱 정교해지고 확대될 수 있다면서 대표를 '존중'할 것을 요구했다.(Hamilton, et. al., p. 82)

그 대표적인 사례로 꼽았다. 그는 이것은 인민이 대표의 자율성을 무시한 채 사실상 직접 광장에서 심의하는 것과 다를 바 없다고 비판했다.(『아메리카』 I, p. 419) 이렇게 되면 대의제는 이름만 남을 뿐이라는 것이다.

토크빌은 민주국가의 선거제도가 대표를 선거구민의 하수인으로 전락시킨다고 보았다. 유권자의 환심을 사지 않으면 다음 선거에서 당선을 기약할 수 없기 때문이다. 유권자들의 버림을 받으면 정치인은 즉시 모든 것을 잃게 되는 것이다.(『아메리카』 II, p. 173) 이런 사정을 잘 아는 유권자들은 대표를 입법부 의원이 아니라 입법부 주변에서 일하는 지역구 보호자 정도로 치부한다. 심지어 유권자 개개인의 대행자로 여기기도 한다. 국가 전체의 이익만큼이나 선거구민의 사적 이익을 위해서도 열심히 뛰어줄 것을 은근히 기대한다. 그렇지 않으면 다음 선거에서 표를 안 줄 심산인 것이다. 토크빌은 정치인을 유권자에게 종속시키는 이 모든 관행이 의원들의 행동은 물론 말하는 방식에도 영향을 미친다고 비판했다.[59]

---

59) 우선 미국 의원들은 틈만 나면 한마디씩 하려고 한다. 왜 말이 많아지는가? 토크빌은 그 원인을 유권자들의 허영심 탓으로 돌린다. 유권자들은 자신이 변변찮은 존재라는 자의식에 비례해서 지역구 의원이 더 큰 역할을 해주기를 바라는 보상 심리가 있다. 자신의 대리인이 가능하면 자주 연단에 오르기를 기대하는 것이다. 따라서 의원은 유권자들을 기쁘게 해주기 위해 무엇인가 말을 하지 않으면 안 된다. 한 번도 연설하지 않고 고향으로 돌아간다는 것은 수치스러운 일로 간주되고 다음 선거에서 불리하게 작용할 것이다. 나아가 의원들은 유권자를 만족시켜주기 위해 의사당에서 국가 차원의 큰 문제뿐 아니라 지역구의 사소한 불평 사항에 대해서도 발언해야 한다. 그런데 평등한 민주국가에서는 귀족계급이 더 이상 힘을 발휘하지 못하기 때문에 의원들이 발언할 때 과거처럼 선례나 특권, 신분에 의존할 수 없다. 그래서 그들은 곧잘 인류 전체의 보편적 성격을 띤 문제를 거론한다. 국민 전체에게, 국민 전체의 이름으로 연설한다. 그러다 보니 구사하는 언어도 고상하고 품위가 있다. 그러다가 자신의 지역구와 관련된 사소한 문

토크빌은 이 점에서 민주사회와 귀족국가의 입법부를 비교했다. 그에 의하면 귀족체제의 정치인들은 유권자들에게 거의 종속되지 않았다. 귀족사회의 의원들은 글자 그대로 유권자들의 소중한 대표자였던 것이다. 오히려 유권자들이 의원에게 밀접하게 종속되었다. 토크빌은 대의제가 이런 정신 위에서 운용되어야 마땅하다고 주장했다.(『아메리카』 II, p. 173)


## 3. 제도적 견제 장치

토크빌은 연방주의자들이 인민들의 '열정과 무지'를 견제하기 위해 고안한 제도적 장치를 유심히 검토하였다. 그는 미국의 경험을 통해 입법부 의원이 '인민에 의해 직접 선출되고, 임기도 대단히 짧으면' 유권자들의 하찮은 욕망에서 벗어날 길이 없다는 사실을 확인했다.(DA, pp. 235-236) 당시 대부분의 주에서 의원 임기를 하원은 1년, 상원은 2년으로 규정하고 있었다. 토크빌은 대의제의 근본 원칙을 살려 입법자들에게 자유의지를 더 주기 위해서는 임기 연장이 불가피하다고 보았다.(DA, p. 144) 같은 이유에서 그는 대통령의 재선 허용을 반대했다. 재선에 나서는 사람은 인민의 호감을 사기 위해 무슨 일이든 해야 하는, 한마디로 '다수파의 말 잘 듣는 도구'로 전락할 수밖에 없다고 생각했기 때문이다.(DA, p. 130)

토크빌은 '직선제'에 불만이 많았다. 다수파의 열정과 의지가 손쉽

---

제를 언급하면 분위기가 달라진다. 커다란 일반적 진실에다 사소한 지엽적 진실을 끼워 발언하자니 주장이나 내용이 모호할 수밖에 없다. 말하는 사람이나 듣는 사람이나 모두 당혹감을 느끼게 된다는 것이다.(『아메리카』 II, p. 174-178)

게 반영된다고 믿었기 때문이다.(DA, p. 145) 그는 '미국의 엘리트가 상원에서만 발견되고 하원은 그렇지 못한 이유, 하원은 천박한 것으로 범벅이 되는 반면 상원은 재능과 지성이 넘쳐나는 이유'는 단 하나, 하원은 직접선거, 상원은 두 단계 선거를 거쳐 선출되기 때문이라고 분석했다. 토크빌은 '인민의 의지가 이미 선출된 기구를 통해 작동함으로써 보다 고상하고 보다 아름다운 형태로 옷을 갈아입기 때문'에 상원의원들은 나라의 전체 의사를 정확하게 대변할 수 있다고 보았다. 인민을 휘젓는 사소한 열정이나 비열한 편견을 멀리하고 오직 한층 성숙한 생각과 관대한 본능을 대표한다는 것이다.(『아메리카』 I, p. 340) 이런 관찰을 바탕으로 그는 2단계 선거(즉, 간접선거)야말로 모든 계층의 사람들이 정치적 자유를 향유할 수 있는 유일한 수단이라고 확언하였다.(DA, pp. 191-192)

인민에게 권력이 집중되는 것을 견제해야 한다는 토크빌의 생각은 보통선거의 실시에 대한 그의 소극적, 나아가 부정적 입장에서도 재확인된다. 다수의 압제를 두려워했던 토크빌은 급격한 선거권 확대에 동조하지 않았다. 프랑스가 아직 보통선거를 실시할 단계에 이르지 않았다는 것이 그 이유였다.(Reader, p. 20) 그는 '정치적 스승'이었던 영국의 시니어와의 대화에서 영국이 선거개혁법안(Reform Bill)을 통과시켜 보통선거권을 향한 큰 걸음을 뗀 것에 우려의 눈길을 보냈다. 보통선거제가 정치제도에 초래하는 치명적 타격은 그 어떤 것으로도 치유가 불가능하다고 생각했기 때문이다.(Senior II, p. 69) 따라서 토크빌이 민주주의가 확대되는 것을 두려워했기 때문에 일평생 보통선거제를 봉쇄하는 데 온 힘을 기울였다고 주장하는 사람들이 많다.(Wolin, p. 489 참조)

그러나 토크빌을 이렇게 규정해도 되는지 의문이다. 그가 시기와 상황에 따라 상반된 주장을 폈기 때문이다. 토크빌은『아메리카의 민주주의』에서는 보통선거제가 정치집단들이 야기하는 위협을 감소시키는 순기능을 강조했다. 폭력을 줄이고 사회적 불안을 방지함으로써 안정된 민주주의를 건설하는 데 도움이 된다는 것이다. 그러나 1842년과 1847년 그가 하원의원으로 활동할 무렵에는 선거권 확대를 반대했다. 앞서 그가『아메리카의 민주주의』에서 한 말을 뒤엎는 것이 아닌가?

이런 반전은 그의 이론적 지향점과 현실정치적 고려가 충돌한 결과라고 보는 것이 타당할 것이다. 토크빌은 소수 기득권층의 정치적 부패를 혁파하기 위해서는 선거권 확대가 바람직하다고 생각했다. 그러나 선거에 출마한 그로서는 정치적 계산을 하지 않을 수 없었다. 선거권이 확대되면 정치적 혼란을 두려워하는 기존 유권자들의 여론에 신경을 쓰지 않을 수 없는 처지였다. 그래서 선거권 확대에 부정적이었던 것이다.

그런데 토크빌은 1848년 10월 헌법기초위원으로 일할 때는 입장을 또 바꾸었다. 사회혁명을 예방하고 평화적 전진을 위해서는 보통선거가 필수적이라고 주장했다. 선거권을 확대해야 사회혁명을 저지할 대중의 지지를 확보할 수 있다고 생각한 것이다. 토크빌은 나아가 보통선거가 권력을 다투는 세력들에게 힘을 실어주고 통제함으로써 민주주의를 안정시킨다고 했다. 결국 그가『아메리카의 민주주의』에서 선거권 확대를 옹호하던 16년 전 상태로 되돌아온 셈이다.(Grannett, pp. 216–220)

이런 분석을 통해 토크빌이 단호하게 보통선거권의 확대를 반대한 것은 아니라는 사실을 확인할 수 있다. 언제나 매 순간 프랑스에 최선의 길이 무엇인지 치열하게 고민하고 심사숙고하면서 때로는 반대

하고 또 때로는 찬성했던 것이다.(Grannett, p. 221)

여기에서 토크빌이 시민적 권리와 정치적 권리를 구분해서 이해했다는 사실을 기억해둘 필요가 있다. 그는 당시 대부분 자유주의자들처럼 시민적 권리는 이론적으로 모든 사람에게 열려 있는 반면 정치적 권리는 제한된 소수에게만 허용된다고 보았다. 그는 프랑스 대혁명 직후 급진 민주주의자들의 만행 때문에 일족의 참화를 겪어야 했다. 그는 이런 개인적 경험을 토대로 민주주의자들이 권력을 다시 장악하면 같은 과오를 되풀이할 수도 있다고 두려워했던 것 같다. 그러나 토크빌은 보통선거권의 확대에 미온적이었지만 그렇다고 기조(Guizot)가 이끄는 보수정권에 동조하지도 않았다. 원칙에 따라 절도 있게 진행되는 정치개혁이라면 반대할 이유가 없었던 것이다.(Reader, p. 20)


## 4. 법조인의 방파제 역할

토크빌은 민주주의의 한계를 고민하면서 그 약점을 치유해줄 보루로 사법부의 역할을 매우 강조했다. 그는 평등사회에서 '인민 또는 입법부'가 압도적 힘을 행사하는 것을 심각하게 바라보았다. 그래서 민주주의의 존속을 위협하는 두 가지 큰 위험으로 첫째, 입법부가 선거구민의 의지에 완전히 복종하는 것, 둘째, 모든 통치권력이 입법부에 집중되는 것을 꼽았다.(『아메리카』 I, p. 258) 토크빌은 특히 입법부에 국가의 거의 모든 권한을 내맡기는 것을 심각하게 비판했다.[60] 그

---

60)  이 점에서도 그는 매디슨과 생각이 같았다. 미국 민주주의의 이론적 정초(定礎)

런 현상은 정부가 존재하는 이유와 공공 행복을 도모할 진정한 수단에 대해 아주 조야하게 이해하고 있는 결과라고 주장했다. 그래서 그는 입법부의 변덕에 대처할 수 있는 방파제로서 법의 위상을 높이 평가했다.(『아메리카』 I, p. 254, 419)

토크빌은 우선 미국의 타운 민주주의가 성공적으로 작동할 수 있었던 원인 중의 하나로 배심원 제도를 꼽는다. 사람들이 '법의 참여'를 통해 평등사회에 내재한 개인주의의 해악을 극복하고 자유에 대한 애착을 키울 수 있다는 것이다. 그러면서 토크빌은 전혀 다른 각도에서 법의 중요성을 역설하기도 한다. 미국의 경우, 법조인들의 권위와 영향력이 민주주의의 퇴행을 막아주는 가장 강력한 방파제 역할을 한다는 것이다.(DA, p. 251) 이 대목에서도 '과감한 거역'의 논리가 동원된다.

법조인은 전문지식을 가진 사람이다. 사회에서 특별한 지위를 누린다. 그들은 일을 하는 과정에서 매일 이런 우월의식을 확인한다. 그러면서 군중의 판단력에 대해 일종의 경멸감을 느끼게 된다. 의뢰인들이 맹목적 열정에 사로잡혀 있을 때 방향을 잡아준다.(DA, p. 252) 토크빌은 이 점을 강조한다.

나아가 법률을 전공한 사람들은 그 직업 특성상 질서를 존중하는 습관이 있다. 형식을 중시한다. 규칙적인 결과를 안겨주는 생각에 본능적으로 집착한다.(DA, p. 252) 대중이 새로운 것을 좋아한다면 그들

---

를 놓았다는 평가를 받는 매디슨은 『연방주의자 논설집』에서 다수와 소수의 권력 사이에 타협을 이끌어내고, 한편으로 모든 성인 시민의 정치적 평등을 추구하고, 다른 한편으로는 그들의 주권을 제한하고자 하는 기획 사이에 균형을 맞추고자 했다. 그는 특히 다수의 근거지라고 할 의회의 위협에 대해 깊이 고민하면서, "세심하게 관찰하며 주의를 집중해야 한다."고 역설했다.(Dahl 1956, pp. 4–9 참조)

은 오래된 것을 동경한다. 대중은 규칙을 경멸하지만 법조인들은 형식을 존중한다. 대중의 열광에 맞서 신중한 행보를 선보인다.(DA, p. 256)

그 결과 법조인들은 혁명적 정신과 민주주의의 사려 깊지 못한 열정에 강력하게 거부감을 느낀다.(DA, p. 252) 미국 사람들이 열정에 도취되거나 자기 생각에 빠져 방종으로 흘러갈 때, 그런 행동을 제지하는 일종의 보이지 않는 제동장치 역할을 하는 것이다. 토크빌은 미국 사례를 들여다보면 볼수록, 법조인 집단이야말로 이 나라 민주주의의 독주를 견제할 수 있는 가장 강력한, 그리고 유일한 힘이 된다는 것을 확인하게 된다.(DA, p. 256)

토크빌은 법조인의 의식 밑바닥에 귀족정을 향한 취향과 습관이 있음을 발견한다. 귀족정처럼, 그들은 질서에 대하여 본능적으로 집착하며 형식에 대해 자연적인 애착을 느낀다. 귀족정은 다중의 행동에 대해 경멸하고 인민의 정부에 대해 남모르게 혐오감을 품는데, 이 점에서는 법조인도 마찬가지라는 것이다.(DA, p. 252)

법조인은 태생적으로, 또 그들의 이해관계에 비추어볼 때 민주주의에 속하지만, 그 습관과 취향은 귀족정에 가깝다. 한마디로 민주주의와 귀족정 요소를 함께 가지고 있는 것이다. 그들은 민주정부를 전복시키고 싶은 생각은 없지만, 민주주의와는 경향이 다르다. 생각과 방법은 더욱 이질적이다. 그래서 민주주의와 귀족정을 연결시키는 역할을 자연스럽게 수행한다.(DA, p. 254)

이런 이유에서 토크빌은 법조인의 정신이 민주주의 정신과 혼합되어야 민주주의가 오랫동안 사회를 다스릴 수 있다고 생각한다. 인민의 권력이 커지는 것과 비례해서 법조인의 정치적 영향력이 증대되지 않는다면 공화국이 살아남을 수 없다는 것이다.(DA, p. 254) 결국 토크빌이 법의 중요성을 강조하는 이유는 자명하다. 다수 인민을 순화시켜 귀족정 요소를 받아들이게 하는 것, 다른 말로 하면 민주주의를 억제하는 데 법의 역할이 필요하다고 보았기 때문이다.


## 5. 점진적 개혁

그렇다면 이런 성격을 지닌 '현실적으로 최상의 체제'를 어떻게 만들어갈 것인가? 토크빌은 '세련되고 온건하며 헌정질서를 지키는 보수적 방법론'을 제시했다.(Recollections, p. 192)

그는 1831년 케르고를레에게 보낸 편지에서 부르봉(Bourbons) 왕조가 실패의 길을 걷게 된 원인으로 이미 구시대의 유물이 돼버린 귀족체제를 강화하려 들었던 것을 첫 손으로 꼽았다. 희망 없는 복고(復古)의 길을 걸을 것이 아니라 민주주의에 질서와 안정을 심어주는 데 주력했어야 했다는 것이다. 그러면서 토크빌은 일견 상반된 것으로 보일 수 있는 말을 한다. 첫째, 부르봉 왕조는 주민들이 정치에 관심을 가질 수 있게 조금씩 참여를 늘렸어야 했다. 둘째, 무엇보다도 민주주의에 제동을 걸 수 있는 유일 장치인 습속과 법적 관념을 확립하는 것이 필요했다. 토크빌은 그랬더라면 프랑스 사회가 지금 겪는 것과 같은 혼란을 피할 수 있었을 것이라고 주장했다.(Selected, p. 56)

한편으로 참여를 늘리면서 다른 한편으로는 민주주의에 제동을 걸어야 한다는 그의 생각은 프랑스 혁명의 후유증을 걱정하는 대목에서도 반복된다. 그는 정치적 격동기에 구체제에서 무엇이 최악이고 무엇이 최선인지 구분하지 않고 모든 것을 쓸어버리는 일이 불가피할 수 있다는 것을 인정한다. 그러면서 그는 독립적으로 행동하는 데 익숙하지 않은 국민이 전면개혁을 추진하려 한다면 총체적 파괴를 겪을 수밖에 없다고 말한다. 토크빌은 이 대목에서 차라리 절대군주가 훨씬 덜 위험한 개혁가가 될 수 있을 것이라고 생각한다. 그는 프랑스혁명이 자유에 적대적인 수많은 제도와 생각과 관습을 파괴하면서 그와 동시에 자유를 위해 필수불가결한 다른 많은 것들도 함께 파괴해 버린 것을 매우 가슴 아프게 생각한다. 따라서 그는 혁명이 인민주권의 이름으로 대중에 의해 촉발되지 않고 '현명한 독재자'의 작품이었더라면 더 나은 결과를 만들었을 것이라고 주장한다. 그랬더라면 프랑스가 자유국가로 착실하게 발전하는 보다 올바른 길로 접어들 수 있었을 것이라는 생각을 지울 수 없다는 것이다.(OR, pp. 166–167)

이런 역사관은 무엇을 뜻하는가? 토크빌은 무엇보다 온건노선을 강조했다. 그는 1833년 결혼을 앞두고 미래의 배우자 모틀리(Marie Mottley)에게 자신을 스스로 '온건한 사람'으로 규정했다.(Reader, p. 151) 물론 그의 정신은 극단에 가까울 정도로 완벽주의자였다. 세상이 온통 허탄한 것으로만 흘러가고, 모든 것을 돈으로만 계산하는 세태, 그래서 이익과 효용이 새로운 시대정신으로 군림하는 부르주아 질서에 대해 그는 극단적인 소외감과 무력감을 느꼈다. 그 정도로 자기주관이 강한 사람이었다. 그러나 그의 정치노선, 특히 민주주의에 관한 입장은 대단히 온건했다. 다양한 사회적 요소와 원칙, 그리고 관념 사이에서 현명하게 균형을 맞추고자 했다.(Craiutu, p. 611)

그는 기본적으로 혁명을 불신했다. 격동의 시간 끝에 하루아침에 별천지가 만들어지리라고 생각하지 않았다. 그는 '지금 우리가 가지고 있는 이 제도'만으로도 자신이 설정한 이런 목표를 달성하는 데 아무 문제가 없다고 확신했다. 그가 꿈꾸는 최상의 체제라는 것도 기존의 정부를 '조금 확대'한 것에 지나지 않는다고 했다. 그렇다면 세상을 바꾸는 길은 반드시 점진적으로 접근해야 한다. 천천히 조심스럽게 나아가야 한다.

그는 언제나 질서를 중시했다. 그가 정치적 손실을 감수하면서 참정권 확대를 위한 잔치(banquets)집회를 거부[61]한 이유도 그것이 무질서를 초래할 수 있다는 우려 때문이었다.(Reader, p. 22) 질서정연하게, 그리고 점진적인 변화를 도모하기 위해서는 법질서를 따르는 것이 필수적이다. 법치에 대한 토크빌의 집착은 강박에 가까울 정도이다. 그는 1836년 이렇게 말했다.

"이 목표를 향해 우리는 점진적으로 나가지 않으면 안 된다. 나는 그 누구보다도 천천히, 조심스럽게, 법 테두리 안에서 전진하는 것이 가장 중요하다고 믿는 사람이다. 사람들이 법을 해치게 해서는 결코 안 된다. 법을 존중해야 한다는 나의 믿음은 거의 맹목에 가깝다.[62] 나는 우리가 지금 가지고 있는 이 제도만으로도 우리가 원하는 것을 충분히 얻을 수 있다고 확신한다."(Reader, p. 157)

토크빌은 법의 중요성을 거듭 강조하면서 '혁명과 전혀 관계없는 또는 정도 이상 선동에 휘둘리지 않는 그런 정부'를 추구했다. 그는

---

61)  1847년부터 공화파 등 급진 야당 세력은 대중집회를 제한하는 법망을 피해 잔치로 위장해서 선거권 확대를 촉구하는 집회를 전국에 걸쳐 개최했다. 이 집회는 1848년 2월 혁명의 도화선이 됐다. 그러나 토크빌은 끝까지 이 대열에 동참하지 않았다. '민주주의의 폭발'이 가져올 후유증에 대한 두려움에다가 티에르(Louis Adolphe Thiers, 1797~1877) 등 주도 세력에 대한 반감 때문이었다.(Recollections, pp. 18, 90–91; Jardin 1988, p. 412)
62)  토크빌이 자유를 얼마나 열정적으로 사랑했는지 새삼 언급할 필요가 없을 것이다.(4부 참조) 그런 그가 1841년 무렵, 자신이 가장 소중히 여기는 것으로 자유와 함께 합법성을 꼽았던 것을 기억할 필요가 있다.(Reader, pp. 219–220)

이런 정부를 세우기 위해서는 오랜 시간에 걸쳐 대단히 조심스럽게 형성되는 '습속과 습관, 그리고 법'이 필요하다고 역설했다.(Reader, pp. 157-158)

토크빌은 이런 기조 위에서 민주주의를 개선하는 방법을 고민했다. 그는 사사건건 민주주의를 확대하는 것이 자유와 인간적 존엄을 고양하는 일에 도움이 안 된다고 생각했다. 민주주의에 대한 아첨꾼 또는 '지나치게 가까운 친구'가 오히려 민주주의를 해치게 된다고 우려했다. 진정한 친구라면 '민주적 도그마'에 저항할 수 있어야 한다고 했다.(Mahoney 참조) '민주주의를 잘 사랑하기 위해서는 적당하게 사랑하는 것이 중요'하다는 지적이야말로 토크빌의 깊은 마음을 잘 드러내는 명구(名句)라고 하지 않을 수 없다.(Manent 1996, p. 132)

토크빌은 민주주의가 성공하기 위해서는 귀족체제와 민주주의, 불평등과 평등의 혼합이 필수적이라고 주장했다.(Mahoney 참조) 민주주의의 전횡을 견제하기 위해 '귀족주의적' 요소를 도입하고자 한 것이다. 그는 각종 법적 조직과 시민단체 같은 것들이 부작용은 없애고 장점만 살릴 수 있는 대표적인 귀족주의적 요소라고 보았다. 이를 통해 시민들이 위대한 기획을 도모하고, 자유와 연대를 함께 향유할 수 있다고 생각했다.(Craiutu, p. 624) 토크빌은 이런 과정과 장치의 도입을 통해 입법부가 다수의 열정에 노예가 되지 않으면서 그 다수를 대변할 수 있다면 민주적 폭정의 위협에서 벗어날 수 있을 것으로 기대했다.(DA, p. 242)

# 6장
# 민주주의의 확대

토크빌은 민주주의의 부작용에 대한 걱정이 많았다. 민주독재를 방지할 길이 '전혀 없다.'는 말도 여러 차례 했다. 그래서 그는 민주주의의 일탈 또는 독주를 예방하기 위해 민주주의를 축소하는 여러 방안을 제시했다. 그런데 토크빌은 『아메리카의 민주주의』 2권에서 다른 이야기도 한다. 평등사회에서 억압받는 시민들이 자신을 방어할 수단이 남아 있다면서 세 가지를 예시하고 있는 것이다.

첫째, 언론의 역할이다. 토크빌은 언론을 통해 전체 국민, 나아가 전체 인류에게 호소함으로써 민주주의의 폐단을 줄일 수 있다고 주장한다. 언론의 자유가 보장되면 평등이 초래하는 문제점의 대부분을 치유할 수 있다고 믿는다. 그래서 그는 언론을, 자유를 보장하는 가장 중요한 민주적 도구라고 규정한다. 다른 어떤 곳보다 민주주의 사회에서 언론의 자유가 특히 소중하다고 강조한다.

둘째, 사법부의 역할이다. 민주사회의 통치권자는 절대권력을 행사한다. 독재자의 눈과 손은 인간 행동의 가장 세세한 사항까지 끊임없이 감시하고 억압한다. 이에 반해 국민 개개인은 너무 허약해서 자신을 보호할 힘이 없다. 서로 고립되어 있기 때문에 이웃의 도움을 기대할 수 없다. 이런 상황에서 사법권이 살아 있으면 개인의 자유와 독립성을 지키는 데 큰 힘이 된다.

셋째, 형식과 절차가 중요하다. 각종 절차는 강자와 약자, 통치자와 피치자 사이에서 장벽 역할을 한다. 이 장벽은 통치자의 발길을 늦추고 피치자에게 숨 고를 여유를 준다. 앞 장에서 토크빌이 법조인의 역할을 매우 비중 있게 고려했다는 사실을 소개했다. 법이 권력에 일종의 제동장치 노릇을 하듯이, 형식과 절차는 권력자가 마음대로 행동하지 못하게 가로막는다. 민주사회에서 자유를 지키고 신장하는 데 큰 도움이 되는 것이다.(『아메리카』 II, pp. 561~564)

이런 논리를 이어받아 6장에서는 민주주의의 확대를 통해 민주주의의 횡포를 저지할 수 있다는 토크빌의 주장을 살펴본다. '민주주의자' 토크빌의 진면목이 여실히 드러나는 대목이라고 하겠다.


## 1. 참여의 소중함

토크빌이 민주주의에 대해 불안을 느끼는 가장 큰 이유는 평등사회에서 사람들이 개인주의의 늪에 빠져 정신이 피폐해진다고 보았기 때문이다. 그는 사람들을 한데 묶어주던 연대의식이 사라진 틈에 '국가'라는 이름의 절대권력자가 들어서는 것을 무엇보다 두려워했다. 민주주의 사회에서 민주독재의 출현을 걱정해야 하는 것이다.

그런데 토크빌은 신생 미국이 그런 '평등의 저주'를 너끈하게 극복하고 있는 것을 목격했다. 그 비법은 바로 참여였다. 사람들이 지역 공동체 참여를 일상화하면서 개인주의의 성을 박차고 나오고 그 결과 자유를 향유할 수 있게 되었다는 것이다. 아메리카인들이 참여로써 개인주의를 이겨냈다는 것은 그에게 큰 희망이 되었다. 토크빌은 참여, 즉 민주주의를 통해 민주주의의 폐해를 치유할 수 있다는 사실에 큰 감명을 받았다.(『아메리카』 II, p. 196) "평등이 빚어내는 여러 폐해에 맞서 싸울 수 있는 단 하나 유효한 처방은 정치적 자유를 확대하는 것 뿐"이라는 확신을 갖게 되었다.(『아메리카』 II, p. 201) 참여가 민주주의를 지켜주고, 민주주의가 자유를 촉진한다는 것이다.(4부 참조) 따라서 참여가 그의 '새로운 정치학'의 중심명제라고 할 수 있다.

토크빌은 미국 뉴잉글랜드 지역 사람들의 생활 근거지인 타운(town)을 특별히 주목했다. 타운은 지역주민들의 사랑방 같은 곳이다. 일이 있을 때마다 그곳에서 같이 모여 머리를 맞대고 해결책을 모색한다. 동네 사람들이 일상생활 속에서 참여를 실천하는 곳이 바로 타운이다. 토크빌은 이런 타운이야말로 자유시민들의 힘의 원천이 된다고 생각했다. 사람들은 타운을 통해 자유를 일상적인 것으로 체험하고, 음미하며, 습관적으로 향유한다. 스스로 생각하고 다스리는 습성을 발전시키게 된다.(『아메리카』 I, pp. 700−701, fn.1)

토크빌은 특히 타운이 자유정신의 온상이라는 사실을 매우 강조한다. 사람들이 타운제도를 운용하고 적용함으로써 다수의 전제정치를 제어하게 된다고 생각했기 때문이다. 그는 타운이 인민에게 자유에 대한 취향을 고취하고 자유를 누리는 기술을 알려준다고 말한다.(『아메리카』 I, p. 489) 그래서 토크빌은 초등학교가 교육의 출발점인 것처럼 타운 제도가 자유의 토대가 된다고 생각했다. 타운이 없으면 자유정신을 누리지 못할 것이라고 보았다.(DA, pp. 57−58)

이런 전통은 신생 미국의 정치적 기초를 닦은 지도자들의 혜안에서 비롯되었다. '건국의 아버지들(Founding Fathers)'은 국민 모두의 의사를 반영한 대표제만으로는 민주시대에 응당 나타나는 치명적 질병을 치유할 수 없다고 판단했다. 시민들이 함께 행동할 기회를 최대한 확대하고, 서로가 서로에게 의존하고 있다는 것을 매일같이 느끼게 해줄 필요가 있었다. 그들은 이를 위해 '영토 각 부분별로 정치생활을 나누는 것'이 좋겠다고 생각하게 되었다. 타운을 중심으로 한 지역참여의 중요성을 깨달은 것이다. 토크빌은 이런 발상의 현명함을 높이

평가했다.(『아메리카』 II, pp. 196-198)

　그때나 지금이나 사람들이 국가 전체의 운명에 관심 갖게 하는 것은 정말 어렵다. 몇몇 유력한 시민들만 관심을 가질 뿐이다. 그러나 자기가 사는 지역의 일은 다르다. 자신의 안위에 직결되기 때문에 누구나 관심을 가지게 된다. 지역참여가 활성화될 소지가 충분한 것이다. 더구나 같은 지역에 사는 주민들은 항상 접촉하기 때문에 서로에게 익숙하다. 참여를 통해 상부상조의 중요성을 깨닫게 된다. 더 중요한 것은 이런 관행이 축적되면 지역의 사소한 공적 업무와 자신의 중요한 사적 업무가 결코 무관하지 않다는 것을 깨닫게 된다는 사실이다. 민주사회의 주민들은 참여를 늘려감에 따라 개인적 이익과 일반 이익을 연결하는 긴밀한 끈을 발견하게 된다. 토크빌은 이 점을 매우 의미 있게 받아들인다. 민주사회의 최대 고질인 개인주의를 극복할 계기가 되기 때문이다. 그래서 토크빌은 사람들이 공익에 관심을 갖게 하려면 지역의 작고 사소한 일을 맡기는 것이 가장 효과적이라는 주장을 펴게 된다.(『아메리카』 II, pp. 196-198)

　이런 생각을 하고 있는 토크빌은 미국 사람들이 보여주는 참여 열기에 놀라움을 금치 못한다. 그가 관찰한 바에 따르면, 정부 일에 관여하고 그것에 대해 이야기하는 것이 미국인들이 알고 있는 가장 중요한 업무이다. 조금 과장되게 말하면, 참여가 그들에게 유일한 즐거움이다. 여자들도 때로 정치집회에 가서 연설을 들으면서 집안일에 따른 짜증에서 벗어날 정도이다.

　다른 나라 사람들은 정치적 권리의 행사에 관심이 적다. 공공 문제에 끼어드는 것을 마치 자기 개인 시간을 도둑질당하는 것과 같이 생각하는 사람도 있다. 그러면서 자기만의 좁은 이기심의 울타리에 갇혀 살기를 원한다. 그러나 미국 사람들은 정반대이다. 자신만의 일에 매달려 사는 것을 마치 자기 존재의 절반을 강도당한 것처럼 여긴다. 참여가 없는 삶을 공허하고 불행하다고 생각한다.(DA, pp. 232-233) 토크빌은 이런 모습에 큰 감동을 받았다.

토크빌은 미국의 경험을 바탕으로 참여가 민주사회 사람들의 삶을 두 차원에서 바꿔놓는다고 정리했다. 첫째, 참여는 사람들이 개인주의에서 벗어나 공동체의 일원으로 살아가게 만든다. 미국 사람들은 불과 얼마 전에 이 땅에 도착했고, 서로에 대해 잘 알지도 못한다. 따라서 미국이 자기 모국이라는 본능적 감정이 있을 수가 없다. 그런데도 타운, 구역, 주의 일을 자기 일처럼 관심을 가진다. 어떻게 그런 일이 가능할까? 토크빌은 정치 문제에 사람들이 적극적으로 참여하는 것을 그 이유로 꼽았다. 정부 일에 참여하다 보면 조국의 운명에 관심을 가지게 된다는 것이다. 토크빌은 참여가 애국심을 가지게 만드는 '가장 강력한, 아마도 우리에게 남아 있는 유일한 방법'일 것이라고 주장한다.(DA, p. 226)

그는 이렇게 설명한다. 사람들은 공공업무를 함께 처리하면서 자신이 처음 생각했던 것보다 동료들과 무관하지 않다는 것, 동료들의 도움을 얻기 위해서는 이따금 그들에게 협조해야 한다는 것을 알게 된다. 이런 경험이 쌓이면 자신의 개인적 이해관계에만 몰두하던 과거 습관에서 벗어나지 않을 수 없다.(『아메리카』 II, p. 195) 나아가 나라 전체의 발전이 자기 행복에 직접 영향을 미친다는 것도 알게 된다. 나라의 번영을 곧 자기 자신의 일로 간주하는 데 익숙해진다. 나라 일에 참여하다 보면 나라에 대한 비난을 자기 자신에 대한 비난으로 간주하는 경우도 생기는 것이다.(DA, pp. 226-227)

결국 미국의 정치적 제도와 권리들은 시민들에게 그들이 함께 살고 있다는 사실을 끊임없이, 수천 가지 방식으로 일깨워준다. 참여는 동료에게 유용한 인간이 되는 것이야말로 사람의 도리이고 자기에게도 이익이라는 생각이 들게 한다. 토크빌은 이런 생활이 반복되면 사람들이 처음에는 필요에 의해, 그러나 나중에는 선택에 의해 일반이익에 관심을 가지게 된다고 강조한다. 타산이었던 것이 본능이 된다는 것이다.(『아메리카』 II, p. 200)

둘째, 참여는 사람들의 생각을 넓혀준다. 스스로 생각하고 처리하는 습성을 발전시켜준다.(『아메리카』 II, pp. 700–701) 흔히 참여의 부작용을 걱정하는 쪽에서는 인민의 지적 수준이 낮아 공공업무를 잘 처리하지 못한다는 점을 거론한다.(Pateman, pp. 1–19 참조) 그것은 부인할 수 없는 사실이다. 그러나 참여과정을 통해 사람들이 그동안 품어왔던 사고의 범위를 넓히고, 자신만의 일상적인 삶의 테두리를 벗어나 더 넓은 세계를 보게 되는 것도 사실이다. 공공 문제의 해결을 위해 지식이 높은 사람들의 생각을 듣고 지켜보면서 머리가 밝아질 수 있다. 참여가 주민들을 더 개명되고 더 적극적인 성격을 가지게 도와주는 것이다. 토크빌은 정부 일에 관여하도록 부름을 받는 사람이 자신에 대해 일종의 자존심도 느끼게 된다는 사실에 특히 고무되었다.(DA, p. 233)

그래서 토크빌은 참여가 민주주의의 '해독제'가 될 수 있다는 믿음 아래 평등사회에서 참여를 활성화할 구체적 방안을 심도 있게 논의한다. 아래에서는 지역자치, 배심원, 결사체의 역할과 의미를 중심으로 그의 주장을 살펴본다.

## 2. 참여의 확대 방안

### 1) 지역자치 활성화

토크빌은 지역 차원의 참여확대를 역설하면서 귀족제 사회와 평등 사회를 비교하기도 한다. 귀족사회에서는 각 지역의 귀족을 중심으로 지방분권이 이루어져 있다. 군주가 강력한 왕권을 행사하지만 지역 문제는 귀족들에게 위임한다. 일종의 분할통치인 셈이다. 귀족이 군주의 전횡을 견제할 수 있기 때문에 일반 국민도 전제정치의 학정으로부터 보호를 받을 수 있었다. 그러나 민주사회에서는 이런 완충장치가 없다. 과거 귀족들과 같은 지방권력자가 없기 때문에 중앙의 최고 권력자가 일반 국민에게 직접 권한을 행사한다. 전제정의 악폐와 맞설 어떤 보장책도 없는 것이다. 더구나 평등사회는 개인주의가 만연한 까닭에 개개인이 무기력하다. 이들을 한데 묶을 공통된 이해관계도 없다.

토크빌은 지역자치를 통해 잠재적 폭정에 저항하는 것이 정답이라고 생각했다. 군중의 방종을 두려워하는 자나 절대권력의 폭정을 두려워하는 자 가릴 것 없이 모두 지방자치의 점진적 발전을 도모해야 한다는 것이다.[63] 토크빌은 "작은 일에서 자유를 누리는 방식을 배우지 못한 다수 군중이 큰일에서 어떻게 자유를 감당할 수 있겠는가?"라고

---

[63]    토크빌은 아메리카 연방정부가 큰 공화국의 위력과 작은 공화국의 안전성을 조화시키고 있는 점을 매우 높게 평가했다.(『아메리카』 I, p. 488) 그는 자유제도들의 비옥한 토양이라 할 지역자치가 이미 습관 속에 깊이 뿌리 박혀 있었던 영국인들이 건너와 건국을 주도한 것이 신생 미국에 지역자치가 정착되는 큰 이유였다고 보았다.(『아메리카』 I, p. 54)

물으면서 지역자치의 중요성을 강조한다.(『아메리카』 I, pp. 162-163)

그는 이런 문제의식에서 '통치의 중앙집권화'와 '행정의 중앙집권화'를 구분했다. 통치의 중앙집권화는 전반적 이해관계, 즉 나라 전체의 일을 다스리는 권력이 같은 장소 또는 같은 사람에게 집중되는 것이다. 반면 행정의 중앙집권화는 국지적 이해관계, 즉 각 지역 업무를 다스리는 권력이 같은 방식으로 집중된 것을 말한다.(『아메리카』 I, pp. 145-146)

토크빌은 통치의 중앙집권화를 강력하게 지지한다. 국가 전체의 업무를 관장하는 권력이 중앙집권화되지 않으면 어떤 나라도 생존, 번영할 수 없다고 생각했기 때문이다. 그러나 행정은 중앙집권과 반대의 길을 가야 한다. 각 지역별로 분산되어야 능률을 극대화할 수 있기 때문이다.[64] 토크빌은 중앙집권화된 행정은 그 나라 국민의 공민정신을 끊임없이 약화시켜 결국 국민을 무기력하게 만든다고 경고했다.(『아메리카』 I, p. 147)[65] 행정이 중앙집권화되면 대의제도가 심각한 타격을 입게 된다는 말도 했다.(『아메리카』 I, p. 474)

## 2) 배심원 활동

토크빌이 여러 측면에서 법의 중요성을 강조한 것을 앞에서 살펴보았다. 그는 일반시민이 법 생활에서 참여할 수 있는 배심원 제도의 정치적 측면을 매우 중시했다. 배심원 제도가 사회의 실질적 통솔권을

---

64)  토크빌이 '중앙정부가 막강한 권한을 행사하면서 동시에 지역의 자유를 잘 발전시키는 것이 가능하다.'고 생각했던 앞 4장 참조.

65)  토크빌은 지방을 어느 한 거점도시에 복속시키는 것은 부당하며 위험하다고 주장했다.(『아메리카』 I, p. 474)

일부 피치자의 수중에 맡긴다는 점에서 인민주권을 실현하는 한 방법이고, 따라서 공화적 성격이 강하다고 평가했다.(『아메리카』I, p. 462, 464)

그는 시민들이 배심원으로서 재판에 참여함으로써 사람은 누구나 대등하다는 것을 터득하게 된다고 보았다. 자신과 직접 관련이 없는 다른 일에 관심을 쏟도록 해줌으로써 사회를 녹슬게 만드는 개인주의적 이기심을 씻어내게 되는 것도 매우 의미 있는 일이다. 그런가 하면 토크빌은 배심원으로 참여하면 판단력과 지혜를 기르는 데 엄청난 도움이 된다면서 이것을 '배심원 제도의 가장 큰 이점'으로 꼽았다. 배심원 역할이 누구에게나 무료로 개방된 학교나 마찬가지라는 말도 했다.(『아메리카』I, pp. 466-467) 토크빌은 인민이 통치하게 하는 가장 활력적인 방안이고 인민이 통치술을 배울 수 있는 가장 효과적 방안이라면서 배심원 제도의 중요성을 거듭 역설했다.(『아메리카』I, p. 470)

### 3) 결사체의 역할

토크빌은 민주국가에서도 강력한 중앙권력이 필요하다고 역설한다. 권력의 활발한 움직임은 바람직하다고 주장한다. 따라서 그는 중앙권력을 허약하게 만들기보다 그것이 자신의 권한을 남용하지 못하게 막는 것이 더 중요하다고 생각한다.(『아메리카』II, pp. 558-559)

토크빌은 말한다. 귀족시대의 아름다운 추억을 되살린다고 다시 신분사회로 돌아갈 수는 없다. 우리의 과제는 귀족사회를 재건하는 것이 아니라 신이 우리에게 마련해준 민주사회의 한복판에서 자유를 키워내는 것이다. 우리는 사회적 조건이 평등한 나라에서 어떤 유형의 자유로운 정부를 수립할 것인지 고민해야 한다.(『아메리카』II, p. 558)

토크빌은 이 대목에서 귀족시대의 특별한 장점에 대해 미련을 감추지 못한다. 귀족체제에서는 군주의 통치권력과 귀족의 관리권력이 분리되어 있었다.(『아메리카』 II, p. 558) 군주의 독주를 견제할 장치가 작동하고 있었던 것이다. 나아가 시민들이 다양한 조직에 의해 서로 밀접하게 연결되면서 중간집단 역할을 톡톡히 할 수 있었다. 군주의 권력남용을 저지하는 자연적 결사체 구실을 한 것이다. 그러나 평등시대에는 그런 완충장치를 기대할 수 없다. 사람들이 서로 고립되어 있어 도움을 요청할 친구가 없다. 함께 연대감을 느낄 계급도 없다. 평등은 사람들을 서로 떼어놓고 허약하게 만든다.(『아메리카』 II, pp. 561-562) 특히 민주사회에는 권력에 맞설 중간집단이 없다. 권력 앞에서 무방비상태이다.

　토크빌은 이런 상황 앞에서 평등사회의 개개인이 귀족시대와 엇비슷한 결사체들을 인공적으로라도 만들어내야 한다고 역설한다.(『아메리카』 I, p. 323) 민주사회에서는 조건이 평등해지면서 과거처럼 강력한 개인이 더 이상 존재할 수 없다. 따라서 각종 결사가 그 자리를 대신해야 한다는 것이다. 토크빌은 평범한 시민들이 서로 연합하면 귀족시대의 중간집단 역할을 대신할 부유하고 강력하며 영향력이 센 실체를 구성할 수 있다고 믿었다. 귀족제도의 폐단을 멀리하면서도 그 시대의 커다란 정치적 장점 몇 가지를 확보할 수 있다는 것이다.(『아메리카』 II, pp. 206-209)

　이런 이유에서 토크빌은 정치결사, 상공업결사, 학문결사나 문예결사 등 각종 결사체를 만들 것을 촉구한다. 조건의 평등이 증대하는 것과 비례해서 결사를 결성하는 기술도 그만큼 더 발전해야 한다고 주장한다. 이런 결사는 권력이 마음대로 조종하거나 은밀하게 억누를 수 없다. 그는 결사들이 과거 귀족시대의 계몽되고 막강한 시민처럼 권력자의 강압에 맞서 개인의 권리를 지키고 공동체의 자유를 보존할 수 있을 것으로 기대한다.(『아메리카』 II, p. 561)

토크빌은 민주사회의 고질적 병폐인 다수의 압제를 견제하는 데도 결사의 자유가 중요하다고 생각했다.(DA, p. 183) 결사의 자유가 다수의 압제에 맞서는 긴요한 보장책이라는 것이다. 일부는 결사의 부작용을 염려하지만, 다수의 전능이 초래하는 위험에 비하면 아직은 그것이 상대적으로 더 이롭다고 보았다. 그는 사회상태가 민주적인 나라들일수록 정당의 독재나 군주의 전횡을 막기 위한 결사의 중요성이 더 돋보인다고 확신했다.(『아메리카』 I, p. 323)

나아가 토크빌은 정치적 결사가 흔히 말하듯이 공공의 평온에 그렇게 위험한 것은 아니라고 생각했다. 일시적으로 국가를 어느 정도 뒤흔들어놓거나 산업에 충격을 줄 수는 있겠지만, 그 기간이 지나고 나면 오히려 더 안정되게 해줄 수도 있다는 것이다. 그는 국가 전체의 삶을 놓고 본다면, 정치적 결사의 자유가 시민들의 복리, 나아가 그들의 평온함에도 도움을 준다는 것을 확신했다.(DA, p. 499) 미국 사람들이 이렇게 위험한 자유를 향유함으로써 오히려 자유의 폐해가 줄어들게 하는 기술을 연마하게 된 것에 깊은 감명을 받았다.(DA, pp. 498–499)

7장

# 민주주의의 순치

토크빌은 한편으로는 민주주의의 축소를, 다른 한편으로는 민주주의의 확대를 역설한다. 그가 참여를 통해 민주주의의 확대만 추구했다면 오늘날의 참여 민주주의자와 크게 다를 바 없을 것이다. 토크빌의 민주주의이론은 이 축소와 확대의 역동적 균형 위에 서 있다. 그핵심은 참여를 늘려나가되, '절제와 헌신'의 습속이 민주주의의 방향을 잡아주는 것이다. 그의 생각 속에 종교가 아주 큰 비중을 차지하고 있다.

## 1. 습속의 중요성

토크빌은 단기간에 사람들의 민도(民度)를 일정 수준 이상 끌어올리는 것은 어렵다고 주장했다. 사람의 수준을 향상하는 데 시간이 오래 걸린다고 생각했기 때문이다. 그는 이런 이유에서 민주주의의 미래에 대해 크게 낙관할 수 없었다.(『아메리카』 I, pp. 332-333) 그러면서 토크빌은 습속(習俗, moeurs)의 중요성을 역설했다. 민주주의가 안정적으로 정착하기 위한 관건이 습속에 있다고 생각했다.

첫째, 토크빌은 민주주의의 열정을 제어하는 데 습속만큼 강력하고 지속적으로 작용하는 것도 없다고 했다.(DA, p. 191) 민주주의를 순치(馴致)하는 것이 민주주의를 바람직하게 발전시키기 위한 지름길이라고 한다면, 그런 순치의 본질은 민주주의를 둘러싼 과도한 열정을 통제하는 것이라고 볼 수 있다. 토크빌은 적절한 습속이 그런 중요한 기능을 수행할 수 있다고 생각했다.

둘째, 토크빌은 압제에 맞서는 데도 습속이 큰 역할을 한다고 생각했다. 그는 민주주의가 자유를 억압할 개연성을 크게 걱정했다. 문제는 그가 보기에 평등사회에서 그런 압제에 맞설 수 있는 특별한 보장책이 많지 않다는 점이다. 어떤 제도적 장치도 불충분하다는 것이다. 토크빌은 그저 습속의 변화를 통해 정부를 온건하게 만드는 것이 유일한 방법이라고 했다.(『아메리카』 I, p. 430)[66]

왜 그는 습속의 역할을 이토록 강조했을까? 토크빌은 습속이라는 말을 아주 넓게 사용했다. 그는 우선 고대인들이 사용했던 'mores'라는 단어, 즉 '마음의 습관(habitude du coeur)'에다 습속이라는 이름을 붙였다. 사람들 사이에 통용되는 여러 개념과 의견들, 그리고 정신의 습관(habitude de l'esprit)을 형성하는 관념들에도 습속이라는 말을 적용했다. 그래서 습관, 견해, 관행, 신앙 등을 아우르는 말로 습속이라는 단어를 사용했다.(『아메리카』 I, pp. 526-527) 토크빌은 이 단어로 한 나라 국민의 도덕적·지적 상태 모두를 포괄하거나 인간이 사회에 가지고 들어온 지적 성향과 도덕적 성향 전부를 지칭했다.(『아메리카』 I, p. 489, 522, fn. 8)

토크빌은 영국계 아메리카인들을 서로 비교함으로써 습속의 중요성을 검증할 수 있었다. 아메리카의 여러 곳에 흩어져 사는 영국 이주민들은 같은 혈통에도 불구하고 이런저런 차이를 나타냈다. 토크빌은 그것이 자연환경이나 법제가 아니라 습속의 차이에서 비롯된

---

66) 토크빌에 앞서 몽테스키외가 법률과 습속에 바탕을 둔 '일반정신'이 실제 정치에 미치는 영향을 분석했다. 이황직, pp. 199-201 참조.

다고 생각했다. 그는 특히 뉴잉글랜드 지방이 다른 곳보다 민주주의를 더 잘 발전시킬 수 있었던 원인을 그 지역의 독특한 습속에서 찾았다. 그곳 사람들이 오랫동안 민주주의적 통치 관행을 익히고 민주주의적 통치에 가장 유리한 습관을 형성했기 때문에 건강한 민주주의를 발전시킬 수 있었다는 것이다. 토크빌은 민주주의가 조금씩 이들의 관행, 견해, 형식 속에 스며들었고 특히 종교가 자유와 아주 훌륭하게 결합함으로써 뉴잉글랜드 지방이 독특한 정치문화를 가꾸게 되었다고 주장한다. 그는 이런 관찰을 통해 법이 모든 것을 내다볼 수 없고, 제도가 이성과 관습을 대신할 수 없다는 결론을 이끌어내었다.(DA, p. 115)

토크빌은 아무리 상황이 유리하고 법제가 훌륭하더라도 그 나라의 습속이 걸맞지 않는다면 민주주의가 올바르게 발전할 수 없다고 생각했다. 그는 연구와 경험이 쌓일수록 습속의 중요성을 새삼 확인하게 되었다. 그래서 습속이 그가 전개하는 사색의 중심을 차지한다고 말했다. 따라서 토크빌 사상의 종착점이 습속으로 향한다고 볼 수 있다. 그는 습속이 민주국가의 국민을 자유롭게 만들어줄 수 있다는 사실을 입증하기 위해 특히 부심했다.(『아메리카』 I, p. 540) 그래서 그는 미국에서 민주주의가 정착하는 데 미국인들의 실제적 경험, 습관, 견해, 곧 한마디로 그들의 습속이 얼마나 중요한 역할을 하는지 독자들에게 제대로 일깨우지 못했다면 『아메리카의 민주주의』가 그 주요 목표를 달성하는 데 실패한 것이나 마찬가지라는 말도 했다.(『아메리카』 I, p. 528)

그는 이런 언급 끝에 민주주의 혁명이 그에 상응하는 법제, 사상, 습관의 변화 없이 진행되는 것을 크게 걱정했다. 습속이 터전을 미리 닦아놓아야 민주주의가 유익한 결과를 낳을 수 있는데 그렇지 못했다는 것이다. 이처럼 토크빌은 민주주의가 심각한 부작용을 낳게 된 근본 원인을 민주주의에 상응하는 변화를 만들어내지 못한 습속 탓이라고 단정했다.(『아메리카』 I, p. 19)

그러나 토크빌은 습속의 중요성을 거듭 강조했지만 구체적으로 어떤 습속이 민주주의와 조화를 이룰 수 있을지 언급하지는 않았다. 나는 그 답을 4부에서 다루게 될 토크빌의 '이상적 자유' 개념에서 찾을 수 있다고 본다. 그 요체는 법과 질서에 따라 자유를 절제 있게 향유하는 것이다. 그의 민주주의론도 이러한 절제의 미학 위에 서 있다. 시민들이 개인주의의 늪에서 벗어나 공공 문제에 적극적으로 관심을 가지는 것이 그가 생각하는 바람직한 민주주의의 첫 번째 모습이다. 그러나 그 참여가 자기중심적으로 흘러가서는 안 된다. '바르게 이해된 자기이익의 원리'에 따라 절제의 미학을 발휘할 수 있어야 한다. 민주사회의 사람들이 그런 심성을 가지도록 유도하는 것이 바로 습속이다.(이황직, pp. 201-202, 187 참조) 그런 습속의 형성에 종교가 매우 큰 역할을 한다.


## 2. 종교의 기능

토크빌은 가톨릭 신앙 아래서 자랐다. 영국 출신이었던 그의 아내는 결혼하기 전 개신교에서 가톨릭으로 개종하지 않으면 안 되었다. 그가 민주주의를 '어쩔 수 없이' 받아들인 것도 신의 뜻을 헤아린 결과였다. 민주주의를 신의 섭리로 규정하면서 민주주의에 관한 자신의 생각을 내려놓고 '신의 관점에 서기 위해' 노력했던 것이다. 그래서 『아메리카의 민주주의』는 곳곳에서 종교 이야기를 하고 있다. 이 책 덕분에 토크빌은 종교의 역할에 대해 깊은 통찰력을 가진 사상가로

인정받았다.(Turner, p. 151)[67]

토크빌은 민주주의가 온전하게 작동하기 위해서는 종교가 필수불가결하다고 역설했다. 앞에서 보았듯이, 그는 습속을 형성하는 가장 중요한 인자로 종교를 꼽는다. 민주주의의 건전한 발전을 위해 습속이 결정적 역할을 한다는 생각의 틀 위에서 종교의 힘을 강조하고 있는 것이다. 그는 종교를 통해 도덕성을 불어넣어 주어야 민주주의 체제가 제대로 존속할 수 있다고 믿었다. 왜 그럴까?

민주사회 시민들은 각자 원하는 대로 자유롭게 산다. 유용한 기술을 터득하고 생활을 안락하고 편리하게 만드는 일에 전념한다. 문제는 평등시대의 사람들이 물질적 취향에 매몰된 나머지 세속적 욕구를 과도하게 좇는다는 사실이다. 토크빌은 이런 세태가 물질주의 (matérialisme)를 조장할 수밖에 없음을 걱정했다. 그는 물질주의가 인간의 가장 숭고한 특징인 정신 능력을 퇴화시켜 결국 저급한 존재로 만들어버린다고 생각했다. 그는 육체가 죽으면 모든 것이 끝난다고 가르치는 학설을 사악한 것이라고 비판했다. 물질주의자들의 오만에 분노했다.[68]

토크빌은 물질주의에 맞서 정신주의(spiritualisme)를 적극 옹호했다. 그는 무한성에 대한 취향, 원대한 감정, 정신적 향유에 대한 애착 등이 정신주의의 본질이라고 규정했다. 토크빌에게는 인간 영혼을 고양하고 하늘로 향하게 촉진하는 것 이상으로 더 중요한 것이 없었다.

---

67) 그러나 토크빌 자신의 고백을 보면 그는 젊어서 신앙을 멀리한 것 같다. 토크빌의 종교관에 대해서는 『위대한 정치』, pp. 112-120 참조.

68) 그는 물질주의에 대한 혐오가 지나친 나머지 윤회설조차 수용할 태세이다. 인간 영혼이 완전히 사라진다는 이유로 물질주의에 투항하기보다 설령 영혼이 돼지 몸속에 들어간다고 믿더라도 그나마 덜 멍청해지는 것이 더 낫다는 것이다.(『아메리카』 II, pp. 263-265)

종교는 영혼불멸을 가르친다. 토크빌은 이 점에서 정신주의와 종교가 밀접한 관련을 맺고 있다고 보았다. 저세상이 있다고 믿으면 현실사회의 욕심에 모든 것을 걸지 않아도 되기 때문이다. 그는 이것을 종교의 가장 큰 장점이라고 생각했다.

토크빌은 민주국가에서 물질주의를 더욱 두려워해야 한다고 강조했다. 물질주의가 민주시대 사람들에게 널리 퍼진 악덕과 놀라울 만큼 잘 결합하기 때문이다. 그래서 그는 민주시대에 이런 정신주의가 더욱 필요하다고 역설했다. 정신주의가 사회 전반에 걸쳐 확산되도록 끊임없이 노력해야 한다고 생각했다.(『아메리카』 II, pp. 262-266) 종교의 중요성은 민주정부 아래에서 배가된다는 것이다.(Selected, pp. 98-99)

종교가 민주사회의 본능과 정면 상반되는 경향을 고쳐시키기 때문이다. 종교는 인간의 삶에서 분명하고 생명력이 긴 해답을 제시해준다. 무릇 종교 치고 세속적이고 감각적인 욕구를 멀리할 것을 권면하지 않는 것이 없다. 이기심을 버리고 이웃과 사회에 대한 봉사를 독려한다.

반면 사람이 한순간이라도 신앙심을 잃게 되면 물질적 향유에 대한 애착이 커진다.(『아메리카』 II, p. 264) 욕구의 일상적 변덕에 끊임없이 흔들린다. 끈질기게 노력하는 것과는 아예 담을 쌓고 산다. 위대한 것, 평화적인 것, 항구적인 것에 관심이 없다. 토크빌은 이러한 나라에서 사회상태가 민주화된다면 그 위험이 더욱 커질 것을 우려했다. 불신앙과 민주주의가 공존하는 곳에서는 사람들이 고상한 목표에 관심이 없다고 생각했기 때문이다. 민주주의 사회에서는 "신앙이 없으면 도덕이 설 자리가 없고, 도덕이 살지 않으면 자유가 힘을 발휘할 수 없다."고 말했다.(Turner, p. 155, 158, 170; 홍태영 2011, p. 117, 121

참조) 따라서 이런 곳일수록 인간행동의 목표를 사람들 눈에서 멀리 떼어놓기 위해 끊임없이 노력해야 한다.

토크빌은 물질 제일주의와 개인주의가 만연한 곳에서는 정치의 힘만으로는 안정된 사회를 만들 수 없다고 생각했다. 사람들의 이기심을 제어하며 사회적 의무를 충실히 이행하도록 만드는 데 한계가 있기 때문이다. 토크빌은 평등사회에 만연한 분별없는 욕심을 순화, 규제, 억제해주는 기능을 종교에서 찾았다. 종교가 큰 틀에서 사회적 기강을 확립하고 이기심을 억제함으로써 자유가 숨 쉴 토대를 제공한다고 믿었다.(『아메리카』II, pp. 262-263)

토크빌은 민주사회에서 종교가 시민 개개인뿐만 아니라 국가 전체에도 유용하다고 주장했다. 민주정부가 제대로 존립하기 위해서는 지성과 개인적 도덕성만으로는 부족하고 '종교적 믿음'이라는 조건이 구비되어야 한다는 것이다.(Selected, pp. 98-99)『아메리카의 민주주의』는 곳곳에서 이런 주장을 편다. 토크빌이 "선동가들, 대중의 무질서한 행동, 그들의 폭력적이고 무식한 일 처리 방식, 하층계급의 불같은 질투심" 못지않게 '비종교적 성향'을 마음속 깊은 곳에서부터 증오한 이유가 여기에 있다.(Reader, pp. 219-220) "종교와 자유를 화해시키는 것"이 '새로운 정치학의 목표'였던 것이다.(Mansfield 2000, p. 83) 토크빌은 아메리카인들이 종교를 통해 민주주의 체제에 도덕성을 불어넣어 주는 것을 유심히 관찰하였다.(『아메리카』II, p. 261)[69]

---

69) 그러나 토크빌은 정치와 종교는 분리되어야 한다고 생각했다. 성직자들이 공공 업무에 관여하면 종교에 불가피하게 위험이 닥쳐올 것이라며 교회 안에 머무는 것이 더 좋다고 주장했다.(『아메리카』II, p. 267)

8장

# 참여와 절제의 오묘한 균형

토크빌은 최대다수의 복지증진을 추구하는 민주주의의 '인간적' 면모를 높이 평가했다. 그는 모든 시민이 대등하게 통치에 참여하게 하는 민주주의의 기본원리에 공감했고 그런 이유에서 자신을 '민주주의의 친구'라고 표현했다.

그러나 토크빌은 평등사회가 개인주의에 빠져 다수의 압제를 유발할 수 있다는 사실을 직시했다. 그의 분석에 따르면, 모두가 평등하다고 생각하는 사람들은 자신을 못 믿고 남도 못 믿는다. 그러나 (그래서) 그들도 그런 개인이 모인 다수는 믿는다. 다수의 지혜와 도덕성을 절대 신뢰한다. 문제는 그 다수가 자신의 뜻을 거역하는 소수를 용납하지 못한다는 점이다. 과거의 독재자처럼 육신을 괴롭히지는 않지만 그 대신 영혼을 짓누른다. 외형상으로는 '부드러운 독재'지만 반대자들을 질식하게 만든다는 점에서 그 위력이 가공할 정도이다. 토크빌은 보통선거가 이제 막 걸음마를 떼고 있을 때『아메리카의 민주주의』를 썼다. 그는 대중 민주주의의 첫 싹만 보고 벌써 그 불길한 징조를 읽어낼 수 있었다. 대단한 예지가 아닐 수 없다.

뿐만 아니다. 토크빌은 평등사회가 자유를 키우지 못하고 오히려 민주적 압제로 흘러갈 개연성을 염려했다. 그는 나폴레옹 3세가 유권자들의 '자유투표'로 헌정체제를 유린하기 전에 이미 그런 민주독재의 출현을 예견했다. 민주주의가 자유를 짓밟을 수 있음을 경고했다. 힘이 약한 사람일수록 영웅을 대망한다. 강자에게 자신의 희망을 투사한 채 대리만족을 느낀다. 순한 양처럼 사육된다. 평등사회에서 절대

권력자가 등장하기 더 쉬운 이유가 여기에 있다.

토크빌의 자유로운 영혼은 현대 민주주의 사회에 이르러 더욱 그 빛을 발하고 있다. 민주주의가 기세등등한 곳에서 오히려 자유의 처지가 궁색해지기 때문이다. 민주주의와 자유가 함께 갈 수 있기를 희망했던 토크빌의 문제의식은 오늘 이 시점에서 더욱 소중하다.

토크빌은 민주독재에 대한 걱정이 컸던 만큼 민주사회가 그 방향으로 타락하지 않을 방안을 찾는 일에 전념했다. 그의 해답은 참여에 있었다. 참여를 늘려 민주주의의 해독을 중화하는 것이었다. 토크빌은 시민들이 결사체 활동에 적극적으로 참여하면 다수의 압제와 민주적 전제를 함께 퇴치할 수 있다고 믿었다. 결사체 활동이 사람들 사이에 개인주의를 극복하고 서로 협력하는 마음이 생기게 해준다는 것이다. 눈앞의 이익이 아니라 '잘 이해된 자기 이익'에 따라 움직이는 습관도 갖게 된다. 토크빌은 이런 이유에서 국가로부터 일정 수준 독립성을 확보하고 국가 주도의 신념체계로부터 자유로울 수 있는 시민단체의 활성화가 민주적 전제에서 벗어나는 첩경이라고 믿었다.(Jennings, pp. 368-369; Maletz 2002, p. 760) 다만 그 참여가 인민주권의 일방적 강화보다는 공공이익에 대해 배려하는 쪽으로 발전하기를 바랐다. 토크빌은 절제와 헌신의 습속을 길러야 한다고 강조했다.

민주적 압제의 위험을 저지하고 나면 민주사회는 얼마나 좋아질 수 있을까? 토크빌은 '민주주의를 계도하고, 그 관습을 순화하며, 그 움직임을 규제'한다면, 다시 말해 민주주의의 좋은 경향을 북돋우고 나쁜 경향을 최대한 억제하면, 자유와 민주주의 '둘 다' 발전시키는 것이 가능하다고 주장했다. 그러나 토크빌의 현실적 일정표의 마지막은 '그런대로 질서가 있고 도덕이 살아 있는' 민주사회이다. '시와 위대함'이 꽃피는 정치는 '최후의 순간'으로 미루어놓았다.[70]

토크빌은 민주주의가 잘 작동하기 위한 조건으로 '일정한 수준의 문명과 개명', '매우 개화되고 대단히 학식이 깊은 사회' 등을 내세웠지만 그런 것만으로는 위대한 정치를 구현하기에 역부족이라고 생각했다. 민주주의의 미래는 우리가 하기에 달린 것이라고 했지만 그의 속마음은 그런 것 같지 않다. 민주주의에 대한 그의 복잡한 심사가 여기에서도 선명하게 드러나고 있다.

---

70) 토크빌은 민주주의 사회에서는 '시와 명성, 영광'이라는 목적을 달성할 수 없다는 말도 했다.(DA, p. 234)

3부

# 말:
## '숙련 민주주의'를 위한 제언

밀은 10대 나이에 급진주의 개혁운동에 몸을 던졌다. 당연히 평등이 민주주의의 토대라고 믿었다. 그런 한편 그는 민주적 정치체제의 가장 큰 걸림돌인 '사악한 이익'에 고민이 많았다. 이 문제를 해결하지 못하면 대의 민주주의는 희망이 없다고 생각했다. 그래서 밀은 대중의 자제와 겸양을 촉구했다. 공익을 깊이 고려하고 능력 있는 지도자를 존중해줄 것을 기대했다. 그를 엘리트주의자, 플라톤주의자라고 비판할 만도 한 것이다. 그러나 그는 '민주적' 플라톤주의자였다. 대중이 민주적 통제를 행사한다는 전제에서 지적·도덕적 엘리트가 보다 큰 목소리를 낼 수 있어야 한다고 주장했다. 3부는 밀이 '숙련 민주주의'를 제창한 배경과 그 실천 방안을 중심으로 논의를 진행할 것이다.

# 1장
# '진보적 자유주의자'의 선택

존 스튜어트 밀은 진지한 사람이었다. 늘 우리 삶에서 무엇이 중요한지 되묻고 그것을 실천하는 데 온 힘을 기울였다. 밀은 '발전주의자'였다. 인간의 지적·도덕적·감성적 능력을 할 수 있는 한 최대한 발전시키는 것 이상으로 더 중요한 것이 없다고 생각했다. 따라서 그는 사람이 발전할 수 있게 잘 도와주는 정치를 가장 좋은 정치라고 했다.

밀은 자신을 '진보적 자유주의자'라고 불렀다. 기득권 유지에 관심이 많은 "비뚤어진 자유주의자"들을 맹렬하게 공격했다. 그들을 비판하는 것이 자신의 "당연한 의무"라고 생각했다.[1] 그는 자유주의자라면 '더 많은 자유, 평등의 확대, 각자가 자신의 삶에 더 책임을 지는 것'을 지향해야 마땅하다고 주장했다. 밀은 자신의 정치 신념이 바로 그러한 미래를 위한 것이라고 말했다.[2] 그는 오랫동안 '진정 진보적인 자유당'을 만드는 일에 공을 들였다.(CW, XVI, p. 1197) 진보적 자유주의(advanced liberalism)를 구현하기 위해 그 자신이 직접 정치에 몸을 담그는 것도 불사했다.[3]

---

1)  John Stuart Mill. 1983. *Autobiography*. 최명관 옮김, 『존 스튜어트 밀 자서전』, 서광사(이제부터 『자서전』이라고 표기), pp. 210-211.
2)  John Stuart Mill. 1963-91. J. M. Robson, ed. *Collected Works of John Stuart Mill*. Toronto: University of Toronto Press(이제부터 CW라고 표기), XXVIII, pp. 22-23.
3)  밀은 1865년 하원의원 선거에 나서 당선되었다. 그는 선거유세에서 위대한 정치(high politics)를 구현할 것을 다짐했다. 그는 정치가로서 정직하게 처신하

'자유주의자' 밀은 자신을 '민주주의자'로 자리매김했다. 민주주의에 본질적인 의문이 없지 않았지만, 그래도 민주주의의 손을 들어주었다. 그는 민주주의를 '인민의 자기지배'로 이해하면서 모든 사람이 정치참여를 늘려나가야 할 당위성을 역설했다. 그가 금과옥조로 삼는 인간발전을 위해서도 참여의 확대가 절실하다고 생각했다.

그러나 밀은 민주주의 체제에서 누가 정치의 일선을 담당하는 것이 좋은지 고민이 컸다. 그는 권력을 잡은 사람들이 '사악한 이익'에 눈이 멀어 편파적으로 '계급입법'을 시도하는 현실에 두려움을 느꼈다. 있는 사람, 없는 사람 모두 그의 경계 대상이었지만, 특히 교육 수준이 낮은 대중에 대한 염려가 컸다. 밀은 참여를 통해 사람들의 생각과 품성이 긍정적으로 바뀔 것이라고 믿었다. 그러나 그런 임계점이 오기 전까지의 상황에서는 지적·도덕적으로 뛰어난 소수의 엘리트가 정치적으로 더 큰 목소리를 내는 것이 불가피하다고 생각했다. 당면한 과제를 보다 효율적으로 처리하기 위해서도 전문 능력을 구비한 사람들에게 정치적 권력을 집중하는 것이 바람직하다고 주장했다. 밀은 이런 이유로 인민주권이라는 대원칙을 존중하면서 유능한 엘리트에게 실권을 몰아주는 숙련(熟練) 민주주의(skilled democracy)를 그렸다. 그래야 다수의 힘과 소수의 지혜가 균형을 이룰 것이라고 기대했다.

이런 밀의 생각은 뜨거운 논란을 불러일으킨다. 참여 민주주의자로

---

고 승리보다 진리를 더 귀하게 추구하겠다고 선언했다.(Kinzer, p. 76) 이 정도로는 그가 어떤 의미로 이 말을 썼는지 분명하지 않다. 오늘날 국제정치학에서는 high politics를 안보 문제 등 국가 존립에 직접적인 영향을 미치는 정치행위로 규정하지만 밀이 그런 의미를 머릿속에 담아둔 것 같지는 않다. 그의 발언을 종합하면 '수준 높은 고급 정치', 특히 그 무렵 기성 정치인들의 권력 놀음과 대비되는 도덕정치를 뜻한 것으로 보인다. 이 부분에 관해서는 『위대한 정치』, pp. 287-314 참조.

알려진 밀이 오히려 능력본위로 흘러 민주주의의 본령(本領)을 훼손시킨다는 비판을 받기도 한다. 밀의 정치사상은 복합적이다. 늘 북극성을 바라보지만 그 발판은 현실 위에 디디고 서 있다. 바로 이 점에서 민주주의에 관한 밀의 염려와 처방이 오늘을 사는 우리에게 소중하게 다가온다.

3부에서는 밀의 정치이론이 시기에 따라 어떻게 변화하는지 살펴볼 것이다. 우선 다음 장에서는 젊은 시절 밀이 몰두했던 철학적 급진주의의 핵심내용을 들여다본 뒤, 그가 주류 급진주의자들과 달리 정치지도자의 선도(先導)에 큰 기대를 걸었던 이유를 따져본다. 밀은 나이가 들면서 벤담과 그의 아버지 제임스 밀의 철학적 구심력에서 벗어나 그 자신만의 세계를 구축해나가는데, 지적 능력이 뛰어난 엘리트에게 보다 큰 정치적 역할을 맡기려 한다는 점에서 더욱 그렇다. 이런 생각은 그의 성숙한 정치적 관점을 담고 있다고 평가되는『대의정부론』에서 확연하게 표출되고 있다.

3장과 4장은『대의정부론』을 중심으로 그의 민주주의 정치이론을 분석해본다. 밀은 모든 사람의 정치적 참여를 가능하게 하고, 그 바탕 위에서 사려 깊은 지도자가 대중을 이끌고 나갈 수 있다는 이유에서 대의정부를 가장 이상적인 정치체제라고 부른다. 그는 직접 민주주의에 대해 아무런 미련도 없었다. 나아가 밀은 숙련 민주주의라는 개념을 통해 자신의 정치이론의 완결점을 찍는다. 대중이 최종 결정권을 보유하되, 그런 인민주권의 대원칙을 훼손하지 않는 범주 안에서 지적·도덕적 능력이 탁월한 엘리트가 보다 큰 정치적 영향력을 발휘하는 것이 숙련 민주주의의 핵심이다.

이런 밀의 민주주의론은 능력을 앞세운 플라톤주의의 부활이라는 비판을 피하기 어렵다. 그러나 인민주권이라는 신기루 앞에서 현대 민주주의가 방향을 잃고, 그 결과 모든 사람의 '공적(公敵)'이 되어버린 그간의 현실에 비추어볼 때 밀의 선택을 가볍게 보아서는 결코 안 될 것이다.


## 2장
# 급진주의 개혁운동의 이론과 실천


밀은 아버지를 도와 일찍부터 급진주의 개혁운동에 투신했다. 그 이론적 체계화에도 크게 기여했다. 그의 정치이론은 이때 이미 그 큰 틀을 형성했다고 볼 수 있다. 그러나 밀의 생각은 시기에 따라 때로는 크게, 또 때로는 미세하게 변화했다. 그가 사물을 다양한 각도에서 조망해야 할 당위를 깨닫고 역설하면서 불가피하게 절충주의로 흐른 것도 그의 생각을 명료하게 정리하기 힘들게 만든다. 이 장에서는 밀이 젊은 시절 붙들고 있었던 철학적 급진주의 사상이 어떤 변화과정을 겪는지, 그리고 그것이 그의 성숙한 민주주의이론과 어떻게 연결되는지 살펴본다.

## 1. 철학적 급진주의의 등장

### 1) 철학적 급진주의의 성격

19세기 초 영국 사회에 다양한 형태의 급진주의 개혁집단이 출현했다. 급진주의(radicalism)는 '뿌리, 근본'이라는 뜻의 라틴어 radix에서 유래한 말로서 문제의 뿌리를 철저하게 치유한다는 의미를 담고 있었다. 여러 급진파 중에서도 스무 명 남짓한 정치인과 철학자 등으로 구성된 철학적 급진주의자(Philosophic Radicals)들이 특히 주목을 끌었다. 이들은 당시 영국 사회를 짓누르던 구조적 적폐의 근본적인 해결을 추구했다. '악과 적당히 흥정하거나 타협하지 않고 그것의 뿌리부터 잘라내고자' 했다.(CW, XII, p. 312)

이들의 중심에 존 스튜어트 밀이 있었다. 밀은 벤담 철학을 자신의 이념적 푯대로 삼고 그 실천에 온몸을 던졌다. 아버지를 도와 급진주의운동의 선봉에 섰다. 열렬한 급진주의자로서 민주주의의 진전에 뜨거운 성원을 보냈다.[4] 그는 열여섯 살 때 또래 친구들과 공리주의 공부모임을 만들었는데 이것이 나중에 철학적 급진주의의 토대가 되었다.(A, p. 106) 철학적 급진주의라는 말도 밀이 1837년 《런던-웨스트민스터 평론》에서 처음 썼다. 그때 그는 그로트(George Grote, 1794~1871), 로벅(John Arthur Roebuck, 1801~1879), 불러(Charles Buller, 1806~1848), 몰즈워스(Sir William Molesworth, 1810~1855) 등 소수의 제한된 사람들을 '철학적 급진주의자들'이라고 불렀다. 밀은 《런

---

4) John Stuart Mill. 1981. *Autobiography*. In J. M. Robson, ed. *Collected Works of John Stuart Mill*. Toronto: University of Toronto Press, I(이제부터 A라고 표기), pp. 177-179.

던-웨스트민스터 평론》의 편집장 노릇을 하면서 이들을 견인하는 역할을 했다.(Rosen 2011, p. 277)

철학적 급진주의자들은 스스로를 '철학이 있는 사람'이라고 불렀다. 그들은 그런 자부심으로 다른 개혁주의자들 위에 서려 했다. 밀은 '철학적 방법론'을 철학적 급진주의의 가장 두드러진 특징으로 꼽았다.(Rosen 2007, p. 127) '수단을 논의할 때 목적에 대해 생각'하고, '결과를 얻고 싶을 때 원인에 대해 생각'한다는 것이다. 밀은 이 점에서 철학적 급진주의자들이 철학자들을 닮았고, 바로 이것 때문에 다른 급진주의자들과 근본적으로 구별된다고 보았다.(CW, VI, p. 353; Rosen 2011, pp. 278-279) 그러나 이런 철학적 자부심은 그 도가 지나쳐 교조적 이데올로기로 변질되면서 개혁운동의 족쇄가 되고 만다.

밀은 그의 『자서전』에서 철학적 급진주의의 이념적 토대로 벤담의 사상, 현대 경제학, 하틀리(David Hartley)[5]의 형이상학 셋을 꼽았다. 그는 특히 맬서스(Thomas Malthus)[6]의 경제이론이 큰 비중을 차지한다고 회고했다.(『자서전』, p. 91) 그러나 고전적 경제이론은 철학적 급진주의자들의 정치 활동에 생각보다 그리 큰 영향을 미치지 않았다. 그들은 사유재산과 자유무역을 신봉하고 있었지만 그들과 반대편에 서 있던 사람들도 그런 경제이론을 받아들이는 경우가 많았다.(Hamburger 1966, pp. 2-3)

철학적 급진주의의 가장 중요한 특징은 그 운동의 정치적 성격에서 찾아야 한다. 그것은 한마디로 정치 이데올로기였다. 철학적 급진

---

5)  영국의 과학철학자(1705~1757).
6)  영국의 경제학자(1766~1834).

주의자들은 정치의 본질에 대해 분명한 지식을 가지고 있다고 자임했다. 그 점에서 스스로 정당성을 부여했다.(Rosen 2007, p. 127) 경제정책은 그들에게 부차적인 것이었다.

그런데 구체적 정치현안에 들어가 보면 그들도 다른 급진적 정치인들의 문제의식과 크게 다르지 않았다. 그들은 보통선거권 확대, 비밀투표 실시, 의회 회기 단축 등을 주장했는데, 이 점에 관한 한 나머지 급진파도 생각이 같았다. 철학적 급진주의만의 독특한 관점을 찾아볼 수 없었다. 오히려 시간이 흐르면서 처음의 완강한 노선 대신 '현실 타협' 쪽으로 흘렀다.(Hamburger 1966, pp. 68~69, 30)

그러나 철학적 급진주의자들은 그 지향하는 목표가 달랐다. 다른 급진주의자들은 귀족체제가 빚어내는 구체적 부조리에 문제의식을 집중하면서 그 폐단의 단기적 개선에 힘을 쏟았다. 본질은 제쳐두고 그저 외곽을 공격하는 데 몰두한 것이다. 이에 반해 철학적 급진주의자들은 귀족체제의 완전한 해체를 염원했다. 온갖 반민주적 특권의 근원, 즉 귀족체제의 구조적 토대를 무너뜨리는 총체적 승리를 꿈꾸었다. 새로운 급진정당을 만들어 정계를 개편하고 이 터전 위에서 민주정부를 수립하는 것이 그들의 최대 관심사였다.(Hamburger 1966, pp. 31~32, 2) 제임스 밀은 귀족체제를 '사악한 이익' 그 자체(Hamburger 1966, p. 41)라고 비판했다. 이것을 뿌리 뽑아야 최고 지혜를 가진 사람들이 다스리는 정치체제가 들어설 수 있다고 주장했다.(A, p. 177)

흔히 철학적 급진주의를 벤담의 공리주의와 같은 것으로 보는 사람들이 있다.(Rosen 2011, pp. 276~277) 그러나 그것이 벤담을 지도자로 섬기는 모임은 아니었다. 철학적 급진주의자들의 실질적인 지도자는 제임스 밀이었다. 그가 철학적 급진주의 청년들 모임에 특수 색채를 띠게 해주었다. 존 스튜어트 밀은 볼테르(F. Voltaire)[7]가 프랑스 계몽철학자들(philosophes)을 이끌었던 것처럼 자기 아버지가 영국의 철학적 급진주의자들의 중심인물이었다고 평가했다.(『자서전』, p. 166)

사실 철학적 급진주의자들의 정치적 세계관은 제임스 밀의 정치이론에 그 토대를 두었다. 아들의 주장이기는 하지만, 제임스 밀이 1833년에 쓴 「정부론(Essay on Government)」은 철학적 급진주의자들이 애독하는 교과서나 다름없었다.(Rosen 2011, p. 280) 그러나 엄밀히 말해, 철학적 급진주의는 특정 개인의 작품이라기보다 벤담-제임스 밀-존 스튜어트 밀 3대에 걸쳐 발전한 문제의식의 결집체로 간주하는 것이 더 정확할 것이다.(Hamburger 1966, pp. 34-35)

철학적 급진주의자들은 1832년 개혁법안이 의회를 통과한 뒤 본격적인 활동을 시작했다. 그 무렵 영국에서는 급진주의자(Radicals), 자유주의자(Liberals) 또는 진보적 휘그(Liberal Whigs) 등 다양한 색깔의 개혁세력들이 약진하고 있었다. 같은 급진주의라는 이름을 쓰지만 그 속에는 여러 부류가 섞여 있었다. 밀은 자신이 주도하는 철학적 급진주의와 다른 급진주의들을 엄격하게 구분했다.[8]

---

7)  프랑스의 계몽사상가(1694~1778).
8)  밀은 철학적 방법론을 앞세운 철학적 급진주의와 다음 네 종류의 급진주의 사이에 분명하게 선을 그었다: 즉, 영국인의 역사적 유물로서 민주적 제도를 요구하는 역사적 급진주의, 자연권이나 자연법 등 무언가 현실과 동떨어진 추상이론에서 민주주의 원리가 추출된다고 믿는 형이상학적 급진주의, 특정 상황에서 특정 문제를 놓고 정부를 반대하는 상황론적 급진주의, 그저 자신이 귀족이 아니라는 이유만으로 개혁을 추구하는 신분적 급진주의와 (Rosen 2011, p. 278) 철학적 급진주의자들은 의정활동을 필두로 저술, 강연 등을 통해서 정치개혁을 달성하려 했다. 이 점에서 폭력 사용을 불사했던 일부 과격 급진주의자들과 달랐다. 이 책에서는 밀 일파를 부를 때 편의상 철학적 급진주의 대신 그냥 급진주의라는 말을 쓰기도 한다.

## 2) 급진세력의 분화

철학적 급진주의와 관련해서 두 종류의 개혁세력을 살펴볼 필요가 있다. 우선 가장 급진적이었던 세력으로 차티스트 운동(Chartism)을 꼽을 수 있다. 차티스트 운동 참여자들은 1830년대 단행된 일련의 개혁이 미진하다면서 1839년과 1842년 그들의 개혁 염원을 담은 청원을 의회에 제출했다. 차티스트들은 인민헌장(People's Charter)의 이름으로 매년 선거 실시, 21세 이상 성인남자 보통선거권, 동등한 선거구, 의원 재산자격요건 폐지, 비밀선거, 의원 세비지급 등 6개 항을 요구했다. 그러나 그들의 뜻은 관철되지 않았고 1840년대 이후 개혁이 가속화되면서 오히려 그 그림자에 가려 소멸되고 말았다.(고세훈, pp. 21-22)

철학적 급진주의자들도 큰 틀에서는 차티스트와 생각이 다르지 않았지만 보다 현실적 접근을 시도했다. 그래서 보통선거제보다는 세대주 투표권, 매년 선거보다는 3년 임기 의회가 더 실현 가능성이 높다고 주장했다.(Hamburger 1966, pp. 251-254) 그들이 볼 때 차티스트들이 처음부터 노동자 계급의 배타적 이익을 도모한다는 점이 가장 큰 문제였다. 철학적 급진주의자들은 노동자는 물론 중산층도 포괄하려 했다. 중산층 특유의 '부르주아 성향'에 비판적이었지만, 어쨌든 양자의 조화를 지향했다.(Hamburger 1966, pp. 260-261)

흔히 철학적 급진주의가 중산계급을 대변했다고 하지만, 그들이 특정 계급의 소망과 두려움을 염두에 두었던 것은 아니다. 그들의 철학에 부합하는 유일한 사회적 범주는 사회 전체를 포괄하는 '인민(People)' 하나뿐이었다. 그들은 자유주의자로서 '진정한 의미의 인민정당'을 추구하려 했다.(Hamburger 1966, pp. 32-33) 따라서 제임스 밀이 제한된 중산계급 유권자들을 옹호했다는 것은 정확한 지적이 아니

다. 그의 추종자들도 중산계급 위주의 정책노선을 추구하지 않았다.[9]

이런 배경 때문에 철학적 급진주의자들은 경제 문제에 1차적 무게를 두지 않았다. 그들은 대부분의 경제 현안들이 노동자계급, 수공업자 또는 중산계급 등 분파적 시각에서 다뤄지고 있는 것을 염려했다. 그들은 모든 계층을 포괄하는 인민 개념을 놓치고 싶지 않았다. 따라서 그런 당파적 계층론을 유발하지 않도록 경제 문제를 정치적 차원에 종속시키려 했다.(Hamburger 1966, pp. 72-73)

둘째, 휘그(Whig)가 있었다. 휘그파는 철학적 급진주의자와 얼핏 그 지향점이 비슷해 보이지만 실제로는 상호 적대감이 심각했다. 휘그는 인민과 귀족을 중재하고 개혁법안을 통과시킴으로써 자유주의와 개혁의 전도사라는 명성을 얻기도 했다. 그러나 철학적 급진주의자들은 휘그가 인민의 친구인 것처럼 표방하지만 그 실체는 명백히 귀족주의 정당이라고 공격했다. 그래서 벤담은 토리와 휘그는 같은 뿌리이고, 차이가 있다면 전자가 기득권자인 데 비해 후자는 미래의 기득권자가 되길 희망하는 것뿐이라고 했다.(Hamburger 1966, pp. 2, 65-67, 58)

제임스 밀은 1820년대 이후 급진주의 개혁운동을 주도하면서 휘그당을 공격하는 데 앞장섰다. 그는 영국 정치체제가 토리, 휘그 가릴

---

9) 제임스 밀은 인민을 populace 또는 'numerous classes'와 같은 말로 썼다. 그는 인민을 '사악한 이익(sinister interest)'에 빠지지 않고 단지 '공통된 이익(shared interest)'만 가진 모든 사람을 지칭했다. 그가 사용한 인민의 이익이라는 말은 결국 보편적 이익과 같은 뜻을 지녔다.(Hamburger 1966, p. 53) 그가 제안했던 'numerous classes' (또는 People) 개념이나 '사악한 이익'에 대한 비판적 문제의식에 비추어볼 때, 중산계급 정부라는 것은 그의 생각 속에서 성립할 수가 없었다.(Hamburger 1966, pp. 37, 52-53)

것 없이 철저하게 귀족 중심으로 움직인다고 보았다.[10] 휘그당도 대중의 지지를 얻어 다수당이 되기 위해서 민주주의 원칙을 따르는 것처럼 가장하고 있을 뿐, 실상은 보수당이나 다를 바 없다고 생각했다.(『자서전』, p. 82) 그는 휘그를 '귀족체제 내부의 야당'이라고 비꼬았다. "오늘은 자유주의자이지만 내일은 그 반대가 될 것이다. 본질은 귀족주의인데 겉으로만 민주적인 것 같은 행세를 한다."고 비판했다.(Hamburger 1966, p. 59) 철학적 급진주의자들은 오히려 토리에 대해서는 일정 부분 긍정적으로 평가해주었다. 중대 현안에 대해 분명하고 확고한 입장을 견지하는 등 그들 나름의 원칙을 지킨다고 생각했기 때문이다.(Hamburger 1966, p. 61)

### 3) 철학적 급진주의의 몰락

철학적 급진주의자들은 대규모 정계개편을 도모했다. 본질상 같은 뿌리인 휘그와 토리가 한 정당으로 합치고, 인민의 보편적 이익을 대변하는 정파가 자신들을 중심으로 반대편으로 정렬하는 구도를 짰다. 그래서 토리에 비해 상대적으로 진보진영에 가까웠던 휘그당을 더 거세게 몰아쳤다.(A, p. 94, 106, 177) 어정쩡한 입장의 휘그당을 제치고 보다 급진적인 개혁세력이 주도권을 잡게 하기 위해서였다. 이를 위해 새로운 급진주의 정당을 만드는 것도 고심했다.(Hamburger 1966, p. 61, 2)

---

10)  17세기 중반이 지나면서 영국 정치는 보수적 성향의 토리당(자본가, 지주 대표)과 상대적으로 진보적인 휘그당(산업가, 소시민 대표)의 쌍두마차에 의해 움직였다. 그러나 제임스 밀 등 급진주의자들은 두 정파가 무늬만 다를 뿐 모두 귀족세력을 대변한다고 비판했다.

그러나 철학적 급진주의는 그 뜻을 제대로 펼 수 없었다. 그렇게 하기에는 시간이 너무 짧았다. 1832년 제1차 선거법 개정 덕분에 유권자의 비율이 5%에서 7%로 늘어났다. 유권자 20만 명이 새로 투표권을 행사할 수 있었다.[11] 선거법 개정 이후 처음 치러진 1835년 선거에서 급진파 세력이 대거 당선되었다. 아일랜드 쪽을 빼고도 70~80명 정도가 의회에 진출할 수 있었다. 휘그당이 여전히 다수파이기는 했지만 토리와 의석 차이가 20 정도에 불과했기 때문에 급진파의 영향력을 무시할 수 없었다.(Packe, p. 215)

이때 그로트, 로벅, 불러 등 밀과 매우 가까웠던 대표적 급진주의자들이 여럿 당선되었다. 이들은 자신을 철학적 급진주의자로 생각했고 주변 사람들도 그렇게 불렀다. 이미 지난 회기부터 의회에서 활약하고 있던 동료들과 합치면 그들의 세력이 만만찮았다. 이제 비로소 철학적 급진주의의 정치적 포부를 실현할 수 있는 좋은 기회가 온 것 같았다. 그들은 아일랜드 탄압법안, 캐나다 탄압법안 등 철학적 급진주의의 원칙에 어긋나는 정치적 책동에 용감하게 저항했다. 밀 부자의 기대도 덩달아 커갔다.(『자서전』, p. 158)

그러나 달콤한 순간은 오래가지 못했다. 휘그당은 개혁에 관심이 없었다. 1837년 러셀(John Russell) 내각은 더 이상 의회개혁을 원하지 않는다고 공언했다. 그 대가는 컸다. 1837년 7월 선거에서 휘그당은 심각한 타격을 입었다.[12] 급진파는 아예 궤멸하다시피 했다. 로벅과

---

11)  30년이 지난 1867년에 2차 선거법 개정이 이뤄지지만 유권자 비율은 아직도 16%에 불과했다. 이 비율은 1884년 28.5%를 거쳐 1918년 74%, 1928년 97%로 늘어나게 된다.(김명환, p. 314)

12)  휘그는 1832년 483석에서 385(1835), 345(1837), 291(1841)로 계속 줄어들었다. 반면 토리는 같은 기간 175, 273, 313, 367석으로 급격하게 늘어났다.(김명환, p. 315)

흄(Joseph Hume)은 낙선했고 그로트는 겨우 6표 차로 당선될 수 있었다. 살아남은 급진파 의원은 9명에 지나지 않았다.(Packe, p. 215)

철학적 급진주의운동이 십 년 안팎의 활동 끝에 갑자기 몰락하게 된 1차적 원인으로 그들의 이데올로기적 폐쇄성을 지적하는 사람이 많다.(Hamburger 1966, pp. 2-3) 정치적 역량도 부족했다. 그들은 정직하고 신념에 충실한 정치인들이었지만 경륜이 부족했다. 자신들의 주장을 구체적인 행동으로 옮기지 못했다. 몇몇 젊은 의원들이 분투했지만, 신선미가 떨어지는 낡은 인사들이 원내 지휘부를 주도했다. 이것도 패착 중의 하나였다.

그러나 밀은 철학적 급진주의자들의 몰락을 개인 탓으로 돌리지 않았다. 여건이 충분히 성숙하지 않았는데 기대가 너무 컸다고 생각했다. 정치적 환경도 불리했다. 1차 선거법 개정이라는 작은 승리에 도취한 나머지 민심은 더 이상 의회제도 개혁에 관심을 기울이지 않았다.[13] 자연스럽게 반동의 시기가 닥치면서 현상유지파가 권력을 장악하고 만 것이다.(『자서전』, pp. 158-159)

## 2. 새로운 급진주의

### 1) 개혁운동에 투신

밀은 10대 후반부터 아버지를 도와서 급진주의 개혁운동에 힘을 보

---

13) 1830년대 이후 일련의 온건, 점진적 개혁이 이루어지면서 오히려 급진운동이 무력화되고 만 역설에 대해서는 고세훈, pp. 20-22 참조.

됐다. '귀족주의 잔재를 완벽하게 일소하고 새로운 정치시대를 여는 것'이 그의 궁극 목표였다.[14] 밀은 아버지와 마찬가지로 동인도회사에서 '공직'을 맡고 있었기 때문에 정치에 직접 관여할 수는 없었다.[15] 그래서 그는 개혁사상을 확산하고 급진파 정치인들을 돕는 유력한 방편으로 언론활동에 집중했다.

벤담과 제임스 밀은 휘그의 기관지 역할을 한《에든버러 평론(Edinburgh Review)》과 토리 진영의 잡지《계간 평론(Quarterly Review)》에 맞서 급진주의를 전파할 새 매체를 만들 궁리를 하던 중(A, p. 92), 1823년《웨스트민스터 평론(Westminster Review)》을 창간했다. 처음 몇 년 동안 제임스 밀이 잡지 발간을 주도했지만 벤담과 다툼을 벌이면서 등을 돌리게 되었다. 밀 부자는 1826년 철학적 급진주의 색채가 보다 강한 새 잡지(Parliamentary History and Review)를 만들었지만 얼마 못 가 발간을 접고 말았다.(Hamburger 1966, pp. 17-18, 20-21)

이런 가운데 급진파 정치세력은 위기를 맞고 있었다. 철학적 급진주의자들을 한데 묶는 힘이 약한 데다 강력한 지도자도 없는 까닭에 분란이 일어났다. 이들의 흐트러진 대오를 다시 정렬하기 위해서라도 권위 있는 잡지를 만들 필요성이 다시 제기되었다. 밀은 "말이 곧 행동"이라면서 잡지의 정치적 영향력을 과장해서 강조하기도 했다.(Hamburger 1966, pp. 98-99)

자본 확보가 어려워 밀이 행동에 나서지 못하고 있던 와중에 1835년 4월 몰즈워스가《웨스트민스터 평론》의 대항마로《런던 평론(London Review)》을 창간했다. 그다음 해 그는 둘을 합쳐《런던-웨스

---

14)  밀이 1837년 1월 토크빌에게 보낸 편지에서 한 말이다.(CW, XII, pp. 316-317)
15)  밀 부자가 동인도회사에 근무하게 된 과정은 『위대한 정치』, pp. 35-36 참조.

트민스터 평론(*London And Westminster Review*)》을 발간했다. 밀은 표면에 나서지는 못하더라도 실제 전권을 행사한다는 조건으로 잡지 운영을 책임졌다. 1837년부터는 재정까지 맡는 등 모든 희생을 감수하면서 그 잡지를 1840년까지 만들었다.(Packe, pp. 191-195; Rosen 2011, p. 277)

밀은 이 잡지의 주필 노릇을 하며 여가 시간의 대부분을 할애했고 상당한 정도의 금전적 손실도 감수했다.[16] 밀은 《런던-웨스트민스터 평론》을 앞세워 급진주의자들을 진두지휘하면서 철학적 급진주의가 벤담주의의 한 파당에 불과하다는 비난을 받지 않도록 애썼다. 벤담 철학의 기본 가치를 살리되 그보다 나은 더 완전한 급진주의 철학이 존재할 수 있음을 밝히는 것이 그의 목적이었다.(A, pp. 92, 211, 221-222)

그러나 급진파의 정치적 세력이 쇠락하면서 밀의 현실참여도 힘을 잃게 된다. 그는 원외에서 급진파 지도자들을 일깨우고 휘그당이 보다 단호한 입장을 취하도록 압박했다. 그것이 여의치 않자 아예 개혁당(Reform party)이 주도권을 잡도록 성원을 보냈다.(A, p. 205) 그래서 밀은 급진주의 정당을 이끌 지도자를 물색하는 데 공을 들였다. 그런 그의 눈에 "탁월한 용기와 애국심, 그리고 폭넓은 식견과 관대한 마음의 소유자"인 더럼 백작(Earl of Durham)이 들어왔다.[17] 밀은 더럼

---

16) 밀이 잡지의 성공을 위해 애쓰는 모습, 특히 토크빌의 글을 받기 위해 노심초사하는 장면은 『위대한 정치』, pp. 226-227 참조.

17) 더럼 백작(1792~1840)은 휘그당 소속으로 하원의원과 장관, 대사 등 고위직을 지냈다. 그는 휘그파였지만 천성적으로 토리에 가까웠다. 개혁의회 시절에 관직에서 물러난 뒤 무당파 노선을 견지했다. 이런 입장을 취하는 것은 매우 위험할 수도 있었지만, 각 정파의 불만 세력들을 규합하는 데는 효과적이었다. 『위대한 정치』, pp. 245-246 참조.

백작을 급진주의 신당의 지도자로 옹립하기 위해 애썼으나 뜻을 이루지 못했다. 1840년 더럼 백작이 갑자기 죽음을 맞으면서 철학적 급진주의자들도 뿔뿔이 흩어졌다. 능력 있는 선장을 구하지 못하는 사이에 급진주의자들은 그저 휘그당의 좌파세력으로 전락하고 말았다. 밀은 자기 아버지야말로 누구보다 뛰어난 지도자라고 생각했지만 현실은 그렇지 못했다.(A, p. 205) 《런던-웨스트민스터 평론》 역시 기대만큼 성과를 거두지 못했다. 밀은 잡지경영을 접으면서 정치일선에서도 물러났다.

### 2) 벤담주의와 거리 두기

밀이 철학적 급진주의를 제창했지만, 그와 동료들 사이의 관계가 원만했던 것은 아니다. 사실 급진주의운동 초기부터 밀은 그 운동의 목표와 실천방안을 놓고 다른 급진파 개혁주의자들과 대립했다. 그 저변에는 벤담, 나아가 아버지 제임스 밀의 철학에 대한 밀의 비판적 이해가 깔려 있었다. 밀은 새로운 급진운동을 제안했고, 그의 동료들은 이런 '일탈'을 용납할 수 없었다. 밀이 벤담과 그의 아버지로부터 '철학적 홀로서기'를 하는 과정을 살펴보자.

밀은 어려서부터 아버지의 뜻대로 벤담주의자로 길러졌다. 벤담도 물심양면으로 소년 밀의 성장에 힘을 보탰다. 밀은 1822년 열여섯 살 때 벤담의 사상을 해설한 뒤몽(Étienne Dumont)의 『입법론(*Traités de Législation Civile et Pénale*)』을 공부한 뒤 '사람이 달라졌다.' 그 책에서 "인간의 생각과 제도들에 대한 명료하고 넓은 시야"와 "사물에 관한 개념들의 통일성"을 얻을 수 있었다. 공리주의 원칙은 그에게 "신조요, 교리이며 철학"이었고 나아가 "하나의 종교"가 되었다.(『자서전』,

pp. 62-63)[18] 밀은 공리주의의 가르침 그대로, 세상을 바꾸는 일에 관심이 많았다.

벤담은 한때 그의 우상이었다. 밀은 편견을 배격하고 사회 개혁을 이루어낸 점에서 그 누구도 벤담을 따를 수 없다고 생각했다.(CW, X, p. 85) 그러나 밀은 나이가 들면서 벤담의 한계를 직시하게 되었다. 1832년 벤담이 세상을 뜨자 그에 관한 부고(訃告) 논평을 시작으로 자신의 '철학적 아버지'에 대한 비판의 강도를 점점 높여갔다.[19]

밀은 1833년 「벤담 철학에 대한 논평(Remarks on Bentham's Philosophy)」에서 자기 생각의 변화를 분명하게 드러내기 시작했다. 밀은 벤담이 철학을 개혁했다는 점을 높이 평가했지만[20] 위대한 철학자는 아니라고 했다. 밀이 벤담을 공개적으로 비판한 최초의 글이다.(A, p. 207) 이때부터 밀과 다른 철학적 급진주의자들 사이에 철학적 긴장감이 감돌기 시작했다. 그러나 밀은 아버지 앞에서 자신의 생각을 드러

---

18) 1824년 밀이 벤담의 『법적 증거의 원리(*The Rationale of Judicial Evidence*)』 출간을 도운 이야기 등 벤담과의 관계에 대해서는 『위대한 정치』, pp. 58-60 참조.

19) 밀은 『자서전』에서 자신의 지적 이력이 벤담주의를 둘러싸고 3단계 변화를 거쳤다고 회고했다. 1단계는 그가 10대 중반 이후 벤담주의라는 '이단'에 심취했던 시기이다. 그러나 밀은 스무 살 되던 1826년 가을 어느 날, '온 신경에 맥이 빠지고 모든 것이 재미없고 시시해지는 상태'에 빠졌다. 공리주의 사상체계에 근본적인 회의를 품게 된 '철학적 사춘기', 곧 2단계가 시작된 것이다. 밀은 이런 경험을 통해 '한갓 이치만 따지는 기계'에서 수동적인 감수성의 중요성을 받아들이는 인간으로 거듭났다. 이때부터 음악, 시, 미술에 관심을 기울이기 시작했다. 로크, 흄, 하틀리 등 분석철학뿐만 아니라 워즈워드, 콜리지, 괴테 등을 읽었다. 밀은 1829년부터 1833년까지 2단계를 벤담주의에 대한 반동의 시기로 불렀다. 그는 벤담과 아버지, 그리고 그 두 사람 위에 태동했던 철학적 급진주의에 대한 비판을 서슴지 않았다. 그러나 밀은 1833년 이후 3단계에서 다시 벤담 철학으로 회귀하게 된다.(『자서전』, pp. 120-121, 183-184)

20) 밀은 벤담이 베이컨(Francis Bacon)을 능가하는 업적을 남겼다고 칭찬했다. 베이컨이 과학을 예언했다면 벤담은 실제로 과학을 창조했다고 했다.(CW, X, p. 10)

내는 것이 고통스러웠다. 그는 1836년 아버지가 세상을 떠난 후 비로소 자신의 입장을 자유롭게 표명할 수 있었다.(『자서전』, pp. 162-163) 그는 1838년 8월 아버지 눈치를 보느라 묵혀두었던 옛날 원고를 다시 손보면서 벤담을 "체계적 반쪽 사상가"라고 비판했다. 벤담처럼 문제의 한쪽에만 초점을 맞추면 반쪽 시야를 피할 수 없다는 것이다. 심지어 벤담을 그의 철학적 맞수인 콜리지(Samuel Coleridge, 1772~1834)보다 낮게 평가하기도 했다.[21] 밀의 나이 32세 때 일이다.

밀은 벤담의 이론을 비과학적이라며 신랄하게 비판했다.(CW, VIII, pp. 887-894) 벤담은 사회를 공리주의라는 하나의 보편적 원리에 비추어 규명하려 했다.(Rosen 2007, p. 133) 그러나 밀의 생각은 달랐다. "진리를 캐내기 위해서는 모든 부분 진리들을 찾아서 합쳐야 한다."는 것이 그의 일관된 신념이었다.(CW, X, p. 85)

밀은 벤담 도덕철학의 출발점이 되는 이익 개념을 특히 받아들일 수 없었다. 벤담은 사람을 실수 없이 자신의 이익을 추구하는 존재로 간주했다. 그러면서 이익을 전적으로 자기중심적 개념으로 이해했다. 그의 정치이론도 자기이익이라는 단일 원리 위에 서 있었다. 벤담은 정부라는 것이 필요악에 불과하다고 전제하고, 대의정부를 통해 지배자가 피지배자에게 책임지도록 하는 것이 인간 본성의 타락 경향을 최소화하는 길이라고 주장했다.

밀은 이런 벤담의 인간관을 '대단히 심각한 죄악'으로 규정했다. 그런 발상 속에는 인간을 발전시킬 수 있는 그 어떤 도덕적 내용도 없다

---

21) CW, X, p. 85 및 Packe, pp. 222-223. 그러나 밀은 벤담에 대한 콜리지의 상대적 장점을 강조하면서도 두 사람 중 하나를 고르라고 하면 당연히 벤담을 선택하겠다고 했다. 콜리지는 직관을 강조했지만 벤담은 이성적 추론을 더 중시했기 때문이다.(Rosen 2011, p. 287)

고 비판했다.(Rosen 2011, pp. 282-284) 동시에 벤담의 정치이론이 그 저 견제와 균형의 원리만 나열했다고 부정적으로 평가했다. 밀의 생 각에, 벤담처럼 정치인이 유권자에게 책임지는 것을 정치의 본질로 간주하는 것은 보편적 자기이익이라는 잘못된 전제에 기초한 오류였 다.(Rosen 2007, p. 132) 이런 이유에서 밀은 '인간 본성 분석가'로서 벤 담을 그리 높이 평가할 수 없었다.(CW, X, pp. 14-15)

밀이 벤담을 차갑게 평가했던 배경에는 그의 아버지와 벤담의 '불 편한 동거'도 자리 잡고 있었다. 흔히 벤담과 제임스 밀을 급진주의 개혁운동의 쌍두마차, 더 정확히는 제임스를 벤담의 '최측근 추종자' 로 부른다. 그러나 두 사람의 관계는 상상 이상으로 굴곡이 많았다. 제임스 밀은 남에게 굽히지 않는 성격이었다. 거기에다 그는 벤담을 넘어서고자 하는 야심을 숨기고 있었다. 말년에 들어 벤담의 괴팍한 아집이 늘어가면서 둘의 관계가 더 악화되었다.[22]

아들 존은 벤담의 명성에 가려 아버지가 올바른 평가를 받지 못하 는 것을 안타깝게 생각했다. 아버지를 벤담의 추종자로 치부하는 세 평을 받아들일 수 없었다. 아들이 볼 때, 인격이나 사람을 감화시키는 힘은 제임스 밀이 더 탁월했다. 사람들은 벤담주의를 하나의 학파로 생각하지만, 사실은 제임스 밀의 글과 말에 매력을 느끼고 그의 식견 에 감화를 받은 청년들이 그의 주위에 모여든 것뿐이었다. 벤담의 어 렵고 어색한 사상을 대중이 친근하게 이해할 수 있도록 길을 튼 사람 이 제임스 밀이었다.(『자서전』, pp. 164-166)

---

[22] 제임스 밀이 귀족체제를 용납하지 않았던 것은 잘 알려진 사실이다. 그런데 벤 담은 그 이면에 밀 자신의 개인적 적대감이 작용하고 있었다고 해석했다. "억 압받는 다수를 사랑해서라기보다 억압하는 소수를 증오했기 때문"이라는 것이 다.(Hamburger 1966, pp. 15-16, 40-41)

그렇다고 밀 부자의 관계가 그리 돈독한 것도 아니었다. 밀은 20대 초반 정신적 위기를 겪은 뒤 아버지의 철학적 울타리를 벗어났다.(『위대한 정치』, pp. 139-142 참조) 아버지 정치철학의 한계도 인식하게 된다. 매콜리(Thomas Macaulay)[23]가 1829년 제임스 밀의 글 「정부론」을 신랄하게 비판한 것이 그 계기가 되었다. 매콜리는 제임스처럼 인간 본성에 관한 원리로부터 정치과학을 연역한다는 것은 전적으로 불가능하다면서 그의 추론방법을 공격했다.(Hamburger 1966, p. 36)

밀은 아버지가 너무 협소한 전제에 서 있다는 매콜리의 주장에 공감하였다. 더욱이 아버지가 그에 대한 반박문을 쓰지 않는 것을 보고 낙심했다. 제임스 밀은 편집책임자와 불화가 있기는 했지만 마음만 먹으면《웨스트민스터 평론》에 반박문을 실을 수 있었는데 그렇게 하지 않았다.(Hamburger 1966, p. 80) 아들 밀은 아버지의 그런 태도가 마음에 들지 않았다. 묵살하고 지나가기에는 매콜리의 추궁이 너무 매서웠다. 그가 볼 때도 매콜리의 주장에 일리가 없지 않았다.(Packe, pp. 102-103) 밀은 이때부터 아버지의 철학적 유산에 거리를 두기 시작했다.(Hamburger 1966, pp. 78-79)

밀은 이 단계에서 반(反)벤담주의의 기치를 들고 '반동'을 도모했다. 그는 세상의 대세에 눈길을 보내면서 벤담주의라는 '이단'을 배격했다. '표면적 개선에 기꺼이 만족'하였다. 밀은 이 극단적 반동의 시기에 자신이 "지금보다 덜 철저한 급진론자, 민주주의자가 되었을지도 모른다.(I might have become a less thorough radical and democrat than I am.)"고 회고했다.[24]

---

23)   영국의 역사가(1800~1859).
24)   밀의 『자서전』에 나오는 이 부분을 해석하기가 쉽지 않은데, 전후 맥락을 보면 아내 해리엇 테일러가 아니었더라면 자신이 급진주의와 민주주의에 더 심하게 등

### 3) 새로운 급진주의 모색

밀은 1836년 아버지가 세상을 떠나자 곧 새로운 급진주의(New-Radicalism)를 제창했다. 그는 그해 11월 악의 세력의 뿌리를 도려내는 것을 '진정한 급진주의'의 지향점이라고 말했다.(Burns, pp. 212-213) 1838년 1월에는 "내가 추구하는 급진주의는 지금 그들이 보여주는 생각과 모든 면에서 대단히 동떨어져 있다."고 역설했다.(Hamburger 1966, p. 109)

밀은 처음부터 두 측면에서 급진파 핵심인사들과 생각이 크게 달랐다. 첫째, 밀은 주류 급진파의 폐쇄적·배타적 노선을 받아들일 수 없었다. 그들은 《런던-웨스트민스터 평론》을 자신의 핵심 도그마를 더욱 강화하는 도구로 만들고자 했다. 그러나 밀은 철학적 급진주의가 편협하고 교조적인 파당이라는 인상을 주는 것이 급진주의 정당 건설에 최대 장애물이라고 주장했다. 그는 급진주의자들의 사색에 보다 넓은 기반과 자유롭고 온화한 성격을 입히고 싶었다.(Hamburger 1966, pp. 220-221)

둘째, 밀은 이 바탕 위에서 휘그파, 심지어 온건 보수주의자들까지 포괄하는 광범위한 연대를 추진했다. 그는 휘그파를 격분시키지 않고 오히려 끌어들이는 것이 개혁 신당에는 최선의 전략이라고 주장했다.(Packe, p. 212) 결정적으로 밀은 보수주의자 중에서도 괜찮은 사람과는 손을 잡아야 한다고 역설했다. 특히 그는 콜리지 같은 "진정한 보수주의자"에게서 배울 것이 많다고 말했다.

밀은 이미 1834년 "콜리지만큼 내 생각과 성격에 큰 영향을 끼

---

을 돌렸을 것이라는 의미로 읽는다.(A, p. 258)

친 사람은 드물다."고 말했다.(CW, XII, p. 221) 그가 콜리지 철학이 벤담을 대체할 정도로 완벽하다고 생각한 것은 아니다. 콜리지 철학도 인식론을 비롯하여 여러 측면에서 벤담 못지않게 불완전했다.(Hamburger 1966, p. 104) 그러나 밀은 벤담의 반대편에서 콜리지의 사상이 유용하다고 생각했다. 진리는 단일 요소로 구성되지 않는다. 상이한, 심지어 상호 모순되는 듯한 모습의 여러 얼굴을 가진 보석과도 같다. 따라서 진리의 전체 모습을 하나의 관점에서 포착하는 것은 불가능하다.(Packe, pp. 244-246) 그가 볼 때, 벤담과 콜리지는 상대방이 가지고 있지 못한 것을 가지고 있다. 따라서 그들은 자신의 부족한 것을 상대로부터 채울 수 있다. 밀은 "벤담과 콜리지의 철학적 전제를 정확하게 이해하고 두 사람의 방법론을 종합할 수 있으면 이 시대 영국 철학을 완전히 지배할 수 있을 것"이라는 말까지 했다.(CW, X, p. 120) 두 사람을 결합하는 것이 그의 숙제였다.

이것은 어려운 일이었다. 급진주의자 벤담과 보수주의자 콜리지를 한데 묶는다는 것은 불가능해 보였다. 그러나 밀은 두 사람의 생각이 근본적으로 달랐지만, 그들 사이에 보완적 요소가 있음을 역설했다. 두 사람은 적이 아니라 실제로는 우군이라고 했다. 그들의 힘은 서로 반대 방향에서 위대한 진보를 촉진한다는 것이다. 밀은 토리 철학자가 때로 자유주의자들보다 더 나은 자유주의자라는 것을 강조했다. 토리를 통해 대다수 자유주의자들이 잊고 있는 진리를 망각에서 구출해낼 수 있다고 강조했다.(Packe, p. 246) 급진주의 동료들을 비판하는 가운데 "내가 그들보다는 차라리 토리와 더 가깝다."는 말까지 했다.(Packe, p. 221; Burns, pp. 212-213) 밀은 콜리지를 사실상 급진주의자라고 불렀다.(Hamburger 1966, pp. 104-106)

밀은 벤담과 콜리지를 절충해서 철학적 급진주의 구파와 신파를

화해시키고 싶었다. 아버지 제임스 밀이 세상을 떠난 후, 급진당과
《런던-웨스트민스터 평론》을 광범위한 연대의 기틀로 만들려는 밀의
시도가 힘을 얻었다.(Packe, pp. 212-214)


## 3. 급진주의 정치이론

밀이 급진주의 개혁운동을 펼치던 초기 단계에서는 정통 철학적 급
진주의자들과 정치적 입장이 다르지 않았다. 그도 그들과 똑같이 비
밀투표 실시, 선거권의 점진적 확대, 의회 회기 단축, 의원 급여 지급,
세습 상원 폐지 등을 강력하게 요구했다. 특히 급진주의자를 '무기명
비밀투표(ballot)의 절대적 필요성에 공감하는 사람'이라고 불렀던 당
시 세태에 어울리게 밀 역시 무기명 비밀투표의 실현에 온 힘을 기울
였다.(Burns, pp. 209, 213-214)

그러나 밀은 정치지도자의 역할과 위상이라는 문제를 놓고 동지들
과 예민하게 엇갈렸다. 밀은 가능하면 지도자들의 정치적 자율권을 확
대하자는 쪽이었다. 이런 생각은 지도자를 불신하고 대중의 직접 참여
를 선호하는 철학적 급진주의의 기본 강령과 부딪혔다. 이 문제는 대
표의 의미, 정치인 서약의 필요성, 비밀투표 등 당시 영국 사회를 달구
던 정치적 쟁점들과 직간접으로 연결되는 것이었다. 이런 대립으로 인
해 밀과 주류 철학적 급진주의자들 사이에 단절이 깊어갔다.

### 1) 지도자의 역할

벤담은 지도자의 선의를 믿지 않았다. 그는 자기이익은 각자가 지

켜야 하며, 무엇이 자신에게 이익이 되는지 각자가 최선의 판단자라고 생각했다. 벤담은 모든 사람은 평등하기 때문에 '각자가 오직 한 표씩 투표권을 행사'하는 것이 옳다고 주장했다. 소수가 권력을 독점하는 것을 막기 위해서는 다수가 월등한 권력을 지녀야 한다고 역설했다.(Hamburger 1966, p. 101) 제임스 밀도 벤담의 생각을 받아들여 특정 세력이 권력을 휘두르는 것을 두려워했다. 그의 해법은 어떤 한 개인에 의지하는 것이 아니라 정치적 견제와 균형을 제도화하는 것이었다.(Hamburger 1966, p. 84 참조)

그러나 아들 밀은 생각이 달랐다. 그도 보통선거의 필요성을 인정했지만 "사람이 다 똑같지 않다."고 생각했다.(Packe, pp. 414-415) 따라서 인민 일반이 정치에서 주권적 역할을 해야 한다는 정통 급진파들의 주장에 동의할 수 없었다. 그는 벤담이 평등이론에 치우쳐 현명한 지도자의 역할(enlightened leadership)을 충분히 인지하지 못한 것에 불만이었다. 그래서 벤담의 정치이론을 '틀렸다기보다는 불완전하다.'고 평가절하했다. 그는 아버지 제임스 밀이 이론화한 인민(populace)과 민주적 견제 개념에도 만족할 수 없었다. 밀은 보편적 이익(universal interest)을 구현할 다른 장치를 모색하였다.(Hamburger 1966, pp. 83-84, 101)

대안을 찾던 밀의 시야에 생시몽주의자(St. Simonian)와 콩트(Auguste Comte)의 저술이 들어왔다. 밀은 그들의 엘리트주의에 관심이 쏠렸다. 지적 능력이 뛰어난 지도자는 도덕적 탁월함에 힘입어 사악한 이익을 억제하고 보편이익을 찾을 수 있을 것으로 보였기 때문이다.

밀은 특히 콩트의 초기 저작을 열심히 읽었다. 사람들은 의학 지식에 정통한 전문가를 믿고 따른다. 그런 지도력이 도덕과 정치 영역에서는 구현될 수 없을까? 밀은 사람들이 훌륭한(proper), 즉 '사려 깊고 교육수준이 높아 사악한 이해관계를 초월할 수 있는' 지도자에 복종하는 것이 자연스럽다고 생각했다. 그는 벤담이나 아버지와 달리 권력이 사심 없이 행사될 수 있다고 믿었다. 그래서 출생이 아니라 능력을 기준으로 '귀족주의'의 부활을 주장했다.(Packe, pp. 98-99; Hamburger 1966, p. 83)

밀의 이런 생각은 1829년 11월 그가 다이그딸(Gustave d'Eichthal)에게 보낸 편지에 드러나고 있다. 밀은 "보통 사람들이 의사의 말을 믿고 따르듯이, 특별한 지식이 없는 사람들이 도덕과 정치 분야에서 전문가의 권위를 존경하고 복종하는 마음을 가질" 가능성을 그리며 지도자의 역할을 강조했다.(Hamburger 1966, p. 84 참조) 밀은 1830년 2월에도 정신적 능력(pouvoir spirituel)이 뛰어난 지도자의 중요성을 역설하면서, 지적 능력보다 도덕적 우월성이 사람들의 존경심을 더 잘 이끌어낸다고 말했다.(Hamburger 1966, p. 84 참조)

밀은 1831년 1월부터 7회에 걸쳐 주간지 《이그재미너(*Examiner*)》에 자신의 주장을 자세히 펼쳤다. 그는 「시대의 정신(The Spirit of the Age)」[25]이라는 제목의 글에서 전문 지식을 가진 지도자가 '현명한 독재(enlightened despotism)'를 펼쳐야 할 당위성을 역설했다. 밀은 가장 유능한 사람(fittest persons)이 '세상 권력과 도덕적 영향력을 일상적으로, 그리고 확실하게 행사'하는 것을 민주정치의 가장 중요한 과제라고 주장했다.(CW, XXI, pp. 227 ff; Burns, p. 204 참조) 결국 유능한 정치적 대표가 정치의 일선을 담당해야 한다는 말인데, 이런 발상은 정통 급진주의 정치이론에 정면 배치되는 것이었다.

---

25)  CW, XXII, pp. 246-247 ff.

## 2) 대표의 자율성

밀의 이런 생각은 '대표(representative)'의 개념과 역할을 둘러싼 당대의 논란에서 선명하게 드러난다. 그 무렵 주류 급진주의자들은 민주주의의 이름으로 정치적 대표의 역할을 최소화했다. 정치인은 인민의 뜻을 의사당에 그대로 옮기는 '대리인(delegate)'에 불과하다고 주장했다. 이에 반해 밀은 지도자의 중추적 역할을 인정했다. 정치인이 인민의 이익을 잘 구현하기 위해서는 자율성을 지녀야 한다면서, 대리인이 아니라 '대표'론을 제기했다. 그는 이런 의견 차이 때문에 정통 철학적 급진주의자들과 결별하게 된다.(Burns, p. 203)

밀은 1832년 인민주권은 기본적으로 위임주권(delegated sovereignty)일 수밖에 없다고 말했다. 가장 현명한 최상의 대표를 뽑았다면 그를 믿고 맡겨야지 이래라 저래라 지시(instruct)하면 안 된다는 것이다. 환자가 의사에게 자기가 원하는 대로 처방을 내리도록 요구해서는 안 되는 것과 마찬가지라고 주장했다.(CW, XXIII, pp. 489–491) 밀도 인민의 의지가 궁극적으로는 최고 위상을 차지해야 한다고 생각했다. 그러나 정치에서 가장 중요한 것은 인민의 의지 그 자체가 아니라 인민에게 이익이 되도록 하는 것이다.(CW, XXIII, p. 502) 대의 민주주의가 우민(愚民)정부로 전락하지 않으려면 지력이 뛰어난 지도자가 제 역할을 하도록 내버려 두어야 한다는 것이 밀의 소신이었다.(CW, XXIII, p. 504)[26]

---

26) 밀은 1835년 베일리(Samuel Bailey)의 『정치적 대표론(*The Rationale of Political Representation*)』에 대한 서평에서도 대표가 인민의 지시를 따라야 한다는 급진주의 노선을 다시 한 번 비판했다. 그는 다수가 꼭 완벽하게 현명할 필요는 없고 단지 지도자의 인격과 능력을 믿고 따라가기만 하면 된다고 말했

밀은 1835년 『아메리카의 민주주의』 서평에서 자신의 '대표' 개념을 자세하게 소개한다. 우선 그는 토크빌이 지적하는 민주주의의 부정적 측면이 사람들의 그릇된 생각, 즉 인민이 주권자이므로 정부 일에 간섭해도 된다는 생각 때문에 발생한다고 전제한다. 그의 주장에 따르면, 이런 '그릇된 민주주의'에서는 입법자를 단순히 다수 인민이 원하는 것을 그대로 집행하는 일종의 대리인으로 간주한다. 이렇게 되면 인민 스스로 자기들의 이익을 해치게 된다. 밀은 이런 정부가 현명한 사람들이 꿈꾸는 민주주의와는 거리가 멀다고 단언한다. 그 반대편에 '합리적 민주주의(rational democracy)'가 있다. 이 체제에서는 인민들이 궁극적 통제권을 자기 손에 두지만 정치를 직접 담당하지 않는다.

밀은 인민이 통제권을 가지는 것을 민주주의의 안전판(security)으로 간주한다. 그렇지 않으면 지배계급이 그들 자신의 사적 이익을 위해 인민을 희생하게 될 것이기 때문이다. 밀은 이렇게 전제한 뒤, '선의를 믿을 수만 있다면' 가장 현명한 사람이 권한을 행사하는 정부가 최선의 정부일 수밖에 없다고 강조한다. 인민이 주인이지만 자신보다 더 유능한 일꾼을 써야 마땅하다는 것이다. 국방부 장관이 장군을 부리고, 군 사령관이 군의관을 쓰는 것과 같은 이치이다. 장관의 눈에 장군이 미덥지 않으면 그를 보내고 다른 장군을 쓰면 된다. 그러나 그가 장군에게 언제, 어디에서 전투하라고 지시해서는 안 된다. 그저 그가 하는 일의 결과만 보면 된다. 환자는 의사의 처방을 따르든지, 아니면 그 대신에 다른 의사를 쓰면 된다. 환자는 그런 식으로 자신의 안전판을 확보한다.

인민도 그렇게 안전판을 확보하면서 전문가의 지혜를 빌릴 수 있

다.(Burns, pp. 209-210)

다. 인민은 가장 지혜롭고 유능한 사람을 지도자로 뽑은 뒤, 그들이 인민의 이익을 위해 자신의 능력을 자유롭게 구사할 수 있게 내버려 두어야 한다. 그들이 자기 사적 이익을 도모하지 않는 한 가능하면 간섭하지 말아야 한다. 그래야 인민의 이익을 최대한 달성할 수 있다.

밀은 이렇게 인민이 민주주의에 대해 올바른 생각을 가지고 있으면 졸속, 졸렬 입법을 방지할 수 있고, 다수가 정치적 결정권을 가져도 특별히 나쁜 결과를 초래하지 않을 것이라고 믿었다.(Mill 1977a, pp. 70-74)

그는 토크빌을 인용하며, 미국의 유권자들이 대표에게 행동지침을 제시하고 구체적 명령을 내리는 행위가 대의정부의 안전판을 해체하는 것이나 마찬가지라고 비판했다. 결국 밀은 정치인이 대표가 될 때 최고 수준의 민주주의를 향유할 수 있다고 생각했다. 대표 자리에 대리인이 앉아 있는 것이야말로 민주주의가 직면한 단 하나, 유일한 위험이라고 강조했다.(Mill 1977a, p. 74)

### 3) 서약 반대

당시 급진주의자들은 소수 지배자가 권력을 남용하지 못하도록 견제하고 제한하는 데 온 신경을 집중했다. 권력자에 대한 불신이 급진주의 정신의 출발점이었다. 그래서 정치인을 국민의 대표가 아니라 대리인으로 보았다. 이 연장선에서 철학적 급진주의자들은 대리인이 유권자들의 생각을 의사당에 그대로 옮기겠다고 서약(pledge)하는 것을 당연하게 여겼다.(Burns, pp. 204-205 참조)

밀도 처음에는 서약이론을 주장했다. 그러나 그의 정신변화 2단계에 접어들면서 생각이 바뀌었다. 밀은 1832년 여름 두 편의 「서약

(Pledges)」 논문에서 대표론을 전개하면서 그 바탕 위에서 서약이론을 정면 배격하였다.

밀은 분명히 말한다. 인민의 의지보다 더 중요한 것은 그 인민에게 이익(good)이 되는 것이다. 인민에게 최대한 이익을 안겨주기 위해서는 '정치에서 무엇이 옳은지' 잘 결정할 수 있어야 한다. 밀은 인민이 자신의 의지를 '즉각, 그리고 무제한적으로 행사'하는 것은 인민에게 이익이 안 된다고 보았다. 현명한 사람을 대표로 뽑고 그의 결정을 따르는 것이 인민에게 이익이 된다고 생각했다.(CW, XXIII, p. 502)

밀은 이런 이유에서 정통 급진주의자들과 달리 서약이론을 외면했다. 그것은 마치 의사가 특정 방법으로 자신을 치료하도록 강요하는 것과 같기 때문이다. 의사를 선택했으면 그를 믿고 따라야지 이래라 저래라 지시하면 안 되는 것과 같다고 했다.(CW, XXIII, pp. 489–491) 밀은 1835년에도 같은 주장을 폈다. 그는 좋은 정부가 되기 위한 두 가지 요건을 언급한 뒤, 급진주의자들의 서약이론을 배격했다. 이런 주장은 소수의 통치자가 권력을 남용할까 염려하여 그것을 제한하고 견제하는 데 모든 신경을 곤두세우는 제임스 밀의 「정부론」에 너무나 배치되는 것이었다.(Burns, p. 205, 209)

### 4) 공개투표

밀은 철학적 급진주의운동을 전개하면서 일관되게 선거권의 점진적 확대를 주장했다. 그러나 그는 투표권을 인간으로 태어났기 때문에 모든 사람이 누려야 하는 추상적 자연권 차원에서 접근하지 않았다. 자연권 이론을 배격한다는 점에서 그는 여전히 벤담주의자였다. 밀이 생각할 때, 보통선거권은 부유한 중산계급이 과두계급으로 변질

되는 것을 차단하는 가장 확실한 수단이었다. 다시 말해, 좋은 정부를 확보하는 가장 중요한 수단이라는 이유에서 투표권의 확대를 주장했다.(Schapiro, p. 84)

그러나 밀은 이른 시간에 보통선거제를 도입하는 문제에 신중한 입장을 취했다. 보통선거제와 '대중의 현명한 소수 추종'이 공존할 수 있을지 아직 확신할 수 없었기 때문이다. 그런데 여러 정황상 보통 선거제를 이른 시일 안에 실시한다는 것이 가능하지 않았다. 밀은 '이 문제를 시급하게 결정하지 않아도 된다는 것이 다행'이라고 했다. 이런 배경 때문에 밀은 다른 급진주의자들과 행보를 같이할 수 있었다.(Burns, p. 209, 214; Hamburger 1966, pp. 91-92)

그 무렵 밀이 매달렸던 또 하나의 정치적 과제는 비밀선거의 도입이었다. 오늘날 기준으로는 비밀선거가 당연하지만, 밀이 활동하던 시기만 해도 오히려 공개투표가 하나의 상식이었다. 그 전통을 거슬러 벤담과 제임스 밀은 비밀투표제(ballot) 도입을 주장했다. 공개투표를 하면 권력자의 영향력이나 압력 때문에 유권자가 자유로운 투표를 할 수 없다고 보았기 때문이다. 그들은 비밀투표를 보통선거와 함께 귀족체제를 무너뜨릴 수 있는 가장 중요한 정치적 무기로 간주했다.

밀도 처음에는 다른 급진주의자들처럼 비밀투표를 지지했다. 1830년 《이그재미너》를 통해 비밀투표제를 역설했고, 그 이후에도 1837년, 1839년 등 기회가 있을 때마다 비밀투표 실시가 급진주의 개혁운동의 관건임을 강조했다.(Hamburger 1966, p. 71)

그러나 1830년대를 지나면서 급진주의자들 사이에서 비밀투표제에 대한 열기가 식었다. 보통선거가 실현되지 못하고 유권자 중 오직 일부 시민만 투표권을 행사하는 상황에서는 차라리 공개투표가 더 바람직하다는 생각이 확산되었기 때문이다. 투표하는 사람이 자신의 개인적 권리가 아니라 나머지 시민들의 의사를 대변하는 차원에서 투표권을 행사하는 것이 마땅하고 그렇기 위해서는 투표의 공개가 불가피하다는 주장이 힘을 얻었다.(홍철기 참조)

밀은 시대 환경에 맞게 개혁의 내용과 방법이 변화되어야 한다고 믿었다. 과거에는 비밀투표가 시대적 요구였다. 그러나 이제 과거와 달리 투표 매수와 협박의 위험이 사라졌다. 따라서 밀은 유권자들이 개인적 이해관계가 아니라 공익의 가치를 염두에 두고 투표권을 행사해야 하고, 이를 위해서는 공개투표가 더 바람직하다고 생각하게 되었다.(Packe, pp. 414-415)[27]

### 5) 또 하나의 반전

그러나 젊은 시절 밀의 생각은 때로 종잡기가 힘들다. 그의 정치이론이 변화를 거듭하기 때문이다. 밀은 1833년경 이후 정신변화 3단계에 들면서 벤담을 등지는 '반동'이 잘못된 생각임을 깨달았다. 벤담주의와 같은 이단적인 부분을 통하지 않고서는 사회를 개조시킬 방법이 없다는 것을 재확인했다. 밀은 급진주의 대변인이라는 옛 역할로 복귀했고 1단계 때보다 더 열렬한 벤담주의자가 되었다.(『자서전』, pp. 183-184) 자신의 과거 신조와 새로운 생각을 조합하면서 철학적 급진주의의 정치노선을 강력하게 추구했다.(Hamburger 1966, pp. 96-97)

그에 따라 밀의 정치적 입장도 표변하는 경우가 생겼다. 이를테면 '서약'에 관한 생각의 반전이 그렇다. 철학적 급진주의자들은 대표가

---

27)  밀은 『자서전』에서 비밀투표에 관한 자신의 생각이 바뀌게 된 것이 해리엇 때문이었다고 술회하고 있다. 두 사람 다 생각에 변화가 일어났지만 해리엇이 자신보다 먼저 바뀌었다는 것이다.(『자서전』, p. 202)

의사당에 나가기 전 인민들의 뜻을 따르겠다고 서약할 것을 요구했다. 밀은 한때 그런 주장을 펴는 사람들을 '서약 광신자(pledgemania)'라고 비판했다. 그는 1832년 글에서 서약 때문에 엘리트의 위상이 축소될 것을 우려했다. 그러나 정통 급진주의 노선으로 돌아온 뒤인 1835년에는 다른 주장을 폈다. 인민이 대표자를 민주적으로 통제하는 수단이라며 서약제를 지지했다. 주류 철학적 급진주의자들의 노선으로 돌아온 것이다.(Hamburger 1966, pp. 97-98)[28]

사실 밀은 반동 시기에도 자신이 여전히 변함없는 급진주의자였다고 밝혔다. '정치철학의 기본전제'는 바뀌었지만 '현실정치에 관한 생각의 틀'은 달라지지 않았다고 했다. "급진주의자요, 민주주의자라는 점에서 과거와 전혀 다를 바 없었다."고 토로했다.(Hamburger 1966, p. 79, 98 참조) 그래서 1838년 1월 밀이 철학적 급진주의자들과의 결별을 선언했던 바로 그 편지에서도 그들과 목표가 아니라 전술 측면에서 차이가 난다고 했다. 그들과 여전히 동지적 일체감을 느끼고 있었던 것이다.(CW, XIII, pp. 369-371)[29]

밀은 벤담주의로 복귀하면서 민주적 통제와 지성적 지도자론의 조화 문제를 집중 논구했다.[30] 그런 고민의 흔적은 이미 1833년 논문

---

28) 그의 말년 작품인 『대의정부론』에서는 다시 서약제를 비판하고 있다. 따라서 1835년의 입장은 밀의 전 생애를 놓고 볼 때 하나의 일탈에 가깝다.

29) 그러나 이 무렵 밀의 글을 보면 '반동' 시기에 비해 확신과 열정이 부족한 것을 알 수 있다. 철학적 기초를 확충함으로써 철학적 급진주의의 신파와 구파가 양립 가능하다고 말했지만 그 믿음이 그리 굳건하지 못했다. 옛 동지들과 다시 손을 잡았지만 앙금은 남았다. 정부가 사악한 이해관계의 온상지가 되지 않도록 조치를 취해야 한다는 점에서는 공감했지만, 그들이 현명한 지도자의 역할에 무관심한 것은 여전히 불만스러웠다.(Hamburger 1966, p. 100, 96)

30) 이때 이후 그의 정치적 탐구는 민주주의와 현명한 지도자의 역할을 결합하는 방법을 찾는 데 초점을 맞췄다. 그가 이 무렵 제시한 해법은 부분적인 수정을 거쳐

("Blakey's History of Moral Science")에 나타나고 있다.[31] 보다 의미 있는 진전은 1835년에 이루어졌다. 밀은 그해 두 권의 책을 읽고 논평을 썼는데, 그 글 속에 그의 생각이 바뀌고 있음을 알려주는 대목들이 발견된다.

그해 밀은 베일리의 『정치적 대표론』을 논평하면서 대중이 보통선거권을 향유하되 현명한 소수를 존경하고 따를(deference) 수 있어야 한다는 사실을 강조했다.(Hamburger 1966, pp. 86, 91-92 참조) 보통선거를 내세움으로써 미세하지만 대중의 정치적 역할을 존중하는 쪽으로 변화가 일어나고 있는 것이다.

밀은, 의사라는 직업이 오랜 연구와 힘든 노동의 산물임을 사람들이 인정하듯이 입법 역시 고된 수고가 전제되는 전문 활동이라는 점을 인정해야 한다고 생각했다. 따라서 대중은 정치를 담당하는 현명한 소수를 존경하고 따르는 것이 마땅하다. 그렇게만 된다면 특별 교육을 받은 지성인의 존재는 대의정부의 가장 중요한 본질이 될 것이다.(Hamburger 1966, p. 88 참조) 이어서 밀은 특별하게 훈련받은 소수의 독립적 판단에 의존함으로써 엄청난 이점을 얻는 것과 그 소수가 최대한 엄격하게 다수에 책임을 지도록 확실히 보장하는 것을 '좋은 정부를 규정하는 두 개의 중요한 요소'라고 규정했다. 그 둘을 잘 조화시키는 것이 장차 대단히 어려운 정치적 과제가 될 것이라고 주장했다.(Hamburger 1966, pp. 86, 91-92 참조)

그동안 대중의 능력에 의구심을 품었던 밀이 이제 그들에게 일정한 역할을 맡기고 있는 것이다. 그는 대중이 경쟁하는 '정치적 의사'들의

---

『대의정부론』(1861)에 자세하게 담겼다.(Hamburger 1966, pp. 109, 86-87)
31)  *Monthly Report*, 7, Oct. 1833, p. 669, Hamburger 1966, p. 87 재인용.

상대적 능력을 비교 평가할 수 있다고 주장한다. 그리고 다수가 그저 최소한의 자질만 갖추면 그런 평가를 하는 데 어려움이 없다고 말한다. 대중이 완벽하게 현명하지 않아도 그런 역할을 수행할 수 있다는 것이다.(Hamburger 1966, p. 89 참조) 대중의 정치적 역할에 대한 인식에 변화가 생긴 것이다.

밀은 1835년 토크빌의 『아메리카의 민주주의』 서평에서 다시 한 번 급진파의 문제의식, 즉 정부권력을 민주적으로 견제하는 것과 생시몽주의자들의 소망, 즉 현명한 소수가 정부를 주도하는 것을 함께 강조했다. 그의 입장은 명확했다. 진정 '잘 규제된 민주주의'를 이룩해야 귀족제의 영향 중 좋은 것을 살릴 수 있다는 것이었다. 밀은 환자가 의사의 지시를 따르지만 마음에 안 들면 언제든지 다른 의사로 교체할 수 있는 것처럼, 인민이 직접 다스리지 않더라도 지배권을 여전히 행사할 수 있다면서 이런 정치체제를 진정한(true) 또는 합리적(rational) 민주주의로 불렀다.(Hamburger 1966, pp. 87-89) 밀은 대의정부가 참된(true) 것인지, 아니면 거짓된(false) 것인지 구분하는 기준도 여기에서 찾았다.(Hamburger 1966, pp. 101-103)

밀은 1838년 벤담에 관한 글에서는 민주적 통제의 가치를 훼손하지 않으면서 현명한 지도자가 제 역할을 할 수 있는 방법을 좀 더 직설적으로 설명했다. 그 요체는 다수가 자신의 힘을 '과도하지 않게 조심스럽게(defensively)' 행사하는 것이다. 대중이 훌륭한 인격자의 감화를 받아 조심스럽게 행동하고, 뛰어난 지성의 소유자를 존경하고 따르는 것이 유익한 결과를 거두는 첩경이라는 것이 거듭된 밀의 믿음이었다.(Hamburger 1966, p. 101 참조)

## 4. 작은 결론

청년 급진주의자 밀은 시대가 바뀜에 따라, 또 나이가 들고 성숙해짐에 따라 여러 단계의 정신적 변화과정을 거친다. 그래서 그의 정치철학을 일목요연하게 정리하기 어렵다. 밀은 20대 초반까지 철학적 급진주의의 이름으로 평등 민주주의의 구현에 온 희망을 걸었다. 그러나 그는 이후 생시몽주의와 콩트 사상의 영향을 받아 지도자 역할론을 강하게 부각시켰고, 이 과정에서 동료 급진주의자들과 거리를 두게 되었다. 그러나 20대 후반에 이르러서는 대중의 민주적 견제와 지도자의 선도적 역할을 종합하는 쪽으로 입장을 정리하였다. 이런 절충주의는 이후 밀 정치사상의 뼈대가 된다.[32]

이런 과정에서 밀은 두 종류의 푯대를 붙들었다. 그는 정치제도의 변화를 끌어낼 가능성이 엿보이던 1833~1840년 기간 동안 현실정치에 몰두했다. 철학적 급진주의자 본연의 모습이었다. 그는 개인적 거리감에도 불구하고 급진주의 동지들과 협력할 수 있었다. 그러나 그가 벤담주의에 대한 반동을 도모하던 1829~1833년 기간과 정치적 활동의 효능에 실망한 1840년 직후에는 인간문화(human culture)에 깊은 관심을 보였다. 인류를 개선할 가장 중요한 수단으로 도덕적 혁신을 역설했다. 정치가 아니라 철학이 세상을 바꿀 것이라고 생각했다. 그가 콜리지를 비롯해서 칼라일, 스털링, 생시몽주의자, 콩트, 토크빌 등의 철학에 깊은 관심을 보인 것도 이런 배경이다. 그의 동료 급진주

---

32) 햄버거는 1840년 이후 밀이 다시 벤담주의에 거리를 두었다고 주장한다. 정치개혁의 동력이 떨어져가는 것에 실망한 나머지 콜리지, 생시몽주의자, 콩트, 그리고 토크빌 등 급진주의 바깥의 다양한 사람들에게 급격히 기울어졌다는 것이다.(Hamburger 1976, pp. 110-112)

의자들보다 오히려 이들에게 정신적 친밀감을 느꼈던 것이다.[33]

밀은 이성이 최상의 인간을 만들어낼 수 있고 세상을 발전시킬 수 있다고 역설했다.[34] 그는 교육이 사람들의 지적·도덕적 수준을 획기적으로 높이고, 이를 통해 사회를 본질적으로 변화시킬 수 있을 것으로 기대를 걸었다.(A, p. 108) 밀은 이런 정신으로 급진주의운동에 매진했다. 새로운 세상을 만들고 싶었다. 그러나 세상은 그의 뜻과 반대 방향으로 흘러갔다.(『자서전』, pp. 158-159) 밀의 기대와 달리, 대중의 의식 상태는 크게 달라지지 않았다. 사람들의 지적·도덕적 변화는 미미했다. 급진주의 정치인들이 휘그당에 흡수되어버렸고, 잡지를 통해 급진주의운동에 새로운 힘을 불어넣고자 한 그의 희망도 실패로 끝나고 말았다.(A, p. 205, 224) 밀의 상심이 컸다. 사람들의 생각이 환골탈태하지 않는 한, 사회의 운명이 근본적으로 달라지리라고 기대할 수 없었다. 인류의 가까운 장래에 대해 낙관할 수 없었다. 이 무렵 밀은 과거에 비해 자신이 민주주의에 한참 거리를 두게 되었다고 했다.(A, pp. 238, 245-247) 여러 정황을 종합할 때, 1840년을 전후해서 밀의 사상에 보수주의 색채가 한결 짙어졌다.(Burns, p. 216)

---

33) 그러나 엄밀히 말해서 밀은 양쪽 끈을 다 잡고 있었다. 때로 한쪽이 다른 것을 압도하기는 했지만 그 어느 쪽도 완전히 내치지는 않았다.(Hamburger 1966, pp. 110-112)

34) 밀의 생각은 『대의정부론』에서도 이어졌다: "이성이 세상을 평정하게 해야 최고 최상의 인간을 만들어낼 수 있다. 이성이 힘을 못 쓰면 세상이 발전할 수 없다." (『대의정부론』, p. 181)

3장

# 대의 민주주의에 대한 포부

흔히 대의 민주주의를 직접 민주주의에 대한 차선책으로 '어쩔 수 없이' 받아들인다. 그러나 밀은 그렇게 생각하지 않았다. 그는 대의 민주주의가 가장 이상적인 정치체제가 될 수 있다고 믿었다. 그 체제 안에서 모든 사람이 참여할 수 있고 지성과 덕성이 큰 역할을 할 수 있다고 기대했기 때문이다. 물론 밀의 기대치에 맞게 대의 민주주의가 작동하기 위해서는 일정한 조건이 전제되어야 한다. 그 조건이 구비되지 않으면 대의 민주주의에 대한 밀의 커다란 포부는 물거품이 되고 말 것이다.

## 1. '참된' 민주주의 모색

밀의 글 속에 '순수 민주주의'라는 말이 자주 나온다. 그는 젊을 때는 그 말을 부정적인 의미로 사용했지만, 나중에는 매우 긍정적인 뜻으로 이해했다.

젊은 시절 밀은 본인 말대로 '급진주의자, 민주주의자'로 살았다. 그러나 세월이 흐르면서 '정치와 인간의 궁극적 문제'에 관한 그의 생각이 크게 바뀌었다. 과거에 비해 민주주의에 대한 믿음이 훨씬 줄어들었다. 밀은 『자서전』에서 그 과정을 소상하게 밝히고 있다. 그는 서른 무렵 자신의 이상적 정치체제가 '순수 민주주의'에서 수정된 형태로 옮겨갔다고 회고했다.(『자서전』, p. 156) 밀이 '수정 민주주의자'로 변신한 것이다. 그는 무엇을 수정했을까?

밀은『자서전』에서 자신이 '순수' 민주주의를 멀리했다고 말했지만, 그때 그가 무엇을 순수 민주주의로 생각하고 있었는지 설명하지 않았다. 앞뒤 맥락을 미루어볼 때, 그의 머릿속에는 철학적 급진주의의 전통, 즉 '인민이 주체가 되는 정치체제'라는 뜻으로 순수 민주주의를 이해했을 법하다. 이런 의미의 순수 민주주의 체제에서는 정치인을 인민의 대리인으로 규정한다. 서약제 등을 통해 인민의 뜻이 순전히 관철될 것을 요구한다.

밀은 1835년『아메리카의 민주주의』에 관해 긴 서평을 쓰면서 인민이 정치를 직접 담당하고 정부 일에 간섭하는 것을 '인민주권의 오용'이라고 비판했다. 다수가 아무런 통제도 받지 않은 채 전권을 행사하면 '그릇된 민주주의'로 흘러간다고 염려했다.(Mill 1977a, pp. 71-73) 밀은 인민이 정치 2선에 물러나 있으면서 지혜 있고 유능한 대표가 소신껏 국정을 처리할 수 있게 맡기는 것이 마땅하다고 생각하며 이런 체제를 합리적 민주주의(rational democracy)라고 불렀다. 그는 순수 민주주의를 수정해서 합리적 민주주의로 옮겨갔다. 그는 이런 식으로 민주주의가 '수정'된다면 가장 수준 높은 정부가 될 수 있다고 생각했다.[35]

그때 이후 밀은 오랜 시간 합리적 민주주의를 천착했다. 그 결과물이 1861년 출간된『대의정부론(Considerations on Representative Government)』이었다. 밀은 그의『자서전』에서 이 책이 시대적으로 중요한 문제에 대한 자신의 성숙한 관점(matured views)을 담고 있다고

---

35)  그가 '진정한 의미의 민주주의(true idea of democracy)', '잘 조절된 민주주의(well-regulated democracy)'(Mill 1977A, p. 73, 56)라고 부른 것들이 모두 합리적 민주주의의 다른 이름이다. 그는 순수 민주정을 불균형(unbalanced)정부라고 부르기도 했다.(『대의정부론』, p. 224)

술회했다. "오랜 사색 끝에 민주적 국가 조직의 최선 형태를 자세히 설명"한 것이라고 했다.(『자서전』, pp. 207-208) 급진주의운동의 좌절을 목격하며 변화하기 시작한 그의 정치철학이 20여 년 세월을 거치며 한층 완숙한 형태로 다듬어진 것이다. 밀은 그 책에서 합리적 민주주의의 토대를 의미 있게 확장한다. 한편으로는 모든 사람이 참여하는 대의 민주주의의 아름다움을 찬양하고 다른 한편으로는 체제 효율성을 담보할 수 있는 숙련 민주주의를 주창한 것이다.

이 과정에서 밀은 순수 민주주의를 긍정적으로 사용한다. 그는 『대의정부론』에서 인민의 정치적 참여를 늘리는 방안을 고민하고 있다. 그러면서 이전과는 다른 의미로 순수 민주주의라는 말을 쓴다. 즉, 인민 모두가 주권자로서 한 사람도 빠짐없이 참여할 수 있는 '순수한(pure) 의미'의 민주주의를 모색하고 있는 것이다. '전체 인민(whole people)에 의한 전체 인민의 정부'만이 '모든 시민은 평등하다.'는 전제를 만족시킨다고 생각했기 때문이다.

밀은 인민 전체를 대표하는 참된(true) 민주주의와 다수파만 대표하는 거짓(false) 민주주의를 구별했다. 그는 사람들이 보통 생각하는 민주주의, 그리고 지금까지 존재했던 민주주의는 그저 '특정 집단을 대변하는 다수파 인민에 의한 정부'에 지나지 않는다고 비판했다. 모든 인민의 정부를 표방하지만 실제로는 수적으로 다수인 '일부' 국민의 이익만 편드는 특권 정부에 불과하다는 것이다.(『대의정부론』, pp. 133-134)[36] 밀은 이런 민주주의를 인정할 수 없었다. 어느 누구도 배제되

---

36)  밀은 『자유론』에서도 같은 말을 한다. 각자가 스스로를 지배하는 체제(government of each by himself)라야 민주주의라는 이름에 부합한다. 그러나 현실 속의 민주주의는 자신과 반대편에 있는 나머지 사람들에 의해 지배받는 정치체제(government of each by all the rest)에 불과하다. '권력을 행사하는 인민'과

지 않아야 참된 이상정치가 가능하다고 보았던 것이다.[37]

결국 밀은 '좋은 정부'를 구현할 수 있는 '진정한' 민주주의란 모든 사람이 명실상부하게 참여할 수 있는 기회를 보장하는 정치체제라고 규정한다. 그러면서 이상적 민주주의가 작동하기 위해서는 소수파의 적절한 참여가 보장되는 것이 필수사항임을 역설한다. 다소 혼란스러울 정도로 그가 균형 민주주의, 제한 민주주의, 그리고 순수 민주주의 등의 용어를 남발하는 것도, 다수의 전횡으로부터 소수의 정치적 입지를 확보하는 일의 중차대함을 강조하기 위한 일념에서였다.

밀이 대의정부를 주목하는 이유가 여기에 있다. 그는 대의 민주주의를 통하면 '전체 인민에 의한 전체 인민의 정부', 즉 순수 민주주의가 가능하다고 보았다. 뿐만 아니라 그는 이성, 즉 토론과 설득의 힘을 믿었다. 대의정치 과정을 통해 모든 사람이 참여를 익히고 그에 따라 가장 합리적인 대안에 뜻을 모으는 것이 가능하다고 생각한 것이다. 그래서 밀은 대의정부를 가장 이상적인, 최선의 정치체제로 평가했다. 그러나 대의정부가 절로 작동하는 것은 아니다. 대의정부가 밀의 포부처럼 기능하자면 일련의 전제조건이 충족되어야 한다. 계급입

---

그 '권력이 행사되는 대상'이 다르다. '인민의 의지'라고 하지만 그것도 엄밀히 말하면, 가장 많은 수를 차지하는 사람들 또는 인민들 중 가장 활동적인 일부 사람들, 다시 말해 다수파 또는 자신을 다수파로 받아들이도록 만드는 사람들의 의지를 뜻할 뿐이라는 것이다.(『자유론』, p. 26)

37) 밀은 '다수지배'의 허구도 지적한다. 민주주의는 수적 다수파에게 정부의 권력을 줄 것을 명령한다. 그러나 현실은 그렇지 않다. 엉뚱하게도 전 인민 중에서 소수파에 지나지 않는 '다수파의 다수파'에게 권력을 넘겨주는 결과를 낳게 된다. 이것은 민주주의의 지상목표를 부정하는 것이나 마찬가지이다. 결국, 고의적이든 아니면 제도상의 이유든, 어떤 소수파라도 배제되면 다수파가 아니라 또 다른 의미의 소수파에게 권력을 넘겨주는 셈이 되고 마는 것이다.(『대의정부론』, pp. 134-137) 현대 민주주의가 다수지배를 표방하지만 실제로는 소수 이익집단의 파당정치에 불과하다는 Hayek, pp. 33, 215-216 참조.

법의 유혹에 휘둘리지 않을 만큼 대중이 지적·도덕적으로 성숙해야 하는 것이다. 현 단계 인류의 발전 수준에 비추어볼 때 결코 쉬운 일이 아니다. 결국 밀은 이 시점에서 민주적 지배와 전문가의 역할을 조화시키는 숙련 민주주의가 관건이라고 생각했다. 그가 평생 다듬어온 합리적 민주주의가 새로운 이름으로 등장하고 있는 것이다.

이 장에서는 밀이 대의 민주주의에 큰 기대를 건 이유와 그 성공 조건에 대해 살펴보고 다음 장에서는 숙련 민주주의를 실현하기 위한 밀의 구상을 검토한다.


## 2. 좋은 정부

『대의정부론』은 존 스튜어트 밀의 정치철학을 집대성하고 있다. 최선의 민주정부에 대한 그의 '성숙한 견해'가 이 책 속에 온전히 담겨 있다. 『대의정부론』은 이상적인 정치체제를 검토하면서 '좋은 정부'라는 말을 자주 쓴다. 이 '좋은(good)'이라는 말은 그에게 특별한 의미로 다가온다. 좋은 것, 우리 삶에서 바람직한 것을 찾는 일이 밀 정치철학의 궁극적인 과제이기 때문이다.

밀은 평생 summum bonum, 즉 '최고가치'라는 화두를 놓고 고심했다. '우리 삶에서 옳고 그른 것을 판단할 궁극적 기준'이 곧 최고가치이기 때문이다.[38] 밀은 『자유론』에서 이 '모든 윤리적 문제의 궁극적 기준'을 자세하게 규정한다. 그는 일단 인간을 '진보하는 존재

---

38) 밀은 1863년에 발표한 『공리주의(Utilitarianism)』 첫머리에서 이 문제를 다루고 있다.(『공리주의』, p. 13)

(progressive being)'로 전제한 뒤, 이런 인간의 영구적 이익(permanent interests)에 도움이 되는 것을 최고가치로 설정했다.(『자유론』, p. 38)

무엇이 인간에게 궁극적 이익인가? 『자유론』의 겉표지에 그 단초가 나온다. 밀은 '각자가 자신의 발전을 최대한 다양하게 도모하는 것이 절대적으로 중요하다.'는 말을 그 책의 표제어로 썼다.[39] 인간의 발전(human development)을 최고가치로 전제한 뒤, 그것을 최대한 다양하게 도모해야 할 당위를 역설한 것이다.

밀은 『자유론』의 핵심 문제의식을 종합하면서 다시 한 번 발전의 중요성을 강조했다. "우리 삶에서 인간이 이를 수 있는 최선의 상태에 최대한 가깝게 각자를 끌어올리는 것" 이상으로 더 중요하거나 더 좋은 것은 없다고 주장했다. 각자를 최대한 끌어올리는 것, 즉 자기발전을 도모하는 것이 무엇보다 중요하다고 했다. 반면 그것을 못하게 가로막는 것 이상 더 나쁜 일도 없다고 선언했다.(『자유론』, p. 138) 인간의 자기발전이 곧 우리 삶의 궁극적 기준이 되어야 한다는 것이다.

자기발전은 구체적으로 무엇을 의미하는가? 밀은 무엇보다도 지적인 소양(素養)의 계발을 강조한다. 밀은 주지주의(主知主義)에 편향되어 있는 것처럼 보일 정도로 지식의 중요성, 나아가 지식의 '만능성'을 역설한다.[40] 그러나 능력의 발전이라는 것이 지적인 능력의 계발에 국한되는 것이 아니다. 밀은 지식 못지않게 감성적 · 도덕적 능력을 발전, 활용하는 것의 중요성을 강조했다.(Donner, pp. 1-4 참조) 그는 자신의 경험에 비추어 감성 또는 본능적 요소를 자연스럽게 분

---

39) 원래 독일의 철학자 훔볼트(Karl Wilhelm von Humboldt, 1767~1835)가 한 말이다.

40) 곧 보겠지만, 『대의정부론』은 대의 민주주의의 성공 조건으로 지식의 역할을 특히 강조한다.

출하고 발전시키는 것이 개별성의 발전에 빼놓을 수 없다는 점을 반복해서 강조한다.[41] 또한 밀은 인간의 도덕적 성숙을 발전의 한 요소로 상정했다. 지성과 감성의 발전과 더불어 사람의 윤리적 의식이 고양되어야 진정한 자기발전이 가능하다는 것이다. 밀이 도덕적 발전의 지표로 내세우는 것은 이기심을 억제하고 타인의 복리에 관심을 쏟는 것이다. 그가 사회성(sociality)을 그토록 강조하는 이유가 바로 여기에 있다.[42] 결국 밀은 지성, 감성, 도덕성이라고 하는 세 차원의 능력을 종합적으로 발전시켜야 최고가치가 구현된다고 보았다. 그는 이런 상태를 행복이라고 규정하였다.

밀의 정치이론은 바로 이런 좋음의 철학에 그 바탕을 두고 있다. 그가 『대의정부론』에서 바람직한 정치의 모습을 그리며 '좋은 정부' 또는 '이상적인 정치체제'라는 말을 즐겨 쓰는 이유도 여기에 있다. 둘은 크게 보면 같은 내용이지만, '좋은 정부'가 주로 정부의 목표와 그 존재이유를 지칭한다면, 뒤의 것은 그런 좋은 정부를 구현하기 위한 정치체제의 운용 방법에 일차적인 무게를 두고 있다.

---

41) 그는 20세 무렵 '정신적 위기'를 경험하면서 이성뿐만 아니라 감성의 계발 역시 행복한 삶을 위해 필수적이라는 사실을 절감했다. 물론 이성이 감성을 적절히 제어해야 한다는 원칙은 변하지 않았다. 『위대한 정치』, pp. 140–142 참조.

42) 밀은 『공리주의』에서 이기심을 행복의 대척점에 두고 있다. 우리 삶을 불만족스럽게 만드는 첫 번째 원인을 이기심으로 꼽았다. '정신 교양의 부족'은 그다음 원인이라고 했다. 밀은 '인류 전체의 공영(共榮)'을 위해 봉사하는 마음'을 길러온 사람은 죽음을 눈앞에 둔 순간에도 두려움에 빠지지 않을 수 있다고 말한다.(『공리주의』, p. 40) 밀은 『대의정부론』에서 이런 주장을 더 자주 편다. '다른 사람에 대한 사심 없는 배려를 행복한 삶'의 비결로 강조하는(『대의정부론』, pp. 127–128) 반면 다른 사람에게 도움을 주고 이웃의 이익을 증진시키는 일에 전혀 야심을 가지지 않은 사람은 '영혼이 결핍'된 존재라고 비판한다.(『대의정부론』, p. 69) 밀은 '타인을 향한 친밀감과 유대감이 깊어지고 사회 전체의 이익에 대한 관심이 커지는 것'을 '사회적 개선의 가장 중요한 징표'라고 생각했다.(『대의정부론』, p. 31)

좋은 정부(good government)란 어떤 정부인가? 밀은 정부의 올바른 기능이라는 것은 고정된 것이 아니고 각각의 사회상태에 따라 달라진다고 생각했다. 그러면서도 정부가 추구해야 하는 목표 그 자체는 변하지 않는다고 주장했다.(『대의정부론』, pp. 25-26) 자기발전이라는 화두(話頭)가 밀이 펼치는 모든 생각의 발원지가 되고 있기 때문에 그가 그리는 좋은 정부 역시 자기발전을 중심으로 설명될 수 있다.

밀은 무엇보다 정치제도가 사회의 전반적인 정신 수준을 얼마나 향상시킬 수 있는지 묻는다. 인간성(humanity)을 증진하는 데 얼마나 도움이 되는지 여부가 정부의 탁월성을 가늠할 수 있는 가장 중요한 기준이 된다고 생각한다. 그는 구체적으로 도덕적·지적·실용적(practical) 자질을 염두에 두고 있다. 구성원들의 이런 자질을 종합적으로 잘 발전시키는 정부가 좋은 정부라고 주장했다.(『대의정부론』, p. 37, 26, 60)[43]

그런데 밀이 좋은 정부를 평가하면서 '집단적으로, 그리고 개인적으로 사람들의 좋은 자질의 총량을 증대'시키는 것만 주목하지는 않는다. 그는 정신의 발전뿐만 아니라 실무 처리 능력도 강조한다. 정치제도가 사회의 도덕적·지적, 그리고 활동적 가치를 완벽하게 조직해야 하는데, 이것은 '공공 문제를 효율적으로 해결'하는 데 필수적이기 때문이다. 그래서 밀은 '작동하기에 적합한 환경 속에서 즉각, 그리고 앞으로도 유익한 결과를 최대한 낳는 정부'를 가장 '이상적인 정부'라

---

43)  벤담이 개인의 이익을 지키기 위한 보호 민주주의(Protective Democracy)에 관심을 기울인 반면 밀은 각자 스스로의 능력과 소질을 발전시키기 위해 노력하고 또 그것을 발휘함으로써 기쁨을 누릴 수 있도록 허용하고 권면하는 '발전 민주주의(Developmental Democracy)'에 관심을 기울였다고 주장하는 Macpherson, pp. 47-52 참조.

고 불렀다.[44)

　밀은 이런 논의 끝에 완벽하게 민주적인(completely popular) 정부가 다른 어느 체제보다 더 탁월하다고 결론짓는다. 이 정부만이 훌륭한 정치체제를 구성하는 두 요소, 즉 사회의 당면 문제를 해결하고, 사람들의 능력을 보다 잘, 그리고 더 높이 발전시키는 힘을 뛰어나게 보유하고 있다는 것이다.(『대의정부론』, p. 40, 60) 이에 대해서는 다음 장에서 다시 살펴보도록 하자.

　그렇다면 어떤 형태의 정부가 가장 이상적(ideally best)이라고 할 수 있을까? 밀은 두 가지 조건을 내건다. 첫째, 주권 또는 최고 권력이 국가 구성원 전체에 귀속되어야 한다. 국민이 주권자여야 한다는 말이다. 둘째, 모든 시민이 주권의 행사에 발언권을 가질 뿐 아니라, 때때로 정부의 일에 직접 참여할 수 있어야 한다. 밀은 국민 모두가 주권자로서 한 사람도 빠짐없이 참여할 수 있어야 '전체 인민(whole people)에 의한 전체 인민의 정부'가 가능하다고 보았다.(『대의정부론』, p. 134) 그는 이런 정치체제를 '모든 시민은 평등하다.'는 전제를 만족시키는 '순수한 의미'의 민주주의라고 불렀다. 밀은 이 두 가지 조건을 갖춘 정부가 가장 이상적이고 그 무엇과도 비교할 수 없을 만큼 유익한 결과를 분명히 낳게 될 것이라고 확신했다.(『대의정부론』, p. 60)

---

44)　밀은 진보를 제일 잘 촉진하는 정부를 '가장 좋은 정부', '가장 훌륭한 정부'라고 부르기도 한다.(『대의정부론』, pp. 32-33) 그는 독창성(Originality) 또는 창의력(Invention)이 진보를 절정에 이르게 해주는 본질적 요소라고 보았다.(『대의정부론』, p. 30)

## 3. 참여의 미학

### 1) 참여의 중요성

밀은 '모든 인민이 참여하는 정부'를 꿈꾸었다. 모든 인민이 주권자로서 발언권을 가지는 것은 물론 때때로 나라 일에 직접 참여할 수 있기를 바랐다. 그래야 그가 소망하는 이상적인 정치, 즉 '전체 인민에의한 전체 인민의 정부'가 가능하다고 보았다. 밀은 '모든 사람이 자유의 공기를 누리는 데 빠짐없이 동참하는 것은 자유정부를 구성하는 가장 이상적이고 완벽한 개념'이라고 했다. 누구를 막론하고 자유를 누리는 일에서 배제된다면, 이렇게 배제된 사람의 이익은 보호받을 길이 없기 때문이다. 그는 이런 사람이 많아지면 그에 비례해서 사회 전체의 발전 가능성도 떨어지고 만다고 보았다.(『대의정부론』, pp. 63-64)

밀은 왜 모든 인민의 '참여'를 이토록 강조한 것일까? 그는 두 측면에서 정치적 참여의 중요성을 강조한다. 첫째, 민주사회의 시민들은 참여를 통해 자기이익을 지킬 수 있다. 각 개인의 권리와 이익은 본인이 제일 잘 안다. 각자가 자신의 이익을 지키고 보호하는 것이 가장 좋은 방법이다. 정치적으로 배제된 사람의 이익은 간과되기 십상이다. 다른 사람이 대신 돌보는 것은 한계가 있다. 아무리 진심으로 노력하더라도 의도와 다른 결과를 낳을 가능성이 크다. 이것은 인간 본성상 피할 수 없는 일이다. 결국 본인이 직접 발 벗고 나서야 한다. 참여를 통해서만 자신이 원하는 것을 얻을 수 있는 것이다.(『대의정부론』, pp. 60-64)

둘째, 밀의 참여이론을 주목해야 하는 더욱 중요한 이유는 따로 있다. 그는 참여가 수단이 아니라 목적적 가치를 지닌다고 생각한다. 타산적·기능적 관점이 아니라 사람을 바꾸고 성장시키는 도덕적·교육적 차원에서 바라보기를 좋아한다.

참여가 왜 중요한가? 참여가 왜 좋은 정부의 필수조건이 되는가? 밀은 우선 참여의 도덕적 효과를 강조한다. 이웃과 공공 문제에 대해 관심을 늘려나갈수록 자기중심적·폐쇄적 세계관을 벗어나 더 넉넉한 인간성을 함양시키게 된다는 것이다. 대부분 사람들은 일상적 삶의 과정에서 자신의 사상(conceptions)이나 감정(sentiments)을 크게 키우지 못한다. 하는 일이라고는 모두 지루하게 반복되는 것뿐이다. 그러다 보니 가장 원초적인 형태의 이기적 욕구와 하루하루 살아가는 데 필요한 것을 충족시키는 데 집중할 뿐이다. 사적인 삶을 넘어 사상이나 감정의 발전을 위해 마음을 써야 하는 그 어떤 일도 일어나지 않는 것이다.

그러나 공공을 위해 무엇인가 일을 하게 되면 이런 모든 결핍들을 한꺼번에 해소하게 된다. 시민 개개인이 드물게라도 공공기능에 참여하면 도덕적인 측면에서 긍정적인 작용이 생기기 때문이다. 사람들이 공공 영역에 참여하면 자기와 관련 없는 다른 이해관계에 대해 저울질하게 된다. 이익이 서로 충돌할 때는 자신의 사적인 입장이 아닌 다른 기준에 이끌린다. 매사에 공공선을 제일 중요하게 내세우는 원리와 격률에 따라 행동하게 된다. 이렇게 살다 보면 사람들은 자기만의 생각보다는 이런 이상과 작동원리에 더 익숙해진다. 일반이익에 대해 관심을 쓰고 그것에 마음이 이끌리게 된다. 결국 자신이 사회의 한 구성원이라는 느낌을 가지게 되면서 사회 전체에 이익이 되는 것이라면 무엇이든지 곧 자기 자신에게도 이익이 된다는 생각을 품는다는 것이다.(『대의정부론』, pp. 71~74)

밀은 사람들이 참여를 통해 '이웃과 조국 또는 인류 전체를 생각하고 염려'하게 되면 더 행복하게 살 수 있다고 믿는다.(『대의정부론』, pp. 127-128) '개인적이고 가족 중심의 편협한 이해타산의 울타리에서 벗어나 공동의 이익에 대해 잘 알게 되고, 공동 관심사를 다루는 일에 익숙해지도록 만드는 일, 곧 공공이익을 위해 또는 어느 정도 공공과 관계 있는 이익을 위해 행동하고, 서로를 고립시키기보다는 한데 묶는 것을 목표로 자신의 행동을 습관적으로 이끌어가는 것'이 중요한 이유가 여기에 있다.(『자유론』, pp. 225-226)

나아가 밀은 참여의 교육적 효과도 무겁게 받아들인다. 참여가 사람들에게 지적·감정적 교육도 시킬 수 있음을 역설한다. 밀은 참여가 사람들의 지적 능력을 향상시키게 된다고 믿었다.[45] 공공 문제를 둘러싼 회의에 거듭 참석하다 보면 이런저런 지식이 늘어날 것은 당연하다. 또 각종 현안에 대해 알고자 하는 욕구가 커지면서 지식을 늘리기 위한 노력도 증대될 것이다. '자기 나라의 중대한 이익에 직접 영향을 주는 행위에 참여하게 될 때 인민 한 사람 한 사람이 교육을 받는 셈이 된다.'는 것이다.(『대의정부론』, p. 164) 보다 구체적으로 밀은 육체노동자가 선거권을 행사하면 정신적으로 성숙해질 수 있다고 주장했다. 인류가 높은 수준의 정신적 진보를 이루는 것을 정녕 꿈꾼다면, 선거권의 확대야말로 확실한 길이라는 말도 덧붙였다.[46]

---

45) 밀은 고대 아테네 시민들이 시민총회 출석과 배심원 역할 등 공적 의무를 수행하면서 지적 수준이 놀라울 정도로 높아졌다고 평가했다. 이런 참여의 관행 덕분에 아테네가 고대와 현대 그 어느 곳보다 더 큰 발전을 이룩할 수 있었다고 주장했다.(『대의정부론』, pp. 72-73)
46) 밀은 '토크빌의 위대한 저작'을 인용함으로써 자신의 주장을 뒷받침하기도 했다. 그는 '미국인이 한결같이 애국자이고 교양 수준이 높은 이유'를 민주주의적인 정치제도의 교육적인 효과에서 찾았다.(『대의정부론』, p. 165)

## 2) 참여의 확대

이처럼 밀은 정치참여를 단지 자기이익의 보호 차원이 아니라 인간의 발전이라는 보다 높은 목적의식에서 접근하였다. 그가 '인류의 절반'(즉, 여성)이 민주주의의 혜택에서 배제되고 있는 부조리에 분노한 것도 이런 이유에서였다. 밀은 남성 투표권이 아직 온전히 정착되지 않던 시절에 여성도 투표권을 향유해야 한다고 주장하였다.[47] 그는 '그저 우연하게 주어진 피부 색깔' 때문에 피해를 보는 사람이 있어서는 안 되듯이, '우연히 여자로 태어났다는 이유 하나 때문에' 시민으로서 정당한 권리를 누리지 못하게 되는 일은 없어져야 한다고 역설하였다. 그는 여자가 남자와 다른 점이 있다면 물리적 힘이 약하다는 사실 하나뿐이며 바로 그런 이유에서 정치적 발언권을 더 많이 가질 필요가 있다고 강조하였다. 밀은 단지 여자라는 이유 하나만으로 투표권을 주지 않는 당시 현실을 '반이성, 벌거숭이 불의의 극치'라고 비판하면서 여자들에게 투표권을 줄 것을 강력하게 요구하였다. 여자들이 정치적 권리를 행사하면 참여가 빚어내는 도덕적·교육적 효과를 체득하게 될 것이라고 확신하였다.(『대의정부론』, pp. 181-184)

밀은 '자유주의 정치제도의 교육적 역할'을 지역자치에도 그대로 적용한다. 지역 차원에서의 참여가 시민들의 공공의식을 고취시키는 데 큰 역할을 한다고 보았기 때문이다. 지역의 관리와 주민들은 중앙정부의 엘리트 공무원에 비해 업무처리 능력이 떨어질 수 있다. 그 대신 그들은 행정 결과에 훨씬 관심이 크고 직접적인 이해관계를 가지고

---

47)  밀은 시대에 훨씬 앞서서 여성평등권을 주장하였다. 그 문제의식이 『여성의 종속』에 집대성되어 있다. 그가 의정활동을 펼치면서 여성의 참정권을 확보하기 위해 분투한 장면은 『위대한 정치』, pp. 297-299 참조.

있다. 따라서 지역 일에 직접 팔을 걷고 나서게 된다.(『대의정부론』, p. 279) 이런 이유에서 밀은 중앙정부에 비해 비록 부족하더라도 주민들이 자기 일을 스스로 처리하도록 내버려 두어야 한다고 주장했다. 지역자치가 주민들에게 다시 없이 귀중한 정치교육의 기회를 제공해준다고 보았기 때문이다.(『대의정부론』, pp. 269-270) 시민의 사회적·정치적 교육이라는 '위대한 목표'(『대의정부론』, p. 282)를 달성하기 위해서는 지역 참여가 활성화되어야 한다고 생각한 것이다.[48]

밀이 오늘날의 용어로 산업 민주주의를 가장 먼저 제창했던 것도 기억해야 한다. 밀은 직장과 일터에서 참여가 일어나야 한다고 역설했다. 보통 사람이 활동시간의 대부분을 보내는 곳에서부터 참여가 늘어나야 도덕적·교육적 효과가 극대화될 것이라고 보았다. 밀이 생산자협동조합 설립 등 사회주의적 개혁을 추진한 것도 참여의 순기능을 확신했기 때문이다.[49]

밀은 이런 이유에서 모든 사람이 주권 행사에 동참할 수 있는 것만큼 더 중요한 것은 없다고 주장한다. 모든 인민이 참여하는 정부만이 사회상태가 요구하는 모든 필요를 충족시킬 수 있기 때문에 공공기능에 대한 미미한 수준의 참여라도 유용하다고 한다. 밀은 '사회진보의 일반적 수준이 허용하는 한도 안에서 모든 참여가 최대한 확대'되어야 하는 당위성을 거듭 역설한다.(『대의정부론』, p. 74)

밀은 '성격과 정치'의 함수관계에 대해 재미있는 해석을 내리기도 한다. 그는 소극적이고 수동적인 성격을 좋아하지 않는다. 이런 성격

---

48)  밀은 『자유론』에서도 시민들의 실무 능력과 판단력을 키울 수 있도록 가능하면 정부가 개입하지 말고 시민들 스스로 문제를 해결할 수 있도록 해주어야 한다고 역설한다.(『자유론』, pp. 225-226)
49)  서병훈 1995, 14장 참조.

의 소유자는 자기 운명에 대한 생각과 의지가 부족하고, 따라서 지성 뿐 아니라 도덕적 능력까지도 사장(死藏)시키게 된다고 생각한다.(『대의정부론』, p. 54) 밀은 쉽게 만족하는 사람도 좋아하지 않는다. 그런 사람보다는 잘 만족하지 못하는 사람이 더 사회발전을 주도한다고 믿었다. 그는 활동적이고 자조적인 성격이 언제나 인간 사회에 유익을 준다면서 '내재적으로 최고'라고 평가했다.(『대의정부론』, p. 69)

이런 논의 끝에 밀은 의미심장한 말을 던진다. 1인 또는 소수가 지배하는 정치체제에서는 소극적인 성격의 사람들이 환영받는 반면, 다수가 다스리는 나라에서는 활동적이고 자조적인 성격이 더 환영받는다는 것이다.(『대의정부론』, p. 70) 민주주의가 잘 되려면 참여가 활발하게 일어나야 한다는 말의 또 다른 표현인 셈이다.[50]


## 4. 대의 민주주의가 가장 이상적 정치체제

밀은 이런 논의 끝에 대의정부(representative government)가 참된 민주주의를 실현시킬 수 있는 지름길이 된다고 단언한다.(『대의정부론』, p. 74) '이상적으로 최선 형태의 정부는, 다소 변형은 있겠지만, 이런저런 대의체제[51] 속에서 발견'될 것이라고 한다.(『대의정부론』, p. 50) '대

---

50)  같은 맥락에서 『자유론』도 강력한 충동, 곧 정력(energy)의 순기능을 강조한다. 게으르고 무덤덤한 사람보다는 욕망과 감정이 강한 사람을 더 좋아한다. 밀은 그런 사람이 인간으로서 타고난 자질이 더 풍부하기 때문에 사회와 인류를 위해 큰일을 할 수 있다고 믿었다. 물론 조건이 있다. 강력한 충동을 가지되 그것을 건강한 이성과 양심적인 의지 아래에 둘 수 있어야 한다. 그럴 경우에만 왕성한 정력과 강렬한 감정이 올바른 의미의 개별성으로 발전할 수 있다는 것이다.(『자유론』, pp. 130-132)

의정부를 통해 가장 완벽한 정체의 이상적 유형을 구현'할 수 있다는 것이다.(『대의정부론』, p. 75)[52]

밀은 대의정부를 '전 인민 또는 그들 중 다수가 주기적 선거를 거쳐 대표를 뽑은 뒤, 그 대표를 통해 최고 권력을 완벽하게 보유, 행사하는 정부형태'라고 규정한다.(『대의정부론』, p. 91) 인민이 최고 권력을 행사한다는 점에서 이런 대의정부가 다른 정치체제와 구분된다고 한다. 나아가 사람을 발전시키는 데 어떤 정부 형태보다 더 뛰어난 기여를 한다고 생각한다. 왜 그럴까? 밀은 왜 대의정부에 이토록 큰 기대를 거는 것일까?

### 1) 직접 민주주의의 폐해

많은 사람이 고대 아테네에서 선보였던 직접 민주주의에 대한 향수를 지우지 못하고 있다. 직접 민주주의가 민주주의의 '원형'이고 간접 민주주의, 즉 대의 민주주의는 현실적인 이유 때문에 받아들여야 하는 차선에 지나지 않는다고 생각하고 있다. 심지어 대의 민주주의는 마땅찮은 계륵(鷄肋), 아니 '가짜 민주주의'라고 치부하는 사람도 적지 않다.[53] 그러나 밀은 생각이 달랐다. 그는 직접 민주주의에 대한 환

---

51)  그는 『대의정부론』에서 대의정부, 대의체제, 대의 민주주의를 특별히 구별하지 않고 쓰고 있다. 이 책에서는 대의 민주주의라는 말을 주로 사용한다.
52)  밀은 『자서전』에서도 자신이 오랜 성찰 끝에 대의정부가 민주적(popular) 정치체제 중에서 최선의 형태라는 결론에 이르게 되었다고 적고 있다.(『자서전』, p. 207) 그의 아버지 제임스 밀이 대의 민주주의를 가리켜 '이론적·실제적 모든 난제에 대한 해결책을 찾을 수 있는 현대의 위대한 발견'이라고 예찬한 것은 Held 2010, p. 189 참조.
53)  사람들은 흔히 대의제를 '시대의 산물'로 생각한다. 오늘날 정치체제가 너무 커지고 구성원 사이에 동질성을 확보할 수 없어서, 직접 민주주의 대신 차선책으

상을 가지고 있지 않았다. 직접 민주주의가 불러일으킬 폐해가 너무 크다고 생각했기 때문이다. 그는 당당하게 대의 민주주의가 가장 이상적인 정치체제라고 주장했다. 어쩔 수 없이 받아들여야 하는 방어적·소극적 이유가 아니라 공격적·적극적 이유를 내세워 대의 민주주의를 찬양했다.

밀은 세 가지 이유에서 직접 민주주의를 거부했다. 첫째, 밀은 일단 '규모의 제약' 때문에 직접 민주주의가 불가능하다고 생각했다. 큰 규모의 공동체에서는 아주 미미한 공공업무를 제외하고는 모든 구성원이 직접 참여하기 어렵다. 직접 민주주의는 작은 마을 정도에서나 가능하다는 것이다. 따라서 밀은 현대사회에 적합한 '완전한 정부의 이상적인 형태'는 대의제일 수밖에 없다고 주장한다.(『대의정부론』, p. 74)[54] 이 점에 관한 한, 밀의 생각은 직접 민주주의의 실현 가능성에 회의적인 대부분의 사람과 크게 다르지 않다.[55]

---

로 대의제를 받아들일 수밖에 없다는 것이다. 그런 사람들은 2500년 전 고대 그리스의 도시국가 아테네에서 꽃핀 민주주의를 가장 아름다운 정치체제로 손꼽는다. 평등한 정치참여를 바탕으로 직접 민주주의를 완벽하게 구현했다고 믿기 때문이다. 그러나 그때 그 무렵에도 아테네 민주주의에 대한 비판이 무성했던 이유를 기억할 필요가 있다. 뿐만 아니라. 흔히 아테네에서 직접 민주주의가 활짝 꽃피웠다고 생각하지만, 사실은 오늘날 우리에게 익숙한 대의제 원리가 이미 그곳에서도 작동하고 있었다.(아테네 민주주의의 작동 원리와 그 공과(功過)에 대해서는 서병훈 2011d, pp. 29~60 참조)

54) 밀은 '물리적 조건'이 성숙하지 않아 사람들이 아테네 시민처럼 한 아고라(agora)에 모여 공공 문제를 토의할 수 없었는데, 이제 대의제를 통해 그런 걸림돌을 제거할 수 있게 되었다는 말도 한다.(『대의정부론』, p. 16)

55) 루소는 직접 민주주의의 열렬한 신봉자였다. 루소는 『사회계약론』에서 주권은 대표자에게 위임될 수 없다면서 대의제를 거부했다. 그러나 루소도 대의 민주주의를 완전히 뿌리치지는 못했다. '규모의 제약' 때문이었다. 아테네식 민주주의는 작은 도시국가에서나 가능하지 근대국가에서는 현실적으로 실현 불가능하다고 한 발 뒤로 물러났다.(서병훈 2011c, pp. 15~17)

그러나 밀이 단지 그런 '기능적' 이유 때문에 직접 민주주의에 대한 기대를 접은 것은 아니다. 그는 보다 깊은 곳을 바라보고 있었다. 첫째, 밀은 직접 민주주의는 이성적 토론을 어렵게 한다고 생각했다. 따라서 대중의 정치의식이 높지 않은 곳에서는 선동정치가 횡행할 수 있다. 그가 대의 민주주의를 높이 평가하는 가장 큰 이유가 바로 이 문제와 직결된다.

둘째, 밀은 직접 민주주의는 다수의 압제를 조장할 수 있다고 염려했다. 사람들은 생각과 취향이 서로 다르다. 밀은 이런 이질적인 사람들끼리 모여 직접 민주주의를 추구하게 되면 '다수에 의한 소수의 지배'가 불가피해진다고 생각했다. 그가 다수의 전횡 문제를 얼마나 심각하게 고민했는지 새삼 언급할 필요는 없을 것이다. 『자유론』은 다수의 압제에 대한 걱정에서부터 시작하고 『대의정부론』은 소수가 자유롭게 정치적 의견을 피력할 수 있는 방안과 여건을 마련하는 데 초점을 맞추고 있다. 밀은 대의 민주주의는 그런 위험을 방지할 수 있다고 생각했다. 물론 사람마다 생각과 의견이 다를 수밖에 없다. 그러나 밀은 생각의 충돌은 이익의 대립과 달리 언제나 양보와 타협이 가능하다고 믿었다.(Wollheim, pp. xxii-xxiii 참조) 그는 대의 민주주의가 이성적 대화를 가능하게 해준다는 점을 매우 중요하게 받아들였다.

셋째, 밀이 직접 민주주의를 낮게 평가하는 데에는 '전문성'이라는 변수도 한몫을 한다. 정부의 각 부서가 하는 일은 숙련된 전문기술을 요구한다. 일사불란하게 잘 조직된 기구만이 그런 일에 적합하다. 대중에게 그런 것을 기대할 수는 없다. 밀은 다수가 정부 일을 직접 처리한다는 것은 가능하지 않고 바람직하지도 않다고 생각했다. 그는 이것을 직접 민주주의의 한계라고 보았다.(『대의정부론』, pp. 93-98, 107)

## 2) 대의 민주주의의 장점

밀은 직접 민주주의의 취약점을 이렇게 적시한 뒤, 대의 민주주의는 그 어떤 정치체제도 따라올 수 없는 강력한 장점을 가지고 있다고 주장했다. 밀은 대의정부가 최대다수의 참여를 가능하게 하고, 가장 뛰어난 의견에 정치적 힘을 실어주며, 이런 과정을 거쳐 인간의 참된 발전을 도와준다고 확신했다. 그의 주장을 자세하게 살펴보자.

### (1) '전 인민에 의한 전 인민의 지배'

밀은 대의정부가 그저 다수파가 아니라 모든 사람을 대변하는 정부, 글자 그대로 '평등하고 공정하며 모든 사람의 정부'가 될 수 있다고 믿었다. 대의정부만이 '전 인민에 의한 전 인민의 지배'라는 민주주의의 이상을 온전히 구현할 수 있다고 생각했다. 그는 한마디로 대의 민주주의만이 진정한 민주주의를 꽃 피울 수 있다고 확신했다.(『대의정부론』, p. 163) 왜 그럴까?

대의정부가 모든 사람을 대변하는 정부가 될 수 있다는 밀의 생각을 알기 위해서는 그가 대의기구의 기능을 '통제와 비판'으로 한정했다는 사실부터 먼저 들여다보아야 한다. 밀은 대의기구가 정부 일을 직접 담당하려 드는 것을 경계했다. 정부의 실제 업무는 특수 훈련을 받은 소수의 경험자에게 위임하는 것이 바람직하다고 생각했기 때문이다. 밀은 다수로 구성된 의회는 행정은 말할 것도 없고, 심지어 법을 만드는 일에도 적합하지 않다고 주장했다.[56] 밀이 볼 때, 대의기구

---

56) 밀은 법안을 만드는 일은 전문가들로 구성된 입법위원회(Commission of legislation) 같은 특별조직에 맡기는 편이 좋다고 생각했다. 이에 대해서는 다음 장에서 논의한다.

는 정부를 통제하는 일에 집중하는 것이 좋다. 정부의 고위 공직자들을 엄중하게 견제하고 필요하면 그들이 자리에서 물러나게 할 수도 있어야 한다는 것이다.(『대의정부론』, p. 74)

밀은 대의기구의 이런 통제 기능을 중시하지만 그가 그것보다 더 마음에 두는 것이 있다. 대의기구의 비판 기능이 바로 그것이다. 그는 이 대목에서 비판과 토론을 같은 의미로 사용하고 있다. 그는 대의기구는 무엇보다 국민 여론을 결집하는 '토론의 장'이 되어야 한다고 역설했다:

"대의기구가 할 일은 나라의 당면 과제를 부각시키고, 국민의 요구사항을 접수하며, 크고 작은 공공 문제를 둘러싼 온갖 생각을 주고받는 토론의 장이 되는 것이다."(『대의정부론』, p. 74)

밀은 국민 여론을 결집하고 행정기관을 통제하는 것을 대의기구의 핵심 기능이라고 생각했다. 그는 대의기구의 기능을 이런 '합리적 한계' 안에서 억제해야만 한편으로는 민주적 통제, 다른 한편으로는 숙련된 입법과 행정이라는 중요한 목표를 함께 달성할 수 있다고 주장했다.(『대의정부론』, p. 74)

나는 밀이 제시한 대의기구의 두 기능 중 특히 '토론'이 대의 민주주의에서 각별한 위상을 차지한다고 생각한다. 그는 대의 민주주의만이 모든 사람의 민주주의가 될 수 있고, 대의체제 안에서만 가장 뛰어난 의견이 공론으로 채택될 수 있다고 주장했다. 이 말을 이해하기 위해서는 그의 사상 속에서 토론이 갖는 의미를 세심하게 검토해보아야 한다.

밀은 『자유론』에서 우리 생각이 오류를 범할 수 있다는 사실을 겸허하게 받아들일 것을 강력하게 권면한다. 밀은 인간 역사의 발전단계에 비추어볼 때, 우리가 진리라고 받아들이는 것은 잠정적·부분적 진리일 가능성이 크다고 주장한다. 따라서 그는 자신의 생각이 틀릴 수 있는 개연성 앞에서 그 오류를 줄일 수 있는 방안을 모색하는 것이 지성인의 도리라고 역설한다.(『자유론』, pp. 102-106) 『대의정부론』도 똑같은 주장을 펼친다:

"양쪽 그 어느 것도 전적으로 옳은 것은 아니지만, 그렇다고 어느 한쪽이 완전히 틀린 것도 아니다. 따라서 우리는 각각의 주장을 세밀하게 따져보는 한편, 어느 쪽이든 나름대로 간직하고 있는 진리를 찾아서 배우는 자세를 취해야 할 것이다."(『대의정부론』, p. 11)

자신의 생각이 전적으로 옳다고 믿는 사람은 남의 말을 들으려 하지 않는다. 밀은 이런 불통의 세태가 확산되는 당시 현실에 걱정이 많았다. 그래서 그는 남의 말을 경청하는 것, 다시 말해 다른 사람의 비판을 외면하거나 적대시하지 않는 것이 무엇보다 필요하다고 역설한다. 정치도 마찬가지이다. 밀은 상대방, 심지어 적대 세력의 주장이라 하더라도 자신의 오류나 부족한 것을 고치고 메울 수 있는 기회로 삼는 것이 마땅하다고 주장한다. 정치 성향이 보수-진보로 각자 갈리더라도 그 반대편의 존재를 오히려 고맙게 받아들여야 한다는 것이다:

"어떤 정치체제이든 두 유형의 사람들이 모두 있는 것이 좋다. 한쪽 성향이 지나치게 강하다 싶어도 다른 쪽 사람들이 적정한 비율로 있으면 서로 견제가 되기 때문이다."(『대의정부론』, pp. 34-35)

밀은 인간의 일이라는 것은 참으로 묘해서, 서로 반대되는(conflicting)

것이 있어야 좋은 결과가 나온다고 말한다. 종류를 불문하고 반대편이 있어야 일이 원만하게 또 효율적으로 처리될 수 있다는 것이다. 밀은 좋은 일을 한다면서 어떤 한 가지 목표에만 배타적으로 집중하면 그 일은 잘되고 다른 일은 신통찮게 될 것 같지만, 실제는 그렇지 않다는 말도 한다. 배타적으로 집중했던 그 일도 지지부진해지면서 시원찮은 결과를 낸다는 것이다.(『대의정부론』, pp. 119-120)

밀은 이 원리를 정치세계에 그대로 적용한다. 그는 다른 모든 것을 압도하는 강력한 권력자의 존재에 심각한 경고를 보낸다. 이런 권력자가 완벽하게 경쟁세력을 제압하는 데 성공하고 자기 뜻대로 모든 일을 처리하게 되면, 그 나라에 발전이라는 것은 불가능하다고 보기 때문이다. 퇴보의 길만 있을 뿐이라는 것이다. 인간사회의 발전은 여러 요소가 함께 작동해야 가능해진다는 것이 그의 결론이다. 따라서 자유국가에서 정치가 잘 움직이려면 정치세력끼리 서로 생각을 맞추는 노력을 하는 것이 필수적이다. 적극적으로 타협하고 상대방에게 기꺼이 양보해야 한다. 반대쪽 입장을 가진 사람들을 가능하면 자극하지 않기 위해 노력하는 자세가 꼭 필요하다는 것이다.(『대의정부론』, p. 239)

밀은 이런 관점에서 민주주의에 걱정이 많다. 민주주의가 최고 영향력을 발휘하는 곳에서는 반대 의견이 설 자리가 많지 않기 때문이다. 다수의 결정 앞에서 상처받고 곤경에 처한 소수가 제 목소리를 내기 어렵다는 것이다. 밀은 충분히 강력한 소수가 존재하지 못하는 것을 민주정부가 안고 있는 가장 심각한 취약점으로 꼽는다.(『대의정부론』, p. 151)

밀은 대의기구가 민주주의의 이런 고민을 해결해줄 수 있다고 믿었다. 대의기구가 대단히 중요한 사회적 기능, 즉 대립(Antagonism)의 기능을 수행할 수 있기 때문이다.(『대의정부론』, p. 150) 대의 민주주의가 펼쳐지는 곳에서는 소수 의견, 반대편 입장도 당당하게 제 목소리를 낼 수 있다. 자유로운 소통이 가능하다. 허심탄회한 토론이 가능하다는 것은 그 어떤 체제도 흉내 낼 수 없는 대의 민주주의만의 장점이라는 것이 밀의 소신이다.

이런 맥락에서 밀이 대의기구를 "모든 이해관계와 생각이 허심탄회하게 검토되고 논의되는 곳"으로 규정한 것을 유념할 필요가 있다. 그는 나라의 당면 과제를 부각시키고, 인민의 요구 사항을 접수하며, 크고 작은 공공 문제를 둘러싼 온갖 생각을 주고받는 토론의 장이 바로 대의기구라고 생각했다. 밀이 대의기구의 1차적 기능을 '국민 여론의 결집'으로 못 박은 것이 그의 정치철학에서 큰 의미가 있다. 그가 대의정부를 가장 이상적인 정치체제로 꼽은 것이 바로 그 기능과 관련되기 때문이다.

밀은 이성이 정치의 나침반이 되기를 고대했다. 이성이 살아 있는 곳에서는 대의기구가 숙의(熟議, deliberation)에 집중할 수 있다. 숙의와 토론은 대의기구의 생명선이나 다름없다. 나아가 밀은 사람이 많을수록 숙의하는 데 도움이 된다는 사실을 주목한다. 집단이 개인보다 숙의를 더 잘한다는 것이다. 행정 문제에 대해서는 위계와 조직의 명령에 의해 한정된 주장만 펼칠 수 있다. 그러나 공적 토론에는 다양한 목소리가 나올 수 있다. 주어진 선택지에 다양한 주장이 개진될 수 있다. 대의정부, 곧 '통제된 숙의과정'에 최대한 많은 사람이 참여할 수 있다는 것은 밀에게 매우 중요하다.(Urbinati 2002, p. 3, 8)

지금까지 존재했던 정치체제는 '모든 사람에 의한 모든 사람의 정부'라는 민주주의의 이상과 거리가 멀었다. 그것은 단지 국지적(local) 다수파만 대표하는 거짓(false) 민주주의에 불과했다.(『대의정부론』, p.

147) 그러나 대의 민주주의에서는 글자 그대로 모든 사람의 참여를 가능하게 한다. 바로 이런 이유에서 밀이 대의 민주주의를 '진짜 민주주의'라고 불렀던 것이다.

그러나 대의 민주주의가 이런 특성을 살리기 위해서는 한 가지 전제조건을 충족해야 한다. '수에 밀려 자기 입장을 관철하지 못하는 사람들도 적어도 자기 의견을 말할 기회'를 가질 수 있어야 한다는 것이 그것이다.(『대의정부론』, p. 108) 밀이 대의정부의 성공조건 중 첫 번째로 비례대표제의 도입을 강조하는 이유가 여기에 있다. 그는 비례대표제가 실시되어야 더 많은 사람이 심의과정에 참여할 수 있다고 생각했다. 마지막 단계에서는 소수 대신에 다수 의견이 채택되지만, 최소한 모든 사람이 그 최종 의견의 형성에 기여하거나 기여할 수 있는 기회를 가지게 되기 때문이다.

비례대표제는 오늘날 우리에게 익숙한 정치제도이다. 그러나 1857년 영국의 헤어(Thomas Hare, 1806~1891)가 이 방안을 처음 제안하자 밀은 대단한 충격을 받았다. "정치 기술상 진정 위대한 발견이며 … 인간 사회의 앞날에 새로운, 그리고 낙관적인 희망을 품게 해주는" 획기적 발상이라고 생각했기 때문이다.(『자서전』, pp. 203-204; 『대의정부론』, pp. 147-148)

밀은 '다수대표제'가 다수의 전횡을 낳고 소수파의 정치적 발언권을 제약하며, 결과적으로 민주주의의 근본을 침해하는 현상에 대해 크게 우려하고 있었다. 그런데 헤어의 비례대표제가 도입되면 이런 고민이 일거에 해소될 수도 있다. 밀도 민주주의 아래에서는 다수파가 어느 정도 권력을 행사할 수밖에 없다는 것을 모르지 않았다. 그러나 소수파도 적절하게 대표자를 낼 수 있어야 한다. 그래야 모든 개인이 최종 결론을 내리는 과정에 자기 생각을 평등하게 주장할 수 있기 때문이다. 헤어의 주장에 힘입어 밀은 『대의정부론』에서 사람들의 수에 비례해서 대표자를 내는 것이야말로 민주주의의 제1원리나 다름없다고 하는 사실을 자신 있게 공표하였다. 진정한(real) 민주주의라면 그런 요소를 반드시 갖추어야 한다는 사실을 여러 차례 강조했다.(『대의정부론』, p. 140)

결국 밀은 비례대표제가 실현된다는 전제에서 대의 민주주의가 모든 사람의 참여를 담보할 수 있다고 믿었다. 자유로운 토론이 보장된 공론의 장에는 누구나 자신의 생각을 펼쳐 보일 수 있다. 밀은 이런 의미에서 대의 민주주의를 진정한 민주주의라고 불렀던 것이다.

### (2) 지성과 덕성이 힘을 발휘

밀이 대의 민주주의에 큰 기대를 걸었던 또 하나의 이유가 있다. 대의 민주주의 사회에서는 누구나 자신의 생각을 밝힐 수 있지만, 궁극적으로는 가장 현명한 주장이 힘을 얻을 가능성이 크다. 밀은 대의 정치체제에서 지성과 덕성이 뛰어난 사람들이 보다 큰 영향력을 행사할 수 있다는 점을 매우 의미심장하게 받아들였다. 어떤 정부든 보다 현명한 사람들이 좋은 것들을 이끌어내고 해악을 막는 방파제 역할을 하지만, 대의정부에서 그들의 비중이 더욱 커진다는 것이다.(『대의정부론』, pp. 152-153)

밀이 볼 때, 현대문명이 집단적 평범함으로 흘러가는 것은 자연스러운 추세이다. 그래서 중요한 권력이 최고 수준의 지성을 갖춘 사람들이 아니라 그보다 훨씬 떨어지는 계급의 손으로 흘러가게 된다. 밀도 탁월한 지성과 인품의 소유자가 수적으로 소수에 머무는 것은 어쩔 수 없는 일이라고 생각한다. 그러나 그들이 적어도 자기 목소리를 낼 수 있는지 여부는 매우 커다란 차이가 난다고 주장한다.(『대의정부

론』, p. 152)

거짓(false) 민주주의는 모든 사람이 아니라 단지 국지적(local) 다수파만 대표한다. 이런 체제에서는 지성을 갖춘 소수의 사람들이 대의기구 안에서 자기 목소리를 대변해줄 사람을 전혀 찾을 수 없다. 그러나 비례대표제 덕분에 대의기구 속에 한 나라의 일류 지성 중의 몇 사람만이라도 포진할 수 있다면 이야기는 크게 달라진다. 이들 지도급 인사가 전체 심의과정에서 확실히 영향력을 행사할 수 있을 것이기 때문이다.(『대의정부론』, pp. 147-150) 지성이 뛰어난 소수의 사람들은 실제 투표과정에서 자기 표밖에 행사하지 못하지만, 그들의 지식과 영향력 덕분에 도덕적 권력자로서 그 수에 비해 훨씬 많은 힘을 발휘하게 된다.(『대의정부론』, pp. 152-153) 인품의 무게와 논리의 힘 덕분에 수의 불리함을 상쇄할 만한 영향력을 행사할 수 있는 것이다.

밀 생각으로는, 민주주의의 취약점에서 비롯되는 여러 나쁜 영향으로부터 대중(popular) 여론을 지키고 이성과 정의의 틀 속에서 견제하는 데 이것보다 더 나은 것이 없다. 이렇게 하여 민주국가의 인민들은 다른 방법으로는 도저히 얻을 수 없는 것, 즉 자신들보다 지적인 면과 인품 측면에서 더 높은 수준의 지도자를 쟁취할 수 있다. 현대 민주주의가 때로 페리클레스 같은 인물도 얻을 수 있는 것이다.(『대의정부론』, pp. 152-153) 밀은 뛰어난 소수가 평범한 다수에 묻히지 않고 제 능력을 발휘함으로써 체제 전체가 발전을 도모할 수 있다는 사실에 매우 고무되었다.

이성이 힘을 발휘하는 대의 민주주의에서는 사람들이 '보다 우월한 주장(superior reason)' 앞에서 자신의 생각을 바꿀 수 있다. 편견과 이해관계가 아니라 이성이 정치적 주도권을 잡을 수 있다는 것이다. 밀은 특히 소수의 지성인들이 '도덕적 권력'을 행사하는 것이 가능하다는 사실을 매우 중요하게 생각한다.

소수파는 다수파에 수적으로는 밀릴 수밖에 없다. 평등한 사회에서
는 다수가 정치적 결정권을 가지는 것이 당연하다. 그러나 '진정 평등
하고 공평한' 민주주의 사회라면 소수파도 자신의 이해관계와 생각,
지성을 드러낼 기회를 가져야 한다. 일반적으로 '더 높은 가치'를 추구
하는 사람들이 그 수가 작고 힘도 약한 것이 사실이다. 그러나 이들이
인격의 무게와 논리의 힘에 의해 수적 열세를 뛰어넘어 일정한 영향력
을 발휘할 수 있어야 한다. 충분한 토론과 적극적인 설득(agitation) 끝
에 자신에게 유리한 방향으로 판도를 바꿀 수 있어야 한다. 단순히 수
에 밀렸다기보다 더 우월하다고 생각되는 주장에 설복되었다고 믿을
수 있어야 한다.(『대의정부론』, pp. 107-108, 132, 152-153)

### (3) 인간 발전에 기여

밀은 인간을 가장 잘 발전시킬 수 있는 정치체제가 가장 좋은 제도
라고 생각했다. 그가 볼 때, 자유로운 토론을 펼치면서 지성과 덕성이
뛰어난 사람이 큰 영향력을 행사할 수 있는 대의 민주주의야말로 인
간발전에 가장 도움이 되는 정치체제이다. 사람은 공론의 장에 참여해
서 남의 말을 듣고 때로 자신의 주장을 제기하면서 정신적·인격적으
로 성장하게 된다. 밀은 뛰어난 이성에 설복되면서 자신의 기존 입장
을 변경할 수 있는 가능성에 특히 큰 의미를 부여한다. 아집이나 편견
또는 사악한 이해관계를 넘어갈 수 있다는 것은 성숙한 인간의 증표
나 다름없기 때문이다. 밀은 이런 이유에서 대의 민주주의가 그 어느
정치체제보다 인간의 발전에 더 크게 기여할 수 있다고 확신했다.[57]

---

57) 밀은 대의제가 '모자라고 교육을 덜 받은' 다수파에게도 도움을 준다고 역설했

밀은 대의체계가 이런 틀 속에서 구성, 운영되어야 한다고 생각했다. 당파적 이해관계가 진리와 정의를 흐리게 하고 나머지 이해당사자들을 전부 무력화시킬 수 있을 만큼 그 세력이 커져서는 안 된다고 믿었다.(『대의정부론』, p. 132) 이런 조건을 맞추는 민주주의만이 '모든 사람에 의한(all by all) 모든 사람의 정부'를 가능하게 해준다고 역설한다. 이것이야말로 진정 유일한 민주주의라고 주장한다. 이런 민주주의라야 현재 널리 퍼져 있는 거짓 민주주의의 심각한 폐해를 극복할 수 있다고 생각했다.(『대의정부론』, pp. 163~164)

밀은 그렇게 믿었다. 흔히 대의민주제가 대중의 직접 참여를 제한하기 위해 고안된 것이라고 말하지만, 밀은 그렇게 생각하지 않았다. 그는 대의정부의 가장 중요한 특징으로 공동체의 판단에 중추적 의미를 부여한다는 사실을 꼽았다. 인민의 간접지배 형태라는 것은 부차적 특성에 지나지 않았다. 밀이 말했듯이, 토론에 바탕을 둔 대의 민주주의가 곧 '숙의 정치'를 뜻하는 한, 그것은 결국 민주주의를 지향할 수밖에 없다. 밀의 생각에 대의제와 민주주의는 서로 모순어법이 아니다.[58] 대의제는 최대한 많은 시민들이 심의과정에 참여하게 함으로써 오히려 민주적 요소를 더 강화한다. 공적인 토론과 반복된 논쟁을 통해 대중의 심의 능력도 향상될 것이다. 밀은 대의제가 '오히려'

---

다. 육체노동자들도 정치토론을 통해 발전할 수 있는 기회를 가지게 된다는 것이다. 그들은 분명 다른 사람들보다 수적으로 더 많고 따라서 투표를 하면 항상 이길 것이다. 그러나 다수파도 소수파가 있는 자리에서 발언하고 투표하게 될 것이다. 지적으로 뛰어난 소수의 주장에 맞서 설득력 있는 논리를 내세워야 한다. 이런 과정을 거쳐 모르는 사이에 그들 자신의 정신이 발전하게 될 것이다.(『대의정부론』, p. 148)

58) 민주주의와 대의제가 상충된다는 각도에서 대의 민주주의를 바라보는 Manin, pp. 190~192 참조.

민주적 참여를 더 확대해준다고 확신했다.(Urbinati 2002, pp. 3-4, 9)

아테네 민주주의를 그리워하는 사람들은 간접 민주주의, 즉 대의 민주주의를 마땅찮게 받아들인다. 사회가 커지면서 어쩔 수 없이 간접 민주주의를 받아들이기는 하지만 그것은 '기득 엘리트 계층의 위계(僞計)에 따른 사이비 민주주의'에 불과하다고 단정해버린다. 밀은 그렇게 생각하지 않았다. 밀이 볼 때, 그런 시각은 무지의 발로 또는 민주주의의 본질에 대한 천착을 거부하는 왜곡된 이데올로기, 둘 중의 하나에 지나지 않는다.(서병훈 2011c, pp. 13-14)


## 5. 대의 민주주의의 조건

밀은 이런 논의를 통해서 대의정부가 가장 완벽한 정체의 이상적 유형이라는 점을 확인하였다. 대의 민주주의가 자기발전의 구현이라고 하는 그의 정치적 이상을 훌륭하게 뒷받침해줄 것이라고 믿었다. 그러나 그가 대의민주제에 대해 장밋빛 낙관론만 펼친 것은 아니다. 사회발전의 정도가 일정 수준 이상 올라야 대의정부가 이상적인 모습을 보일 수 있다고 생각했기 때문이다. 밀은 특히 시민들이 '양심과 사심 없는 공공정신'을 갖추어야 대의정부에 보다 잘 적응할 수 있다고 보았다.(『대의정부론』, p. 75, 129) 그가 진단한 현실은 그렇지 못했다. 전 인민이 각종 현안에 대해 효과적으로 토론하고 심의할 수 있을 정도에 아직 이르지 못했다고 보았다. 밀은 대의제의 원활한 운용을 저해하는 중요한 요소로 둘을 꼽는다. 인민의 조야(粗野)한 지적 수준과 계급이익의 발호(跋扈)가 그것이다.[59]

## 1) 대중의 판단능력 향상

대의제 아래에서 인민이 제대로 심의를 할 수 있자면 다수의 지적 판단능력이 일정 수준에 도달해야 한다. 대중이 적절한 수준의 지적 능력과 지식을 구비해야 대의제가 원활하게 작동할 수 있는 것이다.(『대의정부론』, p. 121, 133) 밀은 이성이 지배하는 사회를 꿈꾸었다. 이성이 힘을 못 쓰면 세상이 발전할 수가 없다고 생각했다.(『대의정부론』, p. 181) 그는 당시 영국의 정치현실에 비관적이었다. 유권자의 과반을 차지하는 육체노동자들의 정치적 판단능력이 너무 낮은 것처럼 보였기 때문이다.(『대의정부론』, p. 172)

밀이 지적 판단능력을 중시하면서 지성을 갖춘 소수의 정치적 역할을 강조한 것은 앞에서 살펴본 그대로이다. 맥락은 조금 다르지만, 밀은 대의정부의 성공요건으로 지성을 손꼽기도 한다. 편견과 사적 이해관계를 넘어 공공선을 획득하는 것이 그가 기대하는 대의정치의 모습이다. 이것을 가능하게 해주는 것이 지성의 힘이다.

밀은 『자유론』[59]에 이어 『대의정부론』에서도 반대편의 존재가 자신

---

59) 밀은 어떤 정부형태든 두 종류의 결함을 가지기 쉽다고 걱정했다. 그 하나는 정부활동을 통해 개개 시민들의 도덕적·지적·활동적 능력을 충분히 활용하지 못하는 것이다. 그는 이것을 소극적인 결함(negative defects)이라고 불렀다. 다른 하나는 적극적인 결함(positive evils and dangers)인데, 여기에는 두 가지가 있다. 첫째, 통제기구가 높은 수준의 정신적 자질을 갖추지 못함으로써 전반적으로 무지하고 무능력한 상태에 빠지는 것이다. 둘째, 사적 이해에 눈이 어두워 공동체 전체의 복리를 침해하는 것이다.(『대의정부론』, pp. 111-113)

60) 『자유론』에 나오는 다음 구절을 음미할 필요가 있다: "어떤 문제에 대해 가능한 한 가장 정확한 진리를 얻기 위해서는 상이한 의견을 가진 모든 사람들의 생각을 들어보고, 나아가 다양한 처지에 있는 사람들의 시각에서 그 문제를 이모저모 따져보는 것이 필수적이다 …. 다른 사람의 생각과 자신의 생각을 비교하고 대조하면서 틀린 것은 고치고 부족한 것은 보충하는 일을 의심쩍어 하거나 주저하지

---

에게도 도움이 된다면서 남의 말을 진지하게 들을 것을 역설한다. 상호 관용과 타협의 정신에 의해 움직여야 정치가 성숙해진다고 했다. 그는 이런 측면에서 민주주의에 대한 걱정이 많다. 민주주의가 힘을 발휘할수록 반대 의견의 설자리가 없어진다고 생각하기 때문이다.(『대의정부론』, pp. 119-120, 11, 256)

밀은 이런 민주주의의 '전횡'을 시정하기 위해서는 대중의 전반적인 지적 수준이 대폭 향상되어야 한다고 생각했다. 그것이 어려우면 우선 지성을 갖춘 소수(instructed minority)의 비중이라도 커져야 한다고 주장했다. 민주적 다수의 본능에 맞서 부족한 것을 보완하고 잘못된 것을 고치려면 그런 소수밖에 의지할 데가 없다는 것이다.(『대의정부론』, p. 152)

## 2) '사악한 이익' 극복

밀은 동일한 계급으로 구성된 다수파가 '사악한 이익'에 눈이 멀어 '계급입법'을 자행하지 않을까 매우 걱정했다.(『대의정부론』, p. 133) 『대의정부론』의 기본과제가 이 문제에 대한 그 나름의 해답을 제시하는 것이라고 할 수 있을 정도로 그의 고민은 깊었다.

민주주의는 다수가 지배하는 체제이다. 다수파가 마음먹으면 못할 일이 없다. 밀은 이런 체제에서 지배권력이 특정 집단 또는 계급의 이

---

말아야 한다."(『자유론』, pp. 57-58); "정치에서도 … 질서 또는 안정을 추구하는 정당과 진보 또는 개혁을 주장하는 정당 둘 다 있는 것이 건전한 정치적 삶을 위해 중요하다 …. 이 두 가지 상반된 인식 틀은 각기 상대방이 지닌 한계 때문에 존재이유가 있다. 그러나 분명한 것은 바로 상대편이 존재하기 때문에 양쪽 모두가 이성과 건강한 정신 상태를 유지할 수 있다는 점이다."(『자유론』, pp. 105-106)

해관계에 휘둘릴 개연성을 염려했다. 사회 전체의 이익을 지향하는 불편부당한 관점에 배치되는 행동을 취할 수 있기 때문이다.

사람들은 흔히 스스로 자신에게 이익이 된다고 생각하는 그 무엇을 추구한다. 그러나 이런 것들 중 상당수는 자신에게 이익이 되는 것처럼 보이지만 결코 진정한(real) 이익이 되지 못한다. 크든 작든 공동체의 일반이익과 충돌하는 경우도 많다. 밀은 이런 이해관계에다 사악한 이익(sinister interests)[61]이라는 말을 붙였다.(『대의정부론』, pp. 121-125) 문제는 다수파가 자기 계급의 사악한 이익을 충족하기 위해 계급입법(class legislation)을 시도할 수 있다는 점이다.

밀은 계급을 '사악한 이익을 똑같이 추구하는, 다시 말해 좋지 못한 것에 똑같이 직접적이고 명백한 이해관계를 가진 사람들의 집단'이라고 정의했다.(『대의정부론』, p 131) 민주주의 체제에서 다수파는 편견과 선입관, 그리고 전반적인 사고방식이 마치 하나의 단일계급처럼 구성되어 있다.(『대의정부론』, p. 163) 밀이 지향하는 '진정한' 민주주의는 어떤 형태의 계급사회와도 양립할 수 없다. 모든 사람이 의견 형성에 기여할 수 있어야 완전한 민주주의가 된다. 다수 의견이 다수의 이익만 반영한다면 토론은 아무 의미가 없다. 사회가 대립적인 이익집단으로 항구적으로 분열되어 있는 상태에서는 민주주의가 제대로 작동할 수 없다. 그래서 밀은 '똑같은 계급으로 구성된 다수파가 당파적 이익에 따라 계급입법을 시도'할 때 대의정부는 치명적인 위험(Wollheim, p.

---

61) 사악한 이익이라는 말은 벤담이 처음 지어낸 것이다. 사람들은 늘 자신의 개인적 이익에 관심이 많다. 벤담은 개인적 이익이 공동체의 보편적 이익(universal interest)의 희생을 통해 만족되는 경우 사악한 이익이라고 불렀다. 그는 통치계급의 특수한 이득과 공동체의 보편적 이익을 식별 불가능하게 만드는 편견들을 '최대다수의 최대행복'을 가로막는 가장 큰 장애물로 여겼다.(김연철 참조) '사악한 이익'의 반대편에 서 있는 '일반 이익'에 대해서는 각주 88 참조.

xxii, xxv)에 빠진다고 생각했다:

> "아무리 민주주의라 하더라도, 그 체제 내부의 취약점이 치유되지 않으면 가장 이상적인 정부 형태가 될 수 없다. 그 어떤 계급도, 특히 아무리 다수파라 하더라도, 자신 이외 모든 사람을 정치적으로 무력한 존재로 전락시킬 수 없어야 한다. 그리고 자신의 배타적 계급이익에 입각하여 입법과 행정을 이끌고 나갈 수 없어야 한다. 문제는, 이런 폐단을 방지하면서 그와 동시에 민주정부 고유의 장점을 훼손시키지 않는 방안을 찾아야 한다는 것이다."(『대의정부론』, p. 164)

따라서 밀의 생각에 어떤 계급도 정부 안에서 압도적인 영향력을 행사하지 못하도록 하는 것이 중요하다.(『대의정부론』, p. 131) 어떤 계급도 배타적 계급이익을 위해 입법과 행정을 이끌고 나갈 수 없어야 최선의 민주적 정부가 수립될 수 있다.(『대의정부론』, p. 164)

이 문제에 대한 밀의 입장은 양면적이다. 한편으로 그는 비교적 낙관적이다. '웬만큼 질서가 잡힌 사회라면 어디에서든지 궁극적으로는 정의와 일반이익이 구현'될 수밖에 없다고 보았다. 그의 관찰에 따르면, 어디에나 공의를 도모하는 사람이 있기 마련이고 그 힘도 만만하지 않다. 반면, 고립되고 이기적인 인간의 이해관계는 거의 언제나 분열되고 만다. 개인적인 이익을 추구하는 사람들도 자기 목표를 달성하기 위해서는 더 고결한 동기, 더 종합적이고 장기적인 관점에 따라 행동하는 사람들에게 의존할 필요가 있다:

> "잘못된 일에 이익을 보려 하는 사람이 있지만, 옳은 일을 통해 개인적인 이익을 얻게 되는 사람들도 있다. 더 높은 가치를 추구하는 사람들이 그

렇지 못한 나머지 전부를 제압하기에는 그 수가 너무 작고 약한 것은 사실이다. 그러나 전체적으로 볼 때 이들이 충분한 토론과 적극적인 설득 (agitation) 끝에 자신에게 유리한 방향으로 세력균형을 돌릴 만큼 강력해지는 경우가 매우 자주 생긴다.”(『대의정부론』, p. 132)

다른 한편으로 밀은 계급입법의 저지 가능성에 매우 비관적이었다. 당시 영국 현실에서 인민이 계급적 당파심에서 벗어나기를 기대하기가 어렵다고 생각했다. 대중이 자신의 계급이익이 마치 정의와 일반이익의 화신인 것처럼 착각하지 않을 정도의 지적 분별력을 가질 것을 기대한다는 것은 터무니없는 일이라는 말도 했다.(『대의정부론』, p. 129)

밀은 제대로 배우지 못한 사람이 계급입법의 유혹에 빠져 다수의 이름으로 권력을 남용하는 ‘거짓 민주주의’를 극력 경계했다. 그래서 밀은 『대의정부론』에서 ‘계급입법’을 극복할 방안에 대해 자세하게 논의한다. 그는 ‘교육받지 못한 자들이 교육받은 대표를 선택하고 그들의 의견을 존중하는 것’에서 그 해법을 찾았다. 그 핵심은 모든 사람의 참여를 보장하되, 정치적 발언권의 무게가 지적 능력에 비례하는 일종의 ‘차등(gradation)’ 민주주의를 제도화하는 데 있었다. 밀은 『대의정부론』의 핵심 과제를 다음과 같이 요약하고 있다:

“이제 우리가 해야 할 일은 민주정부의 특징적인 장점을 근본적으로 훼손시키지 않으면서 이런 두 가지 해악[62]을 제거하기 위한, 또는 최대한 그 문제점들을 줄여나가기 위한 방안을 모색하는 일이다.”(『대의정부론』, p. 133)

---

62) 국민여론의 조야한 지적 수준과 계급입법.

4장

# '숙련 민주주의'를 위한 구상

민주주의가 혼란과 분열, 특히 비효율을 숙명처럼 안고 가야 한다고 말하는 사람이 많다. 그러나 밀은 민주정부가 좋은 정부가 되기 위해서는 체제 효율성을 증진시켜야 한다고 역설한다. 대의 민주주의가 숙련 민주주의를 지향해야 한다고 강조한다. 그 핵심은 나라 일을 다룰 때 대중이 한 발자국 뒤로 물러서고 지성과 덕성을 갖춘 지도자가 보다 큰 목소리를 내는 것이다. 밀은 언제나 '민주적 통제'를 필수 조건으로 앞세우지만 그가 제시한 숙련 민주주의의 실천방안은 인민 주권을 퇴색시키는 요소가 다분하다. 따라서 그의 주장은 논란을 피하기 어렵다.

## 1. 정치체제의 효율성

앞에서 보았듯이, 밀은 인민의 종합적 정신 능력을 잘 발전시키는 정부를 '좋은 정부'라고 규정했다. 그런데 밀은 '집단적으로, 그리고 개인적으로 사람들의 좋은 자질의 총량을 증대'시키는 것에만 주목하지는 않았다. 그는 동시에 민주적인 정치체제의 효율성에도 관심이 많았다. 밀은 정부가 실무 처리 능력도 갖춰 사회의 당면 과제를 잘 해결하며 '유익한 결과'를 최대한 낳을 것을 기대했다. 사람들의 정신을 발전시키는 일 못지않게 '공공 문제를 효율적으로 해결'할 수 있어야 가장 이상적인 정부라는 호칭에 어울릴 수 있다고 생각했다. 밀은

'인간 사회가 점점 더 복잡해지고 그 규모도 커지면서 숙련된 입법과 행정의 중요성이 더 한층 증대된다.'고 했다.(『대의정부론』, p. 110)

굴곡은 있었지만, 인민이 공공 문제에 대해 완벽하게 통제권을 가져야 한다는 밀의 신념은 변함없었다. 이 점에서 그는 민주주의자였다. 그의 일생을 통해 이런 생각의 큰 틀은 바뀌지 않았다. 그러나 그의 성숙한 정치사상을 담고 있는 『대의정부론』은 인민주권과 체제의 능력이 조화를 이루어야 최선의 민주적인 정치체제를 이룩할 수 있다고 주장했다. 좋은 정치체제가 되기 위해서는 효율성도 구비해야 한다고 강조한 것이다. 이상과 현실의 조화라고 할까, 오늘날 민주주의에 대해 불만을 제기하는 사람들의 문제의식을 미리 내다보는 듯하다.

그러면 어떻게 해야 정부의 효율을 증진시킬 수 있을까? 밀의 답은 지적 전문성을 갖춘 유능한 사람들이 정부 업무를 맡아 처리하는 것이다. 그는 '인민의 자기 결정권'이라는 큰 전제와 양립할 수 있는 한계 안에서 전문가의 역할을 최대한 늘릴 것을 주장했다:

"정치제도가 지향하는 제일 중요한 목적 중의 하나는, 전체 인민을 대표하는 기구가 최종 결정권을 보유한 채 실제로 그 권력을 행사하는 가운데, 지적 전문성을 가진 유능한 사람들이 업무를 맡아 처리함으로써 최대한 효율을 얻게 하는 것이다. 이 둘 사이에 모순과 충돌이 일어나서는 안 된다. 인민의 자기결정권이라는 큰 전제와 양립할 수 있는 한계 안에서 전문가의 역할을 최대한 늘리자는 것이다."(『대의정부론』, p. 120)

밀은 『자서전』에서도 "인민이 공공업무를 완전하게 통제하되, 동시에 능력 있는 사람들의 역할을 최대한 늘려야 한다."고 주장했다.(A,

p. 265) 그는 이런 체제를 '숙련(熟練) 민주주의(skilled democracy)'라고 불렀다.(『대의정부론』, p. 120) 젊은 시절 밀이 순수 민주주의의 구현을 꿈꾸다가 합리적 민주주의로 그 노선을 수정하게 된 경위는 앞에서 설명했다. 오랜 시간이 지나 이제 그것이 『대의정부론』에서 숙련 민주주의로 정착된 것이다. 합리적 민주주의와 숙련 민주주의는 큰 틀에서 그 지향이 비슷하다. 밀은 대중이 민주주의의 이름으로 전권을 행사하지 않고, '지성과 덕성이 뛰어난 사람들이 정부 안에서 보다 더 큰 영향력'을 행사할 수 있게 자리를 비워둘 것을 기대했다. 그래야 대의정부가 '가장 완벽한 정체의 이상적 유형'이 될 수 있다고 확신했다.(『대의정부론』, p. 40, 75) 숙련 민주주의에 관한 그의 원려(遠慮)는 이 바탕 위에서 형성되었다.[63] 밀은 『자서전』과 『대의정부론』에서 숙련 민주주의를 구현하기 위한 세 가지 조치를 상술(詳述)하고 있다.

---

[63]  헬드(David Held)는 밀이 영국에서 정부개혁에 관한 논의가 한창 제기되던 무렵 효율적 정부에 관한 구상을 다듬었다고 본다. 그에 따르면 밀은 정부 업무를 감독, 통제하는 것과 실제 그 업무를 수행하는 것 사이에는 근본적인 차이가 있다면서 인민이 모든 것을 다 하려고 시도하지 않을 때 정부의 효율성이 증가할 수 있다고 생각했다. 유권자가 정부 업무에 관여하고 대표자나 대의기구가 일상 행정에 간섭할수록 효율성이 떨어진다는 것이다. 따라서 인민의 민주적 통제와 정부의 효율성이라는 두 이점을 모두 확보하기 위해서는 그 두 가지 기반이 전혀 다르다는 점을 인정해야 한다는 것이 밀의 주장이다. 헬드는 민주주의와 숙련정부 둘 사이에 균형을 달성하는 것이 '통치기술'에서 가장 어렵고 복잡한 문제 중의 하나임을 강조하는 『자유론』도 인용하고 있다.(Held 2010, pp. 164, 175-176)

## 2. 대의 민주주의 발전 방안

밀은 대의정부가 이상적인 민주주의로 가는 지름길이기는 하지만, 대중의 낮은 지적 수준과 다수파의 계급입법이라고 하는 암초를 어떻게 돌파하는가에 따라 그 성패가 달려 있다고 생각했다. 이런 염려 끝에 밀은 민주정부의 특징적인 장점을 근본적으로 훼손시키지 않으면서 그 두 가지 해악을 제거하기 위한, 또는 최대한 그 문제점들을 줄여나가기 위한 방안을 모색하게 된다. 그 핵심은 모든 사람의 참여를 보장하되, 정치적 발언권의 무게가 지적 능력에 비례하는 일종의 '차등' 민주주의를 구현하자는 것이다.

밀은 『대의정부론』에서 숙련 민주주의 정착을 위한 구체적 실행방안을 여럿 제시하고 있다. 비례대표제 도입도 그중 하나이다. 소수파도 자신의 의견을 국정에 반영할 수 있어야 온전한 민주주의가 구현될 수 있다. 그렇게 하기 위해서는 비례대표제가 반드시 실시되어야 한다는 밀의 역설은 앞에서 이미 소개한 그대로이다. 여기에서는 입법 전문가 활용 등 그가 제안한 일련의 구상을 먼저 살펴본 뒤, 그가 민주주의의 숙련도를 높이기 위해 가장 역점을 두었던 '복수투표제 실시'와 '대표의 자율성 확보'를 중점적으로 검토할 것이다.

### 1) 의회개혁

밀은 의회제도의 개혁을 위해서도 여러 구상을 펼쳐놓았다. 이를테면 그는 양원제에 대해 그리 적극적이지 않았다. 밀은 상원을 굳이 둔다면, 하원의 부족한 점, 즉 전문적 훈련과 지식의 결여를 제어하는 방향으로 상원의 역할을 규정할 필요가 있다고 생각했다. 그 요체는 다수파의 민주적 정서(democratic feeling)에 적대적이라는 의심을 전혀 사지 않으면서 그들의 계급이익과 편견에 맞서 자기 목소리를 낼 수 있게 구성되어야 한다는 것이다.(『대의정부론』, pp. 240-241, 246) 그는 이를 위해 전문지식과 경험을 구비한 집단이 상원으로 유입되어야 한다고 주장했다.

그는 의원의 임기에 대해서도 비슷한 관점에서 접근한다. 급진 개혁운동을 펼치던 젊은 시절, 밀은 의원의 임기가 짧을수록 좋다고 생각했다. 임기가 너무 길면 의원들이 그 '본연의 책임감을 망각하고 의무를 소홀히 하는 등' 인민의 민주적 통제가 실효를 거둘 수 없다고 염려했기 때문이다. 그래서 당시 정치개혁론자들은 1년 임기가 가장 타당하다고 주장했다.

그러나 밀은 이제 상황이 달라졌다고 보았다. 의원들이 자기 소신과 재량에 따라 활동할 수 있게 임기가 충분히 길어야 한다고 생각하는 사람이 늘어났기 때문이다. 밀은 의원들이 유권자가 원하는 대로 기계적으로 그 뜻을 대변하는 데 그치지 않고, 장기적 관점에서 자율적으로 활동할 수 있어야 한다고 강조했다. 의원 각자가 가지고 있는 능력을 최대한 발휘할 수 있을 정도로 임기가 충분히 길어야 한다는 말이다.

밀은 이 두 원칙 사이에서 보편적 기준을 찾는 일은 불가능하다고 말한다. 인민들의 정치적 권력이 아직 미약한 곳에서는 민주적 통제를 확대해나갈 수 있게 의원의 임기가 짧은 것이 좋다. 그래야 다음 선거에서 민심을 얻기 위해서라도 유권자의 뜻을 존중하고 그들 편에서서 일을 열심히 할 것이기 때문이다. 이런 상황에서는 3년도 너무 길다는 말이 나올 것이다. 반면 민주주의가 계속 확대되고 있는 사회에서는 민주적 견제가 일정한 선을 넘지 않도록 조심해야 한다. 의원들이 주관 없이 유권자에게 매달리는 폐습을 극복하자면 임기가 5년 이상 되어야 한다.

밀은 이런 전제 아래, '조만간 또 선거에 나가야 한다는 압박 때문에 의원들이 늘 유권자의 비위를 맞추려 하는 폐단'을 심각하게 걱정한다. 그래서 7년 임기로 할 때 예상되는 긍정적 효과가 '여전히 큰 의미'가 있다고 역설한다. 같은 이유에서 그는 하원과 상원의원의 임기를 달리하는 것이 좋다고 생각했다. 하원은 국민의 기본 의식과 일치해야 하기 때문에 임기가 길면 안 된다. 그러나 특출한 개인들로 구성된 상원은 민의로부터 어느 정도 자유로워야 한다. 따라서 상원은 대중의 정서와 상반되는 주장을 자유롭게 펼 수 있을 정도로 임기가 긴 것이 좋다는 입장이다.(『대의정부론』, pp. 217-219)

### 2) 입법위원회 신설

밀은 의회가 입법권을 가진다 하더라도 비전문가인 다수 의원이 직접 입법 작업을 하는 것은 부적절하다고 생각했다. 법을 만드는 일이란 대단히 지적인 작업이라, 경험 많고 실무에 능해 그런 일에 잘 단련된 사람이나 감당할 수 있다는 것이다. 그래서 밀은 전문가들로 구성된 입법위원회(Commission of Legislation)가 입법의 실무를 담당하는 것이 좋다고 주장했다. 나아가 그는 법조문을 다듬고 조문끼리 서로 충돌하는 일이 없는지 꼼꼼히 따지도록 조문심의위원회(Commission of Codification) 같은 조직도 설치할 필요가 있다고 생각했다.

물론 이런 조직 그 자체가 법을 만드는 것은 아니다. 민의를 대변하는 일은 어디까지나 의회의 몫이고, 입법위원들은 단지 의회에 자신의 지적 능력을 제공할 뿐이다. 상원이나 하원은 법안을 만들 필요

214

가 있으면 주제를 한정해서 위원회에 작업지시를 내릴 수 있다. 위원회가 만든 초안 중 마음에 안 들거나 고칠 것이 있으면 되돌려 보내면 된다.

밀은 이처럼 입법과정에 숙련된 노동과 전문적인 연구, 그리고 경험이 가미되어야 제대로 된 법을 만들 수 있다고 생각했다. 이렇게 해야 오늘날 무지하고 불성실한 입법과정이 초래하는 심각한, 그러나 결코 피할 수 없는 부작용도 멀리할 수 있다고 확신했다. 밀은 이런 전제가 확보되어야 현대사회의 가장 중요한 자유, 즉 국민의 대표자들이 동의한 법에 의해서만 지배를 받는다는 것이 확실히 보장될 수 있다고 주장했다.[64]

---

64) 밀은 고대 아테네 민주주의에서도 이런 제도가 운용되고 있었다는 사실을 환기시킨다. 아테네 민주주의가 절정기에 이르렀을 때, 최고 권력기관이었던 시민총회도 특정 정책의 구체적 내용에 관한 시행령(Psephisms)만 통과시킬 수 있었고, 이른바 법률은 소수의 사람들로 구성된 다른 기구(Nomothetae)에 의해서 만들어지고 또 수정되었다는 것이다.(『대의정부론』, pp. 104-105) 여기에서 밀이 언급한 Nomothetae는 우리 말로 '법률심의위원회'가 될 수 있을 텐데, '전체 법률을 개정하고 낡은 법률을 철폐하며 법률들의 상호 일관성을 유지하는 책임'을 졌다. 이 기구는 기원전 5세기 말 '33인 과두정' 때 처음 도입되었다. 과거 민주정 시절 시민총회가 담당했던 입법이 너무 부실하다고 판단했기 때문인 듯하다. 원래 '500인 회의'에서 예비심의를 거쳐 법률개정안을 상정하면 시민총회가 심의하던 것을 법률심의위원회가 대신 심의하게 한 것이다. 이 기구는 민주정이 복구된 뒤에도 그대로 유지되었다. 이 기구는 매년 새로 구성되었는데, 법정의 6000명 시민 배심원 중에서 추첨으로 500명 정도의 위원을 선발한 것으로 전해진다.(이 부분은 고려대학교 김경현 교수의 자문을 받았다.)

### 3) 복수투표제

#### (1) 지적 능력에 따른 차등 투표

밀의 제안 중에서 가장 큰 논란을 불러일으키는 것이 복수(複數)투표제이다. 밀은 숙련 민주주의의 실현을 위한 중요한 고리 중의 하나로 지적 능력이 뛰어난 사람들에게 2표 이상 복수투표권(plural voting)을 부여하자고 했다. 민주주의의 핵심 기제로 알려진 평등투표제를 거역하는 발상이기 때문에 논란이 많을 수밖에 없다.

앞에서 보았듯이 밀은 '투표권자의 절대 다수는 육체노동자'가 될 수밖에 없는 현실을 크게 걱정했다. 그들의 지적 수준이 급속하게 향상되어서 계급입법의 위험이 극복되지 않는 한, 평등 보통선거제가 부정적인 결과를 더 많이 빚어낼 것이라는 우려를 떨칠 수가 없었기 때문이다. 그런 폐단을 효과적으로 제어하기 위해서는 '양식과 절제, 관용의 미덕'을 발휘해야 하는데, 그것을 기대하기가 쉽지 않다고 보았던 것이다.[65] 어떻게 해야 민주정부 고유의 장점을 훼손시키지 않으면서 이런 폐단을 방지할 수 있을까?

밀은 일단 노동자계급의 선거권을 제약하는 '손쉬운' 편법을 단호히 배격한다. 그런 방식으로 그들의 정치적 영향력을 축소하는 것은 소탐대실(小貪大失)이라고 생각했다. 자유정부의 최대 장점을 놓칠 수 있기 때문이다. 밀은 육체노동자도 선거권을 행사하면 정신적으로 성숙해질 수 있다는 기대에서 투표권의 확대가 좋은 정부를 위해 절대

---

65)  밀이 저소득 계급의 계급입법만 염려한 것은 아니다. 자본가들도 그런 유혹에 빠지는 것은 마찬가지이다. 밀은 노동자들이 수적 우위를 가지고 있기 때문에 우선 그들에게 초점을 맞추었다.

적으로 필요한 조건이라고 생각했다.[66]

밀은 "여론을 민주주의의 나쁜 영향에서 건져내고 이성과 정의의 틀 속으로 인도하기 위해" 다수파를 견제하기보다 소수파의 기회를 보장하는 데 더 주력한다. 유능한 사람이 능력을 발휘할 수 있어야 대의정부가 지향하는 목표가 실현 가능하다는 것이다.

밀은 보통선거권의 도입을 촉구하는 한편, 투표의 차등화, 즉 등급제(gradation)에 관한 일련의 구상을 밝힌다. 한마디로 유권자의 지적 능력에 비례하게 투표권을 부여하고, 그 결과 더 현명하고 유능한 사람이 더 큰 정치적 능력을 발휘하게 하자는 것이다. '무식과 지식이 동일한 정치권력을 향유한다는 것은 원칙상 잘못된 것이기 때문에 훌륭하고 현명한 사람의 영향력이 상대적으로 더 커야 한다.'는 것이다.(『대의정부론』, pp. 179-180) 지적 능력이 뛰어난 사람이 열등한 사람에게 지배당하지 않게 일종의 거부권(veto power)을 부여하려는 밀의 제안에 대해 알아보도록 하자.

밀은 모든 사람이 자기주장을 펼 수 있는 권리를 가지는 것과 모두가 평등한 권한을 누리는 것, 즉 '모든 사람이 투표권을 가져야 한다.'는 것과 '각자가 모두 똑같은 발언권(equal voice)을 가져야 한다.'는 것은 전혀 다른 말이라고 못을 박는다.

인품이 더 높거나 지식이 더 많은 사람의 의견과 판단이 상대적으로 열등한 사람의 것보다 더 가치가 크다. 따라서 만일 어떤 나라의 정치제도가 그 두 부류의 사람을 똑같이 대접하려 한다면, 그것은 사실을 왜곡하는 것이다. 두 사람 중에서 더 현명하거나 더 나은 사람에

---

66) 밀도 몇몇 경우에는 선거권을 제약하는 것이 불가피하다고 생각했다.(다음 장 참조)

게 더 큰 무게를 두어야 하기 때문이다.(『대의정부론』, p. 173)

밀은 이런 말도 한다. 두 사람 중 한 사람에게만 관련되는 일이라면, 그 당사자는 다른 사람이 아무리 더 낫다고 하더라도 자기 생각에 따라 살아갈 권리가 있다. 그러나 두 사람 모두에게 똑같이 관련되는 일에 대해서는 이야기가 달라진다. 둘 중 하나가 양보해야만 하는 상황이라면, 현명한 판단을 가진 사람이 무식한 사람을 추종해야 할까, 아니면 모자라는 사람이 똑똑한 사람을 따라야 할까? 밀은 무식한 사람이 자기 몫의 발언권을 더 현명한 사람의 판단에 넘기지 않는, 그래서 똑똑한 사람이 무식한 사람의 주장에 따라가야만 하는 상황에 대해 크게 우려하고 있는 것이다.(『대의정부론』, p. 173)

물론 공동 관심사에 대해 자기 의견을 반영할 기회를 전혀 가지지 못하거나 사람들 사이에서 하찮고 무의미한 존재로 취급당할 때, 누구든지 그런 모욕적 처사에 대해 분노를 느끼지 않을 수 없다. 그러나 이것과 공동의 이해 문제를 훨씬 더 잘 처리할 능력을 가진 사람이 더 많은 발언권을 가지게 양보하는 것은 완전히 별개의 사항이다. 밀은, '바보가 아니라면, 그것도 아주 완전 구제불능의 바보가 아니라면' 어느 누구도, 사람들 중에는 생각, 심지어 그 희망사항까지 자기 것보다 더 큰 배려를 받아야 마땅한 예외적 존재가 있다는 사실을 인정한다고 해서 불쾌감을 느끼지는 않을 것이라고 확신한다.(『대의정부론』, p. 174)

밀은 이런 이유에서 더 현명하고 훌륭한 사람이 더 큰 영향력을 발휘해야 한다는 것은 자명한 사실이라고 역설한다. 따라서 평등투표제는 그 자체로 좋은 것이라기보다는 그저 상대적인 의미에서 더 좋은 것에 지나지 않는다. 불합리한 특권에 바탕을 둔 불평등보다는 낫기야 하지만, 원리상으로 볼 때는 잘못된 것이다. 무식한 사람이 현명한 사람과 똑같은 정치적 권력을 행사한다는 것은 유익하지 않고 해만 끼칠 뿐이라는 것이 그의 확고한 생각이다.(『대의정부론』, pp. 178-180)

## (2) 복수투표제 실시방안

그러나 복수투표제를 실행하자면 사전에 해결해야 할 문제가 많다. 사람들 중에서 누가 더 나은지 판별하기가 쉽지 않기 때문이다. 개인들을 놓고 우열을 가린다는 것은 어려운 일이다. 밀 자신도, '사람들 중에 누가 더 나은 대우를 받을 것인지 구분하기가 쉽지 않다.'는 것을 인정한다. 만일 국가가 교육체계를 직접 관장하거나 믿을 만한 종합시험제도 같은 것이 있기만 하다면, 사람들의 교육수준을 직접 시험하는 것이 가능할 것이다.(『대의정부론』, p. 175) 그러나 당시 상황은 그렇지 못했다.

이런 가운데서도 밀은 몇 가지 방안을 생각해보았다. 밀은 개인별 능력을 측정하는 것은 어렵지만, 각자가 속한 집단을 기준으로 사람들의 능력을 짐작하는 것은 어느 정도 정확성을 기할 수 있고, 따라서 현실성도 있다고 생각한다.

예를 들면 직업의 성질이나 그 직종에 종사한 기간, 그리고 최종 학력 등을 기준으로 차등투표제를 검토할 수 있다는 것이다. 노동자들을 고용한 사람은 손이 아니라 머리로 일해야 하기 때문에 노동자보다는 평균적으로 더 지적 수준이 높다고 볼 수도 있다. 더 크고 복잡한 문제를 다루어야 하기 때문에 은행가와 도매상인 또는 제조업자가 보통 소매업자보다 더 지적인 존재라고 할 수 있다. 이런 조건들을 종합적으로 고려한다면, 남보다 더 우월한 기능을 수행하는 사람에게 두 표 또는 그 이상의 투표권을 부여해도 좋다는 것이다.

그리고 자격시험을 보아야 하거나 상당히 까다로운 교육과정을 거쳐야 종사할 수 있는 전문직종이라면, 이런 전문직업인들에게도 즉각 복수투표권을 줄 수 있을 것이다. 대학 졸업자에게도 같은 규칙이 적용될 수 있을 것이다. 고등학문을 가르치는 어떤 학교이든지, 단지 형식적인 것이 아니라 실제로 제대로 된 그 학교의 교육과정을 이수했다고 하는 만족할 만한 자격증을 취득한 사람도 같은 대우를 받아도 될 것이다.

이런 논의 끝에 밀은 복수투표제의 구체적 방안을 펼쳐 보인다. 그는 「의회개혁론」에서 미숙련 노동자에게 1표를 준다면, 숙련노동자 2표, 노동 감독자 3표, 기업인 · 제조업자 · 상인 3~4표, 법률가 · 의사 · 성직자 등 지적 직업인에게는 5~6표씩 주면 어떻겠느냐고 묻는다.(윤성현. p. 158 참조)『대의정부론』에서는 투표권 숫자를 직접 언급하는 대신, 직업의 성격을 기준으로 차별화할 것을 제안했다. 즉 고용주가 노동자보다는 더 지성적이므로 복수투표권을 주자고 했다. 일반 노동자보다 십장, 미숙련 노동자보다 숙련 노동자, 소상인보다 은행가, 대상인, 제조업자를 우대하자고 했다. 밀은 전문직업인과 대학졸업자에게도 더 많은 투표권을 주는 것이 좋다고 생각했다.(『대의정부론』, pp. 175-176)

### (3) 복수투표제의 악용 방지

밀 자신도 이런 제안을 둘러싼 비판적 논란에 대해 모르지 않았다. 그래서 그는 복수투표권과 같은 방안이 대의제정부의 근본 성격을 훼손시키지 않는 것이 절대적으로 중요하다고 분명히 밝힌다.

첫째, 이런 제도의 덕을 보는 사람들이나 계급이 복수투표권으로 공동체의 나머지 사람들을 압도할 수 있을 정도가 되어서는 안 된다. 둘째, 교육을 많이 받았기 때문에 더 많은 투표권을 부여받은 사람들이 자신에게 유리한 방향으로 계급입법을 하는 것도 차단해야 마땅하다.(『대의정부론』, pp. 176-177)

밀은 이런 제안에 대해 앞으로 더 구체적으로 다듬고 손보아야 할 부분이 많다는 것을 잘 알고 있었다.[67] 무엇보다 아직은 복수투표권을 시행할 여건이 무르익지 않았다는 사실을 분명히 인지하고 있었다. 나아가 이런 제안들이 반드시 실천되어야 한다고 생각하지도 않았다. 그럼에도 '이것이야말로 대의정부의 참된 이상이 지향해야 할 방향이고 그렇게 해야만 진정한 의미의 정치발전이 가능하다는 점'에 대해서는 조금도 의심하지 않았다.(『대의정부론』, p. 176) 현 시점에서 일부 유권자에게 투표권을 주지 않는 것이 불가피한 것과 마찬가지로, 더 큰 악을 제거하기 위해서는 일시적으로 복수투표권을 시행하는 것이 불가피하다고 믿었다.(『대의정부론』, p. 179)

### 4) 대표의 자율성 강화

한국의 국회의원들은 일만 생기면 지역구로 쫓아간다. 민심을 의사당 안으로 그대로 옮기는 것을 무엇보다 중요하게 생각한다. 세론(世論)도 다르지 않다. 유권자의 대리인 역할을 충실히 하는 것이 곧 훌륭한 선량(選良)의 제1요건이라고 여긴다. 그러나 다르게 생각하는 사람들도 있다. 정치인이라면 나라 전체 이익을 우선 고려해야 하며[68] 이를 위해 필요하다면 유권자의 뜻에 반하는 방향으로 행동하는 것

---

67) 복수투표권을 행사하는 사람들이 나머지 유권자들을 압도함으로써 또 다른 기득권층으로 변질하는 것을 막기 위한 고려 등에 대해서는 Ten, p. 382 참조.
68) 밀은 1865년 하원선거에 나설 때 지지자들에게 자신은 지역구가 아니라 나라 전체의 이익을 위해 일할 것이라고 공언했다.(『위대한 정치』, pp. 287-293 참조)

도 불가피하다는 것이다.[69] 이들은 정치인이 대리인이 아니라 대표가
되어야 한다고 주장한다.

대통령이나 국회의원 등 국민의 대표는 유권자가 원하는 대로 또
는 시키는 대로 행동해야 하는가, 아니면 자신의 판단에 따라 독자
적으로 움직여야 하는가? 유권자의 생각을 그대로 복창(復唱)하는 대
리인(delegate)이어야 하는가, 아니면 국민의 이익을 지키기 위해 때
로 그들의 뜻을 거스르는 것도 불사하는 수탁자(受託者, trustee)여야
하는가?[70] 이 문제는 민주주의의 본질을 둘러싸고 정면으로 상충되
는 주장을 불러일으킨다는 점에서 정밀한 검토가 요구된다.(서병훈
2009a 참조)

밀이 유권자와 대표의 바람직한 관계에 대해 철학적 급진주의운동
시절부터 숙고(熟考)를 이어 나왔다는 점은 앞에서 이미 살펴보았다.
그는 시간이 지나면서 점점 더 대표의 자율성을 강화하는 쪽으로 기
울었다. 오랜 시간이 지나 집필한『대의정부론』에서도 그 기조가 변함
이 없다. 오히려 좀 더 강화된 느낌을 준다. 밀은 그 책 12장에서 대표

---

69) 이를테면 한국의 노무현 전 대통령은 "역사 속에서 구현되는 민심을 읽는 것과
국민들의 감정적 이해관계에서 표출되는 민심을 다르게 읽을 줄 알아야 한다."면
서 민심에 대한 '과감한 거역(拒逆)'을 공언한 바 있다.(《한겨레》 2005년 8월 30
일 참조)

70) 핏킨(Hanna Pitkin)은 이 문제를 "유권자 지시(mandate)-독자적 판단
(independence)"으로 구분해서 정리하고 있다. 전자가 유권자의 지시를 받아 그
대로 실행에 옮기는 것이라면, 후자는 대표가 독립적으로 판단하는 것이 바람직
하다는 생각을 담고 있다.(Pitkin 2007, p. 316) 마넹(Bernard Manin)은 이를 '전
령'과 '은행원' 개념으로 대비해서 설명한다. 전령은 자신에게 주어진 서신을 있
는 그대로 옮겨야 한다. 서신의 내용을 임의로 바꾸어서는 안 된다. 그러나 은행
원은 사정이 다르다. 고객이 맡긴 돈을 자신의 판단에 따라 최상의 방향으로 투
자하는 것이 마땅하다. 전령이 '대리인'이라면 은행원은 '수탁자' 개념에 해당된다
고 볼 수 있다.(Manin 2007, p. 18 참조)

가 과연 유권자에게 자신의 의정활동에 관해 '서약'을 해야 하는지 자세하게 검토하고 있다. 그는 급진주의 개혁운동을 주도하면서 '서약'의 당위를 거부한 바 있다. 밀은 『대의정부론』에서 이 문제를 대표의 자율성과 연계해서 보다 깊은 논의를 전개한다. 그는 12장 "의회 의원들이 사전에 유권자에게 특정 내용의 서약(pledges)을 해야 하는가?"에서 다음과 같이 묻는다:

"의원이 자기 지역 유권자들의 지시를 따라야만 하는가? 의원이 유권자들의 생각을 그대로 표출하는 기관이어야 하는가, 아니면 자신의 판단에 따라 행동해야 하는가? 말하자면 그는 의회에 파견된 유권자들의 대사(大使) 같은 존재여야 하는가, 아니면 유권자들을 위해 일을 할 뿐 아니라, 그들을 위해 무엇을 해야 할지 판단하는 권한도 부여받은 전문 대리인(agent)이라고 보아야 하는가?"(『대의정부론』, p. 221)

대사는 현안이 생길 때마다 본국 정부의 훈령을 들어야 한다. 대표가 대사, 곧 대리인 역할을 한다면, 사전에 유권자들이 내려준 지침(instructions)에 따라 행동해야 한다. 중대한 문제가 새로 발생하면 그때마다 새로 지침을 받아야 한다. 그러나 '위임받은 전문가' 곧 수탁자는 다르다. 유권자의 이익을 위해 독자적인 판단을 하고 그에 따라 행동할 수 있는 재량권을 가진다.

오늘날 대의 민주주의를 불신하는 사람들, 특히 대의정치가 대중의 정치참여를 봉쇄하기 위한 기제로 고안된 것이라고 믿는 사람들은 대체로 대리인 개념을 선호한다. 그 원조는 역시 루소(J. J. Rousseau)이다. 루소는 『사회계약론』에서 "대의원은 인민의 대리인에 불과하다."고 힘주어 말했다. 수탁자론을 단호하게 거부한 것이다.(Rousseau, pp. 259-263)[71]

그러나 대의 민주주의를 지지하는 이론가들은 대부분 수탁자론 쪽으로 기운다. 대의 민주주의가 원활하게 작동하기 위해서는 대표가 상황을 종합적으로 판단하고 심의하는 권한을 가져야 하며, 국민의 뜻을 앵무새처럼 반복하는 대리인이 되어서는 안 된다는 것이다. 밀보다 앞선 시대를 살았던 초기 대의 민주주의자들 중에는 이런 생각을 가진 사상가가 많았다.[72] 그들은 우선 대표가 유권자들의 뜻을 그대로 반영하기에는 현실적인 어려움이 많다는 기능적 이유를 든다. 그러나 이것은 표면적 이유에 불과하다. 대중에 대한 불신이 더 큰 이

---

71) 로버트 달(Robert Dahl)은 어느 모로 보나 대의 민주주의자에 가깝지만 '수탁자론자'들의 주장을 정면으로 반박한다. 그는 두 가지 이유를 들고 있다. 첫째, 전문가에게 상당한 권력을 이양하기는 하지만, 주요 결정에 대한 최종적 통제까지 위임한 것은 아니다. 의사의 진단을 받아들이는 것은 환자의 몫이기 때문이다. 둘째, 국가를 잘 통치하기 위해서는 지식 이상의 것이 요구된다. 권력의 타락 가능성을 견제하기 위해서는 과학적 판단보다는 도덕적 판단이 더 중요하다.(Dahl 1999, pp. 99-106)

72) 그 선봉이 바로 18세기 영국의 사상가 버크(Edmund Burke)였다. 버크는 의회가 '지역적 목적이나 편견에 휘둘리지 않고 전체의 일반 이성에 바탕을 둔 공동 이익을 추구하는 심의기관'이어야 한다고 주장했다. 그는 국가의 진정한 '이해 관계(interests)'는 원칙적으로 서로 일치한다면서 대표가 주민들의 의견을 추종하기보다는 그들의 이익을 위해 헌신할 것을 요구했다. 버크는 대표와 유권자의 '능력 차이'를 언급하며, 진정한 대표라면 유권자에게 정보를 전달해야지 거꾸로 그들로부터 정보를 전달받아서는 안 된다고 말했다. 대표가 유권자의 '강제적 지시(mandate)'를 무조건 따르는 것은 유권자를 배반하는 것이나 마찬가지라고 주장했다. 버크는 의원이 그 어떤 경우에도 자신의 '불편부당한 의견, 성숙한 판단, 양심에 따른 지혜'를 희생해서는 안 된다고 강조했다. 미국의 매디슨(James Madison)도 수탁자론에 손을 들어주었다. 그는 '최상의 지혜, 최상의 덕을 가진 사람을 통치자로 얻는 것'이 모든 정치체제의 목적이라고 전제한 뒤, "대중의 목소리는 대표를 통합으로써 자신들 스스로의 의견보다 공공선에 더욱 일치할 것"이라고 주장했다.(서병훈 2009a, p. 216 참조)

유였다. 그들은 대표가 일반 유권자들보다 지적·도덕적으로 더 탁월하니까 평범한 사람들의 말에 구속되지 않고 독자적인 판단을 하도록 내버려 두어야 한다고 생각했다.

밀은 일단 양쪽 입장을 두루 살피고 있다. "두 이론이 팽팽하게 맞서 있으며, 양쪽 모두 나름대로의 논리적 근거를 가지고 있다."는 사실을 잘 알고 있었다.(『대의정부론』, pp. 221-222) 그러나 그의 선택은 명확했다. 전체적으로 볼 때 그는 대리인보다 수탁자 쪽으로 기운다. 대표가 '대사' 역할만 해서는 안 된다는 것이다. 밀은 '양심적이고 능력 있는' 사람이 더 큰 역할을 하는 것이 바람직하다고 생각했다.(『대의정부론』, p. 225)

밀의 생각에 민주주의는 고상한 정신(reverential spirit)에 우호적이지 않다. '모든 사람은 평등한 배려를 받아야 할 권리가 있다.'면서 어떤 한 사람이 다른 사람들보다 더 큰 고려의 대상이 되는 것을 인정하려 하지 않는다. 그 결과 민주주의에서는 개인적으로 탁월한 능력을 가진 사람에 대한 존경심이 턱없이 부족할 때도 있다.(『대의정부론』, p. 228) 밀은 이 점을 매우 못마땅하게 생각한다.

그는 탁월한 지성의 소유자가 일정한 역할을 해야 한다고 주장한다. 훌륭하고 현명한 사람의 영향력이 상대적으로 더 커야 한다고 역설한다. 그는 이를 위해 필요한 비용을 지불하는 것, 즉 대중의 발언권을 제한하는 것 역시 가치 있는 일이라고 강조한다.

밀이 보기에, 탁월한 정신력과 심오한 학문의 소유자가 그런 능력을 갖추지 않은 평범한 사람들과 때로 다른 방향의 결론에 도달하는 것은 놀라운 일이 아니다. 사실 그렇지 않다면 뛰어난 사람의 존재이유가 미미할지도 모른다. 그는 양심적이고 검증된 지식을 가진 사람은 자신의 판단에 최선이라고 생각되는 방향으로 행동할 수 있는 완전한 자유를 요구해야 하며, 자기 생각에 배치되는 그 어떤 것도 수용해서는 안 된다고 말한다.(『대의정부론』, p. 232) 밀은 평범한 사람들이 비범한 능력의 소유자를 존중할 것을 기대한다. 대표를 선출하는 이유도 그렇다. 어떤 측면에서든 일반 유권자보다 더 똑똑하니까 대표로 뽑는 것이다. 그렇다면 유권자와 대표의 생각이 서로 어긋날 때 대부분의 경우 대표의 생각이 옳을 것이라는 점을 인정해야 한다. 밀은 유권자들이 대표를 따르지 않고 자신의 주장을 고집하는 것은 결코 현명하지 않다고 주장한다.(『대의정부론』, p. 225)

이런 논리로 밀은 유권자들이 그들의 대표자를 '놓아줄 것'을 당부한다. 능력 있는 사람이 자기와 생각이 다를 경우, 적어도 자기 생각이 잘못되었을 확률이 상당히 높다는 사실을 반드시 인정해야 한다는 것이다. 자신에게 절대적으로 중요한 문제가 아닌 한 자기 입장을 거두어들이는 것이 필요하다고 생각한다. 그렇게 해야 자기 스스로 어떤 판단을 내리기 어려운 여러 문제에서 자신을 위해 일하는 유능한 사람을 가진다고 하는, 말로 다 할 수 없을 정도로 소중한 이점을 유지할 수 있다는 것이다.(『대의정부론』, p. 231)

결국 밀은 정치인이 '대사', 즉 대리인이 되어서는 안 된다고 못을 박는다. 대표가 유권자의 뜻을 앵무새처럼 전달하기보다 자신의 소신과 판단에 따라 자율적으로 행동해야 한다고 주장한다. 그는 대리인 이론(delegation theory)은 틀린 것이라고 단언하기까지 한다.(『대의정부론』, p. 234) 그러면서 '영국을 포함해서 대의제를 운영하는 대부분의 나라'에서는 유권자들의 뜻에 배치되더라도 의원 자신의 주관에 따라 의정활동을 펼칠 것을 법과 관습이 보장해주고 있음을 상기시킨다.(『대의정부론』, p. 222)[73]

이런 이유에서 밀은 때로 대표가 민의를 '거역'하는 것도 용인해야 한다는 주장까지 편다. 이를테면 선거공약과 다른 정책을 추구한다고 해서 대표가 사임할 필요는 없다고 한다. 특정 사안에 대해 유권자들과 의견이 일치하지 않더라도, 대표의 소신이 옳은지 그른지 판단하기 위해서는 더 많은 시간이 필요하고, 개별 사안이 아니라 임기 전반에 걸친 활동에 대해 평가를 받는 것이 바람직하다는 것이다.[74]

이처럼 밀은 민주주의의 숙련도를 높이는 한 방안으로 대표가 자율성을 더 많이 가질 것을 제안한다. 교육을 더 많이 받은 계급의 주장이 덜 교육받은 사람들보다 더 비중 있게 받아들여지도록 국가의 정치제도가 바뀌어야 한다고 강조한다.(『대의정부론』, p. 229) 정치인에 대한 불신이 가득했던 '젊은 급진주의자 밀'의 면모를 찾아볼 수 없을 정도로 그의 생각이 급선회한 것이다.

---

73)  그러나 밀이 유권자들의 사적인 의견이 전적으로 무시되어도 좋다고 말하는 것은 아니다. 그는 아무리 자기보다 뛰어난 사람이라고 하더라도 그의 판단에 모든 것을 맡겨서는 안 된다고 역설한다.(다음 장 참조)

74)  앞에서 보았듯이, 그는 의원의 임기에 대해서도 비슷한 관점에서 접근한다. 뛰어난 개개인들은 자신의 의석을 잃을까 염려하는 일(그는 이 대목에서 timid subserviency라는 표현을 썼다.) 없이 대중의 뜻에 전면 배치되는 주장도 서슴없이 펼칠 수 있을 정도로 임기가 긴 것이 좋다는 입장이다.(『대의정부론』, p. 218) 따라서 밀은 자신의 아버지나 벤담의 주장과는 달리, 선거를 자주 치르는 것, 특히 1년 주기의 선거를 반대했다. 같은 맥락에서 밀은 정당의 힘이 너무 강력해서 대표들의 자율적 판단을 잠식하는 것을 매우 우려했다.(Thompson 1976, pp. 113-114, 119-120 참조)

5장

# 플라톤주의의 민주적 환생

이 장에서는 밀의 민주주의이론을 몇 가지 측면에서 재검토해본다. 우선 대의 민주주의에 대한 밀의 기대가 어느 정도 현실성이 있는지 따져본다. 그의 생각이 힘을 얻으려면 사람의 이성, 특히 '열린 토론'의 가능성에 대한 현실적 · 철학적 회의가 불식되어야 한다. 이 점에서 밀의 대의 민주주의론은 지나치게 낙관적이라는 지적을 피하기 어렵다. 같은 맥락에서 그가 참여의 소중함을 역설한 것 자체에 대해서는 시비를 걸 수 없지만, 참여를 통해 과연 그가 기대한 것과 같은 효과를 거둘 수 있을지, 나아가 그런 참여를 담보하기 위한 조건들이 현실의 벽을 넘을 수 있을지 의문이 든다. 이런저런 논의들을 종합해보면 밀을 '플라톤주의자'로 규정하는 관점이 힘을 얻게 된다. 가치와 자유의 상관관계를 논구하는 그의 글들이 전자에 강조점을 더 두는 것을 보면 특히 그렇다. '민주주의자 존 스튜어트 밀'은 이런 해석을 어떻게 받아들일까? 밀은 플라톤을 좋아했지만 분명 그를 비판적으로 독해했다. 이 점을 전제하고 밀의 민주주의 사상을 정리해보자.

## 1. 대의 민주주의에 대한 '환상'?

### 1) 두 가지 기대

많은 사람이 직접 민주주의를 찬양하지만 밀은 그런 체제에 미련이 없었다. 비이성적 선동에 휘둘릴 가능성을 염려했기 때문이다. 그는 그 대신 대의 민주주의에 아주 큰 기대를 걸었다. 소수파가 제 목소리를 낼 수 있고 식견과 인품이 뛰어난 지도자가 정치를 주도한다면 대의 민주주의가 가장 이상적인 정치체제가 될 수 있다고 믿었다. 밀은 이런 대의 민주주의 체제 안에서 민주주의의 두 가지 고질을 너끈하게 극복할 수 있을 것으로 기대했다.

첫째, 다수의 전횡(專橫)을 견제할 수 있다. 밀은 다수가 압도적 힘을 행사하는 민주주의를 용납할 수 없었다. 다수파와 생각을 달리하는 개인이나 소수가 설 자리가 없기 때문이다. 한 사람 또는 소수가 정부를 움직일 때 그 반대편의 다수는 경쟁자가 될 수 있다. 권력자를 견제할 힘이 있다. 그러나 민주주의(즉, 다수)가 가장 우월한 위치에 있으면, 이 권력자와 맞설 수 있을 정도로 강력한 1인 또는 소수란 존재하지 못한다.

밀은 견제받지 않는 다수파가 압도적인 힘을 과신한 나머지 더 이상 '이성적으로 무장'해야 할 필요성도 못 느끼는 상황을 특히 걱정한다. 그들이 마음만 먹으면 무슨 일이든지 자기 뜻대로 할 수 있기 때문이다.(『대의정부론』, p. 181) 밀이 볼 때, 이성을 상실한 권력집단이 공의에 관심을 가질 것이라고 기대하기 어렵다. 그들은 공공연히 사악한 이익을 추구할 것이다. 일체 반대세력을 무참히 탄압할 것이다. 밀이 『자유론』의 첫머리에서 강렬하게 제기했던 그대로, 다수의 이런 횡포 앞에서도 개인은 숨도 제대로 쉬지 못할 것이다. 밀은 『대의정부론』에서도 통제되지 않은(uncontrolled) '무제한 민주주의'가 무소불위(無所不爲)로 흐를 위험을 경계했다. 그는 다수가 자의적 전횡을 일삼는 체제를 민주주의라고 부를 수 없었다.

밀은 자신이 구상한 대의 민주주의는 다수 민주주의의 병폐를 충분히 예방할 수 있다고 확신했다. 그가 염두에 둔 정치체제는 소수가 적절하게 견제력을 행사하는 균형(balanced) 민주주의 또는 제한(limited) 민주주의였다. 그가 제안한 대로 비례대표제가 채택된다면 소수도 나름의 발언권을 가지면서 글자 그대로 모든 사람이 참여하는 정치체제가 구현될 수 있을 것이다. "소수파도 자신의 이익과 의견, 높은 식견을 반영할 수 있고, 인격과 지성의 힘에 비례하여 영향력을 발휘"할 수 있는 체제가 밀이 그린 민주주의였다. 밀은 이런 체제라면 민주적 다수의 본능에 맞서 그 부족한 것을 보완하고 잘못된 것을 고칠 수 있을 것으로 믿었다.(『대의정부론』, p. 152)

나아가 그는 이런 체제가 민주주의의 또 다른 고질인 '무능, 비효율, 불안정'도 극복할 수 있을 것으로 기대했다. 그는 두 갈래 길을 생각하고 있었다. 우선 참여의 확대를 통해 시민들의 정치적 능력을 키울 수 있다. 시민들은 정치영역에서 참여를 늘려나감으로써 공동체 현안에 대한 지식을 얻는다. 사적 영역을 넘어 공동체 문제로 관심사를 넓혀나감으로써 정신적·도덕적 역량도 키울 수 있다. 밀은 참여가 사람들의 머리와 가슴을 크고 넓게 성장시켜준다고 생각했다. 다른 말로 하면 참여를 통해 시민들의 정치적 능력이 커진다는 것이다. 개인이 성장하면 체제도 성장하기 마련이다. 참여가 민주주의의 근원적 취약점인 체제무능을 이겨내게 해주는 것이다.

뿐만 아니다. 밀은 전문 능력을 갖춘 사람들이 보다 큰 정치적 발언권을 행사할 것을 기대한다. 그가 기획하는 숙련 민주주의의 핵심이 여기에 있다. 그는 전문지식과 인품을 겸비한 정치인들이 국민의 실질적 대표가 되어야 한다고 역설한다. 그들이 최대한 정치적 자율성을 누리는 것이 체제능력의 신장에 결정적으로 중요하다고 말한다. 그래서 밀은 다양한 방법으로 정치적 능력에 비례한 정치적 발언권의 확대를 강조한다.

밀은 이런 민주주의를 앞당기기 위해 '지배권력에 저항하는 개인들에게 사회적인 후원을 제공하고, 주도적인 대중여론이 탐탁하게 여기지 않는 생각과 이해관계를 보호하고 응원'하는 것을 민주정부가 당면한 제1과제라고 규정했다.(『대의정부론』, p. 151) 현대사회에서도 밀의 생각이 존중되어야 할 이유가 바로 이것이다. 민주주의이기 때문에 비효율과 비생산성을 감수해야 한다는 패배의식은 불식되어야 한다.

## 2) 이성의 한계

그러나 대의 민주주의에 대한 밀의 이런 기대가 과연 실현 가능한 것인지 다양한 각도에서 의문이 제기되고 있는 것도 사실이다. 밀은 대의 민주주의에 대해 매우 낙관적이었다. 그가 제시한 조건들이 충족된다면 그 체제 안에서 이성적 토론이 활발하게 일어날 것을 믿어 의심하지 않았다. 밀은 지성과 인품이 힘을 발휘하면서 사람들이 사악한 이해관계의 굴레에서 벗어날 수 있으리라 생각했다. 자신의 생각을 내려놓고 더 뛰어난 상대방의 주장을 받아들이는 꿈같은 일이 벌어질 것으로 기대했다. 그러나 이런 생각은 현실정치와 너무 거리가 멀다. 밀이 숙의 민주주의(discursive democracy)의 취약함을 제대로 인식하지 못했다는 비판이 나오고 있다.

숙의 민주주의는 1차적으로 시민들이 기꺼이 그 자신의 생각이 서 있는 토대를 면밀히 검토하고 수정하는 자세를 갖출 것을 요구한다. 사람들이 모두 받아들이는 진리를 한번 뒤집어보고 자신의 생각과 상반되는 관점과 어울려볼 수 있어야 한다.(Zakaras, p. 215) 그러나 이것이 얼마나 힘든 일인가. 다른 사람들에 맞서 자신을 지키기 위해 '이데올로기의 노예'가 되는 것이 우리의 일반적인 모습이 아닌가. 동등한 사람들을 한방에 집어넣어 서로 대화하게 하는 것으로는 충분하지 않다. 사람들이 늘 열린 자세로 논쟁을 펼칠 수 있는 것은 아니기 때문이다.

사실 밀 자신도 대의 민주주의에 대한 지나친 환상을 경계하고 있다. 그는 『자유론』에서 자유로운 토론의 어려움을 분명하게 지적한다. 억압적 상황에서 논쟁이 쉽사리 완고한 적대감으로 변질될 수 있음을 경고하고 있다. 논쟁 당사자들이 진영으로 나뉠 경우에는 그 위험이 더 커진다. '각 진영의 열렬 지지자들이 반대편이 제기했다는 이유만으로 일체의 모든 주장을 폭력적으로 배척'하는 경향이 있다는 것이다.

밀은 '우호적 분위기'에서 진행되는 토론에 대해서도 지나친 기대를 접을 것을 당부했다. 아무리 자유로운 토론이라 하더라도 사람들의 파당적(sectarian)인 생각을 모두 치유할 수 없기 때문이다. 밀은 때로 자유토론이 오히려 파당성을 증폭하고 악화시킨다는 사실을 상기시킨다.(『자유론』, p. 113-114)

그렇다. 논쟁이 꼭 상호 이해를 증진시켜주는 것은 아니다. 토론을 통해 고상한 이타심이 증진되리라고 기대하기는 더욱 어렵다.(Zakaras, pp. 212-213) 그렇다면 밀이 꿈꾸었던 대의 민주주의의 장밋빛 이상은 재고될 수밖에 없다. 나아가 밀의 인식론 전반에 대한 재검토가 필요하다. 밀은 이성적인 사람들은 궁극적으로 한목소리를 낼 수밖에 없고, 따라서 그들 사이에 최종 합의가 이루어질 것이라고 믿었다. 그래서 밀은 '사욕을 떠난 불편부당'을 특별히 강조한다. 이것만 전제된다면 만장일치 합의가 가능하다는 것이다. 그가 교육을 많이 받아 사심을 억제할 수 있는 엘리트에게 큰 기대를 거는 것도 이런 이유에서이다. 이성적인 사람들 사이에서 공공선에 관한 합의 도

출이 가능하다고 하는 믿음이 자리 잡고 있었던 것이다.(Duncan, pp. 262-263, 277-278)[75]

그러나 이런 '소박한' 믿음에 대한 회의가 만만치 않다. 흔히 계급적 이해관계 때문에 공공선에 대한 합의가 이루어지지 않는다고 말하지만 롤즈(John Rawls)는 인간 실존의 한계라는 차원에서 접근한다. 즉 도덕적·지적으로 성숙한 '이성적인 사람들'이라 하더라도, 인간의 이성을 흐리게 만드는 요소, 달리 말하면 '판단의 부담' 때문에 사람들 사이에서 합당한 불일치(reasonable disagreement)가 생기는 것은 불가피하다고 주장하는 것이다.(Rawls, pp. 54-57) 따라서 과연 사람들을 한데 묶을 일반의지가 존재하는지, 또 그것을 이성적 판단을 통해 발견할 수 있는지 논란이 계속되고 있다. 슘페터(Joseph Schumpeter)는 일반의지의 존재에 회의적이다. 그는 모두가 받아들일 수 있는 공공선이 존재하더라도 그것이 모든 문제에 대한 결정적 해답을 줄 수 없으며, 인민이 그 공공선을 인지하리라는 보장도 없을 뿐 아니라, 설령 인지한다 하더라도 그것을 실제로 실행하는 것은 매우 어렵다는 일종의 '3불론(不論)'을 개진했다. 일반의지라는 것은 비현실적이고 공허한 개념에 지나지 않는다는 것이다.(임혁백, pp. 93-94 참조)

이런 비판을 종합해보면, 대의 민주주의에 대한 밀의 낙관론은 그 근거가 그리 튼튼하지 못하다. 밀의 지향 자체를 거부할 수는 없지만 문제는 현실적 가능성이다. '인간 본성이 구부러져 있는데 어찌 곧바른 것을 기대할 수 있으랴.' 하는 칸트의 한탄을 간과한 듯하다.

---

75) '대의 민주주의자' 칸트도 인간 이성에 대한 믿음을 바탕으로 대표의 역할 확대를 주장한다. 이성에 힘입어 국민과 대표 사이에 의지의 일체성이 지배하는 것처럼, 대표는 '마치 국민 스스로가 결정하는 것인 양', 공공선을 향해 판단을 내려야 한다는 것이 칸트의 입장이다.(정호원, pp. 237-238 참조)

## 2. '선의의 간섭'을 허용?

밀의 민주주의이론을 논의할 때, 크게 쟁점이 되는 것이 하나 있다. 밀은 '각자가 자기 원하는 대로 살 자유'를 역설한다. 그런 밀이 때로 '선의의 간섭', 나아가 '선의의 독재'를 용인하는 발언을 하기도 한다. 선의의 간섭이 정당화되는 상황이라면 자유는 물론 참여의 의미도 퇴색할 수밖에 없다. 자유주의자, 참여이론가 밀의 실체는 무엇인가? 이 문제는 밀의 정치사상을 규정하는 데 매우 중요한 척도가 된다.

그 관건은 밀의 두 대표작『자유론』과『공리주의』를 어떻게 읽는가에 달려 있다.『자유론』은 1859년,『공리주의』는 1863년에 각각 출간되었다. 비슷한 시기에 나왔기 때문에 둘 다 밀의 생각을 정확하게 담고 있다고 보아야 할 것이다. 그런데 그 두 책의 시점(視點)이 사뭇 다르다.

『자유론』에서 밀은 '자유 그 자체'의 소중함을 역설했다. 개별성, 곧 자유가 밀에게 가장 중요한 가치가 된다. 밀이『자유론』에서 개별성과 참여의 소중함을 역설하는 맥락을 기억하면 '선의의 독재'는 어불성설(語不成說)이라고 할 수 있다.

그러나 뒤 책은 가치 문제와 관련된 제1원리를 집중 규명했다.『공리주의』를 밀 정치철학의 출발점으로 보는 평자들은 자기발전을 궁극적 기준으로, 자유를 그 하위 가치로 간주한다. 논리적으로 볼 때, 자유의 기본원칙이라는 것도 궁극적 가치에서 파생된 제2원리에 지나지 않는다. 공리주의를 고수하면 자유는 뒤로 밀리고 마는 것이다. 따라서『자유론』과『공리주의』의 관계를 어떻게 설정하는가에 따라 밀의 사상에 대한 해석이 크게 엇갈린다.

더 큰 문제는 밀이 같은 책 안에서도 서로 다른 소리를 내는 듯 보인다는 점이다. 밀은『자유론』에서 자유만 내세우지 않는다. 오히려 가치를 자유보다 더 위에 두는 경우가 있다. 이 점에서『공리주의』의 문제의식을 공유한다.『대의정부론』도 마찬가지이다. 한편으로는『자유론』을, 다른 한편으로는『공리주의』의 주장을 복창한다. 상충되는 이 두 관점을 아우르면서 밀의 생각을 명료하게 정리하기가 쉽지 않다.[76]

밀의 사상체계 속에서 과연 자유와 가치는 불연속선을 그을 수밖에 없는 것일까? 이 책에서는『자유론』보다『공리주의』를 더 무겁게 읽는다. 밀은 자유주의자이기 전에 공리주의자인 것이다. 동시에 밀이 말하는 최고가치는 개별성을 내포할 수밖에 없다. 자유와 가치를 대립선상에 놓고 보아서는 안 된다는 뜻이다.(4부 참조) 이 문제를 좀더 자세히 살펴보자.

### 1) 자유 그 자체

밀은『자유론』에서 자유를 수단이 아니라 목적 그 자체로 본다. 남에게 해를 주지만 않는다면, 각 개인이 자기가 원하는 대로 살아가는 것이 무엇보다 중요하다는 생각이다:

---

76)  2009년 일본에서 열린『자유론』150주년 기념 학술대회에서 옥스퍼드 박사 두 사람이 이 문제를 두고 치열하게 논전을 벌였던 것이 기억에 새롭다. 그때 영국 출신의 남자 교수는 만일 어떤 사람이 종일 마당에서 네잎 클로버를 찾는 일에 인생의 의미를 둔다면 그냥 그렇게 하면서 시간을 보내도록 내버려 두어야 한다고 했다. 반면 같은 영국 출신의 여자 교수는 그 사람이 올바른 삶을 살아갈 수 있도록 제지해야 한다고 주장했다. 두 사람은 밀의 글을 100% 독해하고 있다고 자신하면서 이처럼 완전히 상반된 해석을 내놓았다.

"자유 가운데서도 가장 소중하고 또 유일하게 자유라는 이름으로 불릴 수 있는 것은, 다른 사람의 자유를 박탈하거나 자유를 얻기 위한 노력을 방해하지 않는 한, 각자 자신이 원하는 대로 자신의 삶을 꾸려나가는 자유이다 …. 우리는 자신에게 도움이 된다고 생각되는 방향으로 자기 식대로 인생을 살아가다 일이 잘못돼 고통을 당할 수도 있다. 그러나 설령 그런 결과를 맞이하더라도 자신이 선택한 길을 가게 되면 다른 사람이 좋다고 생각하는 길로 억지로 끌려가는 것보다 궁극적으로는 더 많은 것을 얻게 된다. 인간은 바로 그런 존재이다."(『자유론』, pp. 41-42)

밀은 사람들이 '자기 방식대로' 살다가 손해를 볼 수도 있음을 모르지 않는다. 그는 최선의 결과를 낳을 것이라는 믿음 때문에 각자가 자기 방식대로 살아가는 것이 가장 바람직하다고 말하지 않는다. 그저 자기가 선택한 방식이기 때문에 소중하다고 말한다. 그리고 궁극적으로는 그렇게 사는 것이 자기에게 가장 이익이 된다고 확신한다. 따라서 밀은 '남을 위해 그 사람의 자유를 구속하는' 선의의 간섭을 배격한다. 자기 방식을 고집하다가 좋지 못한 결과가 나온다 하더라도, 자유를 박탈당하면서 야기되는 손해와는 비교가 되지 않는다는 것이 밀의 생각이다. 밀의 '자유의 기본원리'는 이 정신 위에 서 있다.(『자유론』, pp. 35-36)

밀은 『대의정부론』에서도 같은 주장을 편다. 자유의 이름으로 선의의 간섭을 배격하기 때문이다. 밀은 좋은 정부에 배치되는 대단히 위험한 발상이라면서 '선한 독재자(good despot)'를 단호하게 거부한다.(『대의정부론』, p. 51) 좋은 정부가 갖추어야 할 아주 기본적인 요소, 즉 사람의 발전(improvement)이라고 하는 중요한 과제를 간과한다는 이유에서이다.(『대의정부론』, p. 58) 그가 볼 때, 선한 독재는 국민 개개인이 주체적 판단과 결정을 포기한 채 모든 일을 정부에 맡겨버릴 것을 전제한다.(『대의정부론』, p. 55) 선한 독재자에게 전적으로 의존함으로써 사람들은 지적·도덕적 능력에 상처를 입게 된다. 사람들의 활동범위가 인위적으로 제약을 받으면서 그들의 감성 또한 똑같은 비율로 협소해지고 위축된다.(『대의정부론』, p. 54)

한마디로 선한 독재는 사람들의 생각과 감정, 그리고 정력을 엄청나게 잠식하고 감퇴시킨다. 따라서 그것은 문명이 발달한 모든 나라에서 '악 중의 악'이 되기 마련이다. 밀은 이런 이유에서 선한 독재라는 것은 완전히 엉터리 이상에 불과하다고 결론짓는다.(『대의정부론』, p. 59) 참여가 사람을 변화시킨다는 그의 논리에 비추어본다면 당연한 결론이다.

## 2) 가치가 자유를 선도

그런데 밀은 자유의 중요성을 강조하는 『자유론』의 곳곳에서 올바른 가치의 구현 또는 '삶의 필요'를 내세워 개인의 자율성을 뒷전으로 밀어내고 있다. 해석하기에 따라 '선의의 간섭'[77]을 용인하는 듯한 말을 여러 차례 했다.[78] 그는 공리주의자답게 효용(utility)이 모든 윤리적 문제의 궁극적 기준이 된다고 했다. 그렇다면 자유마저도 효용의 하위개념이 될 수밖에 없다. 효용을 늘리기 위해 '선의의 간섭'을 꾀할

---

77) 이 글에서는 paternalism을 '선의의 간섭'으로 번역해서 사용하고 있다. 드워킨(Gerald Dworkin)은 '선의의 간섭'을 "오직 어떤 사람의 복지, 좋음, 행복, 필요, 이익 또는 가치를 증진할 목적으로 그 사람의 행동의 자유를 방해할 수 있는 것"으로 규정한다.(Dworkin, p. 65)
78) 『자유론』 1장에서는 '선의의 간섭 절대 불가'를 역설하다가 같은 책 4장에서 '때로는 허용'이라는 상반된 주장을 편다고 지적하는 Arneson, p. 473 참조.

여지가 생기는 것이다.

무엇이 효용인가? 밀은 효용을 '진보하는 존재(progressive being)인 인간의 항구적(恒久的)인 이익에 기반을 둔, 가장 넓은 의미의 개념'으로 규정한다.(『자유론』, p. 30) 단순히 양적이고 물질적인 쾌락이 아니라 인간의 참된 자기발전을 이끌어낼 수 있는 효용이 윤리적 판단의 기준이 되어야 한다는 것이다. 다시 말해, '우리 삶에서 인간이 이를 수 있는 최선의 상태에 최대한 가깝게 각자를 끌어올리는 것' 이상으로 더 중요한 것은 없으며, 반대로 이것을 못하게 가로막는 것 이상 더 나쁜 일도 없다고 했다.(『자유론』, p. 138)

밀은 자신의 이러한 생각이 '보편성'을 띨 수 있다고 믿었다. 선택의 대상이 되는 가치들에 대해 충분한 경험과 지식을 갖춘 사람이라면 예외 없이 '자기발전'과 부합되는 방향을 추구할 것이다. 인간의 본성이 원래 그렇다. 이것은 경험에 의해 확증되는 사실이다. 따라서 자유나 개별성도 이 흡인력을 벗어날 수 없다. 인간에게 바람직한 객관적 가치를 도외시한 채 자기 방식 또는 멋대로 선택을 앞세운다면 이것은 자유의 본질을 왜곡하는 것이다.

밀이 『논리학 체계(System of Logic)』에서 '오직 완전한 덕, 이를테면 사려 깊음, 절제, 자기 통제의 덕목을 갖춘 사람만이 진정으로 자유롭다.'고 말하는 것도 이런 이유에서이다. 『공리주의』에서도 '완전한 자유'와 '고매한 덕'을 동일시하고 있다. '현명한 사람'이라면 당연히 '낮은 쾌락'보다는 '높은 쾌락'을 선택한다고 주장했다. 올바르게 선택하는 사람이 진실로 현명한 사람이라는 말도 했다. 밀은 이런 사람이 진정 자유롭다고 생각했다. 가치에는 객관적인 서열이 매겨져 있으며 이성의 지시에 의해 움직이는 자유만을 참된 자유로 간주해야 한다는 것이다.(Smith, pp. 187, 209-210 참조)

따라서 밀은 자유 그 자체의 절대적 소중함을 역설하는 한편, 자유가 통제되어야 마땅할 이런저런 상황에 대해서도 고민하고 있다. 방향이 없는 무원칙한 자유까지도 자유와 개별성이라는 이름으로 옹호할 수는 없다는 것이다.

우선 밀은 자유를 '자기가 원하는 바를 하는 것(doing what one desires)'이라고 규정했다. 다시 말해 '참된 자아'가 진정 원해야 자유라고 부를 수 있다고 주장했다. 이를테면 어떤 사람이 위험한 줄 모르고 다리를 건너려 한다면 그렇게 하지 못하게 가로막는 것이 그 사람에게 자유가 된다는 말이다. 그가 강물 속으로 떨어지기를 원하지는 않을 것이기 때문이다.(『자유론』, pp. 201-202) 밀은 자유의 원칙이 '자유롭지 않을 자유(free not to be free)'까지 허용하지 않는다는 말도 했다. 자신을 노예로 파는 것은 자유를 포기한다는 말이기 때문에 그런 계약은 무효이고 법적 구속력이 없다는 것이다.(『자유론』, p. 213)

이렇게 전제한 뒤, 밀은 아무나 자유를 누릴 수 있는 것은 아니라는 폭탄선언을 한다. 자유의 기본원리가 '정신연령이 일정한 단계 이상 오른 사람'에게만 적용될 수 있다고 단서를 단 것이다. 정신적으로 성숙하지 못한 까닭에 아직 다른 사람의 보호를 받아야 할 처지에 있는 사람들은 외부의 위험 못지않게 자신의 행동에 따른 결과로부터도 보호받아야 마땅하다는 것이다:

"우리가 여기에서 검토하고 있는 자유의 원리는 인류가 자유롭고 평등한 토론을 통해 진보를 이룩할 수 있는 시대에나 성립되지, 그런 때에 이르지 못한 상태에서는 생각할 수 없는 것이다."(『자유론』, p. 37)

밀은 이런 이유에서 '삶의 필요'(『자유론』, p. 213)에 따른 선의의 간섭을 용인하고 있다. 어른이라 하더라도 '자치능력'이 없으면 남에게 직접적으로 해를 끼치지 않는다 하더라도 어린아이와 같은 대접을 받아야 마땅하다는 것이다.[79] 이런 사람은 자신의 바람직한 발전을 해칠 뿐만 아니라 남에게까지 해를 줄 수 있다고 생각했기 때문이다.(Smith, p. 184, 210 참조)

밀은 『자유론』의 표어와도 같은 '실수할 자유'마저도 거둬들인다. "오랜 경험을 통해 이런 것들이 바람직하지 못하다고 하는 사실이 입증되었다면, 뒷세대 사람들이 그와 같은 불필요한 일을 실험하느라고 고통을 겪어야 할 이유는 없다."는 것이다.(『자유론』, p. 173) 밀은 교양이 낮은 사람일수록 정신적인 쾌락에 관심이 떨어지기 때문에 선의의 간섭이 무엇보다 필요하다고 보았다. 이들을 그대로 두면 더욱 퇴보하고 만다고 생각했기 때문이다.(Dworkin, pp. 69-71 참조)

밀은 미개 사회(backward states of society)에 사는 사람들을 미성년자(nonage)로 간주하고 이들에 대해서는 특히 '선의의 간섭'이 불가피하다고 보았다:

"역사의 초기 상태에서는 독자적인 발전을 가로막는 장애가 너무 커 그것을 극복할 방도를 찾는 것이 거의 불가능하다. 그래서 나라를 발전시키겠다는 의욕으로 충만한 지도자가 달리 방법이 없을 때 그 어떤 편법을 쓰더

---

79) 이를테면 도박이나 알코올 중독, 방탕한 생활 또는 게으름에 젖어 살거나 불결한 위생 상태를 개선해나가려는 의지가 없는 사람이라면, 본인의 행복과 진보를 위해서라도 자유를 허용할 수만은 없다고 주장한다. 밀은 유럽 여러 나라에서 가족을 부양할 충분한 능력이 있음을 증명하지 못하면 결혼을 금지하는 법을 시행하고 있는 것에 대해서도 '국가의 정당한 간섭'이라고 주장했다.(『자유론』, pp. 173, 222-223) 자식들이 정상적인 시민으로 자라날 수 있게 교육을 책임지지 못한다면 부모 자격이 없다고 생각했던 것이다.

라도 탓할 수가 없는 것이다. 미개인들(barbarians)을 개명시킬 목적에서 그 목적을 실제 달성하는 데 적합한 수단을 쓴다면, 이런 사회에서는 독재(despotism)가 정당한 통치기술이 될 수도 있다."(『자유론』, p. 37)[80]

밀은『대의정부론』에서도 같은 주장을 반복한다. 그는 '다른 방도가 없다면' '자유를 가로막는 장애물을 제거하기 위해' 일시적으로 독재가 필요하다고 주장한다. '사회상태에 따라서는' 강력한 독재 그 자체가 최선의 정부형태가 될 수 있다는 것이다. 그는 스스로 진보를 이룩할 능력이 없는 민족에게는 좋은 독재자를 만나는 것이 문명으로 나아가기 위한 거의 유일한 희망이라는 말도 한다.(『대의정부론』, p. 317-318)

밀은 같은 이유에서 '자력으로는 개명된 정치체제를 만들 능력이 없는 북미 대륙의 인디언들'의 예를 들어 "미개(rude) 민족에게 진정 이익을 주기 위해서는 개화된 정부가 전제정치를 펴는 것이 불가피하다."(『대의정부론』, p. 14)고 주장했다. 여러 해악에도 불구하고 보다 발전된 외국 정부의 지배를 받는 것이 그 국민에게 매우 큰 이익을 주기 때문이라는 것이다.(『대의정부론』, p. 84)[81]

---

80)  그러나 그는 『자유론』의 뒷부분에서는 정반대되는 견해를 피력하기도 한다. '야만적'인 일부다처제 관행에 대해 논의하는 자리에서 어느 문명사회라도 다른 사회를 자기 방식대로 변화시키기 위해 강제를 행사하는 것은 정당화될 수 없다고 분명히 못박고 있기 때문이다. '야만 사회'에 사는 사람들이 도와달라고 구원을 청하지 않는 한, 아무런 관계도 없는 사람들이 기존의 관습에 대해 별 불만 없이 살아가고 있는 사람들에게 그러한 생활양식을 중단하도록 간섭하고 압력을 가하는 것은 부당하다는 것이다. 정 마음이 있다면 선교사를 보내 설득하는 것이 유일한 방법이 될 것이라는 주장이다.(『자유론』, pp. 191-194)
81)  밀이 '선의의 제국주의'를 주장한 것도 이런 논리의 연장선에서 나온 것이다. '선의의 제국주의'는 제국주의 국가가 본국의 이익이 아니라 식민지의 발전을 위

이처럼 밀은 비슷한 시기에 출판된 『자유론』, 『공리주의』, 『대의정부론』에서 서로 부딪히는 주장을 펴고 있다. 심지어 같은 책 안에서도 상반되는 말을 한다. 그러다 보니 참여에 관한 밀의 생각 자체도 논란의 대상이 된다.

밀은 참여를 통해 사람들이 긍정적으로 바뀔 수 있다는 사실에 매우 큰 기대를 걸었다. 그러나 그는 숙련 민주주의라는 이름으로 뛰어난 사람에게 일종의 거부권을 주는 것이 불가피하다고 생각했다. 그의 구상이 실현된다면 대중의 입장에서 자신들의 뜻이 반영되기 어려운 상황 속으로 참여하고자 할 의욕이 떨어질 것이 분명하다. 대중이 참여에 의욕을 느끼지 않는다면, 그들의 능력을 더 발전시킬 수 있는 길이 봉쇄되는 셈이다.[82] 뿐만 아니다. 참여에 대한 밀의 그러한 기대가 현실적으로 얼마나 검증될 수 있을지도 단언하기 어렵다.[83]

---

해 '선의의' 식민정책을 펴는 것을 말한다. 이타적 봉사를 강조한다는 점에서 전통적인 식민주의와 전혀 다른 발상 위에 서 있다. 밀은 "자유 국가의 지도자들이 야만적 또는 준(準)야만적 사람들을 이상적으로 지배하는 의무를 도외시한다는 것은 최고 도덕률을 태만히 하는 범죄 행위나 다름없다."고 선언한다.(『대의정부론』, p. 318) 이런 이유에서 밀을 "다른 나라에 대한 간섭을 정당화하기 위해 공리주의이론을 원용한 최초 사상가"로 규정하는 사람도 있다.(『위대한 정치』, pp. 220-221 참조)

82) 나아가 맥퍼슨은 밀의 경제이론 자체가 그의 참여이론과 모순된다고 비판한다. 맥퍼슨에 따르면, 밀은 생산자협동조합 공동체를 통해 사회 전반에 걸친 도덕적 혁명이 일어날 것으로 기대했지만, 이 꿈은 달성되지 않았다. 따라서 계급 대립이 해소되지 않으면서 불평등한 정치참여라는 악순환이 지속될 수밖에 없다. 그런데도 밀은 자본주의적 생산관계와 평등한 자기발전이라는 민주주의적 이상이 서로 대립상태에 있다는 점을 충분히 인식하지 못했다는 것이다.(Macpherson, pp. 60-62)

83) 밀은 생산자협동조합 같은 산업 민주주의를 실현하면 구성원의 공공의식이 함양되리라고 생각했지만 일부 경험적 연구결과는 그런 기대를 저버리게 하고 있다. 사회적 환경 등 밀이 고려하지 않은 변수들이 작용한 결과이기는 하지만, 어쨌든

가장 큰 문제는 참여에 관한 밀 자신의 정확한 생각을 읽어내는 것도 쉽지 않다는 점이다. 참여를 둘러싸고 그의 대표작인 『대의정부론』과 『자유론』이 상충되는 모습을 보이기 때문이다. 밀은 『대의정부론』에서 참여가 민주주의의 고질을 치유하는 만병통치약인 것처럼 크게 의미를 부여하였다. 참여 때문에 사람들 사이의 이해관계 다툼이나 이데올로기 대립이 해소되면서 공공생활이 우호적이고 일체감이 넘치게 된다고 보았다.

그러나 『자유론』에서는 다른 생각을 선보였다. 그가 그 책의 마지막 부분에서 지역 단위의 참여가 갖는 의미를 강조하기는 하지만, 큰 줄기는 대중의 무비판적 순응(conformity)과 편협함(intolerance)에 대한 염려에 집중하고 있다. 대중에 대한 이런 불신은 정치참여 그 자체에 대한 소극적 입장으로 이어질 수밖에 없다. 밀은 공공참여가 어떤 유익한 결과를 낼지 자신하지 못하고 있다. 오히려 참여의 부정적 영향, 즉 파당적 갈등을 촉발하면서 압제정치의 도구가 될 수 있음을 더 강조한다.(Zakaras, p. 201, 209 참조)

해석하기에 따라서는 『대의정부론』 안에서도 참여의 기능에 관해 엇갈린 입장이 발견된다. 한편으로는 민주적 숙의가 사람들의 성격을 변화시킨다면서 희망적 관점을 피력한다. 그러나 다른 한편으로는 공공 숙의과정을 통해 사람이 바뀔 수 있다는 명제에 회의적 반응을 보인다. 밀은 정치참여를 통해 유권자의 덕성이 자라나리라고 기대하지 않았다. 그것은 정치의 일상적 모습이 전혀 아니며 기껏 해야 소수의 열성 참여자(class partisans)에 해당되는 이야기일 뿐이라는 것이다.[84]

---

밀처럼 참여의 효과에 대해 지나친 낙관론을 펴는 것은 적어도 이 시점에서 합당하지 않아 보인다.(서병훈 1995, pp. 178-179 참조)

84) 『대의정부론』이 이런 혼선을 빚는 것은 밀이 현실 속의 민주주의와 자신이 소망하

### 3) 자유는 필요조건이면서 구성요소

사정이 이렇다 보니 밀이 과연 공리주의자인지 평자들의 의견이 분분하다.[85] 개별성과 자유가 그 자체로서 의미 있는 것인지, 아니면 행복에 이르는 수단이기 때문에 소중한 것인지 밀이 분명하게 구별하지 않았기 때문이다.

밀이 개별성을 그 자체로서 좋은 것으로 생각했기 때문에 자유의 당위를 역설했을 수 있다. 그렇다면 그는 직관주의에 빠져 자신의 공언과 달리 공리주의 원칙을 버린 셈이다. 밀로서는 받아들이기 어려운 비판이 아닐 수 없다.

밀이 여전히 공리주의자라고 생각하는 사람들은 정반대의 논리를 제시한다. 즉, 1) 개별성을 배양해야 인간의 특징적인 양상인 관찰, 판단, 구별, 굳은 의지 등과 같은 능력을 기를 수 있다. 2) 이런 능력은 무엇이 사람에게 좋은 것이고 바람직한 것인가를 판단하는 데 도움이 되는 것이다. 그래서 사람이 그런 능력을 많이 갖출수록 자기 자신과 남에게 더 유익한 존재가 된다. 3) 공리주의자의 입장에서 본다면, '최선의 것'이란 행복에 이르게 하는 데 도움이 되는 것이다. 4) 그

---

는 민주주의를 뚜렷이 구분하지 않고 사용하기 때문이다. 밀이 『자유론』에서 경계했듯이, 현실 속의 민주주의는 시류에 순응하는(conformist) 대중에 의해 운용되고 있다. 밀은 이 경우에 매디슨의 주장처럼 수많은 경쟁 집단들 사이에서 세력 균형을 도모했다. 반면 밀이 소망하는 민주주의는 대화와 토론에 바탕을 둔 숙의 민주주의이다. 밀은 이 경우에 이상적 공론의 장을 통해 개인의 성격에 긍정적 변화가 일어날 것이라고 기대하고 있다. 단, 조건이 있다. 토론에 새로 참여하는 사람이 민주적 신념에 충실하면서 상호 개방적일 때, 그래서 "타인의 생각을 존중하며 사회의 일반이익에 깊은 관심을 기울이게 되면" 그 상황에서는 참여가 각 개인의 성격을 변화시키는 효과를 낳을 수 있다는 것이다.(Zakaras, p. 214 참조)

85)  이와 관련, 보다 자세한 논의는 Young, p. 210, 220 참조.

런 능력은 자신과 타인의 행복에 도움이 되는 것들이다. 5) 그러므로 개별성이 배양되는 것이 바람직하며 6) 자유는 이 개별성의 배양을 위해 필요한 것이다.(Ladenson, pp. 521-522, 527-528 참조)

밀에 관한 전통적 해석은, 밀이 공리주의의 한계를 직시하며 그것을 극복하려 했으나 성공하지 못했다는 입장이다. 밀은 직관을 거부하며 공리주의 원칙을 고수했다. 그러나 그는 동시에 자유라고 하는 도덕적 가치에 대한 직관적 당위론을 주장했다. 자유가 수단적 가치를 지닌다는 시각과 그 자체로 도덕적 중요성을 지닌다는 생각 사이에서 딜레마에 빠진 채 문제 해결에 실패했다는 것이다.(Gray and Smith, pp. 1-4 참조)

그러면 자유와 가치, 참여에 대한 밀의 생각을 어떻게 정리해야 할까? 나는 밀을 공리주의자로 규정하는 것이 옳다고 본다. 공리주의자의 입장에서 본다면 자유의 원칙은 공리주의의 관할 아래 있는 하위 규정일 수밖에 없다. 그렇다고 자유와 가치가 대립구도 위에 서 있는 것은 아니다. 자유가 전제되지 않으면 인간의 삶에서 올바른 가치를 찾을 수 없기 때문이다. 자유는 행복한 삶의 전제조건이면서 그 본원적 구성요소이다.

밀은 개별성의 개념에 독특한 의미를 부여했다. 밀은 개별성이 단지 행복에 이르는 필요조건에만 그치는 것이 아니라 동시에 그것의 구성요소(constitutive ingredient)도 된다고 생각했다. 그의 사상 체계 속에서 개별성이란 것은 수단적 가치이면서 동시에 목적 그 자체인 것이다.(Gray and Smith, pp. 9-10)

밀은 자유와 개별성이 부차적인 목적이고 진리와 인간성의 최고 발전단계가 궁극적인 목적인 것처럼 이야기한다. 그러나 동시에 밀은 후자가 전자로부터 생겨나는 결과라고 생각하기도 한다.(Himmelfarb,

p. 73) 같은 맥락에서 그는 개별성이 문명이나 교육, 지식의 습득, 문화현상의 결과로서 나타날 뿐만 아니라 그런 현상들을 구성하는 부분이요, 필요조건이기도 하다고 말한다.(『자유론』, p. 125) 이처럼 개별성 개념은 정신의 발전 그 자체를 나타내는 표시일 뿐 아니라 그러한 발전을 가능케 하는 수단이기도 하다. 개별성은 복합적 성질을 띠고 있는 것이다.[86] 이렇게 본다면, 밀이 개별성 개념을 다소 모호하게 정의하기는 했지만, 그렇다고 그가 공리주의의 원칙을 폐기해버렸다고 말하기는 어렵다.

밀은 '웬만한 정도(tolerable amount)의 상식과 경험'만 있다면 자신의 삶을 자기 방식대로 살아가는 것이 가장 바람직하다고 했다.(『자유론』, p. 145) '자유롭고 평등한 토론에 의해 정신을 발전시킬' 수 있는 사람이라면 그 어떤 경우에도 자유를 박탈해서는 안 된다고 했다.(『자유론』, p. 37) 밀은 '확신과 설득에 의해 자기 자신의 발전을 도모할 능력'을 자유의 조건으로 제시했다. 그러면서 그는 "우리가 여기에서 관심을 가지고 있는 나라 사람들은 모두 이미 오래전에 이런 상태에 도달했다."(『자유론』, p. 38)고 보았다. 최소한 조건만 갖춘 사람이라면 자기 방식대로 살게 내버려 두어야 한다는 말이다.

따라서 밀은 아주 예외적인 경우에만 선의의 간섭을 허용했다. 원칙적으로는 개인의 선택에 맡겨야 한다. 그러나 개인의 자유를 증진하고 발전을 촉진하기 위해 불가피하다면 한시적·부분적으로 간섭할 수 있다고 본 것이다.(Smith, pp. 187, 209-212)[87] 나는 밀의 큰 원칙

---

86) 밀은 개별성과 사회성을 대립하는 것으로 보지 않았다. 그 둘은 서로에게 없어서는 안 될 존재이다. 밀이 참된 행복을 위해 개별성과 사회성을 함께 길러야 한다고 역설했던 것을 기억할 필요가 있다.(4부 참조)

87) 이런 의미에서 밀을 선의의 간섭주의자(paternalist)로 보아야 한다는 Claeys, p.

을 존중하지만 그가 간섭의 가능성을 완전 봉쇄하지는 않았다는 사실을 주목한다. 이런 미묘한 '일탈'이 그의 민주주의이론에 주는 충격파가 심상치 않기 때문이다.

## 3. '플라톤주의자' 밀?

### 1) 지식 엘리트

잘 알려져 있듯이, '민주주의'라는 말은 고대 아테네의 페리클레스(Pericles)가 처음 사용했다. 페리클레스는 아테네의 정치체제가 아테네 고유의 창조물이라는 점을 강조한 뒤, 그 특징이 '소수의 특권층 대신 다수의 사람들에게 더 혜택을 주는 것'에 있다고 단정한다. 그리고 이러한 특징을 지닌 체제가 곧 '민주주의(dēmokratia)'라고 규정한다. 결국 다수와 소수의 대립 또는 다수 위주의 '파당적(派黨的)' 정치관이 페리클레스 민주주의의 요체였던 것이다.(서병훈 2000, p. 84 참조)

밀은 그런 파당적 정치관을 거부했다. 그가 구상한 대의제는 특정 당파가 아니라 모든 사람을 만족시키는 정치를 지향한다. 평등한 사람이 모여 사는 민주주의 사회에서 다수파가 결정권을 가지는 것이 당연하기는 하나 그 다수가 자신의 파당적 이익을 도모하기 위해 소수파를 억압한다면 그것은 정의롭지 못한 일이다. 그래서 밀은 (가난한) 다수의 이기적 정치행태를 강하게 비판했다. 물론 (기득권을 누리는) 소수의 사악한 이익 역시 그의 척결대상에서 빠질 수 없었다. 밀

---

98, 122 및 『자유론』이 부분적으로만 후견주의를 허용한다고 본 최봉철 논문 참조.

은 당파를 가릴 것 없이 사악한 이해관계를 극복해야 대의 민주주의가 원활하게 작동할 수 있다고 생각했다. 따라서 그는 사회의 일반이익[88]을 탐지하고 추구하는 사람, 한마디로 계급적 편견을 극복한 사람이 정치를 담당해야 한다고 역설했다.

밀은 정치인에게 '청렴과 용기'의 덕목을 요구했다. 그래야 그가 희망하는 대의 민주주의가 꽃을 피울 수 있을 것으로 생각했다. 밀은 교육이 그런 덕목의 관건이라고 믿었다.(Skorupski, pp. 86-87 참조) 고도의 발전된 상상력에다 먼 장래의 일에 대해 깊이 고려하는 사람이 일반이익을 위해 헌신할 수 있는데, "현 단계에서 이런 자질은 교육을 많이 받은 사람들만이 구비하고 있다."는 것이다. 그의 『대의정부론』은 이런 믿음을 집약적으로 표출하고 있다. '무식과 지식이 동일한 정치권력을 향유한다는 것은 원칙상 잘못된 것'이라는 전제에서 훌륭하고 현명한 사람, 즉 교육을 많이 받은 사람의 영향력이 상대적으로 더 커야 한다고 역설했다.(『대의정부론』, 6장) 밀은 『공리주의』에서도 비슷한 주장을 폈다. '교육을 많이 받아야' 각자의 사적 이익과 공동체의 일반이익이 서로 일치할 가능성이 커진다는 것이다.(『공리주의』, 3장)

그래서 밀은 교육을 많이 받아 사심을 억제할 수 있는 엘리트를 대망(待望)했다.(Duncan, pp. 262-263, 277) 민주주의 사회가 당분간 계급적 다툼에서 자유로울 수 없다면, 바로 그런 이유에서라도 밀이 상정하는 소수는 그와 같은 자질을 갖추어야 한다는 것이다. 밀은 '이성적

---

88) 밀은 일반이익(general interest)이 '전체의 이익에 대한 사심 없는 고려, 진보하는 존재인 인간에게 항구적으로 이익이 되는 것'을 포함한다고 규정했다. 특정인의 이기적 이익, 사악한 이익은 공동체의 일반이익과 상충된다고 보았다. 그는 진정한(real) 이익과 목전(目前)의 그럴 듯하게 보이는(apparent) 이익을 구분하기도 했다.(『대의정부론』, p. 121, 124; Thompson 1976, pp. 114-116 참조)

인 사람', 곧 지식 엘리트에 기대가 컸다.[89) 그는 '사욕을 떠난 불편부당'만 전제된다면 이성적인 사람들 사이에서는 최종 합의가 이루어질 것이라고 믿었다.[90) 밀은 대의체제에서 이성의 도움을 받아 일반이익을 지향하는 최선의 정책이 채택될 수 있다고 생각했다. 그가 대의 민주주의를 가장 이상적인 정치체제로 꼽은 깊은 이유가 여기에 있다.

그러나 이런 생각에 동의하지 못하는 사람이 많다. 우선 바로 앞에서 보았듯이, 롤즈는 아무리 이성적인 사람들도 '판단의 부담' 때문에 의견이 엇갈리기 마련이라고 주장한다. '최종합의'를 기대하는 밀을 정면 반박하고 있는 것이다.

밀은 교육을 잘 받는 것을 도덕적 탁월성을 갖추는 필요충분조건으로 간주했지만 현실은 그렇지 않다. '배운 사람이 더 심하다.'는 말이 회자(膾炙)되는 세상에서 지식인의 불편부당성에 대한 이런 믿음을 어떻게 평가해야 좋을까?[91) 밀이 지식인의 역할이라는 당위에 압도된

---

89) 모스카(Gaetano Mosca)는 지식인을 적어도 일시적으로라도 자신의 사적 이익을 희생한 채 객관적 입장에서 공공이익을 추구할 수 있는 유일한 집단이라고 평가했다. 만하임(Karl Mannheim)은 사회적 이해관계로부터 일정한 거리를 유지하며 사회문제에 대해 종합적이고 객관적으로 접근하는 지식인을 그렸다.

90) 그가 입법자를 의사와 비교하는 대목에 이르면, 정치를 일종의 인지과학(cognitive science)의 대상으로 해석하는 것처럼 보인다. 다시 말해 밀은 자연과학 수준의 확증과 보편적 수용이 도덕적·정치적 신념의 세계에서도 가능하다고 기대하고 있는 것이다. 도덕과학이 자연과학의 발전 수준에 비해 현격하게 뒤처져 있지만, 그것은 방법이나 내용의 차이 때문이 아니라 도덕과학이 아직 충분한 상태로 발전하지 못한 까닭이라고 단정한다.(Duncan, pp. 262-263, 277-278)

91) 대학교 강의실에서 밀의 복수(複數)투표권 개념을 설명하노라면 학생들이 한결같이 보이는 반응이 있다. "많이 배운 사람이라고 더 도덕적이라는 보장이 어디 있나요, 교수님?" 이에 대해서는 텐(Ten, p. 384) 참조. 지식인들이 계급이익에서 자유롭기는커녕 오히려 자신의 사회적 출신배경에 더 큰 영향을 받는다는 조사 결과는 Thompson 1976, pp. 87-88 참조.

나머지 객관적 성찰을 소홀히 한 것은 아닐까?

밀에 비판적인 사람들은 그가 소수 대표의 발언권을 확보하기 위해 비례대표제의 실현에 온 힘을 기울인 것도 의심의 눈길로 본다. 식자 계급의 '옳은 생각'을 관철하기 위한 포석이라는 것이다. 이들은 밀을 '좋은 결정'을 우선시하는 합리적 결정론자(rationalist)라고 단정한다. 바람직한 결과를 얻기 위해 과정을 무시하거나 생략하는 것을 개의치 않는다는 것이다. 능력제일주의에 경도된 나머지 민주주의의 기본 요 건인 평등을 등한시한다는 것이다.

밀의 참여이론도 평가절하된다. 그가 얼핏 참여의 교육적·해방 적 기능을 강조하는 것 같지만 정치를 기본적으로 엘리트를 선출하 는 과정으로 국한해버림으로써 평등을 폄하하고 결과적으로 민주주 의를 거부한다는 것이다. 이런 이유에서 많은 사람이 『대의정부론』을 '소수의 뛰어난 사람, 특히 교육을 많이 받은 전문가에 의한 지배'를 제창하는 엘리트주의의 소산으로 본다.(Thompson 1976, p. 7; Urbinati 2002, pp. 7, 42-44 참조) 밀의 정치사상을 슘페터의 '엘리트 민주주의' 의 전 단계로 규정하기도 한다.[92]

심지어 밀을 플라톤주의자(Platonist)라고 부르는 사람도 있다. 교육

---

[92]  슘페터는 오늘날 엘리트 민주주의이론의 대명사처럼 불린다. 그는 국사를 직접 관장하는 사람은 이성적인 판단 능력과 전문적인 지식을 갖추어야 하고, 자기희 생을 감수하더라도 나라 일에 헌신할 수 있어야 한다고 생각한다. 그가 볼 때, 오늘날 대중은 이런 조건을 맞출 수 없다. 슘페터는 묻는다. 능력도, 의지도 없 는 사람들이 정치를 좌우하면 어떤 일이 벌어지겠는가? 그래서 그는 엘리트들이 나라 살림을 책임지는 것이 모든 사람에게 이득이 된다고 주장한다. 그렇다고 대 다수의 보통 사람들을 참여에서 제외시키자는 것은 아니다. 그런 엘리트를 선출 하는 일은 대중의 몫이다. 다시 말하면 정책 결정은 엘리트가 하고 대중은 그들 을 움직임으로써 간접적으로 정치에 참여하게 하자는 것이다.(Schumpeter, pp. 256-264)

엘리트주의를 내세워 현대판 철인왕의 부활을 지향한다는 것이다.[93] 그가 플라톤을 좋아했고 그의 책을 많이 읽은 것은 사실이다.[94] 이를테면 밀은 1865년 첫 선거를 앞둔 시점에서도 플라톤을 읽는 재미에 빠져 있었다. 그는 당시 아비뇽에 머물면서 그로트(George Grote)가 쓴 3권짜리 책(*Plato and the Other Companions of Socrates*)에 대한 서평을 준비 중이었다. 밀은 헤어(Thomas Hare)에게 보낸 편지에서 플라톤을 읽는 즐거움을 이렇게 묘사했다:

> "내가 선거에 나서는 것이 내가 추구해온 대의를 얼마나 더 증진시킬 수 있을지 확신이 안 섭니다. 아비뇽의 이 아름다운 5월에 『고르기아스』와 『테아이테토스』를 읽는 즐거움을 어떻게 말로 표현할 수 있을까요. 하원에 들어가 재미도 없는 연설을 장시간 듣는 것과는 비교가 안 되지요."(Kinzer, p. 292 참조)[95]

---

93) 밀이 한편으로 민주주의를 옹호하고 다른 한편으로 그 '민주주의'의 폐해로부터 근대 정치 세계를 보호하려 했는데, 이 점에서 '조화될 수 없는 것을 조화시키려 한다.'는 마르크스의 비판을 연상시킨다는 지적에 대해서는 Held 2020, p. 186 참조.

94) 밀은 세 살 때 그리스어를 배우기 시작했다. 『이솝 우화집』이 그가 맨 처음 읽은 그리스어 책이었다. 그는 일곱 살 때 『에우티프론』에서 『테아이테토스』에 이르기까지 플라톤의 초기 대화편 6편을 읽었다. 이어 논리학을 공부하면서 플라톤의 주요 저작, 특히 『고르기아스』, 『프로타고라스』, 『국가』를 읽기 시작했다. 뒷날 그는 상당수의 플라톤 저작을 번역하기도 했다. 그의 아버지는 "정신 교양을 위해 플라톤보다 소중한 사람이 없다."고 했는데, 아들도 같은 생각이었다. 어린 가슴에도 소크라테스적 방법은 정확한 사고력을 기르는 데 다시 없이 소중한 것으로 보였다.(『자서전』, pp. 14-15, 27-28)

95) 토크빌도 플라톤을 좋아했다. 그는 플라톤을 위대한 저술가의 표본으로 꼽기도 했다. "플라톤은 우리의 본성 중 가장 고상하고 가장 놓치고 싶지 않은 분야를 파고들어 우리에게 보여준다 …. 그는 인간이 존재하는 한 영원히 잊히지 않을 것이다. 인간 지성사에서 길이 남을 강력한 영향력을 행사할 것이다."(Selected, p. 130)

밀은 1866년 그로트의 책에 대한 장문의 서평을 《에든버러 평론》에 발표했다. 그는 이 글을 쓰기 위해 플라톤 전집을 희랍어로 전부 다시 독서했을 정도로 공을 들였다. 그로트는 그 책에서 사람마다 진리에 대한 판단 기준이 다르다며 프로타고라스(Protagoras)의 편을 들었다. 밀은 동의하지 않았다. 진리를 찾는 길은 사람에 따라 다를 수 있지만 진리의 객관적 실체에 대해서는 의심할 수 없다는 것이다. 플라톤의 냄새가 진하게 풍기는 대목이다:

"진리를 입증하는 방법은 각자 다를 수 있다. 그러나 진리 그 자체에 대해서는 그럴 수 없다. 진리가 드러내는 사실에 대한 판단은 사람에 따라 다를 수 있지만 그렇다고 각자 마음 내키는 대로 진리를 규정할 수는 없다.(No one means anything by truth.)"고 역설했다.(CW XI, p. 427; Schofield, pp. 138-140 참조)

물론 밀이 플라톤의 생각을 전부 수용한 것은 아니다. 그는 분명히 플라톤의 이데아론과 상기설(reminiscence)을 비판했다. 플라톤의 정치이론이 보여준 한계도 명확하게 지적했다. 플라톤은 '철인왕'을 전지전능한 존재인 것처럼 상정하면서 나머지 인간들이 자신의 삶과 관련된 정치에 대해 아무런 발언권도 가질 수 없게 했다. 밀의 인간론이나 민주주의이론에 비추어 도저히 용납할 수 없는 발상이었다.(Schofield, p. 139 참조)

이런 차이에도 불구하고 밀은 진리에 대해 단호한 믿음을 가졌다는 점에서 플라톤과 매우 흡사하다. 나아가 밀은 플라톤의 윤리학과 정치철학을 높이 평가했다. 플라톤의 '사려 깊은 사유의 결과물'을 기꺼이 받아들였다. 특히 플라톤이 철학적·논리적 지식으로 무장된 '과학적 통치자(Scientific Governor)'를 모색한 것에 전적으로 공감했다. 나라를 다스리는 것은 숙련된 능력을 구비한 사람의 몫(Skilled Employment)이어야 한다. 이것은 만고불변의 보편적 진리이다. 밀과 플라톤은 이 점에서 생각이 같았다. 앞 장에서 소개한 대로 밀의 숙련 민주주의가 바로 이런 문제의식 위에서 출발한 것이다.(Schofield, p. 139; Duncan, pp. 262-263 참조)

밀은 통치자가 알아야 할 '과학'에 대해서도 플라톤을 눈여겨보았다. 『국가』에서 보듯이, 플라톤은 처음에는 영원불변의 이데아에 관한 형이상학적 지식을 중심으로 철학자와 비철학자를 구분했다. 그러나 『정치가』에서는 그의 강조점이 '인간의 삶에서 가장 중요한 것에 대한 철학적·논리적 지식'으로 옮겨간다.(CW, XI, p. 433, recit. Schofield, pp. 139-140)

밀이 기대하는 정치인의 모습도 『정치가』의 그것을 닮았다. 그는 지도자가 될 사람은 고도의 전문능력을 갖출 것을 요구했다. 단순히 기능적 수완을 말하는 것은 아니다. 관련 분야에 대한 과학적 통달에 이를 수 있어야 전문가라는 이름에 부합한다. 그 경지에 도달하기 위해서는 장기간에 걸친 고된 학습이 불가피하다. 그런데 밀은 정치를 담당할 사람이라면 그에 앞서 수준 높은 교양(liberal general education)을 쌓아야 한다고 강조했다.(CW, XI, p. 436, recit. Schofield, p. 139) 기능인이기 전에 먼저 사람이 되어야 한다는 것이다.[96] 이런저

---

96) 밀은 1867년 세인트 앤드류스(St. Andrews) 대학의 명예총장 취임사에서 유능한 교양인을 기르는 것이 대학교육의 목표라고 했다. 인간이 먼저 되어야 한다는 그의 지론을 다시 한 번 펴고 있는 것이다. 어떤 사람이 실력 있는 법률가인가? 단순히 기억력에 의존하는 것이 아니라 어떤 원칙을 이해하고 그 원칙에 따라 사물을 판단하는 사람이다. 교양 교육을 받아 철학을 갖춘 법률가가 되어야 하는 것이다.(CW XXI, pp. 217-218) 밀은 현대사회가 직업별 전문화를 요구하면서 인

런 모습을 종합해보면 밀을 플라톤주의자로 부를 법도 하다.

## 2) 도덕적 능력과 도구적 능력의 구분

그러나 달리 생각하는 사람도 있다. 밀이 플라톤을 좋아했지만, '플라톤주의자'로 규정할 정도는 아니라는 것이다. 우선 밀이 정치인에게 턱없이 높은 수준을 기대한 것은 아니다. 그는 『공리주의』에서 '우리 삶을 불행하게 만드는 요인'으로 이기심과 정신 교양(cultivated mind)의 부족을 꼽았다. 교양을 쌓아야 인간다운 삶을 살 수 있다는 말이다. 그런데 그가 기대한 '교양인'은 그리 대단한 사람이 아니다. 철학자를 염두에 두고 하는 말이 아니다. 그저 지식의 원천에 대해 마음이 열려 있는 사람, 그리고 웬만큼 그 정신 능력을 발휘할 수 있게 교육을 받은 사람이면 다 교양인이라고 할 수 있다는 것이다.(『공리주의』, p. 40)[97]

이 관점을 따르면, 밀이 진리의 존재에 확고한 믿음을 가졌고 그

---

간성이 위축되는 현상을 심각하게 받아들였다. 시간이 흘러갈수록 인간이 알아야 할 지식의 양이 폭주하고 있다. 지식의 영역이 점점 세분되면서, 특정 분야에 대해 좁고 깊이 들어가야 전문가가 될 수 있다. 그러나 밀은 묻는다. 어느 하나를 제대로 알기 위해서는 나머지 전체에 대해 무지한 것이 불가피하다면, 그런 지식이 인간에게 무슨 도움이 될 것인가? 경험이 말해주지만, 다른 것은 다 배제하고 오직 한 분야만 파고들어 갈 경우, 사람의 마음이 편협해지고 왜곡되지 않을 도리가 없다. 그러므로 미세한 부분에 대한 전문가가 된다는 것은 인간성이 점점 위축되면서 보다 큰일에 적합해질 수 없다는 것을 뜻하게 된다. 밀은 각자의 전문 영역에 관해 깊이 알면서 동시에 여러 분야의 중심 되는 내용에 대해 기본적인 지식(general knowledge)을 가질 것을 권면한다. 그래야 의식이 깨어 있게 된다는 것이다.(CW XXI, pp. 223-224)

97) 밀이 자유의 원리를 향유할 자격요건에 대해서도 '웬만한 정도의 상식과 경험' (『자유론』, p. 145)을 요구했다는 것을 기억할 필요가 있다.

진리를 찾는 것을 정치인의 덕목으로 간주했다는 점에서 플라톤과 매우 흡사하기는 하지만, 그렇다고 그를 플라톤주의자라고 단선적으로 규정하는 것은 동의하기 어렵다. 밀은 『자유론』에서 "천재는 오직 자유의 공기 속에서만 자유롭게 숨을 쉴 수 있다."고 말했다. 그러나 그는 곧 "이러한 자유의 중요성이 탁월한 정신적 능력을 갖춘 소수의 사람에게만 적용되는 것도 결코 아니다."(『자유론』, p. 140, 145)라고 역설했다. 평범한 보통 사람들도(평범하기 때문에 더욱) 개별성을 고양해 자기발전을 도모해야 한다는 것을 강조한 밀이었다. 지식 엘리트, 아니 철인왕에게 모든 것을 맡기자고 한 밀이 아니었던 것이다.

이런 맥락에서 밀이 '좋은 결정'보다는 토론과 조사과정을 훨씬 높이 평가했으며, 따라서 그를 플라톤주의자로 부르는 것은 합당하지 않다는 어비나티(Nadia Urbinati)를 유심히 읽을 필요가 있다. 어비나티에 따르면, 밀을 플라톤주의자로 규정하는 사람들은 밀이 능력제일주의에 빠져 참여, 즉 민주주의를 홀대한다고 비판한다. 그러나 그들은 중요한 사실을 놓치고 있다. 밀이 능력 개념을 사용하는 것은 사실이다. 그러나 그는 숙의 능력(deliberative competence)과 기술적 능력(skilled competence)이라는 두 종류의 능력을 구분해서 사용하고 있다. 대의정부에서는 두 능력이 역동적으로 상호작용한다. 중요한 것은 숙의 능력, 즉 도덕적 능력은 정치에서 필요하고 기술적 능력, 즉 도구적 능력은 비정치적 영역에서 쓸모가 있다는 점이다. 따라서 그가 능력 개념을 중시한다고 유권자들의 판단력을 도외시한 것은 아니다. 민주주의를 거부하는 것이 아니라는 말이다.[98]

---

98) 이와 관련, 톰슨(Denis Thompson)은 정치를 잘하기 위해서는 도덕적 능력 (moral competence)이 필요한 반면 행정이나 경영관리 같은 비정치적 업무를 처리하는 데는 도구적 능력(instrumental competence)이 쓸모 있다는 주장을

문제는 아무리 참여를 늘려도 도구적 능력의 불평등은 쉽사리 극복되지 않는다는 사실이다. 따라서 전문가(수탁자)에게 일정한 우선권을 부여하는 것이 불가피하다. 그러나 판단과 숙의(熟議) 능력, 즉 도덕적 능력은 참여 여하에 따라 향상될 수가 있다. 밀이 참여를 강조할 때, 그가 우선적으로 염두에 두었던 것은 바로 도덕적 능력의 평준화였다. 그런 한편 도구적 능력의 향상에 대해서는 그리 큰 기대를 걸지 않았다. 전문가에게 의탁해도 된다고 생각했다.[99]

밀이 플라톤주의자라면 도덕적 능력과 도구적 능력을 구분하지 않았을 것이다. 숙의 공간에서 다양한 의견의 존재 필요성을 촉구하지 않았을 것이고 정치인이 인민에게 책임지도록 만들지도 않았을 것이다. 특히 기술지배체제(technocracy)가 점점 압제적 권한을 행사하는 것을 차단하기 위해 여러 제도적 장치를 고안해내지도 않았을 것이다. 밀은 국가기구의 전횡이 자유에 심각한 위협이 되는 현상, 특히 토론을 잠재우고 정치를 무력화하는 현상을 심각하게 지적했다. 밀은 이런 위협에 대처하기 위해 결정과 '행정("doing")'보다 토론과 '숙의("talking")'에 더 무게를 두었다. 도구적 능력이 대의정부 안에서 전제적 횡포를 부리지 못하게 대책을 모색했다.[100] 밀은 정부가 더 민주적

---

편다. 도덕적 능력은 개인과 사회의 내재적으로 우월한 목적을 분간하는 능력이다. 도덕적 능력이 있어야 '사악한 이익'을 물리치고 일반이익을 인식할 수 있다. 톰슨에 따르면, 밀은 입법부 등의 정치과정에서 특히 도덕적 능력이 요구된다고 생각했다. 이에 비해 도구적 능력은 특정 목적을 달성하는 데 유용한 최선의 수단을 발견하는 능력으로서 관료 등 행정부 쪽에서 갖추어야 하는 덕목이다.(Thompson 1976, pp. 55-56 참조)

99) Urbinati 2002, pp. 8, 42-44. 정치지도자에게 과학적 판단보다 도덕적 판단이 더 중요하다고 주장한 로버트 달에 대해 각주 71 참조.

100) 어비나티는 밀이 플라톤보다는 아리스토텔레스의 생각에 더 가깝다고 본다. 아리스토텔레스가 민주사회의 시민 개개인은 지식과 능력이 부족하지만 그 개인이

으로 발전하더라도 능력에 따른 차이는 없어질 수 없다고 생각했다. 대신 대의정부가 능력과 참여 사이의 변증법적 관계를 구현할 것이라고 믿었다.(Urbinati 2002, p. 44)

톰슨도 같은 생각이다. 능력이라는 변수에 집중하면 반민주적이라는 비판을 피하기 어렵다. 그러나 밀의 정치이론은 복합적이다. 실용적인 것(즉, 능력)을 요구하면서 동시에 규범적인 것(즉, 참여)도 추구했다. 밀은 분명 능력을 중시했다. 그러나 밀은 모든 시민이 참여를 통해 능력을 키우도록 했다. 능력과 참여 사이의 간극이 시간이 지나면서 축소되기를 희망한 것이다. 밀이 상호 적대적 관계인 능력과 참여를 조화시킴으로써 민주주의의 발전에 기여했다는 사실을 인정해야 한다는 것이 톰슨의 결론이다.(Thompson 1976, pp. 89~90)

어비나티와 톰슨의 주장은 일리가 있다. 그러나 이 책은 크게 보아 밀을 플라톤주의자로 규정하는 것이 합리적이라고 주장한다. 앞 절에서도 말했듯이, 밀은 가치와 자유 사이에서 고민했다. 결과와 과정을 놓고도 똑같이 고심했다. 나는 밀의 사상 속에서 가치가 자유보다 우선한다고 해석했던 맥락 그대로 결과가 과정보다 더 큰 비중을 차지한다고 이해한다. 다만 가치가 자유를 포괄했던 것처럼 밀의 정치이론에서 결과는 과정과 동떨어질 수 없다고 생각한다. 따라서 밀을 그냥 플라톤주의자가 아니라 '민주적 플라톤주의자'로 보아야 한다. 플라톤주의와 민주주의를 '변증법적으로 통합'하는 것이 그의 과제였던 것이다.[101] 물론 '변증법적 통합'이라는 것은 '중용'만큼이나 그 의미가 다중

---

모여 집단을 구성하면 집단 전체의 실천적 지혜가 훨씬 커진다고 주장함으로써 인민이 주권자라는 민주주의적 발상에 부분적으로 공감했기 때문이다.(Urbinati 2002, p. 55)

101) 런시먼(David Runciman)은 '우리가 어디로 가야 하는지에 관한 옳은 결정'에 관

적이다. 따라서 모호할 수밖에 없다. 그래서 밀 정치사상의 실체를 둘러싸고 논란이 이어지고 있는 것이다. '민주적 플라톤주의자' 밀의 정치사상에 대한 종합적인 평가는 결론 부분에서 다시 시도해본다.

## 4. '민주주의자' 밀에 대한 평가

이런 논의를 거쳐 이제는 결론을 내려야 할 때이다. 존 스튜어트 밀은 과연 민주주의자인가? 『자유론』을 썼고, 대의 민주주의의 아름다움을 예찬한 그에게 이런 질문이 과연 합당한 것일까?

문제는 밀 자신이다. 다면성[102]을 좋아하는 사람답게, 밀은 민주주

---

심을 가진 지식지배(epistocracy)와 그곳에 도달할 수 있는 효율적 방법을 추구하는 기술지배를 구분하면서, 밀을 지식지배 철학과 연결해서 바라본다. 중요한 것은, 밀이 참여의 교육적 효과를 신뢰하면서 시간이 흐름에 따라 지식지배가 민주주의로 수렴될 것으로 기대했다는 점이다. 이런 이유에서 런시먼은 밀이 '순진한' 민주주의자는 아니었지만 그렇다고 기술지배를 맹신한 기술자(technocrat)도 아니었다고 주장한다.(*Guardian*, 2018년 5월 1일자 참조)

102) 밀은 어떤 사상이든 잘못이 있지만 동시에 어느 정도는 진리도 담고 있다고 생각했다. 그래서 한쪽은 희고 다른 쪽은 검다면서 싸우는 식의 맹목적인 2분법을 단호하게 거부했다. 밀의 사전에는 '반(半)진리 또는 다면성(多面性, many-sidedness)'이라는 말이 그 무엇보다 중요한 자리를 차지했다. 밀은 편견을 버리고 사물의 본질을 있는 그대로 파악하고자 애쓰는 과정에서 '두 개의 관점을 번갈아가며 취함으로써 양쪽의 장점을 모두 취할 수 있었다.' 이를테면 밀은 지방자치의 중요성을 강조한 토크빌의 글을 읽은 뒤, 양쪽의 과오를 회피하기 위해 양쪽의 폐단을 똑같은 정도로 비판했다. 그리고 양쪽의 장점을 절충시키는 방법을 진지하게 연구했다. 사회주의의 공과(功過)에 대해서도 마찬가지였다: "… 사려 깊은 사람이라면, 그들의 주장이 무엇인지 편견 없이 냉철하게 분석해보아야 한다 … 무엇이건 간에 옳은 것은 받아들이고 틀린 것은 거부하되 … 양자의 탁월한 부분은 모두 흡수해서 사회의 혁신에 도움이 되도록 이용해야 할 것이다." (서병훈, 1995, 『자유의 본질과 유토피아』, pp. 307–310 참조)

의에 대해서도 '두 목소리'를 내고 있다. 뿐만 아니라 그는 『자서전』에서 자신이 급진 민주주의자에서 수정 민주주의자로 '전향'했다고 회고하기도 했다. 밀이 민주주의에 대해 상반된 말을 하는 것과 민주주의에 대한 입장을 수정한 것이 겹쳐지면서 그의 사상적 실체에 대한 논란이 끊이지 않는다.

### 1) 민주주의의 한계

밀은 민주주의가 태생적 한계를 안고 있다고 생각했다. "높은 수준의 정신 능력을 갖추지 못하는 것은 흔히 민주정부가 다른 형태의 정부에 비해 눈에 띄게 부족한 측면"이라고 비판했다.(『대의정부론』, p. 113) 그는 "민주주의는 고상한 정신과 잘 어울리지 못한다."는 플라톤의 지적에도 공감했다. 밀은 민주주의의 '변덕스럽고 근시안적인 행태'를 아주 싫어했다. 다수파가 계급입법을 자행하고 소수파를 억압하는 '민주적 횡포'는 도저히 용납할 수 없었다. 밀은 당시 노동자계급의 도덕적·지적 수준에 비추어볼 때, 보통선거권의 확립으로 그들이 막강한 영향력을 행사할 수 있게 하는 것은 대단히 위험하다고 생각했다. 그가 '민주주의의 지배(democratic ascendancy)'를 적절히 제어, 규율하기 위한 여러 방안에 대해 고심한 이유가 여기에 있다.(『대의정부론』, p. 204)

그는 이런 부정적 측면을 한꺼번에 제거하는 유일한 해법은 '무식한 사람들이 교육을 많이 받은 대표를 잘 골라서 그들의 생각을 존중하고 따르는(defer) 것'이라고 단언하기도 했다.(『대의정부론』, p. 234) 모든 사람의 참여를 보장하되, 정치적 발언권의 무게가 지적 능력에 비례하는 일종의 '차등' 민주주의를 구현하자는 것이다. 이런 주장을 펴는 밀을 온전한 의미의 민주주의자로 보기 어려울 수도 있다.

밀이 민주주의에 대해 상반된 목소리를 내면서 전문가들의 평가도 자연스럽게 엇갈린다. 한쪽에서는 밀을 민주주의자로 간주할 수 없다고 주장한다. 이를테면 크랜턴(Maurice Cranton)은 밀의 정치철학을 담고 있는『대의정부론』이 귀족주의에 기울어져 있다면서 그는 분명 민주주의자가 아니라고 단언한다. 쉴즈(Currin V. Shields)도『대의정부론』은 민주주의 정부 형태를 평가절하하기 위해 써진 것이라고 맞장구를 친다.(Zimmer, pp. 3-4 참조) 영국 전체 성인남자 중 7%만 선거권을 가지는 상황에서『자유론』이 다수결 민주주의의 약점을 집중적으로 경고하는 것은 기존 수혜자에게 듣기 좋은 말을 하는 것이나 다름없다면서 비판하는 논지도 주목할 만하다.(김명환, p. 40)

## 2) 민주주의 예찬

그러나 밀이 민주주의의 태생적 한계만 꼬집은 것은 아니다. 그는 민주주의의 본질적 위대함, 특히 참여의 아름다움을 길게, 자주 이야기했다. 그가 볼 때, 과거 정치체제와 민주주의를 함께 비교하는 것 자체가 불가능하다. 자유국가에서 혼란에 따른 폐해가 심각하다고 하지만 다른 체제, 특히 군주가 다스리는 나라에서 폭군들이 함부로 권력을 남용하던 '구역질나는 행태, 비인간적이고 모욕적인 행패'와는 차원이 다르다는 것이다.(『대의정부론』, p. 64)

밀이 단일계급이 다수파를 구성하는 국가에서 완벽하게 평등한 민주주의가 초래할지도 모를 이런저런 해악을 매우 두려워한 것은 사실이다. 그러나 그에게 더 시급한 과제는 당시 민주주의 사회의 불평등 구조를 타파하는 것이었다.(『대의정부론』, p. 134) 그는 불평등이 사람의 육체적·정신적 능력을 자유롭게 발휘하지 못하게 한다면서 '불평등은 그 자체로서 죄악'이라고 규정했다.[103]

따라서 밀의 사상을 평면적으로 재단하면 문제의 본질을 놓칠 수 있다. 밀은 인간 삶의 다면성을 강조했는데, '차등' 민주주의에 관한 생각도 그 바탕 위에 서 있다. 그가 제안한 복수투표권이 논란을 불러일으키지만, 그는 '어떤 정치적 결과를 직접 바꾸는 것이 아니고 단지 대중의 감정을 어느 정도 조율하는 것이 목적인 경우'에만 복수투표권을 주자고 했다. 그러면서 그 조건을 엄격하게 구체화했다.[104] 그의 지식 엘리트에 대한 기대도 다르지 않다. 한쪽으로만 치우치지 않기 때문이다.

이를테면 '수탁자론'도 그런 관점에서 이해해야 한다. 그가 『대의정부론』에서 대표의 독주를 제한하는 여러 장치를 마련하고 있음을 눈여겨볼 필요가 있다. 우선 그는 공동 관심사에 대해 자기 의견을 반영할 기회를 전혀 가지지 못하거나 사람들 사이에서 하찮고 무의미한 존재로 취급당할 때, 누구든지 그런 모욕적 처사에 대해 분노를 느끼지 않을 수 없음을 잘 알고 있었다.(『대의정부론』, p. 174) 그래서 밀은 대표의 자율성을 보장한다고 해서, 그것이 유권자들의 사적인 의견을 전적으로 무시하는 수준까지 되어서는 안 된다는 것을 분명히 밝힌다. 아무리 대표의 인품과 지식이 뛰어나다고 하더라도 유권자 자신의 자기부정, 다시 말해 그 어떤 개인적 생각마저 포기하는 정도가 되

---

103) 밀은 신분이나 특권적 지위에 바탕을 둔 불평등은 배척했지만 능력에 따른 차이는 받아들였다. 그가 젊은 시절 '정신적 귀족주의'로 기울어 주류 급진파 동료들과 갈등을 빚었던 것을 기억할 필요가 있다. 그러나 밀은 우월한 사람과 보통사람 사이의 구분이라는 것은 역사적 상황의 산물로서 가변적인 것이라고 믿었다.

104) 밀은 복수투표권이 대의제정부의 우수성을 절대로 훼손시켜서는 안 된다는 사실을 거듭 강조했다.(『대의정부론』, pp. 176-177)

면 곤란하다는 것이다.(『대의정부론』, p. 231) 밀은 특히 대표가 유권자의 근본 신념에 배치되는 방향으로 정치를 하는 것은 용납될 수 없다고 생각했다.[105] 그는 대표가 유권자들의 굳건한 확신을 존중하고 그 뜻을 구현하는 것이 중요하다고 못을 박는다. 유권자가 자신의 근본적인 신념과 어긋나는 방향으로 정치를 펴려 하는 대표에 대해서까지 동의할 이유가 없고 그런 대표는 때로 내치기도 해야 한다는 것이다.

밀은 이런 논의를 펼치면서 대표에 대해 다음과 같은 제약을 가한다. 첫째, 낯선 사람이 처음으로 선출되었다면 유권자들은 그 대표가 자신들의 성향에 부응할 것을 1차적으로 요구할 수 있다. 특히 정상적이지 못한 사회적 상황 또는 그릇된 제도 때문에 유권자의 이익에 상충하는 파당성의 영향 아래 놓인 대표를 선출하지 않을 수 없다면, 그가 계급적 이해관계에서 자유로운지 여부를 판단하기 위해 사전에 서약을 요구할 수 있다. 유권자가 자신과는 전혀 다른 세계에서 살고 계급 배경도 다른 사람 가운데서 대표를 선출해야 하는 사회 여건이라면, 대표에게 모든 것을 다 맡겨버릴 수 없다는 것이다

둘째, 유권자는 대표가 어떤 방식으로 행동할지 알 권리가 있다. 대표가 수행해야 할 공공의 임무와 관련해서 그 사람이 어떤 관점과 생각 아래 움직일지 알아야 하는 것이다. 따라서 모든 대표는 사전에 자신의 정치적 입장을 공표해야 하고, 차후 그것에 배치되는 행동을 할 경우 반드시 충분하게 설명해야 한다. 대표는 자신의 생각과 다르더라도 유권자들의 소망을 의회에 소상하게 전달해야 할 의무를 지닌

---

105) 밀은 정말 근본적인 문제(absolutely essential)의 예로서 '대표가 토리(Tory) 출신인 데 반해 유권자는 자유당 지지자(Liberal)인 경우 또는 그 반대'의 경우를 꼽는다. 대표와 유권자가 상반되는 종교적 입장을 취할 때도 문제가 된다. 전쟁을 불러일으킬 수 있는 국제관계도 그런 범주에 든다.(『대의정부론』, p. 226)

다.(『대의정부론』, pp. 231-234) 이처럼 밀은 수탁자론, 즉 대표의 자율성 확대를 강조하면서도 그런 권한의 한계도 설정했다. 그가 지식 엘리트에 환상을 가지고 있었다고 비판할 수가 없는 것이다.

밀이 남보다 앞서 참여 민주주의론을 체계화했다는 사실도 잊어서는 안 된다. 그는 진심을 담아 참여의 중요성을 역설했다. 참여를 통해 교육과 정신적 훈련이라고 하는 이득을 나눠 가지는 것을 민주정부의 가장 큰 장점이라고 확신했다.

밀은 시민이 참여를 늘려감에 따라 능력도 향상되는 과정을 제시함으로써 참여와 능력 사이의 간극이 '시간이 흐름에 따라' 축소되는 이상적 정치상을 제시했다. 민주주의가 일정한 수준에 오르는 '그때까지만' 지적·도덕적으로 뛰어난 사람들의 발언에 상대적으로 더 큰 비중을 둘 뿐이었다.

밀이 능력이 뛰어난 소수에게 더 큰 영향력을 부여해야 한다고 주장했지만, 그 소수가 상대적으로 더 잘 통치할 수 있으리라는 점만 주목한 것은 아니다. 그는 소수 덕분에 일반 대중의 능력도 향상될 수 있다고 믿었다. 뛰어난 사람들의 영향을 받아 모르는 사이에 대중 자신들의 정신도 발전하게 된다는 것이다.(『대의정부론』, pp. 148-149) 참여와 능력이 사실상 동등한 가치(coequal)를 지니며, 서로 변증법적 조화를 이루어야 한다는 밀의 주지(主旨)에는 변함이 없는 것이다. 밀이 '사회 진보의 일반적 수준이 허용하는 한도 안에서 모든 참여가 최대한 확대'되어야 한다고 강조했던 것을 기억해야 할 것이다.(『대의정부론』, pp. 73-74)

이런 이유에서 밀은 투표권의 자격요건을 강화해서 부적격자의 투표권을 제약하자는 발상을 강력하게 비판했다. 지적 능력이 떨어지는 사람의 정치참여를 배제함으로써 정치수준을 향상시키고 계급입법도 방지하자는 주장을 대의제의 민주적 성격을 손상하는 것이라며 원천적으로 반대했다.[106] 밀은 누구든지 자신과 직접적으로 이해관계가 있는 모든 사회문제에 자기 목소리를 당당히 낼 수 있어야 하며 그 권리를 제약하는 것은 당사자에게 불의를 저지르는 것이라고 생각했다.(『대의정부론』, p. 164, 167)

밀은 투표권을 가지지 못하고 또 그것을 얻으려 애쓰지 않는 사람들은 정치적 토론이 안겨주는 이득을 놓치게 된다는 점을 주목한다. 자유정부가 가진 장점 중 가장 중요한 것은 사람들의 지성과 감성을 교육시킬 수 있다는 것이다. 국가의 중대 이익에 직접 영향을 끼치는

---

106) 그러면서도 밀은 '매우 특수한 상황'일 경우 투표권을 제약할 수밖에 없다고 생각한다. 일단 밀은 보통교육이 보통선거보다 먼저 이루어져야 한다고 역설했다. 그는 이렇게 전제한 뒤, 정상적인 사람이라면 누구나 투표권을 행사할 수 있어야 하지만, 그 권리를 행사하는 데 요구되는 의무에 대해 충분히 신경을 쓰지 않는 사람은 그 권리를 포기하는 것이 옳다고 주장했다. 이를테면 글을 읽지도 못하고 쓸 수도 없으며, 기초적인 산수조차 할 줄 모르는 사람이 선거에 참여하는 것은 전혀 옳지 않다고 보았다. 특히 경제적 자립 능력이 없는 사람, 예를 들어 교구(敎區, parish) 구호금을 받는 사람도 투표 자격이 없다고 생각했다. 자기 노동으로 자기 생계를 감당하지 못하는 사람이 다른 사람의 돈을 관리한다는 것은 말이 안 되기 때문이다. 그래서 밀은 등록 시점에서 5년 동안 교구 구호를 받은 적이 없는 사람만 투표권을 주자고 했다. 밀은 또 국세 또는 지방세 문제에 대해 투표하는 의회의 의원들은 조금이라도 세금을 내는 사람 중에서 전부 선출되어야 한다고 주장했다. 자신은 세금을 내지 않으면서 다른 사람의 돈에 대해 투표권을 행사하게 되면 그 돈을 아낄 생각은 전혀 않고 틈만 나면 낭비를 할 가능성이 크다고 생각했기 때문이다. 밀은 심리적·정신적 장애 때문에 다른 사람의 안전을 위한 최소한의 고려조차 감당 못하는 사람이라면 차라리 투표를 하지 않고 쉬는 것이 좋다는 말도 했다. 그가 "현안에 무관심한 사람은 … 차라리 투표장에 나가지 않도록 유도하는 것이 더 중요할 수 있다."고 말한 것도 같은 관점에서 이해할 수 있다. 그러나 밀은 이런 형태의 투표권 박탈은 그 성격상 일시적이어야 한다고 보았다. 그런 조치는 모든 사람이 마음만 먹으면 민주사회의 시민으로서 최소한 의무를 다하도록 하기 위한 방편에 지나지 않는다는 말이다.(『대의정부론』, pp. 168–172)

문제에 참여하는 것이 허용된다면, 최하계층 사람들까지 이런 교육의 혜택을 볼 수 있다.[107] 이런 이유에서 밀은 특정 부류의 시민들을 대의정치 과정에서 강제적으로 배제하는 발상을 전면 배격했다. 정치적 불평등을 구조화하는 그런 조치를 받아들일 수가 없었던 것이다. 인민들의 투표권을 제약하는 것이 당장에는 편리할지 몰라도 민주주의가 당면한 문제점을 극복하는 올바른 방법은 될 수 없다는 생각에서이다.(『대의정부론』, p. 164)

밀이 온갖 '박해'를 무릅쓰면서 여성참정권의 구현을 위해 분투했던 것도 가볍게 보아서는 안 된다.(『위대한 정치』, p. 297-299 참조) 시대를 앞서간 민주주의자라는 평가를 받기에 부족함이 없는 사람이 바로 밀이다.

밀이 노동자계급의 무지에 대해서만 눈을 흘긴 것은 아니다.[108] 그리고 그가 노동자들에 대해 부정적으로만 본 것도 아니다.[109] 그는 노

---

107) 토크빌은 미국 사람들 하나하나가 애국자이면서 동시에 지성과 교양을 갖출 수 있었던 것이 민주적 제도 영향 때문이라고 분석했는데, 밀은 이런 주장에 깊은 관심을 기울였다.(『대의정부론』, p. 165)

108) 밀은 이런 말도 했다. "가난한 계급의 유권자가 부자 두세 명 중에서 한 사람을 골라 자신의 표를 던져야 하는 상황이라면 사전 공약을 요구할 수밖에 없지 않은가? 그렇지 않으면 부자 후보가 과연 계급적 이해관계에서 초연할 수 있을지 어떻게 판단할 것인가?"(『대의정부론』, p. 227)

109) 밀이 남긴 다음과 같은 일화를 상기할 필요가 있을 것이다. 그가 언젠가 "영국의 노동자 계급이 다른 나라 사람보다 조금 낫기는 해도 그래도 거짓말쟁이인 것은 분명하다."고 말한 적이 있었다. 그가 1865년 하원의원 선거에 나갔을 때, 노동자들이 많이 모인 어느 집회에서 상대편 사람이 그것이 사실이냐고 물었다. 밀은 즉석에서 "그렇게 말했다.(I did.)"고 대답했다. 그러자 우렁찬 박수갈채가 쏟아졌다. 노동자들은 그의 솔직한 태도를 보고 오히려 믿음이 생긴 것이다. 밀도 노동자들이 자신의 귀에 거슬리는 말을 당당하게 받아들이는 것을 보고 신뢰감을 느끼는 계기가 되었다고 회고했다. 그는 노동자들의 인기를 얻는 가장 중요한 방법은 솔직한 태도를 보이는 것이며, 그러면 저들 마음속에 강력하게 반대

동자들의 시각이 일반적으로 다른 사람들보다 더 진리에 근접해 있다고 말할 수는 없어도, 때로는 대단히 진리에 가까이 가 있기도 하다는 점을 주지시켰다. 밀은 그 어떤 경우든, 그들의 목소리를 진지하게 경청해야 한다면서 그것을 외면할 뿐 아니라 무시하기까지 하는 현실을 크게 개탄했다.(『대의정부론』, pp. 62-63)

밀이 '준비 안 된 상황에서' 보통선거제가 도입되는 것을 두려워한 것은 앞에서 살펴본 그대로이다. 그는 분명 보통선거보다 보통교육이 먼저 이루어져야 한다고 역설했다.(『대의정부론』, p. 169) 동시에 그는 노동자 계급에게 투표권을 늘려줄 것을 지속적으로 강력하게 주장했다. 1866년 그는 하원의원으로서 노동자들이 과반수는 못 되더라도 상당한 영향력을 발휘할 수 있을 정도의 투표권을 가져야 한다고 역설했다.(Zimmer, p. 6)

밀은 숙련 민주주의를 추구했지만, 열등한 인간이 뛰어난 지식인에게 맹목적으로 복종하는 형태가 되어서는 안 된다는 것도 강조했다. '상당한 정도의 지적 수준'에 이른 사람이 자신보다 더 뛰어난 능력의 소유자를 '지적으로 존중'하는 모양이 되어야 한다는 것이 밀의 생각이었다.(Thompson 1976, pp. 85, 114-116) 자질과 덕성을 갖춘 엘리트에게 큰 권한을 부여하면서도 엘리트의 일방적 독주를 견제했고, 무

하는 생각이 있어도 능히 극복 가능하다고 생각했다. 밀은 의회에 진출한 뒤, 노동자들의 참정권 쟁취를 위해 분투했다. 그리고 자신의 선거를 위해서는 한 푼의 비용을 대는 것도 거부했던 밀이었지만 거의 모든 노동계급 후보자들에게 선거 기부금을 보냈다. 밀은 노동자들이 정당한 임금을 받으려면 노조가 반드시 필요하다면서, 노조결성을 금지하는 것은 노예제 폐지를 반대하는 것과 같은 악랄한 처사라고 비난했다. 경찰이 노동자의 정치집회를 봉쇄하면서 불상사가 일어날 뻔했으나 밀이 중재에 나서 원만하게 해결되었던 것도 우연이 아니었던 것이다.(『위대한 정치』, pp. 292-293, 304-305 참조)

엇보다도 모든 사람의 발전을 함께 추구하였던 밀이었던 것이다.

그는 민주주의가 사람을 변화시키고 진보의 기제가 된다는 믿음을 가지고 있었고 이런 이유에서 어느 누구도 배제되지 않는 '전체 인민에 의한 전체 인민의 정부'를 추구하였다. 그가 인민이 자신들 중 일부를 억누르고 싶은 욕망을 가질 때 발생하는 '다수의 압제'에 대해 크게 우려한 것도 이런 측면에서 바라보아야 한다.

결국 밀은 다수의 견제에서 벗어날 수 있도록 유능한 소수에게 권한을 주더라도, '주권은 공동체 전체에게 있어야 한다.'는 한계를 넘어서는 특권까지 부여하지는 않았다.(Urbinati 2002, p. 9) 민주주의가 어느 정도 부작용을 불러일으킨다고 하더라도 그것은 민주주의로 인해 기대되는 긍정적 현상에 비교할 바가 못 된다는 확고한 신념의 소유자가 바로 밀이었던 것이다.[110] 따라서 밀을 민주주의의 옹호자(Zimmer, p. 4), 특히 참여 민주주의이론의 효시로 여기는 사람들은 밀이 민주주의자라는 사실을 추호도 의심하지 않는다. 너무나 당연한 것이라 재론의 여지가 없다고 생각한다.[111]

절충론을 제기하는 이론가들도 있다. 이를테면 톰슨은 밀의 민주주의이론이 시기에 따라 변화하였다는 점을 강조한다. 즉, 초기에는 플라톤의 영향을 받아 유권자와 정치인의 관계를 '환자-의사'의 틀 속에서 바라보았지만 후기에는 선거민-대표의 역할을 보다 균형 있게

---

110) 그는 광범위한 참여가 시민교육 증진에 이바지한다면 정부체제 안에서 야기되는 웬만한 부정적 현상, 이를테면 일정 정도의 비효율성(incompetence)은 감수할 용의가 있었다.(Urbinati 2002, pp. 8-9 참조)

111) 헬드(David Held)는 벤담과 제임스 밀을 '마지못한 민주주의자'로 규정한 반면 밀은 '분명히 민주주의를 주창한 사람'이라며 양자를 구분했다. 그는 밀이 개인 능력을 '최고로, 그리고 조화롭게' 확장하는 것에 관심을 가졌던 민주주의자라고 자리매김했다.(Held 2010, p. 163)

조망했다는 것이다. 밀이 능력의 원리를 앞세워 대표의 재량권을 역설하다가 '대표는 선거민에게 책임진다.'면서 유권자의 참여를 강조하는 쪽으로 생각이 바뀌었다는 해석이다.(Thompson 1976, pp. 112-115)

밀의 사상 속에 상호 모순되는 두 측면, 즉 마지못해 민주주의를 받아들이거나(reluctant democrat)와 급진 민주주의를 추구하는 면모(radical democrat)가 동시에 발견된다는 분석도 관심을 끈다. 이 관점에 따르면, 밀은 개인이 자신의 개별성을 살리지 못한 채 집단이나 조직, 사회에 무비판적으로 순응하는 민주주의(conformist democracy)에는 소극적 지지를 보낼 수밖에 없다. 반면 그가 집단이 아니라 개인을 정치의 주체로 설정할 때는 민주주의에 상당히 낙관적이다. 이 상황에서 개인은 자유롭고 평등한 존재로서 개별성의 이름으로 다른 시민들과 이성적 대화를 나눌 수 있다. 밀은 이런 성격의 숙의 민주주의(discursive democracy)는 적극 옹호했다.(Zakaras, p. 206)

이렇게 본다면 밀이 민주주의의 한계를 넘기 위해 엘리트의 능력에만 의존한 것은 아니다. 그는 엘리트뿐만 아니라 일반 대중도 개별성을 발전시켜야 할 당위를 역설했다. 밀이 개별성을 민주시민이 갖추어야 할 이상적 지표로 여겼다는 사실은 그의 평등주의 지향을 유감없이 보여준다고 할 수 있다.[112] 나아가 밀이 민주주의의 순응적 성격

---

112) 보통 사람들은 개별성에 관심이 없거나 관심이 있더라도 달성할 능력이 없다는 이유에서 개별성을 강조하는 것 자체가 엘리트주의적 발상이라고 단정하는 시각이 있다. 밀은 그렇게 생각하지 않았다. 밀은 개별성을 철학자나 유한계급뿐만 아니라 모든 사람이 소망할 수 있는 것이라고 믿었다. 더 중요한 것은, 그가 모든 사람이 평등하게 자신의 인격을 최대한 발전시키는 것을 민주주의의 본질적 이상으로 규정했다는 점이다. 바로 이 대목에서 그는 인간의 발전을 오직 소수의 유한계급이나 꿈꿀 수 있는 것으로 치부하는 귀족적 엘리트주의와 분명하게 구분된다.(Zakaras, p. 220 참조)

을 걱정했지만 그렇다고 민주주의 그 자체에 대한 믿음을 포기할 정도는 아니었다. 그저 민주주의에 내재한 위험 요인을 간과하거나 무시하는 것은 민주주의의 발전에 역작용을 일으킨다는 사실을 명백하게 강조한 것에 지나지 않는다. 이 점에서 그는 토크빌과 생각이 같았다.(Zakaras, p. 201)

### 3) 밀 자신의 평가

밀의 민주주의적 진정성을 둘러싼 이런 논란에 종지부를 찍기 위해서는 그의 『자서전』 끝부분을 주목할 필요가 있다. 그가 나이 60이 넘어 자신을 '민주주의자'로 명확하게 규정한 대목이 나오기 때문이다. 나는 밀 자신의 '최후진술'을 바탕으로 그의 민주주의론을 둘러싼 혼란을 한 방향으로 정리하고자 한다.

1865년 하원의원에 처음 뽑혔던 밀은 3년 후 재선을 위한 선거운동에 나섰다. 그러나 그는 불과 몇 년 사이에 유권자들의 분위기가 확연하게 달라졌음을 느꼈다. 우선 토리 진영의 사람들이 그에 대해 품는 반감의 강도가 과거에 비해 훨씬 세졌다. 밀에 호의적이거나 별 관심을 보이지 않던 사람들이 이번에는 그의 재선을 적극 반대하고 나섰다. 여러 이유가 복합적으로 작용한 결과이겠지만(『위대한 정치』, pp. 306-309 참조), 밀은 보수주의자들이 자신에게 느꼈던 일종의 '배신감'을 특히 주의 깊게 분석하고 있다.

그는 그동안 여러 저작을 통해 민주주의이론의 약점을 날카롭게 지적했다. 일부 보수주의자들은 그 글을 보고 밀이 민주주의를 반대할수도 있을 것 같다는 희망을 가졌다. 그러나 그것은 그들의 착각이었다. 밀은 보수파 사람들이 하는 말 가운데 들을 만한 내용에 대해서는 귀를 기울이는 것을 마다하지 않았다. 문제는 보수주의자들이 밀도 그들처럼 다른 쪽 의견을 살펴보지 못할 것이라 지레짐작했다는 점이다. 밀은 그렇지 않았다. 민주주의를 비판하는 글 중에서 이치에 맞는 주장은 모두 충분히 경청했다. 그런 다음에도 그의 결론은 여전히 민주주의였다. 밀은 그들이 자신의 글을 유심히 읽었다면 그것을 모를 리 없다고 주장했다. 그는 단호하게 민주주의를 지지했고 그 원리 안에서 민주주의의 부작용(inconveniences)을 시정할 수 있는 각종 제도를 만들 것을 강력하게 제안했다.(A, pp. 288-289) 밀 자신의 평가에 의하면 그는 민주주의자였다.(A, p. 238)

6장

# 창조적 절충의 과제

밀을 이렇게 정리하고 나면 그가 지금껏 민주주의에 대해 두 목소리를 낸 것을 어떻게 해석해야 할까? 전문가들이 그에 대해 상반된 평가를 내리는 것은 어떻게 설명해야 할까?

손쉬운 방법은 '세월'에 의탁하는 것이다. 밀의 저작을 종합적으로 분석해보면, 세월에 따라 그의 생각이 조금씩 바뀌는 것을 알 수 있다. 젊은 시절에는 뛰어난 능력의 소유자를 '지적으로 존중할 것'을 강조하며 과격하게 '수탁자론'을 표명했지만, 노년에 이르면 그 입장이 다소 약화되는 것이 그 대표적인 예이다.

그러나 '세월에 따른 변화'만으로는 그가 『대의정부론』에서 두 목소리를 내는 것을 해명하는 데 한계가 있다. 이를테면 밀은 『대의정부론』보다 몇 년 뒤에 발표된 "Auguste Comte and Positivism"(1865)이라는 글에서 여전히 뛰어난 지도자를 '존중할 것'을 요구하고 있다. '수탁자론'에 관한 그의 신념이 오히려 더 강화된 것처럼 보인다.(Thompson 1976, p. 85 참조)

보다 강력한 해명은 밀 특유의 절충론에서 발견할 수 있다. 플라톤은 지도자의 능력을 강조했고, 벤담은 대중의 광범위한 참여의 중요성을 역설했다. 밀은 이 두 사람의 '평면적(one-eyed)' 처방을 종합하고자 했다. 다시 말해 능력 본위의 엘리트주의와 대중을 내세운 참여 민주주의의 융합을 시도했다고 볼 수 있는 것이다.

따라서 밀이 현대적 의미의 순수 참여 민주주의자와는 거리가 멀지 모르지만, 그렇다고 그를 엘리트 민주주의자라고 단순화할 수도 없다.(Thompson 1976, pp. 3-5, 91; Urbinati 2002, p. 2 참조) 밀을 슘페터와 같은 엘리트주의자와 한 묶음으로 분류하는 것은 더구나 말이 안 된다.(Thompson 1976, pp. 54, 64, 79-80)

문제는 그가 민주적 요소와 엘리트 지배를 융합시키려 노력했지만, '깔끔하지 않고 성공적이지도 못한 타협'에 머물렀다는 데 있다. '민주적 플라톤주의(democratic Platonism)'의 한계를 넘어서지 못한 것이다.(Duncan, p. 259)[113]

사실 그의 절충 철학은 큰 의미를 담고 있지만 막상 구체적인 내용에 들어가면 어려움을 피할 수 없다.[114] 그의 자유론이 개별성과 선의

---

113) '민주주의자 플라톤'을 재조명하는 시도의 문제점을 지적하며 플라톤의 '민주정과 왕정의 혼합체제'가 '온건 과두정' 또는 '대중의 승인을 받는 귀족주의'에 가깝다는 평가에 대해서는 서병훈 2004 참조.
114) 마르크스가 밀을 불가능한 것을 꿈꾸는 '잡탕식' 절충주의 경제이론가라고 혹평

의 간섭 사이에서 명확하게 선을 긋지 못하는 것이 그 대표적인 경우이다. 밀은 분명히 개인의 선택을 중시하지만 올바른 가치를 전제한 방향 속에서 그 선택이 일어나길 기대하고 있다. 민주주의도 마찬가지이다. 밀을 플라톤과 동일선상에 올려놓을 수는 없을 것이다. 그는 분명 민주주의, 특히 참여의 효과에 대한 믿음이 컸다. 그러나 밀은 인간사회가 일정한 수준에 오를 때까지 대중이 지성을 갖춘 소수에게 양보하고 뒤로 물러서는 그림을 그렸다. 그래야 다수지배체제의 폐단을 최소화할 수 있다고 생각했기 때문이다. 그런 면에서 그에게는 플라톤주의자의 면모가 보인다. 문제는 엘리트에게 우선권을 줄 수밖에 없는 과도기(아마 이 기간은 상당히 오래 지속될 것이다.)에 민주주의와 플라톤주의가 어떻게 발전적 균형점을 찾느냐이다. 그것은 결코 쉬운 일이 아니다. 밀의 정치이론을 둘러싸고 논쟁이 계속될 수밖에 없는 것이다.

했던 사실을 기억할 필요가 있다.(『자유의 본질과 유토피아』, p. 258 참조)

4부

# 자유의 동반자:
# 밀과 토크빌 비교분석

밀과 토크빌은 민주주의에 대해 매우 유사한 문제의식을 가졌지만 미세하게 엇갈리는 부분도 있었다. 4부는 그렇게 겹치는 부분과 어긋나는 부분을 입체적으로 비교해봄으로써 밀과 토크빌의 생각을 좀 더 명료하게 드러내보고자 한다.

우선 1장에서는 두 사람의 삶과 생각을 큰 틀에서 서로 견주어본다. 밀과 토크빌은 정치에 대해서, 자유와 민주주의의 변곡선에 대해서 할 말이 많았다. 앞에서 정리된 내용을 중심으로 그들의 민주주의이론을 종합적으로 비교, 검토해본다.

2장부터는 20여 년에 걸친 두 사람의 교환(交歡)이 남긴 세 대목을 주목한다. 첫째, 밀은 1835년 토크빌에게 보낸 편지에서 자신이 그보다 '좀 더 민주적'이라고 했다. 과연 그럴까? 나는 밀의 주장에 설득력이 떨어진다고 주장한다.

둘째, 두 사람은 오랜 침묵을 깨고 그들 인생 끝자락에 다시 편지를 주고받았다. 밀은 토크빌의 '자유에 대한 고결한 사랑'에 깊이 공감한다고 했고, 토크빌은 두 사람이 자유를 향해 두 손을 맞잡고 걸어가자고 했다. 나는 두 사람의 자유론에 공통분모 못지않게 이질적인 요소도 두드러진다고 생각한다.

셋째, 밀은 그의 『자서전』에서 자신이 토크빌의 영향을 받아 민주주의에 관한 생각을 크게 바꾸었다고 회고했다. 토크빌이 밀의 정치이론 형성에 큰 역할을 했다고 믿는 다수 전문가들은 이런 언급을 당연하게 받아들이며 별로 관심을 기울이지 않았다. 나는 밀이 『아메리카의 민주주의』를 읽기 전에 이미 민주주의를 수정하는 쪽으로 생각을 발전시켜왔다고 주장한다. 밀 자신이 『자서전』에서 한 말을 비판적으로 독해할 필요가 있음을 입증할 것이다.

이런 과정을 거치고 나면 밀과 토크빌의 삶과 사상이 우리에게 보다 친근하게 다가올 것이다.

# 1장
# 민주주의의 친구

정치에 대한 밀과 토크빌의 생각은 놀라울 정도로 닮았다. 두 사람은 정치를 수단이나 과정으로만 보지 않았다. 정치는 사람을 발전시키고 완성시키는 합목적적인 가치를 지닌다고 생각했다. 밀은 정치를 권력 놀음으로 치부하는 세태를 비판하며 도덕정치를 주창했다. 기득권 유지에 관심이 많은 "비뚤어진 자유주의자"들을 맹렬하게 공격했다. 인간의 자기발전을 지향하는 큰 정치를 꿈꾸었다. 토크빌은 위대한 정치를 갈구했다. 인간으로서, 인간이기에 감당할 수밖에 없는 존재론적 번민으로부터 벗어날 수 있는 출구를 정치에서 찾았다. 그는 물질적 탐닉이나 세속적 안락이 아니라 존재 가치의 구현이 정치의 목적이라고 생각했다.

밀과 토크빌은 정치가 사람을 바꾸고 역사를 진전시키는 데 큰 역할을 한다고 생각했다. 그만큼 정치가에 대한 기대치도 높았다. 밀과 토크빌은 대중 민주주의가 도래하기 이전인 19세기 사람이었다. 그들은 아직 일반 유권자의 한 표 한 표가 나라의 운명을 좌우하지 않던 시대를 살았다. 그런데도 두 사람은 정치가의 '대중 친화적 능력'의 중요성을 간파했다. 지성과 인품만으로는 대중정치가로 성공할 수 없다고 강조했다. 밀과 토크빌은 당시 정치 상황에 실망이 컸다. 그래서 세상을 바꾸기 위해 스스로 정치현장에 뛰어드는 것도 불사했다.(『위대한 정치』, pp. 233-234 참조) 그 결과가 그들의 뜻과 같지 않았음은 1부에서 소개한 그대로이다.

밀은 완벽하게 민주적인 정부만이 사회의 당면 문제를 가장 잘 해결하고, 사람들의 능력을 보다 높이 발전시킬 수 있다고 주장했다. 토크빌은 '모든 시민이 통치에 참여하고 누구나 통치에 참여할 대등한 권리를 가지는 것'을 '민주주의의 진정한 목표'라고 규정했다.

두 사람은 보통선거제의 점진적 도입, 정치적 대표의 자율성 강화 등 민주정부의 구체적 개혁 방안에 관해 생각이 비슷했다. 토크빌은 '공화국' 행정부의 최고 책임자를 국민의 직선으로 뽑는 것을 반대했다. 다수파의 열정과 의지에 휘둘려 최악의 폭군을 낳게 된다고 우려했기 때문이다.(Senior II, pp. 68-69) 그래서 그는 최고 권력자의 권한을 대폭 축소하든지 아니면 국민의 직접 투표가 아니라 의회를 통해 선출할 것을 주장했다. 밀도 미국처럼 대통령을 국민의 직접 투표로 뽑는 것은 폐단이 많다고 생각했다. 그래서 공화국의 행정 수반을 의회에서 선출하는 것이 훌륭한 인물을 고르는 첩경이 된다고 주장했다.(『대의정부론』, p. 254-255) 그러나 양원제에 대해서는 두 사람의 관점이 엇갈렸다. 토크빌은 의회 독주를 견제하기 위해서는 양원제가 반드시 필요하다고 역설했지만, 밀은 상원과 하원의 충원 방식이 근본적으로 다르지 않다면 두 개의 의회라는 것은 별 의미가 없다고 주장했다.

토크빌은 일찍부터 지역자치의 중요성을 강조했는데, 밀도 같은 생각이었다. 토크빌은 통치의 중앙집권화를 강력하게 지지했지만 행정 권력은 지방으로 분산되어야 한다고 역설했다. 밀도『대의정부론』15장,『자유론』결론 부분,『정치경제학원리』마지막 장 등에서 지역 정치의 활성화를 거듭 강조했다. 지식은 중앙으로 모으고 권한은 지역으로 나눌 때 나라 전체의 효율성을 끌어올릴 수 있다고 말했다.(『대의정부론』, pp. 280-281)

자칭 민주주의자 밀과 토크빌은 민주주의의 현재와 미래에 대해 어둡게 조망했다. 밀은 다수파가 압도적 위치에 올라 더 이상 '이성적으로 무장'해야 할 필요성을 느끼지 못하는 상황을 무엇보다 우려했다. 그는 민주주의가 그 힘의 남용 때문에 망할 수 있음을 경고했다. 토크빌은 정신문화에 관한 한, 민주주의에 특별히 기대할 것이 없었다. 그는 대중이 진리와 도덕을 독점하고 그 결과 민주적 전제를 자초할 수 있음을 절박하게 경고했다.

그렇다고 세상을 하루아침에 바꿀 수 있는 것도 아니다. 밀 생각에 사회가 근본적으로 개선되기 위해서는 대중의 지적 수준과 도덕적 상태가 현격하게 향상되어야 하는데 그것이 결코 쉬운 일이 아니다. 결국 그는 점진적으로 꾸준하게 인간을 변화시키는 것 외에 대안이 없다는 입장이었다. 토크빌도 민주주의 사회에서 단기간에 사람들의 지적·도덕적 수준을 끌어올리기 힘들다고 생각했다. 그가 소망하는 위대한 정치는 '먼 훗날'에나 실현될 수 있을 것 같았다.

밀과 토크빌은 참여라는 '사회적 학교'를 통해 사람들의 생각과 품성이 변화하길 기대했다. 그러나 그것은 장기적 과제였다. 참여의 효과가 나타나기 전까지는 민주주의를 순치(馴致)해서 과도한 열정에 휩쓸리지 않게 하는 것이 시급했다. 그래서 밀은 '인민주권의 오용'을 막기 위해 숙련 민주주의를 제창했고 토크빌은 지성이 높고 도덕적으로 잘 무장된 계급이 지도력을 행사하는 '합리적 민주주의'를 그렸다.

이렇게 보면 민주주의자라고 하는 밀과 토크빌이 민주주의에 대해 적잖이 꺼리는 것을 알 수 있다. 이런저런 평가가 나오는 가운데 두 사람을 '보수주의자'로 규정하는 목소리에 힘이 실릴 만도 한 것이다. 나는 밀과 토크빌의 사상 속에 보수적 측면이 들어 있는 것을 모르지 않고 부인하지도 않는다. 이론과 실천, 어느 쪽으로 보나 민주주의는 완벽한 정치체제가 아니다. 두 사람은 민주주의의 친구로서 그 점을 아프게, 그러나 따뜻하게 지적했다. 나는 이런 이유에서 밀과 토크빌을 좋아한다. 그들의 눈은 열려 있었다. 모르는 것을 안다고 하지 않았고 보이는 것을 없는 것처럼 하지 않았다. 아리스토텔레스는 '친구가 소중하지만 진리는 더욱 소중하다.'면서 스승 플라톤을 매섭게 비판했다. 밀과 토크빌도 그런 심정이었을 것이다. 이 점에서 두 사람은 놀라울 만큼 닮았다. 이제부터는 둘 사이에서 발견되는 차이점들을 좀 더 집중적으로 검토해보자.

## 2장
# 밀이 토크빌보다 더 민주적?

밀은 민주주의의 여러 약점에도 불구하고 최종적으로 민주주의의 손을 들어주었다. 스스로를 명확하게 민주주의자로 불렀다. 토크빌도 민주주의의 부정적 측면을 날카롭게 비판했지만 여러 차례 자신을 본질적으로 민주주의자라고 규정했다. 두 사람이 이런 공통분모가 있었기에 영국과 프랑스의 정치정세를 놓고 허심탄회하게 대화를 나눌 수 있었을 것이다.

그런 가운데 밀은 1835년 토크빌에게 보낸 편지에서 자신이 그보다 좀 더 민주주의에 친화적이라고 자평했다. 토크빌이 민주주의의 부정적 측면을 너무 부각시키고 긍정적 측면은 인색하게 평가한다고 지적하면서 한 말이다. 그 무렵 밀은 여러 측면에서 토크빌을 '올려다보는' 처지였다. 그는 토크빌에게 존경의 마음을 숨기지 않았다. 토크빌과 일치하지 않는 자신의 생각을 선보일 때 매우 조심스럽게 접근했다. 그런 밀이 토크빌을 향해 그와 같은 표현을 했다는 것은 그 의미가 작지 않다.

4부 2장은 밀의 그런 주장을 비판적으로 음미해본다. 밀이 토크빌보다 더 민주적이라고 판단할 근거가 희박하기 때문이다. 밀이 문제의 편지를 보냈을 무렵 민주주의에 관한 두 사람의 생각은 엇비슷했다. 딱히 밀이 더 민주적이라고 말하기 어렵다. 군이 말하자면 오히려토크빌이 민주주의에 좀 더 적극적이었다. 1835년 이후 두 사람의 생각의 궤적을 좇아보면 밀의 이런 주장은 개연성이 더 떨어진다. 밀이토크빌보다 민주주의를 상대적으로 더 우호적으로 평가했다고 믿을만한 근거를 찾기 어렵다. 밀의 1835년 편지를 어떻게 보아야 할까.


## 1. "존경합니다."

존 스튜어트 밀은 스물아홉 살 때 알렉시 드 토크빌을 처음 만나깊은 우정을 나누었다. 한 살 위의 토크빌이 『아메리카의 민주주의』한 권으로 막 대륙의 지성으로 떠오르던 무렵이었다. 1835년 초 『아메리카의 민주주의』 1권이 출간되었을 때, 밀은 그 책을 읽고 대단한 충격을 받았다.

밀은 수소문 끝에 마침 런던에 와 있던 그를 5월 26일에 처음 만났다. 그 만남이 두 사람 모두에게 강렬한 인상을 심어주었음이 분명하다. '6월의 어느 목요일'에 토크빌이 밀에게 첫 번째 편지를 보냈고 밀이 즉각 답장을 썼다. 두 사상가 사이에 "매우 흥미롭고 치밀한 서신교환"이 줄기차게 이루어진 것이다.(『위대한 정치』, p. 194 참조)

우정이 쌓이면서 밀과 토크빌은 심중의 깊은 말도 거침없이 털어놓았다. 특히 '영국 사람' 밀이 뜨거운 애정표현을 거듭하는 것이 눈에 뜨인다. 두 사람이 만난 지 5년이 지난 어느 시점에 밀은 편지에 다음과 같이 썼다.

"내가 … 현재 살아 있는 유럽 사람들 중에 선생보다 더 존경하는 사람이 없고, 선생과 나누는 이 우정보다 더 자랑스러워하는 것이 없다는 나의 말은 액면 그대로 믿어도 됩니다. 나의 이 말을 입증할 방법은 딱 하나밖에 없습니다. … 그것은 내가 쓰는 모든 글에 선생의 이름이 늘 같이한다는 사실입니다."(CW, XIII, p. 435)

이런 우정을 확인하듯이 밀은 1835년 『아메리카의 민주주의』 1권에 대한 40여 쪽 분량의 긴 서평을 썼다. 이어서 1840년 2권이 나오자 이번에도 50쪽이나 되는 장문의 서평을 쓰는 수고를 자청했다. 그가 토크빌에 대해 "진정 존경하는 마음(une véritable admiration)"을 품지 않았으면 하기 힘든 일이었다.[1] 밀은 그 서평에서 토크빌을 '새로운 정치철학을 탁월하게 서술한 우리 시대의 몽테스키외'라고 불렀다. '정치철학의 지평을 바꿔버린 현존 최고 권위자'라고 극찬했다. 밀은 진정 '그의 친구라는 사실'을 자랑스러워했다. 밀 같은 사람이 누구에게 그런 상찬(賞讚)을 또 할 수 있을까?[2]

---

1) 『아메리카의 민주주의』가 출간된 직후인 1835년 2월에 시니어는 "영국인 중에는 그런 책을 읽어낼 만한 사람이 별로 없고, 익명으로 서평을 쓸 사람은 더구나 드물다."고 했다.(당시에는 편집 관례상 필자들의 이름을 안 밝혔던 모양이다.) 그런데 밀은 토크빌을 위해 두 차례나 서평을 쓴 것이다.(『위대한 정치』, p. 199 참조)
2) 밀이 '필요'에 의해 토크빌과의 우정을 확대 발전시키려고 노력했다는 시각도 존재한다. 그 무렵 밀은 급진주의운동의 기관지인 《런던 평론》의 편집을 맡아 전력

결정적으로 밀은 『자서전』에서 자신이 토크빌의 영향을 받아 민주주의에 관한 생각을 크게 바꾸게 되었다고 술회했다. 젊은 시절의 밀은 '급진주의자', 민주주의자였다. 그러나 세월이 흐르면서 '정치와 인간의 궁극적 문제'와 관련해서 본질적인 변화가 생겼다. '순수 민주주의'에서 수정된 형태로 그의 이상적 정치체제가 옮겨간 것이다. 밀은 『자서전』에서 수정 민주주의를 향한 자신의 변화가 아주 점진적으로 일어났으며, 그 출발점은 토크빌의 『아메리카의 민주주의』를 읽고, 아니 공부하면서 시작되었다고 밝혔다. 밀은 그런 고백을 거리낌 없이 했다. 자기미화를 위해 없는 말도 지어내는 여느 '자서전'과는 다른 모습이 아닐 수 없다. 그만큼 밀이 토크빌을 높이 평가했다고 볼 수 있다.

## 2. 생각의 차이

그러나 밀이 토크빌의 생각을 무비판적으로 따라간 것은 아니다. 밀은 그의 글이 '어떠한 경우에도 커다란 진리를 담고 있고'(Mill 1977a, pp. 57-58), '실수라고 해도 웬만한 진리보다 더 유익한 것을 선사'하기 때문에(Mill 1977b, p. 156), 그가 그린 '그림의 색깔을 연하게 만드

---

투구하고 있었다. 그런 밀의 입장에서 토크빌은 매우 중요하고 귀한 '손님'이었다. 토크빌을 《런던 평론》의 필자로 확보하기 위해서라도 그와 긴밀한 관계를 유지할 필요가 있었다는 것이다. 그런가 하면 밀과 토크빌 사이의 '지적(知的) 균형추'를 주목하는 사람도 있다. 이를테면 밀이 토크빌 책의 서평을 쓰던 무렵에는 아직 "지식인들 사이에서 유명 인사가 되기 전"이었고 "공부하는 단계"에 있었기 때문에 토크빌에게 적극적으로 접근했지만, 1843년 『논리학 체계』를 출간하고 나서는 두 사람이 같은 눈높이에서 서로를 바라보게 되었고, 밀이 '커지면서' 토크빌에게 흥미를 잃게 됐다는 것이다.(『위대한 정치』, pp. 226-228 참조)

는 것은 몰라도 그것 자체를 변경하면 안 될 것'이라고 거듭 존경의 마음을 감추지 않았다.(Mill 1977A, p. 54) 그러나 몇 가지 부분에서 밀은 그와 생각을 달리했다. 『아메리카의 민주주의』의 몇몇 대목에 대해서는 동의할 수 없었다.

우선 밀은 토크빌처럼 '조건의 평등'이 보편적 현상이라고 생각하지 않았다. 토크빌은 미국에서 조건의 평등이 최고조에 이르렀다고 주장하지만, 미국 사회에서도 피부색과 성별에 따른 불평등이 엄연히 남아 있다고 보았기 때문이다.(Mill 1977a, p. 55; Mill 1977b, p. 163) 영국의 상황은 더 말할 것도 없다. 밀의 판단에, 그 어느 때보다 경제적 불평등이 심각하다. 이 나라에서는 평등을 향한 열정 같은 것이 거의 알려지지 않았다.(Mill 1977b, p. 163) 귀족계급이 더 이상 권력을 휘두르지는 않는다 하더라도 그 빈자리는 중산층이 확고하게 메우고 있다. 다수의 노동자들은 여전히 불평등에 시달리고 있는 것이다.(Mill 1977b, pp. 165-166) 밀은 이런 논거를 내세워 조건의 평등이라는 것은 터무니없다면서 토크빌의 주장을 조심스럽게 '재검토'하고 있다.

토크빌은 민주주의의 가장 심각한 병폐로 '다수의 전제'를 꼽았다. 사람의 정신을 옴짝달싹 못하게 한다면서 그 가공할 위험을 폭로했다.(Mill 1977a, pp. 80-81) 밀도 이 점은 동의했다. 『자유론』의 첫 장이 다수의 압제에 대한 염려로 시작한다는 것을 기억할 필요가 있다. 문제는 이런 주장이 관찰에 바탕을 두고 있지만 구체적 사례가 부족한 까닭에 그저 추상적 추론에 불과하다는 점이다. 밀은 이것을 '아마 토크빌 책의 가장 큰 결함'이라고 꼬집었다.(Mill 1977b, pp. 175-176)

밀은 1840년 서평에서 토크빌이 민주주의의 결과와 문명의 결과를 혼동하고 있다면서 좀 더 분명하게 비판하고 있다. 밀의 지적에 따르면, 토크빌은 현대 상업사회의 모든 경향을 한데 묶어서 민주주의라고 이름 붙이고 있다. 그러다 보니 그저 한 나라가 상업적으로 번창하는 과정에서 자연스럽게 발생하는 여러 결과들을 모두 조건의 평등 탓으로 규정하게 된다. 밀은 독자들의 오해를 불러일으킬 수 있다면서 토크빌이 이런 관점을 '시정'할 필요가 있다고 조심스럽게 썼다.(Mill 1977b, pp. 191-192)[3]

## 3. "내가 민주주의에 조금 더 호의적"

이처럼 밀은 토크빌의 주장에 전폭적인 신뢰를 보냈지만 자신의 '주체성'을 잃지는 않았다. 그런 면에서 1835년 9월 20일 밀이 토크빌에게 보낸 편지의 한 구절을 주목할 필요가 있다. 밀이 의미심장한 한마디 말을 하고 있기 때문이다. 그는 우선 토크빌의 앞선 편지에 대한 감사 인사부터 전했다.[4] 깊은 우정을 나누자는 토크빌의 말에 기쁨을 감추지 않았다. 자신이 그 말을 얼마나 소중히 받아들이는지 언젠가 증명하게 될 것이라고 했다. 이런 표현은 막 우정을 쌓아나가기 시작한 두 사람의 '상대적 위상'을 짐작하게 해준다는 점에서 눈여겨볼 만하다. 더구나 그 무렵 밀은 토크빌에게 글 부탁을 하고 있었다. 《런던 평론》의 편집을 실질적으로 책임지고 있는 밀의 입장에서는 '떠오르는 별'인 토크빌과 협력관계를 맺는 것이 매우 중요했다. 이런 사정을

---

3)  토크빌도 두 사람의 생각이 일정 부분 엇갈린다는 것을 모르지 않았다. 그래서 그는 밀이 '비우호적으로 비판하고 있는 부분을 (다른 사람들이) 우호적으로 평가하는 것보다 더 기쁘게 생각한다.'고 응대했다.(OC, VI, p. 304)
4)  토크빌은 1835년 9월 12일자 편지에서 밀을 아일랜드 문제에 관해 자신이 믿고 물어볼 수 있는 유일한 영국 사람이라고 부르면서 이제 두 사람이 진정한 우정을 나누자고 썼다.(OC, VI, pp. 295-296)

뒤로하고, 밀은 토크빌이 《런던 평론》에 글을 기고하기로 한 것이 그 잡지뿐만 아니라 영국 사람 전체에 큰 도움이 될 것이라고 고마워했다. 토크빌에 대한 예우의 표시로 프랑스 정치에 관해 분량에 구애받지 말고 자유롭게 마음껏 써도 된다는 말도 덧붙였다.

그런 다음 밀은 자신이 《런던 평론》에 싣기 위해 『아메리카의 민주주의』 1권에 관한 서평을 거의 다 썼다면서 토크빌에게 그 내용을 일부 들려주었다. 그는 그 서평이 책의 주요 내용을 발췌해서 독자들에게 소개하는 데 초점을 맞추고 있다고 말했다. 토크빌을 전면에 내세우고 자신은 뒤로 물러 서 있는 모양새라고 할 수 있다. 이어서 밀은 저자가 책에서 민주주의에 대해 '덜 우호적으로' 말하는 부분에 대해 큰 틀에서 동의한다고 말했다. 자기도 민주주의가 안고 있는 근본적 문제점을 모르지 않다는 뜻이다. 그러나 밀은 그렇다고 토크빌처럼 민주주의의 부정적 측면을 너무 강하게 부각시키는 것은 동의하기 힘들다고 했다. 그리고 밀은 문제의 발언을 했다. 자신의 글이 토크빌의 책보다는 민주주의에 대해 '아주 조금 더 호의적'인 것처럼 보일 것이라고 했다. 절제된 표현이지만 깊이 음미해야 할 내용을 함축하고 있는 말이다:

"내가 바로 이해하고 있다면, 선생이 『아메리카의 민주주의』에서 민주주의의 어두운 측면에 관해 지적하고 있는 내용에 대해 나도 큰 틀에서 동의합니다. 그러나 선생처럼 그렇게 비판적으로 보지는 않습니다. 사실 내 서평을 읽다 보면 내가 선생에 비해 민주주의에 아주 조금 더 호의적(a shade or two more favorable)이라는 사실을 발견하게 될 것입니다."(CW, XII, p. 272)

밀은 민주주의가 여러 문제를 안고 있지만 너무 비관적으로 볼 정도는 아니라고 생각했다. 그다지 심각하지 않게 토크빌의 논조를 비판하고 있는 것이다. 이어서 밀은 '아주 조금'이라는 전제를 달기는 했지만, 자신이 분명히 토크빌보다 민주주의에 더 호의적이라고 주장했다. 두 사람의 관계, 특히 토크빌을 상대하는 밀의 언행에 비추어본다면 이런 단정적인 표현은 조금 의외라고 할 수 있다. 두 사람이 주고받은 후속 편지의 맥락과 분위기를 보면 그런 느낌이 강하게 든다.

밀의 이런 발언에 토크빌이 어떤 반응을 보였는지 기록이 남아 있지 않다. 토크빌이 즉각 답장을 보내지 않았든지, 아니면 그 답장이 유실되었을 가능성도 있다. 그런데 밀의 서평을 실은 《런던 평론》이 어떤 이유에서인지 토크빌에게 제때 배달되지 않았다. 그래서 밀은 1835년 11월 그 잡지를 다시 보내면서 짧은 편지도 동봉했다. 밀은 그 편지에서 다시 한 번 토크빌의 '가르침'을 요청했다. 의례적인 표현이라고 볼 수도 있겠지만, 같은 내용이 반복되기 때문에 무심하게 지나칠 일은 아닌 것 같다.

밀은 자신이 『아메리카의 민주주의』의 단지 작은 한 부분에 의문(doubt)을 제기했다면서 토크빌이 친절하게 반박해주기를 진심으로 고대한다고 썼다. 그는 그 문제에 대해 아직 확고한 생각을 정립하지 못한 채 열심히 답을 찾고 있는 중이라면서 토크빌의 도움을 요청했다. 만일 자신이 잘못 생각하고 있다면 잡지 독자들에게 큰 누가 되기 때문에 그 잘못을 즉각 고치겠다는 말로 편지를 마무리했다.(CW, XII, pp. 283-284)

토크빌은 그해 12월 3일 답장을 보내면서 밀이 과분하게 칭찬해준 것에 고마움을 표시했다. 자기 책에 대해 좋은 말을 하는 평자들이 많지만 밀처럼 저자의 "생각과 숨은 의도까지 총체적으로 파악하고 그

세세한 내용까지 분명히 이해"한 사람은 아무도 없었다고 말했다. 밀처럼 자세히 책을 읽어주는 사람을 만난다는 것이 모든 저자에게 가장 큰 기쁨이 된다는 말도 했다. 토크빌은 자신의 생각을 밀이 속속들이 알고 그 본질을 꿰뚫고 있기 때문에 칭찬뿐만 아니라 비난도 할 수 있다고 했다. 그는 바로 그런 이유에서 밀이 "아프게 비판한 것도 호의적인 서술 못지않게 자신에게 기쁨을 주었다."며 고마워했다. 토크빌은 친구의 비판은 깨달음을 줄지언정 상처를 입히지는 않는다면서 밀의 진심을 높이 샀다.(OC, VI, pp. 302-303)[5] 그러나 토크빌은 그 답장에서 자신이 민주주의의 부정적 측면을 과장하고 있다는 밀의 비판에 대해서는 직접 언급하지 않았다.[6]

　토크빌의 답장을 받은 밀은 다시 토크빌에게 글을 썼다. 그는 토크빌이 자신의 서평을 읽고 '승인'해준 것이 더없이 기쁘다고 했다. 그리고 자신이 이런 주제들에 대해 완전한 확신을 가지고 쓴 것은 전혀 아니라면서 두 사람이 좀 더 토론을 이어나가길 정말 희망한다고 밝혔다. 토크빌이 아니면 누구와 그런 유익한 토론을 할 수 있겠느냐는 말도 했다.(CW, XII, pp. 287-288) 밀은 이듬해 4월의 편지에서도 『아메리카의 민주주의』 2권을 고대한다면서, 민주주의가 정치에 미치는 영향에 대해서는 1권에서 충분히 배웠으니 이제 민주주의가 개인의

---

5)　토크빌은 5년 후 밀의 1840년 서평에 대해서도 감사한 마음을 전했다. 그는 "두 사람의 관점은 하나로 연결되어 있다."는 생각에서 밀의 그 서평과 자신의 책을 한데 묶어 보관하고 있다고 말했다.(OC, VI, 331)

6)　이 대목을 어떻게 해석하는 것이 좋을지 조금 아리송하다. 밀과 토크빌은 1840년대 초반, 프랑스의 국제정치적 위상을 둘러싸고 설전을 벌였고, 그 이후 (그것 때문만은 아니지만) 두 사람의 관계가 급격히 소원해졌다. 이때도 밀이 토크빌을 향해 모욕에 가까운 비판을 제기했지만 토크빌은 아무런 대꾸도 하지 않았다.(『위대한 정치』, p. 205 참조)

사적 삶과 성격에 어떤 영향을 주는지 토크빌의 가르침을 기다린다고 썼다.(CW, XII, p. 304)

이처럼 밀은 1835년 9월 이후 토크빌에게 여러 차례 자신이 민주주의에 관해 '아직 전혀 확신을 가지고 있지 못해 도움이 필요하다.'는 말을 했다. 그러면서 그는 토크빌의 주장 중 '단지 작은 한 부분에 대한 의구심', 즉 토크빌이 민주주의에 대해 지나치게 비우호적으로 평가하는 것에 동의할 수 없다는 뜻을 피력했다.

이런 밀의 조심스러운 비판은 두 측면에서 음미해볼 필요가 있다. 첫째, 1835년이라는 시점은 밀이 철학적 급진주의자로서 '민주화 투쟁'을 주도하던 때였다. 그에게는 민주주의라는 말이 반귀족주의를 뜻하는 매우 의미 있는 개념이 아닐 수 없었다. 따라서 토크빌보다 '좀 더 민주적'이라는 표현은 그 당시 밀의 정치적 정체성을 직접적으로 함축하는 것이기 때문에 소홀히 넘길 수 있는 것이 아니었다.

둘째, 토크빌은 밀과 서신교환을 시작한 지 얼마 안 된 1835년 6월 '나는 민주주의자'라고 고백했다. 다수 시민이 국정을 온전히 담당할 수 있는 상태에 오르게 하는 것을 '민주주의의 진정한 목표'라고 규정하면서 한 말이다.(Selected, pp. 100-102)[7] 민주주의자로 자칭하는 토크빌을 향해 '내가 선생보다 좀 더 민주적'이라고 단정한다는 것은 쉽게 할 수 있는 말이 아니다. 두 사람의 '기울어진 관계'에 비추어보면 더욱 그렇다.

나는 밀의 이런 주장에 동의하지 않는다. 두 사람의 사상적 여정을

---

[7]    토크빌은 1839년 밀에게 자신을 '민주주의의 친구'라고 표현하기도 했다. 자신이 민주사회의 어두운 측면을 용감하게 들추어내는 것은 단지 그 과오를 시정하기 위해서라며, 민주주의에 대해 진실된 충고를 하는 것이 친구의 임무라고 말했다.(OC, VI, p. 326)

종합해보면 밀보다는 오히려 토크빌이 민주주의에 더 가까이 다가갔다고 할 수 있기 때문이다. 아래에서는 밀과 토크빌의 민주주의론을 세 차원에서 비교함으로써 밀이 1835년에 쓴 편지의 정치철학적 의미를 짚어보고자 한다.

토크빌은 『아메리카의 민주주의』 1권에서 모든 권력의 원천이 다수의 의지에 있다고 전제한 뒤, 사회를 운영할 배타적 권한을 모든 인민에게 맡기는 것을 민주주의라고 불렀다. 밀도 생각이 다르지 않았다. 그는 민주주의를 '각자가 스스로를 지배'하는 정치체제라고 규정한 뒤, 모든 시민이 국가의 일에 직접 참여할 수 있어야 '참된 민주주의'라는 이름을 얻을 수 있다고 했다. 아래에서는 밀과 토크빌의 용법을 종합해서 '모든 인민이 주권자로서 자기지배를 하는 민주주의'라는 정의를 염두에 두고 두 사람의 이론을 살펴보기로 한다.


## 4. "토크빌은 민주주의자"

밀이 『아메리카의 민주주의』를 '민주주의에 관한 최초의 철학적 저서'라고 높이 평가한 것은 앞에서 본 그대로이다.(Mill 1977b, p. 156) 그는 여러 이유에서 토크빌에 대한 칭찬을 아끼지 않았는데, 그 출발점은 역시 학문하는 방법론에 대한 두 사람의 의기투합일 가능성이 크다. 밀은 1835년 초 토크빌의 그 책을 처음 읽고 "사회사를 일반화할 뿐 아니라 생생하게 묘사하는 능력"에 크게 매료되었다고 했다.(CW, XII, p. 259) 토크빌은 미국 여행을 시작하기 전에 이미 민주주의에 관한 그 나름의 생각을 정립하고 있었다. 그는 미국 사회를 엄밀하게 현장관찰하면서 얻은 정보와 데이터를 바탕으로 자신의 생각을 확인하거나 수정했다. 밀은 토크빌이 귀납적 방법으로 진리를 찾아나가는 이런 자세에 깊은 감명을 받았다. 이것이야말로 밀이 뒷날 『논리학 체계』에서 역설했던 방법론의 핵심이었다.[8]

엄격한 방법론자였던 밀은 『아메리카의 민주주의』를 관통하는 엄정한 객관성에도 후한 점수를 주지 않을 수 없었다. 토크빌은 시류와 당파를 떠나 역사의 방향을 짚어내고자 했다.[9] 멀리 보면서 정치의 본질을 회복하고 싶었다. 그는 자신의 혈연적·계급적 배경에 구애받지 않고 시대의 대세, 곧 민주주의의 실체적 진실을 증언하고자 했다. 밀은 토크빌의 이런 시각에도 크게 호의를 느꼈다.

그는 토크빌이 귀족주의와 민주주의 사이에서 균형 잡힌 판단을 내린다고 보았다.(Mill 1977a, p. 50; Mill 1977b, p. 156, 158) 토크빌은 어느 열렬한 민주주의자보다 더 명료하게 민주주의의 뛰어난 점들을 부각시켰다.(A, p. 199) 그와 동시에 민주주의를 곤경에 몰아넣는 구체적인 위험 요인들도 똑같이 탁월하게 분석했다. 밀은 1835년 서평에서 토크빌이 지적한 민주주의의 장점과 단점을 깔끔하게 정리한 바 있다.[10]

---

8) 토크빌이 『아메리카의 민주주의』 1권에서는 사료, 통계자료, 신문기사, 연방정부와 주정부 법률제도, 서류 등 1차 자료를 수집하는 한편 수많은 미국인들과의 면담 등 경험적 관찰을 바탕으로 귀납추론을 시도한 반면 민주주의의 미래를 예측하는 2권에서는 일반원리를 통해 개별 민주주의에 적용하는 연역추론 방법을 병행했다는 점은 Jones 논문 및 이황직, pp. 173–175 참조.

9) 토크빌의 귀납주의적 방법론은 역사를 읽는 그의 태도에서도 확인된다. 그는 역사를 결정론적 시각에서 해석하는 것을 좋아하지 않았다. 역사를 움직이는 커다란 힘이나 원인을 우선적으로 고려해야 하지만 우연한 개별적 사건을 도외시해서는 안 된다는 것이 그의 입장이었다. 토크빌은 특히 역사 변동 과정에서 인간의 역할을 배제하는 '절대주의적 체계론'을 증오한다고 했다.(Recollections, pp. 61–62) 이런 역사관은 '위대한 정치'를 향한 그의 소망에서도 재확인된다.(4부 참조)

10) 장점: 다른 어떤 정부와 비교할 수 없을 정도로 최대다수의 이익을 총체적·항구

밀은 『아메리카의 민주주의』가 사회 각 진영으로부터 비판과 찬사를 엇갈리게 받는 것도 저자가 민주주의에 대해 공정한 평가를 고수한 결과라고 해석했다. 토크빌이 민주주의의 장단점을 번갈아 지적하자 그의 본심 또는 '양면성'을 둘러싸고 오해가 생기기도 했다. 토크빌이 민주주의의 부정적인 측면을 신랄하게 비판하는 것을 보고 보수주의자들이 그를 '자기편'으로 착각해서 환호하는 일이 벌어졌다. 그 반대 현상도 목격되었다.(1977b, p. 156)[11]

그러나 밀은 토크빌을 민주주의자로 생각했다. 토크빌이 중립을 표방했지만, 전체적으로는 민주주의의 손을 들어주었다고 해석했

---

적으로 추구한다. 이것 이상 더 중요한 목표가 있을 수 없다; 다수 인민이 정부에 대해 자발적으로 복종하고 따뜻한 일체감을 느낀다. 다른 정부가 따라올 수 없을 정도이다; 정부가 인민을 위해서 일할 뿐만 아니라, 그 어느 정부보다 더 인민의 손에 의해 작동되기 때문에, 대중의 지적 능력을 갈고 다듬는 데 매우 탁월하다.
단점: 귀족사회에 비해 정책이 근시안적으로 성급하게 만들어진다. 그 대신 그런 과오가 경험적으로 명백하게 입증되면 그것을 언제든지 시정할 태세를 갖추고 있다; 다수의 이익이 늘 전체의 이익과 일치하는 것은 아니다. 따라서 다수의 주권을 앞세워 권력을 남용하고 소수의 권익을 유린하는 경향이 있다.(Mill 1977a, pp. 70-71)

11) 밀은 이 일화를 다음과 같이 묘사했다. 토크빌의 이론은 유례가 드물 정도로 공평무사했다. 엄밀히 말하면 그의 실질적 결론은 급진주의(Radicalism)로 흘렀지만, 책 중의 일부 표현이 보수파의 귀를 솔깃하게 만든 것도 사실이다. 이를테면 '다수의 압제'라는 표현이 그렇다. 어느 유명 보수정치인이 그 말을 민주주의의 위험을 고발하는 개념으로 이해한 뒤 이를 정략적으로 퍼뜨렸다. 그 결과 많은 사람이 『아메리카의 민주주의』를 민주주의를 단호하게 배척하는 책으로 오해하게 되었다. 토크빌이 보수주의에 우호적인 사상가라는 인식이 퍼진 것이다.(Mill 1977b, p. 156) 결과적으로 민주주의를 좋아하는 사람은 물론 싫어하는 사람까지 두루 『아메리카의 민주주의』를 읽었다. 저자인 토크빌 입장에서 그리 나쁜 일은 아니었지만, 그는 독자들이 자신의 책에서 보고 싶은 것만 본다면서 씁쓸해했다.(『아메리카』 II, pp. 601-603)

다.(Kinzer, p. 6) 토크빌이 민주정부의 약점을 들추어냈지만, 그것은 민주정부를 보호하기 위해서였다고 보았다. 밀은 민주주의의 유익한 경향은 촉진시키고, 그 부정적인 것은 중화 또는 완화시켜줄 치유책을 제시하는 것이 토크빌의 목표였다고 결론지었다.(A, pp. 199-201)

밀이 그런 결론을 내린 데에는 토크빌이 그 무렵 그에게 보낸 편지의 내용도 크게 한몫했을 것이다. 두 사람이 편지를 주고받기 시작한 지 얼마 안 돼 1835년 6월 토크빌은 "나는 자유는 가슴으로 사랑하고 평등은 머리로 사랑합니다."라고 썼다. 그는 자유와 평등을 위한다고 말만 앞세우는 당시 정치인이나 지식인과 달리 실제 그 어떤 희생도 마다하지 않을 것이라고 자신의 속마음을 진솔하게 열어 보여주었다. 바로 그 편지에서 토크빌은 스스로 '민주주의자'로 자리매김했다. 그는 '다수 시민이 나라를 다스릴 수 있게 적절한 권한을 주고 그런 일을 감당할 능력을 갖추게 하는 것'을 민주주의의 본질이라고 규정했다. 토크빌은 민주주의를 그렇게 해석할 때, 자신이야말로 진정한 민주주의자라고 말했다. 그는 밀에게 이런 목표를 위해 모든 노력을 단호하게 경주할 것이라고 다짐했다.(Selected, pp. 100-102)

밀은『아메리카의 민주주의』를 관통하는 기본 문제의식과 토크빌의 편지 육성(肉聲)을 종합해볼 때 그를 민주주의자로 부르는 것이 타당하다고 생각했을 것이다. 이런 이유에서 토크빌이『아메리카의 민주주의』에서 강조한 '새로운 정치학'의 필요성에도 밀은 전적으로 공감했다. 민주주의는 좋은 점과 나쁜 점을 모두 가지고 있다. 어떻게 하면 좋은 것을 강화하고 나쁜 것은 억제할 수 있을까. 밀은 '잘 조절된 민주주의(well-regulated democracy)'라는 개념으로 토크빌의 새로운 정치학을 뒷받침했다.(Mill 1977a, p. 56) 그는 5년 후 1840년 서평에서도 토크빌과 생각을 같이했다. 민주주의는 일정한 조건 아래에서만 바람직하게 작동하는데, 현명한 노력을 기울이면 민주주의에 들어 있는 부정적인 측면은 교정될 수 있다고 보았다.(Mill 1977b, p. 158)


## 5. 토크빌의 '귀족주의 편향'?

이처럼 밀은 민주주의에 대한 토크빌의 '진정성'을 긍정적으로 평가했다. 그럼에도 그는 자신이 토크빌보다 '좀 더 민주적'이라고 생각했다. 밀은 어떤 근거에서 그런 말을 했을까? 토크빌에게 존경의 마음을 감추지 않았던 밀이다. 그런 밀이 다소 무례하게 비칠 수도 있는 발언을 했다면 그 나름대로 튼튼한 근거가 있었을 것이다. 그러나 밀은 토크빌에게 보낸 편지에서 왜 그런 판단에 이르게 되었는지 구체적인 이유를 대지 않았다. 1835년 서평에서도 단서가 될 만한 말은 하지 않았다. 다만 『아메리카의 민주주의』 1권의 내용과 그에 대한 밀의 서평을 종합해볼 때, 그는 귀족사회와 민주사회를 '편향적으로' 대비하는 듯한 토크빌의 접근법에 불만이 있었던 것 같다. 이 부분에서 밀의 논조가 다소 엄격해지기 때문이다.[12]

밀은 토크빌이 귀족주의에 대해 비교적 관대한 평가를 내리는 것이 못마땅했던 것으로 보인다. 그의 생각에 토크빌은 귀족주의가 사라짐

---

12)  밀이 서평을 써나간 맥락을 보면 밀 자신의 관점을 어느 정도 읽어낼 수 있다. 밀은 토크빌 책을 소개하면서 원문을 자주, 길게 인용했다. 그러나 자기 생각과 어긋나는 부분(이를테면, 귀족사회에 대한 긍정적 평가나 민주사회에서 정신을 탄압하는 것에 대한 우려 등)은 의도적으로 축소, 외면하기도 했다.(Kinzer, pp. 7–9) 토크빌이 『아메리카의 민주주의』 1권과 2권에서 자주, 길게 언급했던 미국인의 종교 생활, 특히 종교의 정치적 역할에 대해 밀이 완전한 침묵을 지킨 것도 그런 시각에서 해석할 수 있다.(Turner, p. 161)

으로써 잃어버린 것에 지나치게 큰 의미를 부여한 반면, 민주주의 사회가 직면한 문제점을 너무 어둡게 묘사한다. 토크빌은 귀족정부의 특징으로 신중함과 안정성을 꼽았지만 밀은 동의할 수 없었다. 토크빌이 자신의 주장을 뒷받침할 사실관계에 대한 검토가 불충분했다는 것이다. 밀은 귀족체제가 보여주는 안정성이라는 것은 그저 귀족들이 자신의 특권을 붙들고 놓지 않는 것에 불과하다고 말했다. 그것을 빼고 나면, 지배계급의 생각이라는 것도 보통 사람들이나 마찬가지로 당장 눈앞의 충동에 휩쓸리고 만다.

밀은 특정 귀족사회의 덕목을 모든 귀족체제의 일반적 성격으로 규정한 토크빌의 오류도 지적하고 있다. 훌륭한 정책으로 이름 높은 정부가 대체적으로 귀족체제였다는 것은 사실이다. 그러나 그 체제는 극소수 사람들에 의해 운영되는 매우 협소한 귀족사회였다. 전문적으로 통치훈련을 받은 사람들이 나름 확고한 원칙에 따라 국정을 운영하기 때문에 일관성을 유지할 수 있었다. 목표를 향해 매우 효율적으로 정책수단을 집행한 것도 사실이었다. 문제는 그 목표가 전혀 정당성을 지니지 못했다는 데 있다. 협소하고 폐쇄적인 귀족체제는 일반 인민들과 전혀 일체감을 공유하지 못했다.

밀은 이런 점들을 열거하며 귀족사회에 대한 토크빌의 부정확한 인식을 날카롭게 비판했다.(1977a, pp. 78-79) 그는 토크빌이 말하는 귀족주의의 장점이라는 것은 잘 규제된 민주주의 안에서도 너끈히 발견될 수 있다고 주장했다. 토크빌이 믿는 것 이상으로 민주주의가 귀족체제보다 더 우월하다는 것이다.(1977a, p. 54)

밀의 생각은 많은 경우 다면적이어서 한마디로 단정하기가 어렵다.[13] 그런 밀도 귀족사회에 대한 불신과 적대감만은 그의 일생 바꾸지 않았다. 그가 1837년 토크빌에게 '귀족주의 잔재를 완벽하게 일소하고 새로운 정치시대를 여는 것'이 그의 궁극 목표라고 말한 것도 이런 배경 위에서 나왔다.(CW, XII, pp. 316-317) 그는 『자서전』에서 이 시절의 자신이 투철한 '급진주의자요, 민주주의자'였다고 회상했다.(A, p. 179) 이런 밀로서는 토크빌이 귀족주의에 향수를 느끼고 그 지평에서 민주주의를 폄하하는 듯하는 것을 간과하기 어려웠을 것이다. 그가 토크빌보다 민주주의에 조금 더 우호적이라고 '도전적' 발언을 불사한 이면에는 나름 합리적 이유가 있었던 것으로 볼 수 있다.

　그러나 토크빌을 그런 눈으로 재단하는 것은 타당하지 않다. 우선 밀 자신이 토크빌의 '불편부당'을 칭찬하지 않았던가? 밀은 1835년 서평에서 토크빌이 귀족체제와 민주주의 사이에서 전혀 치우침이 없다면서, 이 점에서 당대의 그 누구도 따라올 수 없을 정도라고 높이 평가했다.(Mill 1977a, p. 50) 밀은 1840년 서평에서도 똑같은 말을 했다.(Mill 1977b, p. 156)

　물론 토크빌이 그의 저작 곳곳에서 귀족사회의 철학적 장점과 실천적 유용성을 찬양하고 있는 것은 사실이다. 그러나 그는 이성적인 사람이었다. 그는 시대가 바뀌고 있는 것을 분명히 알고 있었다. 과거 사회상태는 이미 소실되었다. 그 사회상태에 내재한 모든 장점과 결함도 다 사라진 지 오래이다. 따라서 토크빌은 귀족시대의 덕성들을 민주시대에 요구하는 것은 더 이상 합리적이지 않다고 역설했다. 그는 '낡은 사회의 귀족적 구성에서 유래하는 제도들, 견해들, 관념들 중에서 이것저것'을 골라서 새로운 세계에 가져가려 하는 시도

---

13)　밀은 사물을 한쪽 측면에서만 바라보는 일면성(one-sidedness)을 매우 싫어했다.(3부 각주 102 참조) 진리는 여러 측면에서 접근해야 그 실체를 파악할 수 있는 것이라면서 개별성과 사회성, 평등주의와 능력주의, 민주주의와 귀족주의처럼 대칭 쌍들을 두루 이해하기 위해 노력할 것을 역설했다.(『자유론』, pp. 105-106)

를 '무모한 일에 시간과 노력을 낭비하는 것'이라고 비판했다. 신이 마련해준 민주사회의 한복판에서 어떻게 자유를 키워낼 것인지를 고민해야지 귀족사회의 재건을 도모할 때가 아니라고 되풀이해서 강조했다.(『아메리카』 II, pp. 558, 576-577) 토크빌이 민주주의의 상대적 장점에 우호적인 눈길을 보낸 것을 폄하해서는 안 될 것이다.

나아가 토크빌이 연연해하는 듯이 보이게 하는 그 '귀족'이라는 말의 뜻을 정확하게 정의하는 것이 좋을 듯하다. 그는 서슴없이 자신을 '본능적으로 귀족'이라고 자평했다. 흘러간 시간과 체제에 미련을 두지 말라고 한 토크빌이 어떻게 그런 말을 할 수 있을까? 중요한 것은 그가 이때 사용한 귀족이라는 말은 과거 신분세습적 의미의 귀족이 아니라는 점이다. 그는 자유주의자답게 계급에 기반한 사회적 차별은 단호하게 배격했다. 그런 귀족사회를 그리워할 토크빌이 아니었다. 그는 정신적 '귀족주의'를 염두에 두고 있었다. 고상한 정신세계를 추구하고 공동체에 헌신할 각오가 돼 있는 삶의 태도에다 귀족주의라는 이름을 붙였다. 그가 죽기 전 친구에게 보낸 편지에서 "우리는 사라지고 있는 도덕적·지성적 가족에 속했다."(Mayer, p. 44 참조)고 했던 말도 이런 맥락에서 이해하면 그 의미가 명확해진다.

그렇다면 토크빌과 밀은 유사한 지향점 위에 서 있다고 해도 과언이 아니다. 밀이 의탁하고자 했던 '현명한 소수'가 바로 토크빌이 애착을 보였던 '정신적 귀족'과 일치하기 때문이다.[14] 밀은 토크빌이 귀족

---

14) 밀은 권력이 사심 없이 행사될 수 있다는 믿음에 출생이 아니라 능력을 기준으로 '귀족주의'의 부활을 주장했다.(Packe, pp. 98-99; Hamburger 1966, p. 83) 밀은 마음 내키는 대로 아무것이나 할 수 있는 것을 자유라고 부르지 않았다. 그가 그토록 강조했던 개별성도 특정한 정신적 가치 위에 서 있었음을 기억해야 할 것이다.

체제에 대한 향수를 지우지 못한다고 비판했지만, 토크빌은 신분이나 계급이 아니라 정신적 능력에 의해 구별되는 귀족을 심중에 두고 있었다. 귀족을 이런 의미로 해석한다면 밀 또한 토크빌 못지않은 귀족주의자였다. 더하고, 덜하고 할 것도 없이 두 사람은 똑같이 합리적 민주주의자였다. 따라서 1835년 시점에서 토크빌이 귀족주의에 부당하게 편향되어 있다는 이유로 밀이 그를 자신보다 민주주의에 덜 우호적이었다고 비판하는 것은 정확한 평가라고 보기 어렵다. 그것은 밀의 오해라고 할 수 있다.


## 6. 토크빌과 급진주의자

귀족주의 편향 여부로 토크빌이 밀보다 민주주의에 비우호적인지 판정하는 것이 어렵다면 다른 방법을 모색하는 것이 좋겠다. 이 책에서는 논의의 범위를 넓혀 두 사람의 민주주의이론 전반을 살펴봄으로써 적절한 결론을 찾으려 한다. 이 경우 밀이 토크빌에게 문제의 편지를 보낸 1835년 9월을 기점으로 그 앞과 뒤로 나누어서 조사하는 것이 필요하다. 우선 그 이전 기간 동안 밀과 토크빌이 민주주의에 대해 어떻게 생각하고 있었는지가 이 문제를 푸는 결정적 관건이 됨은 재론의 여지가 없을 것이다.

3부에서도 보았듯이, 밀은 급진주의 개혁운동을 하면서 그의 동료들과 적잖이 철학적 갈등을 빚었다. 그들이 다툼을 벌이게 된 진앙지는 정치적 지도자의 위상과 역할에 대한 인식의 차이였다. 정통 급진주의자들은 지도자를 불신하며 대중이 직접 정치 일선에 나설 것을 주장했다. 정치인은 유권자의 대리인에 지나지 않으며 유권자에게 사전에 서약한 대로 행동해야 한다고 생각했다.[15] 반면 밀은 교육을 많이 받고 능력이 뛰어난 엘리트가 정치를 주도해야 한다고 주장했다. 그는 정치적 대표의 자율성을 강조하면서 정치인이 서약에 얽매일 필요가 없다고 역설함으로써 주류 급진주의자들과 대립했다.

토크빌은 이 점에서 밀과 생각이 거의 같았다. 그는 우선 밀처럼 대의제를 직접 민주주의의 차선책으로 여기지 않았다. 대의제의 긍정적 기능을 적극적으로 옹호했는데, 인민의 힘을 견제할 수 있는 정치원리라는 점을 특히 높이 샀다. 그는 『아메리카의 민주주의』 1권에서 아메리카인들이 대의원에게 과도하게 간섭하는 등 대의제정부의 보장책들을 유명무실하게 만드는 행동을 계속한다고 비판했다.(『아메리카』 I, p. 419)

따라서 토크빌은 이 문제에 관한 밀의 서평에 전적으로 공감했다. 그는 밀이 보내준 《런던 평론》과 그의 편지를 받고 1835년 12월 5일 답장을 보냈다. 그는 밀의 서평 가운데 대단히 인상적인 대목이 몇 개 있었다고 말하면서 밀이 대표와 대리인을 구별한 것을 첫 손으로 꼽았다. 토크빌은 민주주의 옹호자 중에서 밀처럼 이렇게 대리와 대표를 명확하게 구분하고, 그 말들의 정치적 의미를 정교하게 규정한 사람이 없었다고 칭찬했다.

그도 밀과 마찬가지로 인민이 정부가 하는 일의 큰 방향에 대해 충분한 영향력을 행사하되, 지도자의 행동 하나하나 또는 구체적인 방법에 간섭하지 말아야 한다고 말했다. 현대사회의 운명이 바로 이 숙제에 달려 있다는 것을 아는 사람이 별로 없는데, 밀이 바로 이 문제

---

15) 급진주의의 원조인 벤담은 지도자의 선의를 믿지 않았다. 제임스 밀도 특정 개인이나 세력이 권력을 휘두르지 못하게 정치적 견제와 균형을 제도화할 것을 강조했다.(Hamburger 1966, p. 84 참조)

의 중요성을 인식하고 있다면서 찬사를 아끼지 않았다. 토크빌은 민주주의 옹호자에게 나라를 잘 다스리는 방법보다 국정을 담당하기에 가장 적합한 사람을 잘 선택하게 가르치는 것이 훨씬 중요하다는 말도 했다.(Tocqueville 1954, pp. 303~304)

밀도 답장을 썼다. 밀은 자신이 이미 오래전부터 그런 생각을 하고 있었다고 들려주었다. 1830년에《이그재미너》지면을 이용해서 대표와 대리를 분명히 구분했고 1832년에도 같은 생각을 발표했다고 말했다. 자신보다 훨씬 민주주의자인 아버지 제임스 밀도 이런 의견에 전적으로 동조했다는 말도 덧붙였다.(CW, XII, p. 288) 이처럼 대표가 정치의 전면에 나서고 인민은 후방에서 민주적 통제권을 행사하는 '합리적 민주주의'의 대의 앞에 밀과 토크빌은 뜻이 맞았다.

그러나 어떤 표현을 동원하든, 두 사람의 이런 생각은 전통적인 급진주의자 입장에서는 받아들이기 어려운 '비민주적' 일탈이었다. 자칫 밀이 그토록 비판했던 귀족주의 잔재의 부활이라는 비판에 직면하기 십상이었다. 따라서 밀과 토크빌이 대표와 대리인 문제를 놓고 의견을 나누던 1835년 시점에서 두 사람 중 누가 더 민주적이냐 따지는 것은 별 의미가 없다고 보아야 한다. 두 사람의 생각이 대동소이했기 때문이다.


## 7. 토크빌과 숙련 민주주의자

1835년 이후 두 사람은 주목할 만한 책을 잇달아 출간했다. 그러나 밀의 1835년 9월 발언을 추적하고 있는 입장에서 그 이후 저술은 직접적인 비교대상이 아니다. 그럼에도 불구하고 그 이후 체계가 더 굳어져 간 밀의 수정 민주주의론을 『아메리카의 민주주의』 2권 및 이런 저런 토크빌의 언설과 견주어보는 일은 의미가 있을 것 같다. 밀의 그런 자신감은 근거가 없다는 것이 보다 분명해지기 때문이다.

토크빌은 1840년 『아메리카의 민주주의』 2권을 출간했다. 이어서 『회상록』(1893)[16]과 『앙시앵레짐과 프랑스 혁명』(1856)[17]을 썼다. 그가 『아메리카의 민주주의』 1권을 쓴 지 20년 넘는 세월이 흘렀지만 민주주의에 관한 그의 생각은 처음과 별로 달라지지 않았다. 그는 『앙시앵레짐과 프랑스 혁명』에서 "이 책이 서술할 내용을 오래전에 『아메리카의 민주주의』에서 거의 그대로 썼다."고 말했다.(『앙시앵』, p. 6) '그 이후 많은 일이 벌어졌지만' 그의 생각은 조금도 바뀌지 않았던 것이다. 이를테면 『아메리카의 민주주의』 2권은 앞서 그가 제기했던 대표론을 더욱 강화하고 있다. 토크빌은 민주국가의 선거제도가 대표를 선거구민의 하수인으로 전락시킨다고 비판했다.

조금 다른 각도에서 한 가지 주목할 것이 있다. 토크빌은 1856년의 책 『앙시앵레짐과 프랑스 혁명』에서 거듭 정치적 자유의 소중함을 역설하고 있다. 평등사회의 고질인 물질적 개인주의의 적폐를 해소할 수 있는 치료제로 자유의 역할을 지목하고 있는 것이다.

토크빌은 평등사회 사람들이 물질을 유일한 가치척도로 치부하면서 공적 미덕을 일체 외면한 채 협소한 개인주의 속으로 침거하는 현상을 절망적으로 바라보았다. 그러나 그는 미국 사회를 관찰하면서

---

16)  토크빌은 「1848년 프랑스 혁명」이라는 부제를 붙인 이 책을 1850년에 썼다. 그는 이 책에서 1848년 2월 혁명 전야에서부터 1849년 10월 자신이 외교장관을 그만둘 때까지의 격동기를 회고했다. 토크빌은 실존인물들에 대한 평가가 담긴 이 책이 그의 사후에 출간되기를 희망했고 그의 뜻대로 한참 뒤인 1893년에 세상에 나왔다.

17)  이제부터 『앙시앵』이라고 표기.

자유가 이런 사회에 내재한 악덕들을 효과적으로 물리칠 수 있다는 믿음을 얻었다. 자유만이 금전과 안락에 대한 애착을 더 강렬하고 더 고상한 열정들로 대체할 수 있고 숭고한 목적들에 대한 야망을 불러 일으킬 수 있음을 목격했다. 그는 특히 자유를 통해 사람들이 고립상태에서 벗어나 서로 접촉하며 공통 관심사를 위해 마음을 한데 모은다는 사실에 큰 희망을 얻었다.(OR, pp. 7-8)

토크빌은 '잡다한 개인사에서 시민들을 구해내고 그들 옆에는 언제나 조국이 있다는 사실을 일깨워주는' 자유에 대해 명쾌하게 설명하지 않고 있다. 다만 그가 『아메리카의 민주주의』 이후 일관되게 강조하는 참여의 효과, 즉 개인주의를 벗어나 공공 문제에 일체감을 느끼는 상태를 자유와 같은 의미로 사용하고 있는 것이 분명하다. 참여를 자유의 원천으로 이해하는 그의 사유체계에 비추어볼 때, 민주주의에 대한 그의 진정성을 폄하하기 어렵다.(이 부분은 다음 장에서 좀 더 거론한다.)

중요한 정치 문제에 관한 밀의 '성숙한 관점'을 담고 있다고 하는 『대의정부론』이 '인민이 공공 문제에 대해 완벽하게 통제권'을 가질 것, 다시 말해 '인민의 자기결정권'을 강조한 것은 사실이다. 그러나 『대의정부론』의 큰 흐름은 '능력 있는 전문가가 최대한 권한을 행사할 수 있게 보장하는 것'에 초점을 맞추고 있다. 따라서 밀의 후반기 민주주의론은 '숙련'이라는 단어에 집약돼 있다고 보면 된다. 숙련이 '민주적인 정치체제가 최선의 형태'를 갖출 수 있는 열쇠인 셈이다. 숙련 민주주의의 요체는 '민주적 다수의 본능'을 견제하기 위해 소수의 역할을 강조하는 것이다. 『대의정부론』 속에 보수주의 경향이 두드러진다는 평가가 나올 만한 것이다.(Burns, p. 208)

물론 1835년 이후 밀이 민주주의와 현명한 지도자의 역할을 절충하는 쪽으로 흘렀다고 해석하는 연구자들도 있다.[18] 이런 시각을 받아들인다면 1861년에 나온 『대의정부론』은 그러한 절충론의 정점에 서 있는 것으로 보인다.(Hamburger 1966, pp. 86-87) 중요한 것은 밀의 이런 변화가 토크빌의 영향을 받은 탓으로 해석할 여지가 있다는 점이다. 그동안 밀은 민주주의 존재 자체가 지성을 갖춘 소수의 지배 체제 수립에 걸림돌이 된다고 생각했다. 그러나 이제 그는 그것이 민주주의와 상관없는 조건, 즉 인민과 지도자들의 도덕적·교육적·문화적 수준에 달린 문제라고 생각을 바꾸게 되었다. 그가 이런 변화의 원인에 대해 따로 언급하지 않고 있어 토크빌의 영향을 받은 결과라고 해석할 법하다는 것이다.(Hamburger 1966, pp. 92-93)[19] 밀이 토크빌의 영향을 받아 민주주의를 향해 의미 있는 발자국을 떼었다면 1835년 무렵 밀이 토크빌보다 좀 더 민주적이었다는 주장은 더욱 설득력이 떨어진다.

결국 1835년 이후 밀과 토크빌 두 사람의 후반기 정치사상을 종합해보면, 밀은 '숙련'이라는 이름으로 능력을 가진 소수의 정치적 발언권을 강화하는 쪽으로 방향을 잡은 반면, 토크빌은 다소 유보적인 자세를 취하면서도 참여 민주주의의 가능성에 기대를 걸고 있는 것으로 보인다. 여러 정황에 비추어볼 때, 그들의 후반기 삶에서도 밀이 토크빌보다 좀 더 민주주의로 다가갔다는 논거를 찾기가 어렵다.

---

18)  이들은 밀이 1835년 베일리의 『정치적 대표론』을 논평하면서 민주적 통제와 지성적 지도자의 조화 문제를 집중 논구한 것을 그 근거로 든다.(3부 참조)
19)  밀이 '몽테스키외와 토크빌의 전통을 좇아' 대의정부 안에서 민주적 참여(즉, 토론과 숙의)를 강조했다거나(Urbinati 2002, p. 7) 공론의 장에 참여하면 개인의 성격에 긍정적 변화가 일어날 것이라고 기대했다고 보는 주장(Zakaras, p. 214)이 제기되고 있다.

## 8. 맺는 말

밀과 토크빌 모두 민주주의에 대해 걱정이 많았다. 그러나 두 사람은 민주주의가 거역할 수 없는 시대의 대세임을 진즉 직감하고 있었기 때문에 그것을 보완, 개선하는 데 집중했다. 그들은 새로운 정치학, 숙련 민주주의, 잘 규제되는 민주주의 등 다양한 이름 아래 민주주의를 합리적인 정치체제로 승화시키는 데 뜻이 통했다. 그렇기 때문에 짧지 않은 시간 우정을 나눌 수 있었을 것이다.

그러나 크게 보면 밀은 대중이 한 발 뒤로 물러서고 그 빈자리를 지성과 교양을 구비한 엘리트가 채워주기를 기대했다. 그는 대중이 '계급이익'에 빠져 공공선을 해칠까 염려가 많았다. 그래서 '현명한 지도자'에게 상대적으로 정치권력을 더 집중하는 방향으로 민주주의를 수정했다. 한시적이지만, 대중의 양보가 그의 결론이었다.

밀은 '자유주의의 양심'으로 불린다. 그는 분명 19세기의 대표적 민주주의자였다. 그의 『대의정부론』은 보통 시민의 정치적 발언권을 신장시키고 있다는 점에서 그 민주적 성격이 두드러진다는 평가가 많다.(Krouse, p. 531 참조) 그러나 그렇게 생각하지 않는 사람도 많다. 1840년경 밀의 사상 가운데 보수주의 색채가 최고조에 이르렀다는 평가가 설득력이 있어 보인다.(Burns, p. 216)

토크빌도 밀 못지않게 대중의 무지와 격정을 혐오했다. 그러나 그는 밀과는 반대로 참여를 늘려나감으로써 그런 대중을 건강한 시민으로 발전시키는 데 집중했다. 토크빌의 1차적 관심사는 민주주의 사회에서 개인의 자유를 어떻게 보호, 보장하는가에 집중하고 있었다. 그의 해답은 참여의 확대를 통한 자유의 확보였다.

토크빌에게는 지금까지 '자유주의자' 또는 '급진 공화주의자' 등 칭호가 따라다니지만, 아무래도 '보수주의자'라는 손가락질이 대세를 이루었다고 보아야 할 것이다.(Craiutu 2005, pp. 601~602) 그러나 이 책에서는 그런 평가를 뒤로하고 토크빌의 민주주의적 성향을 집중 부각시켰다. 토크빌은 아메리카의 곳곳을 직접 목격하고 나서 '인민들로 하여금 자기 조국의 운명에 관심을 가지게 하는 가장 강력한, 아마도 유일한 방법은 정부 일에 참여하게 하는 것'이라는 결론을 이끌어내었다. 참여를 통해 평등사회의 가장 큰 고질인 물질적 개인주의를 극복할 길을 찾은 것이다.

결국 두 사람이 민주주의의 당면 과제를 풀기 위해 접근하는 경로는 적잖이 달랐다. 참여를 기준으로 본다면 토크빌이 밀보다는 민주주의에 좀 더 친화적이었다고 볼 수 있다. 밀이 숙련 민주주의를 추구하면서 대중의 참여에 소극적인 자세를 취한 반면, 토크빌은 참여를 통한 정치적 자유의 확대에 기대를 크게 걸었기 때문이다. 토크빌이 민주주의의 축소와 확대를 동시에 말하고 있기 때문에 그의 진의를 파악하기 어려운 것은 사실이다. 그러나 전체적으로 볼 때, 토크빌은 민주주의의 폐단이 민주주의의 확대를 통해 발전적으로 극복될 수 있다는 낙관론으로 기울고 있다. 이 점에서 밀과 대비가 된다. 여러 정황을 종합해보면, 밀이 1835년 『아메리카의 민주주의』에 대한 서평을 쓸 무렵, 자신이 토크빌보다 민주주의에 더 호의적이었다는 생각은 그의 오류 또는 오해에서 비롯된 것이라고 결론 내려도 될 것 같다.

그러나 이 대목에서 한 가지 유념할 것이 있다. 밀은 이상을 꿈꾸는 '북극성주의자'였지만 동시에 현실주의자였다. 19세기 중후반의 시대적 상황, 대중의 지적 수준을 참작한다면 점진적 접근을 시도할 수밖에 없었다. 참여와 능력 사이의 간극이 '시간이 흐름에 따라' 축소될 것을 믿으며 대중이 일정 수준에 도달하기까지의 과도기 기간에는 겸양의 미덕이 불가피하다고 본 것이다. 이 점이 중요하다. 밀이 참여에 소극적이었다고 단정적으로 비판해서는 안 되는 것이다.

반면 토크빌은 밀과 달리 시차 문제를 고려하지 않았다. 그의 희망대로 참여가 사람을 바꿀 수는 있겠지만, 그의 눈높이에 부응할 정도로 사람이 바뀌는 데는 시간이 필요하다. 밀처럼 중간단계를 설정하지 않다 보니 그의 주장 속에 모순어법이 빈번하게 발견된다. 한편으로는 민주주의를 축소하자고 하고 다른 한편으로는 민주주의를 확대하자고 한 것이 대표적인 경우이다. 이런 사정들을 종합하면서 밀의 1835년 발언을 비판적으로 독해하는 것이 좋겠다.

### 3장
# '고결한 자유'를 위한 행진?

이탈리아의 보비오는 조금 다른 주장을 폈다. 그는 토크빌을 '민주주의자이기 전에 우선 자유주의자'라고 규정한 반면 밀은 '자유주의자이면서 민주주의자'(Bobbio, p. 63, 69)라고 불렀다. 민주주의에 관한 한, 밀에게 좀 더 방점을 찍고 있는 것이다. 그의 해석이 어떠하든, 이 장에서는 '자유주의자' 밀과 토크빌을 비교해본다. 두 사람은 같은 자유를 추구했을까?

## 1. 마지막 편지

토크빌과 밀은 그들 나이 서른 무렵에 처음 만나 찬란한 우정을 나누었다. 그러나 영국과 프랑스 사이에 긴장이 높아가던 1840년대 초, 두 사람의 '시국관'이 서로 부딪히면서 서신교환이 뜸해졌다. 프랑스가 국가적 위기 국면을 맞자 당시 하원의원이던 토크빌은 1839년과 1840년 잇달아 '도발적인' 발언을 했다. 열강이 계속 프랑스를 겁박(劫迫)한다면 "차라리 전쟁을 선택하는 편이 낫다."라는 말까지 했다. 이에 밀은 무참할 정도로 토크빌을 통박했다. 토크빌에게 "좀 더 성숙해지라."는 말까지 했다. 두 사람의 관계에 비추어볼 때 이것은 거의 '막말' 수준이었다. 토크빌은 밀의 비판에 아무런 대꾸도 하지 않았다. 이후 여러 이유가 겹치면서 두 사람의 관계가 소원해졌다.

그리고 세월이 많이 흘렀다. 오랜 침묵을 깨고 1856년 6월에 토크빌이 자신의 마지막 책『앙시앵레짐과 프랑스 혁명』을 밀에게 보냈다. 토크빌은 자기 책을 "진정한 우정의 증표"로 받아달라고 했다. 밀은 외국 여행 때문에 반년이나 지나 짤막한 감사의 답장을 보냈다. 밀은 그 편지에서『앙시앵레짐과 프랑스 혁명』을 관통하는 '자유에 대한 고결한 사랑'에 깊이 공감한다고 했다.

토크빌은 밀의 답장을 받고 매우 기뻤던 모양이다. 그는 다시 밀에게 편지를 보내며 밀에 대한 존경의 마음을 직설적으로 털어놓았다. 그는 20년이 넘는 긴 세월 동안 "밀의 생각을 열렬히 흠모"해왔다면서 그 누구보다 "밀의 사상을 소중히 여긴다."고 말했다. 토크빌은 두 사람 사이에 오랫동안 소식이 끊겼던 것을 아쉬워하며 이제 "다시 전처럼 재미있는 이야기를 길게 나눌 수 있기를 바란다."고 했다.[20]

1859년 초, 이번에는 밀이 토크빌에게 자신의 새 저서인『자유론』

을 보내주었다. 그러나 그 무렵 토크빌은 병이 너무 깊어 책을 제대로 읽을 수 없었다. 그는 짤막한 인사편지에서『자유론』이 담고 있을 독창성과 열정을 믿어 의심하지 않는다고 했다. 그러면서 두 사람이 자유에 대해 '손을 맞잡고 같이 걸어갈 것'을 희망했다. 그가 눈을 감기 두 달 전의 일이었다.

이 책은 밀과 토크빌이 주고받은 마지막 편지 가운데 두 부분을 주목한다. 자유에 관한 두 사상가의 생각을 비교, 음미할 단초를 제공해주기 때문이다. 밀은『앙시앵레짐과 프랑스 혁명』을 읽고 토크빌이 자유를 고결하게 사랑한다고 말했다. 그리고 자신도 그런 사랑에 깊이 공감한다고 했다:

"나는 선생의 책을 관통하고 있는 자유에 대한 고결한 사랑(noble amour)에 깊이 공감합니다. 그 사실을 아무리 강조해도 지나치지 않을 듯합니다. 세계의 올바른 눈이라고 할 선생의 조국은 지금 비참한 정치적 압제에 신음하고 있습니다. 선생의 책은 그런 체제에 대한 지속적 저항을 담고 있습니다."(CW, XV, p. 518)

자유를 어떻게 사랑하는 것이 고결한 사랑일까? 자유를 고결하게 사랑한다는 것은 곧 고결한 자유에 대한 사랑과 다르지 않을 것이다. 밀이 고결한 자유라고 말했을 때, 어떤 자유가 그 심중에 들어 있었을까? 그는 무슨 생각으로 토크빌의 그런 자유론에 공감한다고 했을까?

토크빌은 밀의『자유론』을 받았지만 책을 읽지는 못했다. 그래도

---

20)  보다 자세한 내용, 특히 밀과 토크빌 사이에 소통이 뜸해지게 된 원인에 대해서는『위대한 정치』3부를 참조할 것.

그는 두 사람이 자유에 대해 같은 생각을 하고 있다고 믿었다:

"분명히 말하지만, 자유에 대해 생각할 때마다 우리 둘이 손을 맞잡고 같이 걸어가야(marcher) 한다는 느낌이 듭니다."(OC, VI, p. 352)

토크빌의 발언은 자유에 관한 한, 두 사람의 생각이 같다는 의미로 다가온다. 밀도 토크빌의 자유에 대한 고결한 사랑에 크게 공감한다고 했다. 자유에 대해 한마음이라는 말인데, 과연 그럴까? 자유에 관한 밀과 토크빌의 생각은 민주주의, 나아가 정치 그 자체를 바라보는 두 사람의 시각과 긴밀하게 연계되어 있다. 따라서 공감 못지않게 그 차이도 생길 수밖에 없는 것이 두 사람의 자유론이다. 이 책은 두 사람의 자유론이 일정 부분 겹치지만, 그 못지않게 중요한 지점에서 서로 엇갈린다는 사실을 입증하고자 한다. 토크빌의 소망과 달리, 자유를 향해 두 사람이 손을 맞잡고 같이 걸어가는 것을 상상하기가 쉽지 않은 것이다.

## 2. 토크빌의 자유론

아래에서는 토크빌의 자유론을 고매한 가치에 바탕을 둔 고결한 자유, 귀족사회 특유의 '색채와 윤곽'을 그리워하는 귀족적 자유, 혁명 좌파와 구태의연한 보수파를 배격하는 새로운 자유, 그리고 종교와 질서를 강조하는 이상적 자유의 네 차원에서 정리해본다.

## 1) 자유의 특성

### (1) 자유의 소중함

토크빌의 사상 속에서 가장 중요한 단어를 하나 꼽으라고 한다면 단연 자유(liberté)가 될 것이다. 토크빌은 자유를 '인간적 존엄'과 같은 선상에 놓았다. 정치체제든, 왕조든, 계급이든, 전통이든 그 무엇이든 자유와 인간적 존엄을 위한 것이 아니면 아무런 의미가 없다고 생각했다. 이 둘에 대한 사랑이 그의 삶을 규정한다고 고백했다.[21] 그에게는 이런저런 정부 형태라는 것도 이 신성하고 정당한 열정을 충족하기 위한 하나의 수단에 불과했다.(Selected, p. 115)

이런 이유에서 그는 자유를 세상에서 가장 위대한 것이라고 말했다.(Selected, pp. 317-318) 자유가 없으면 장기적으로 도덕적 · 정치적 위대함을 추구하는 것이 불가능하다고 생각했다.(Reader, p. 152) 인간 의지가 자유롭게 결합하지 않으면 인간이 진정한 힘을 발휘할 수 없기 때문이다.(『아메리카』 I, p. 159) 토크빌이 1835년 6월, 막 우정을 쌓기 시작한 밀에게 이런 말을 한 것도 결코 과장된 것이 아니었다:

"나는 자유를 사랑합니다. 그것이 내 취향입니다. 나는 물론 평등도 사랑합니다. 그것은 본능과 이성 때문입니다. 다른 사람들도 말로는 이 두 열정을 소중히 여긴다고 합니다. 그러나 나는 그들과 달리 정말 그런 감정을 가슴에 품고 있습니다. 자유와 평등을 위해서라면 엄청난 희생을 감수할 각오가 돼 있습니다."(Selected, p. 100)

---

21)  Olivier Zunz and Alan S. Kahn, "Introduction", in *Reader*, p. 259.

자유를 위해 어떤 희생도 마다하지 않겠다는 토크빌의 생각은 나이가 들어도 바뀌지 않았다. 자유는 그에게 삶과 죽음의 문제였던 것이다.(Selected, p. 261; Reader, p. 340) 그가 당시 프랑스의 정치지형에 등을 돌릴 수밖에 없었던 이유도 여기에 있다. 사람들, 특히 정치권 인사들은 자유의 가치를 몰랐다. 노예가 되는 것도 마다하지 않았다. 이런 곳에 몸을 담고 산다는 것은 그에게 너무나 고통스럽고 때로 잔인하기까지 한 일이었다. 차라리 사막 가운데 홀로 내버려지는 것이 더 나을 것이라는 느낌이 들 정도였다.(Reader, p. 272)

### (2) 개념 정의

이렇게 큰 의미를 부여한 자유에 대해 토크빌은 명확하게 개념 정의를 내리지 않았다. 그는 자유를 다양한 의미로 썼다. 이를테면 토크빌은 다음과 같은 세 가지 다른 상황에서 자유라는 말을 사용했다. 즉, 자유로운 정치체제의 정치적 생활이 주는 편익을 뜻할 때, 민주적 자유와 귀족적 자유를 구분할 때, 결과와 상관없이 그 스스로 최고가치를 지닌 것이라는 의미로 미학적 예찬을 할 때 그는 자유라는 말을 썼다.(Richter 2006, p. 247 참조) 그는 자유를 정치적 자유와 영혼의 자유로 구분하기도 했다.(Ossewaarde, p. 84 참조) 그런가 하면 토크빌은 자유를 '스스로에 대해 주인이 되는 감정'이라고 규정했다.(『앙시앵』, p. 168, 187) 곧 보겠지만, 자유를 이렇게 규정하면 여러 논의가 함께 이루어져야 한다.

중요한 개념에 대해 분명하게 정의하지 않은 채 다양한 상황에서 사용하는 것이 토크빌 글쓰기의 한 특징인지도 모르겠다. 앞에서 보았듯이, 그는 민주주의도 여러 의미로 썼다. 그의 민주주의론을 둘러싸고 상이한 해석과 평가가 분출하는 것도 이런 불분명한 용어 사용에 따른 부작용 탓이 클 것이다. 자유도 마찬가지이다. 토크빌이 목숨만큼이나 소중히 여겼던 자유이지만 그가 이 말을 두고 정확하게 무슨 생각을 하고 있었는지 명료하게 단정하기가 힘들다. 그저 여러 맥락 속에서 종합적으로 유추하는 것 외에는 달리 길이 없어 보인다.

### (3) 평등과 자유

토크빌은『아메리카의 민주주의』에서 자유와 평등을 다층적으로 비교했는데, 이 논의를 통해 그가 자유를 어떤 의미로 이해했는지 미루어 짐작할 수 있다. 그의 분석에 따르면 우선 자유는 결코 어떤 특정 사회상태와 결부되지 않는다. 자유는 시대에 따라 여러 형태로 나타난다. 평등은 그렇지 않다. 민주사회의 전유물이라고 할 수 있다. 민주시대를 특징짓는 특별하고도 압도적 사실이 바로 조건들의 평등이다. 평등에 대한 애착이야말로 민주시대 사람들의 마음을 움직이는 가장 중요한 열정이라고 할 수 있다.(『아메리카』 II, p. 183)

토크빌은 이렇게 전제한 뒤, 평등과 자유의 차이점을 여러 각도에서 비교한다. 평등은 모든 사람에게 날마다 수많은 자잘한 쾌락을 안겨준다. 어떤 사람이든지 평등이 주는 혜택을 즉시 느낄 수 있다. 거기에다 평등의 즐거움은 저절로 주어진다. 그래서 평등이 낳는 열정은 강렬하고 보편적이다. 그러나 자유가 주는 혜택은 시간이 지나야 나타난다. 정치적 자유는 희생과 노력이 있어야 얻을 수 있다. 그래서 사람들은 자유의 소중함을 잘 모른다. 이따금 소수의 시민들만 자유가 주는 숭고한 기쁨을 확인할 수 있을 뿐이다.

사실 평등은 큰 위험요소를 안고 있다. 그러나 이것을 아는 사람은 많지 않다. 아주 주의력이 깊고 통찰력이 뛰어난 사람만 알 수 있다. 평등의 폐단은 아주 서서히 드러나기 때문이다. 이 폐단이 과다해지면 사람들이 습관화되어 아예 그 문제점을 느끼는 것조차 힘들다. 반면 자유의 위험에 대해서는 누구나 다 알고 있다. 자유가 이따금 초래하는 폐단은 아주 직접적이라 누구에게나 눈에 띈다. 정치적 자유가 지나치면 시민 개개인의 재산과 평온한 생활을 해칠 수 있다. 이 사실을 모르는 사람은 없다.

이런 이유에서 평등을 향한 열정은 모든 방면에서 인간 마음속에 침투해서 인간을 완전히 사로잡는다. 평등에 대한 염원이 너무 강렬해서 어떤 대가를 치르고라도 지키려 한다. 자유 속에서 평등을 원하지만 그것이 뜻대로 되지 않으면 예종 속의 평등이라도 요구한다. 빈곤과 야만상태는 참고 견디지만 귀족주의는 용납하지 않는다. 토크빌은 이렇게 맹목적으로 평등에 집착하면 인간에게 가장 소중한 이익, 즉 자유를 잃어버리게 된다는 점을 경고한다. 다른 곳만 쳐다보면 자유가 손 안에서 빠져나가도 보지 못할 수 있다. 그들은 이미 눈이 멀어 있어 아무리 말해주어도 소용없다.(『아메리카』 II, pp. 184–187)

따라서 토크빌은 민주사회에서 평등을 없애는 것은 대단히 어렵다고 생각했다. 사회상태를 바꾸고, 법제를 폐지해야 한다. 생각을 쇄신하고 습성을 고치며 습속을 바꿔야 평등상태를 파기할 수 있다. 그러나 자유는 다르다. 자유는 그냥 내버려 두면 도망간다. 붙잡지 않으면 금세 자유를 잃어버리게 된다.(『아메리카』 II, p. 186–187)

그러나 토크빌이 평등과 자유를 대립적으로만 바라본 것은 아니다. 그는 근대 유럽국가에서 조건들이 평등해지기 시작하는 바로 그 순간부터, 다시 말해 평등의 결과로서 자유의 취향과 관념이 발전하기 시작했음을 분명히 밝힌다.(『아메리카』 II, p. 186) 나아가 평등은 사람들을 서로 독립하게 만들고, 자신의 의지에 따라 행동하는 습성을 길러준다. 그의 관찰에 따르면, 민주시대 사람들은 천성적으로 규율을 싫어한다. 꼬치꼬치 따지는 성격 때문에 권위를 내세우고 권력을 행사하는 사람들을 경멸한다. 자신이 지도자를 직접 뽑고 그 행위를 감독할 수 있는 자유제도를 선호하게 된다. 토크빌은 이런 성향이 전제정치를 막는 데 큰 역할을 할 것이라고 생각했다. 자유를 위해 투쟁하는 새로운 세대에 새로운 무기를 제공해줄 것이라고 예상했다. 그는 이런 이유에서 "나는 평등을 찬양한다."고 말했다.(『아메리카』 II, pp. 504-505, 570-571)

따라서 토크빌은 민주시대 사람들이 그리는 이상을 평등과 자유의 공존에서 찾는다. 인간은 누구나 완전히 평등하기 때문에 완전히 자유로우며, 완전히 자유롭기 때문에 완전히 평등할 수 있다는 것이다. 그는 자유와 평등이 서로 만나서 뒤섞이는 어떤 극한점을 '모든 시민이 통치에 참여하고 누구나 통치에 참여할 대등한 권리를 가지는 것'이라고 규정한다. 이런 사회에서는 어느 누구도 동료들과 그리 다르지 않으므로 어느 누구도 전제권력을 행사할 수 없을 것이라고 믿는다. 토크빌은 평등이 지상에서 취할 수 있는 가장 완벽한 형태가 바로 이것이라고 말한다.(『아메리카』 II, pp. 181-182)

토크빌은 완전히 자유롭지 않고서는 완벽하게 평등할 수 없기 때문에 평등이 가장 극단적 형태에서는 자유와 결합한다고 할지라도, 이 두 가지는 서로 구분해야 한다고 강조한다. 인간이 자유에 대해 갖는 취향과 평등에 대해 느끼는 취향은 사실상 전혀 다른 것이기 때문이다. 따라서 그는 민주국가에서 이 두 가지는 서로 대등하지 않다고 주장한다.(『아메리카』 II, pp. 182-183)

토크빌은 이런 자유는 쉽게 다가오지 않는다고 주장했다. 과거 귀족주의시대보다 민주주의 사회에서 자유를 확보하고 유지하기가 더 힘들다고 했다.(Selected, p. 347) '마음의 관습(mœurs)', 즉 습속이 준

비되어 있어야 하기 때문이다:

"민주적 자유는 참여 습관, 자조정신, 협력, 그리고 도덕성이 각 시민의 일
상적 생각과 행동 속으로 들어가 있지 않으면 꽃을 피울 수 없다 … 습관
과 마음의 관습은 한 국민이 정치적 자유를 향유할 수 있는 토대가 된다."
(Selected, pp. 280-281)

그래서 토크빌은 자유에 대한 섣부른 기대를 경계했다. 장기적으로
보면 자유가 언제나 안락과 복리, 때로는 위대한 번성까지 안겨준다.
그러나 단기적으로는 반대의 결과를 낳을 수도 있다. 자유에서 이득
만 취하고자 하는 자는 결코 오랫동안 자유를 보존할 수 없다. 토크
빌은 그 어떤 현실적 이해타산도 고려하지 않고 오직 자유의 아름다
움에만 집중할 것을 권유한다. 자유 그 자체의 가치를 떠나 다른 그
무엇을 기대하는 사람은 노예근성에 젖은 탓이라고 비판한다.(『앙시
앵』, pp. 187-188)

토크빌은 자유가 분석의 대상이 아니라고 주장한다. 경험에 의해
가르침을 받을 수 있는 것도 아니다. 자유는 논리 이전에 느낌으로 접
근해야 한다. 자유의 숭고한 취향을 분석하려 들어서는 안 된다는 것
이다.(『앙시앵』, p. 188, 209)

### 2) '고결한 자유'

이런 이해의 바탕 위에서 지금부터 토크빌이 품고 있었던 자유의
특성을 고결한 자유, 새로운 자유, 이상적 자유라는 세 차원에서 분
석해보기로 하자.

### (1) 고매한 가치

토크빌은 서구 자유주의의 전통 속에 굳건히 서 있었다. 20대 청년 시절, 그는 "어떤 값을 치르더라도 시민적 자유를 포기할 수 없다."고 선언했다.(Selected, p. 80) 『아메리카의 민주주의』는 자유주의의 보편적 이념을 명확하게 천명하고 있다. 각 개인에게만 관련되는 일이라면 당사자가 전권을 가지는 주권자가 되어야 한다는 것이다. 각자는 자신의 개별이익에 관한 한 최선의 유일한 심판자이고 자기 필요에 부응할 수 있는 최선의 역량을 지니고 있다. 따라서 사회가 개인의 행동을 규제해서는 안 된다. 반면, 시민들 상호 간 의무에 관련되는 일에 대해서는 그럴 수 없다. 주권자가 아니라 신민(sujet)이 된다. 어떤 개인의 행동이 사회의 이익을 침해한다면, 또는 사회가 개인의 협조를 요구할 필요가 있다면 개인은 자신의 권리를 유보해야 한다.(『아메리카』 I, pp. 137-138, 110-111) 이런 주장은 자유주의자의 전형적인 논리와 그대로 맞닿아 있다.[22] 토크빌은 자유시민이라면 '마음이 내키지 않더라도 주위 사람의 독립성과 권리를 진정 존중'해야 한다고 역설하기도 했다.(Reader, p. 250)

그러나 토크빌이 전통적인 의미의 자유주의자 모습만 보인 것은 아니다. 그가 개인의 생명과 재산을 지키고 보호하는 자유를 소중하게 여긴 것은 사실이지만 자유를 그런 소극적 차원으로 국한하지 않았다.(Reader, p. 1) 토크빌은 자유를 적극적으로 해석하기도 했다. 자유를 '스스로에 대해 주인이 되는 감정'이라고 부르는 것이 그 한 예가 된다. 그는 자신에 대해 주인이 되지 못한다는 것은 '도저히 참을 수

---

22)  토크빌은 1852년 입헌군주정의 전제조건으로 개인 자유 보장, 진정한 국민 대의기구 수립, 의회에서의 완전 자유 토론 허용, 실질적 언론자유 보장을 내세웠다.(Reader, p. 263)

없다.'고 생각했다. 종속되어 있다는 사실 자체를 거부해야 진실로 자유로울 수 있다고 주장했다.(『앙시앵』, p. 168, 187) 누가 주인인가? 거짓 자아를 누르고, 자신에게 진정 이익이 되는 것을 좇는 사람이 참된 주인이다.[23] 따라서 주인의 관심사, 즉 올바른 이익에 대한 가치판단이 토크빌 자유론의 중심이 된다.

이런 관점에서 토크빌이 자유와 고매한 가치를 연결시키고 있음을 눈여겨보아야 한다. 그는 자유롭기 위해서는 반드시 덕을 갖추어야 한다고 생각했다. 자유와 고귀함을 함께 묶는 것이 그의 과제였다.(DA, p. xix; Alulis, p. 85, 88, 90) 특히 위대함(la grandeur)은 토크빌의 자유론에서 특별한 위치를 차지한다.[24] 그는 1836년 자유가 없으면 '도덕적·정치적 위대함'도 존재할 수 없다고 역설했다.(Reader, p. 152) 『앙시앵레짐과 프랑스 혁명』도 자유가 위대함의 필수요소라고

---

[23]  이런 '주인론'은 그 뿌리가 플라톤까지 거슬러 올라갈 수 있다. 플라톤은 참된 자유를 설명하기 위해 노예와 주인을 구분했다. 그는 '자기가 원하고 희망하는 것을 할 수 없는' 사람을 노예라고 불렀다. 반대로 '자기가 원하고 희망하는 것을 할 수 있는' 사람은 주인 될 자격이 있다. 중요한 것은, 플라톤이 겉으로는 자유민 신분이지만 어떤 이유에서든지 본인이 '스스로 원하는 것'을 하지 않거나 못한다면 노예와 다를 것이 없다고 역설했다는 점이다. 자기 속의 '거짓 자기', 즉 비이성적 요소에 의해 휘둘리며 사는 사람은 신분이 아무리 자유민이라 하더라도, 그리고 아무리 자기가 원하는 대로 사는 것처럼 보인다 할지라도, 실제로는 노예와 다름없다는 것이다. '자기 자신의 주인이 되는 것'을 자유라고 규정했다는 점에서 루소(J. Rousseau)도 플라톤의 문제의식을 잇고 있다. 현대에 들어 벌린(I. Berlin)이 '주인론'에 관한 논의를 심화시켰다. 벌린은 '타인의 간섭을 받지 않고 각자가 자기 뜻대로 행위할 수 있는 상태'를 소극적 자유(negative liberty)로, '자기 자신의 주인이 되고자 하는 원망(願望)'과 같은 것을 적극적 자유(positive liberty)로 규정했다. 이성의 지시에 어긋나게 행동하면 겉으로는 아무리 자유로운 것처럼 보일지라도 실제로는 타율적 존재에 불과하다는 설명 속에 '주인의 자유'가 잘 담겨 있다. 그러나 벌린 자신은 이런 의미의 적극적 자유를 '거짓 자유'라고 거칠게 비판했다.(서병훈. 2000. 『자유의 미학』, pp. 213-214, 61-69 참조)

거듭 말한다. 따라서 위대함으로 압축되는 고매한 가치가 토크빌이 추구했던 고결한 자유의 중심축이 된다고 볼 수 있다.

### (2) 참여를 통해 개인주의 극복

토크빌은 미국을 현장관찰하면서 민주주의에 희망을 얻었다. 참여가 평등사회의 고질을 극복하고 사람을 자유롭게 해준다는 사실을 깨달았기 때문이다. 토크빌은 공동체에 대한 헌신을 강조한다. 공공의 이익을 위해 노력하는 것을 위대함의 핵심으로 간주한다. 토크빌은 참여가 그런 위대함의 지름길이라고 주장한다. 참여를 늘려나감으로써 평등사회의 사람들이 물질적 개인주의의 늪에서 벗어나 공공 문제에 관심을 가지게 된다는 사실을 확인했다. 나아가 그는 참여가 활발하게 일어나는 타운을 자유의 원천이라고 생각했다. 사람들이 타운에서의 참여 덕분에 자유를 일상적으로 체험하고, 음미하며, 습관적으로 향유하게 된다는 것이다.(『아메리카』 I, p. 104) 그러면서 토크빌은 "평등이 빚어내는 여러 폐해에 맞서 싸울 수 있는 단 하나 유효한 처방은 정치적 자유의 확대뿐"이라고 선언했다.(『아메리카』 II, p. 201) 이것이 곧 『아메리카의 민주주의』의 결론이나 다름없다.

여기에서 토크빌은 참여와 자유를 같은 말로 사용하고 있다. 한쪽에서는 참여가 민주사회의 시민들을 개인주의에서 구원한다고 했고,

---

24)  토크빌은 '아무 영문도 없이 왔다가 어디론지 모르게 사라지는' 인간적 실존에 깊이 고뇌한다. 그는 허무를 넘어서기 위해 위대함을 찾았다. 토크빌이 그리는 위대함은 물질적 개인주의의 반대 모습과 정확하게 일치한다. 인간은 신체적인 즐거움이나 일시적 흥분이 아니라, 고상하고 항구적인 가치를 추구해야 한다. 그래야 실존적 허무를 이겨낼 수 있다. 공공의 영역에 적극 참여할 때, 다시 말해 진정한 자유를 느낄 때 의미 있는 삶이 가능하다는 것이 그의 믿음이었다.(Lawler, p. 113 참조)

다른 한쪽에서는 자유가 평등사회의 적폐를 치유해준다고 했다. 참여와 자유가 물질적 개인주의의 극복이라고 하는 동일한 효과를 창출한다는 것이다.[25]

토크빌은 『앙시앵레짐과 프랑스 혁명』에서도 참여와 자유를 직접적으로 연결하고 있다. 자유의 아름다움을 실감나게 묘사하고 있는데, 이 대목이 밀을 크게 감동시킨 것 같다. 밀이 '자유에 대한 고결한 사랑'에 전폭적인 공감을 표시했던 이유가 여기에 있었던 것이 분명해 보인다.

첫째, 토크빌은 자유가 사람들을 개인주의의 굴레에서 벗어나게 해준다고 역설했다. 토크빌은 『아메리카의 민주주의』에서 평등사회가 물질적 개인주의를 조장한다고 비판했다. 그는 『앙시앵레짐과 프랑스 혁명』에서도 나폴레옹 3세의 폭정을 염두에 둔 듯, '전제정치는 편협한 개인주의와 물질에 대한 욕심을 부추기며, 공공 문제에 대한 관심을 희석시킨다.'고 지적했다.(『앙시앵』, p. 8) 그의 해법은 다르지 않았다. 토크빌은 사소한 집착을 퇴치하고, 연대의식을 촉진하는 데 자유보다 더 위력적인 것이 없다고 생각했다:

"자유만이 시민들을 고립상태에서 끄집어내어 서로 접촉하도록 이끌어주며, 공동 관심사를 실행에 옮기기 위해 서로 상의, 토론해야 할 필요성을 매일같이 일깨워준다. 자유만이 잡다한 개인사에서 시민들을 구해낼 수 있으며, 그들의 옆에는 언제나 조국이 있다는 사실을 일깨워준다."(『앙시앵』, p. 8)

---

25) 참여가 곧 자유라고 생각하기 때문에 토크빌의 자유론을 공화주의적 관점에서 조망하기도 한다.(이재용 참조)

정치적 자유가 사람들을 개인주의의 늪에서 꺼내 서로 의지하고 협력하게 하는 놀라운 힘을 가진다는 것이다.(『앙시앵』, p. 98.)[26]

둘째, 그는 자유가 사람들을 물질적 집착에서 벗어나게 해준다고 주장했다:

> "자유만이 금전에 대한 숭배와 때때로 안락에 대한 애착을 더 강렬하고 더 고결한 열정들로 대체할 수 있으며, 부의 획득을 넘어선 숭고한 목적들에 대한 야망을 불러일으킬 수 있다."(『앙시앵』, p. 8)

토크빌은 자유롭지 못한 민주주의 사회에서도 풍요를 누리고 문화가 발전할 수 있음을 인정한다. 선량한 가장, 정직한 상인, 존경받는 지주와 같은 사적인 덕성을 발견할 수 있다. 그러나 토크빌은 그런 조건 아래에서는 결코 위대한 시민이 나올 수 없다고 분명히 말한다. 위대한 민족은 더 말할 것도 없다.(『앙시앵』, pp. 8-9)

『아메리카의 민주주의』는 참여가 개인주의의 질곡에서 벗어나고 물질의 유혹을 버텨낼 힘을 준다고 했다. 『앙시앵레짐과 프랑스 혁명』에서는 자유가 참여와 동일한 효과를 낸다고 했다. 이런 용법에 비추어 보면 토크빌은 전통적인 의미의 소극적 자유론에 만족하지 못하는 것 같다. 그것보다는 오히려 개인주의를 극복하고 물질주의를 타개함으로써 자신에게 주인이 되는 적극적 자유론을 개진하고 있다고 보아야

---

26) 토크빌은 『아메리카의 민주주의』에서도 비슷한 말을 했다. 그는 '사람들이 자기 조국의 운명에 관심을 가지게 되는 가장 강력한, 아마도 유일한 방법은 정부 일에 참여하는 것'이라는 결론을 내렸다.(『아메리카』 I, pp. 471-540, 400) 자유시민들이 참여를 통해 자기중심적 시각에서 벗어나 동료나 이웃들과 협력하게 된다는 것이다.

한다. 이 점에 관한 한 밀도 할 말이 많을 것이다. 그를 자유보다 가치를 더 앞세운 적극적 자유론자로 규정하는 사람들이 있기 때문이다.

### (3) '귀족적 자유'에 대한 향수

토크빌은 『아메리카의 민주주의』에서 자유를 근대적 자유와 귀족주의적 자유 둘로 구분했다. 근대적 자유는 평등과 다수지배를 추구하는 민주사회의 자유인 반면, 귀족적 자유는 소수 특권계급에 편향된 귀족사회에서 그 뿌리가 발견된다. 그는 다수가 향유할 수 있는 근대적 자유를 정당한 자유로, 소수만 누릴 수 있는 귀족적 자유를 잘못된 자유로 규정했다.[27] 그런데 토크빌은 정당한 근대적 자유가 나쁜 효과를 내는 반면, 잘못된 귀족주의적 자유가 오히려 올바른 효과를 낸다고 보았다. 귀족사회에서 오히려 자유가 더 번창했다는 말도 했다. 무슨 뜻일까?

토크빌은 『앙시앵레짐과 프랑스 혁명』에서 앙시앵레짐을 예속과 복종의 시기로 간주하는 것은 잘못이라고 했다. 물론 귀족주의적 자유는 소수에 국한된 특수한 유형의 자유였고, 따라서 축소되고 왜곡된 것은 사실이다. 그러나 그 시대에는 자유가 숨쉬기 좋은 '비옥한 토양'을 가꾸고 있었다. 그래서 '오늘날 생각하기 힘든 특별한 유형의 자유'가 꽃을 피울 수 있었다. 토크빌은 이 점을 주목했다.

그의 분석에 따르면, 귀족시대는 각자의 '타고난 독창성과 색채와 윤곽'을 보존해주었다.(『앙시앵』, pp. 135-137) 그래서 귀족사회 사람들

---

27) 그는 1836년에 쓴 "L'état social et politique de la France avant et depuis 1789"에서도 특권에 바탕을 둔 '귀족주의적' 자유와 근대 자연권에서 시작된 '정의로운 민주적' 자유를 구분했다. Kelly, pp. 61-62 참조.

은 놀라울 정도로 서로 달랐다. 사람들의 열정과 생각, 습성과 취향이 기본적으로 매우 다양했다.(『아메리카』 II, p. 403) 토크빌은 각자가 자기만의 색깔을 키우고 발휘하는 것, 즉 개별성(individualité)을 매우 중요하게 생각했다. 그의 자유론이 바로 이 개별성 개념의 토대 위에 서 있다고 보면 된다. 그가 평등사회에 대해 느끼는 가장 큰 불만 중의 하나가 바로 이 개별성의 상실이다. 그저 남을 따라가고 고만고만한 다수의 뒤에 숨어버리는 행태에 절망하고 있는 것이다.[28]

토크빌은 귀족시대에 이처럼 개인의 독립성이 확보될 수 있었던 원인으로 앙시앵레짐의 사회구조를 꼽았다. 최고 통치권자가 권력을 독점하지 않고 통치권력은 자신이 장악한 반면, 관리권력은 귀족에게 나누어줌으로써 사회적 다원성을 유지할 수 있었다는 것이다.(『아메리카』 II, pp. 558-559) 더 중요한 것은 그 사회에서는 계급과 신분의 차이가 존재했다는 사실이다. 대부분의 사람들이 가난에 찌들려 먹고사는 문제에 분주할 수밖에 없지만, 적어도 일부는 그런 족쇄로부터 벗어나 자기 고유의 취향과 색깔을 추구할 여유를 누렸다. 토크빌은 그런 사회경제적 구분 덕분에 귀족사회에서 개별성이 발달할 수 있었다고 보았다. 나아가 귀족국가에서는 개인을 위해 사회가 희생하고, 소수의 영예를 위해 다수의 복리가 희생되는 일이 자주 벌어졌다.(『아

---

28)  토크빌은 평등사회에서 개인주의가 개별성을 훼손하게 되는 현상을 눈여겨보았다. 사람들 사이에 동질화를 촉진함으로써 개별성을 말살하게 된다는 것이다. 그 한 예로, 토크빌은 미국 사회에서 영어의 변화에 주목한다. 민주주의시대에는 최대다수에 적합한 언어만 살아남는다. 그 결과 동일한 언어, 동질적 담론이 확산된다. 평등이 언어를 동질화시키면서 문학과 역사, 과학을 단순화시킨다. 개인들의 습속마저 단순화, 동질화의 늪에 빠진다. 개인에 바탕을 둔 민주주의이지만, 그 사회에서 오히려 개별성이 퇴색하게 되는 것이다. 홍태영. 2008.『국민국가의 정치학』. pp. 144-145 참조.

메리카』II, pp. 558-559) 자신만의 고유한 색깔을 가진 개인이 더욱 힘을 낼 수 있었던 것이다.

토크빌은 귀족시대의 자유가 '고상한 가치'와 연결되었다는 점도 강조했다. 그는 '안락에 대한 열정을 예속의 어머니'나 다름없다고 생각했다. 안락에 빠지면 예속도 마다하지 않기 때문이다. 그런데 구체제 사람들은 안락한 생활보다 아름다운 생활에, 풍요보다는 명예에 더 몰두했다. 토크빌은 이 점을 매우 높게 평가했다. 그는 사람들의 마음속에 자부심을 심어주고 명예를 제일가치로 여기게 만드는 것을 자유라고 불렀다. 토크빌은 이런 자유 때문에 '불굴의 영혼들, 자부심이 강하고 대담한 천재'들이 탄생할 수 있었다고 주장한다.(『앙시앵』, pp. 126, 135-137) 그는 "중세시대 프랑스 귀족사회보다 그 의견과 행동에서 더 자존을 세우고 더 독립적인 고상함을 유지했던 것은 없었다."고 회고했다.(Kelly, p. 64 참조)

그러나 평등사회는 달랐다. 귀족적 자유를 둘러싼 토크빌의 고민은 민주주의시대를 바라보는 그의 착잡한 심경과 직결되어 있다. 그는 '인간성을 보다 잘 고취'하고(DA, p. 222) '사회 전반에 엄청난 힘을 불어넣는' 민주주의의 '진정한 장점'을 외면하지 않았다.(DA, p. 234) 문제는 민주사회가 평등에 대한 열정으로 개인들을 고립시키며 끝내 노예상태로 몰아넣을 수 있다는 점이다. 토크빌은 이런 사회에서 개별성이 온전히 발휘되기 어렵다는 사실에 절망한다. 구조적으로 개인적인 독립성 영역이 확대될 수가 없다.(『아메리카』II, p. 558) 그러다 보니 민주사회의 사람들은 모두 서로 엇비슷하다. 하는 일도 거의 비슷하다. 앙시앵레짐처럼 각 개인이 자신만의 고유한 색깔을 빚어내지 못한다.

물론 이 사회 사람들도 열정을 가지고 있다. 그러나 그들의 1차적인 집중과 애착은 돈과 재산을 중심으로 맴돈다. 사람들끼리 따로 놀고 서로 무관심하다. 물질적 보상이 없으면 상호 협력도 불가능하다. 이곳에서는 돈이 모든 것을 결정한다. 돈의 쓰임새가 다양하다 보니 그 가치도 점점 높아져 간다. 평등사회에서는 귀족사회와 달리 출생이나 신분, 직업에 따라 사람들이 구별되지 않는다. 그저 돈만이 현격한 차이를 만든다. 사람들 모두가 돈을 가장 소중하게 받들고 그런 면에서 열정이라는 것이 모두 유사한 색조를 띠게 된다.(『아메리카』 II, pp. 403-404)

토크빌은 그의 저작 여러 곳에서 귀족주의적 자유를 그리워하고 있다. 그는 『아메리카의 민주주의』에서 자유국가의 국민이 위기를 맞아 다른 나라 사람들과 비교할 수 없을 정도의 정력을 발휘한다고 했다. 단, 귀족주의적 요소가 주도하는 자유주의 국가만 그렇다.(DA, p. 214) 그는 1854년 시니어와의 대화에서 "귀족체제를 유지하는 동안 자유도 누릴 수 있었다."고 토로했다.(Senior II, p. 69, 83) 결국 토크빌은 '고결한 관념과 정신적 기쁨을 추구하는' 귀족사회에 대한 미련을 지우지 못했다.(DA, pp. 598-599, 601-602) 그는 '할아버지 세대'에 비해 현 시대가 지적으로나 도덕적으로 훨씬 열등해졌고, 공공정신도 파괴되었다고 진단했다. 그가 볼 때, '귀족주의를 잃어버린 것은 불행'이었다.(Senior II, pp. 83, 85, 207-208)

이처럼 토크빌이 그리는 자유는 위대한 정신을 낳는 고매한 가치, 공동체에 대한 헌신, 그리고 자기만의 색깔과 윤곽을 발달시키는 개별성을 포괄하고 있다. 밀은 토크빌의 이런 포부에 깊이 감동했을 것이다. '고결한 자유'라는 찬사에 걸맞은 자유론이 아닐 수 없다.

## 3) '새로운 자유'

토크빌은 1836년 친구 스토펠(Eugène Stoffels)에게 보낸 편지에서 자신을 '새로운 자유주의자'라고 불렀다. 자신이 새로운 종류의 자유주의자(libéral d'une espèce nouvelle)라는 사실을 사람들이 분명하게 인식하지 못할 이유가 없다고 했다.(Reader, p. 153) 그는 '새로운 자유'를 어떤 의미로 썼을까?

토크빌은 그 편지에서 '질서 옹호자'와 '더러운 민주주의자'들이 프랑스 정치를 어지럽히고 있다면서 통렬하게 비판했다.(Reader, pp. 152-153) 한쪽은 '도덕과 종교, 질서'를 중시하는 반면, 다른 쪽은 '자유와 법 앞에서의 평등'을 숭상한다고 했다. 그는 이 현상을 매우 개탄했다. 왜 그럴까? 토크빌은 이 모든 것들이 동시에 하나로 합쳐져야만 위대함과 행복이 가능하다고 생각했다. 그는 이런 사실을 보여주는 일을 이 시대가 해야 할 가장 '아름다운 과업'으로 꼽았다.

토크빌은 당시 프랑스 사회를 주도하던 중산층 기득권 세력을 질서 옹호자(amis de l'ordre)라고 부르며, 그들과 한통속으로 분류되는 것을 원치 않는다는 점을 분명히 말했다.(Reader, pp. 152-153; Senior II, pp. 207-208) 그가 기득권을 지키려는 '질서 옹호자'들을 얼마나 혐오했는지에 대해서는 2부에서 자세하게 밝혔다.

여기에서는 그가 '이 시대의 대부분 더러운 민주주의자(les sales démocrates)'[29]들과 자신을 혼동하지 말 것을 강조한 부분을 집중적

---

29) '더러운 민주주의자'라는 표현은 이 편지의 초고에서만 나오고 그의 전집에는 그냥 '이 시대의 대부분 민주주의자'라는 표현을 썼다. 영어로 번역된 *The Tocqueville Reader: A Life in Letters and Politics*는 'dirty democrats'라고 표기했다.(Reader, p. 153)

으로 살펴보기로 한다. 그는 '급진적·혁명적 이론'을 좇는 사람들을 '더러운 민주주의자'라고 불렀다. 급진 민주주의자, 혁명파, 그리고 사회주의자 등 그가 심각하게 문제 삼았던 '평등의 사도'를 일컫는 것이다.[30]

토크빌은 문제의 편지에서 '좌파'가 자유주의에 대한 진정성이 부족하다고 신랄하게 비판하고 있다. 그가 볼 때 좌파는 여전히 자유주의자보다는 혁명파에 가까웠다. 그는 자유를 소중히 여기지 않는 좌파에 대해 언제나 크게 불만이었다. 토크빌은 좌파에게 자유 그 자체를 사랑할 수 있어야 한다고 훈계했다. '마음이 내키지 않더라도' 주위 사람의 독립성과 권리를 진정 존중해야 한다고 강조했다. 정부가하는 일이 자신의 희망사항과 일치하더라도 여전히 그 권력을 견제하고 그 영향력을 제한하는 일을 게을리해서는 안 된다고 주장했다. 토크빌은 좌파가 온건하고 합리적이면서 자유주 세력으로 변신할 것을 촉구했다.(Reader, pp. 218-219)

문제는 토크빌이 '좌파'와 '더러운 민주주의자'를 섞어 사용하고 있어 혼란스럽다는 점이다. 이 '좌파'의 성격이 모호하기 때문이다. 1830년과 1848년 두 차례 정치적 격변을 거치면서 프랑스 사회는 우파와 좌파 양대 산맥으로 양분되었다. 당시 기준으로 우파는 집권세력을 총칭해서 부르는 말이다. 루이필리프(Louis-Philippe, 1773~1850) 쪽의 오를레앙(Orléans) 자유주의자[31]들이 우파를 이끌고 있었다. 이들

---

30) '이상적 민주주의라는 신기루를 좇는 사람들'도 이 범주에 포함될 것이다. (Selected, pp. 98-99)

31) 1830년 7월 혁명으로 부르봉 왕조의 샤를 10세가 쫓겨나고 그의 동생인 루이필리프가 왕좌를 차지했다. 루이필리프는 1848년 2월 혁명 때까지 프랑스를 통치했는데, 그의 측근세력을 그의 출신지 오를레앙의 이름을 따 오를레앙 자유주의자라고 불렀다.

은 '저항파'로 불렸지만 실제로는 보수적 성향을 띠고 있었고 시대적 영향력도 가장 컸다. 집권세력에 반대하는 좌파 진영은 '운동파'로 불렸고 그 속에는 다양한 정파가 자리 잡고 있었다. 바로(Odilon Barrot, 1791~1873)의 '왕조 좌파(gauche dynastique)'와 티에르(Louis Adolphe Thiers, 1797~1877)가 이끄는 '중도 좌파(centre gauche)'가 있는가 하면 공화파, 혁명파 등 급진좌파세력도 있었다.(de Dijn, pp. 131-135 참조)

토크빌은 이 편지에서 집권세력을 비판하는 정치가들을 좌파로 일컬은 듯하다. 그리고 이런 의미에서 자신을 좌파로 규정했다. 토크빌이 하원의원으로서 의사당에 처음 들어갔을 때 어느 쪽에 자신의 의석을 잡는지 신경을 쓸 수밖에 없었다. 좌석의 위치가 정파를 가름하는 분위기였기 때문이다. 그는 우여곡절 끝에 의사당의 좌중간에 자리 잡았지만 기존 어느 정파에도 소속되고 싶지 않았다. 사실 토크빌은 선거과정에서부터 모든 기성 정파와 거리를 두었다. 일종의 '독불장군'을 자처했다. 군이 따지자면 그는 좌파 쪽이었다. 지역구 유권자들을 의식해서라도 자기 이름 앞에 늘 '왼쪽'을 붙이고 다녔다. 토크빌은 좌파 중에서 보다 온건한 중도좌파로 자신을 자리매김했다.(Reader, pp. 20-21)

토크빌은 정계에 입문한 뒤 '청년 좌파' 정당을 만들어 '정말 무언가 새로운 일'을 도모하고 싶었다. '청년 좌파'의 성격이 무엇이었는지 분명하지는 않지만, 그가 1841년에 루아예콜라르(Pierre Royer-Collard, 1763~1845)[32]에게 한 말을 통해 미루어 짐작할 수는 있다. 토크빌은

---

32)  루아예콜라르는 토크빌에게 정치적 '대부'와 같은 존재였다. 토크빌은 1835년 당시 72세의 루아예콜라르에게 첫 편지를 보내 인사를 튼 뒤 그가 세상을 떠날 때까지 진심으로 그를 섬겼다. 토크빌은 그가 보여준 위대한 열정, 고상하고 독특한 정치적 개성, 자유 독립 정신을 흠모했다. 그를 "물질주의 철학을 해체"하고

'자유주의적이면서 혁명적이지 않은' 정당만이 자기에게 맞는다고 생각했다.(Reader, p. 160)

이런 배경을 미루어볼 때, 자유주의에 대한 진정성이 부족하다는 이유로 그가 공격한 '좌파'는 중도좌파인 듯하다. 온건하고 합리적인 자유주의 세력으로 변신할 것을 촉구한 것을 보면 아직 그들에 대한 기대를 완전히 접은 것 같지 않기 때문이다. 그러나 '더러운 민주주의 자'는 상황이 다르다. 토크빌로서는 상종할 수 없는 사람들이었다.

정확하게 편을 나누기가 쉽지 않지만, 그는 공화파를 급진 민주주의자로 지칭한 듯하다. 앞에서도 보았듯이, 토크빌은 '자유의 이름으로 독재를 휘두르는 공화국'에 두려움을 느끼고 있었다.(Recollections, p. 89) 그는 '체계적이고, 온건하며, 보수적으로, 그리고 완벽하게 합헌적인 방식으로' 운영되는 공화국을 원했다.(Recollections, p. 192) 그가 볼 때, 공화파 민주주의자들은 민주주의라는 신기루를 쫓는 사람들이었다. 그런 민주주의는 '자유 없는 민주주의'가 될 수밖에 없다.

토크빌이 가장 멀리했던 집단은 산악파 등 혁명파였다. 그는 혁명파를 한마디로 '비열한 악당'으로 지칭했다.(Recollections, pp. 101-102) '어디서나 폭력적이고, 사려가 부족하며, 언제나 이성이 아니라 열정에 휩쓸리는' 세력이라고 꼬집었다.(Reader, p. 252) 그는 자기보다 더 혁명을 싫어하는 사람, 이른바 혁명정신을 자기만큼 더 철저하게 증오하는 사람은 없을 것이라고 단언했다.[33]

'더러운 민주주의자'의 한편에 사회주의자가 있었다. 토크빌은 사

---

자유와 정통주의의 결합을 섭리적 차원으로 승화시킨 공로자로 칭송했다.(『위대한 정치』, pp. 103-104 참조)
33) 토크빌은 이 혁명정신이라는 것이 자칫 절대정부를 부추기는 방향으로 흘러갈 수 있기 때문에 싫어했다.(Reader, pp. 156-157)

회주의에 대해 상반된 평가를 내렸다. 한편으로 그는 사회주의의 힘을 외면하지 않았다. 지나간 역사를 통해 인민은 점차 권력을 확대해왔다. 그런 인민의 눈으로 볼 때, 재산에 바탕을 둔 특권은 평등을 저해하는 가장 큰 장애물일 수밖에 없다. 따라서 토크빌은 민주혁명의 다음 단계로 사회주의가 등장하는 것이 불가피하다고 생각했다. 그가 1848년 2월 혁명의 기본 특징으로 사회주의를 지목한 것도 이런 이유에서였다.(Mansfield 2010b, p. 6)

문제는 사회주의가 뜨거운 열정에 불을 붙이고, 질투심을 부채질하며, 마침내 계급 사이에 전쟁을 조장한다는 데 있다. 사회주의자들이 근대사회를 구성하는 근본 구조를 급격하게 변화시키려 들 것이지만, 토크빌은 근본 구조가 그와 같은 방식으로 대체되리라고 생각하지 않았다.(Recollections, pp. 74-76)

더 큰 문제는 사회주의가 자유를 심각하게 제약한다는 점이다. 토크빌은 1848년 의회 연설에서 사회주의자들이 인간 이성과 개인 자유를 심각하게 불신한다고 지적했다. 개인을 제한하고, 억누르며, 규제한다는 것이다. 토크빌은 사회주의가 새로운 형태의 노예제에 지나지 않는다고 통박했다. 따라서 그는 사회주의와 하나가 될 수 없었다:

"나는 기본적으로 민주주의자이다. 이것이 내가 사회주의자와 같이할 수 없는 이유이다. 민주주의와 사회주의는 같이 갈 수 없다. 이 둘을 한꺼번에 가지는 것은 불가능하다."(Reader, p. 250)

토크빌은 친구에게 자신이 '급진적인, 그리고 심지어 혁명적 이론에 끌리고 있다고 생각하는 것은 잘못'이라고 반박했다. 더러운 민주주의자들과 달리, 자신은 언제나 본능적으로 자유를 사랑하기 때문

이다. 토크빌은 자기의 모든 사상이 '자유가 없으면 그 어떤 도덕적·
정치적 위대함도 성취 불가능하다.'는 사실 위에 서 있음을 주지시켰
다.(Reader, pp. 152-153)

결국 토크빌이 자신을 '새로운 자유주의자'라고 불렀을 때, 그는 한
편으로는 물질에 도취된 나머지 현실에 안주하는 '질서 옹호자'와 민
주주의의 이름으로 자유를 능멸하는 '더러운 민주주의자'를 배제한 새
로운 정치지형을 그리고 있었다. 그는 급진좌파가 내거는 '자유와 법
앞에서의 평등'과 수구파가 껴안는 '도덕과 종교, 질서'를 모두 품는
것이 그가 감당해야 할 시대적 과업이라고 생각했다. 이런 의미의 '새
로운 자유'는 다음 절에서 보게 될 그의 '이상적 자유'와 바로 맞닿아
있다.[34]

### 4) '이상적 자유'

토크빌은 정계를 은퇴한 뒤, 자신의 과거를 회상하는 자리에서 이
상적인 자유의 모습을 구체적으로 묘사한 바 있다. 그의 상념은 1830
년 혁명으로 샤를(Charles) 10세가 쫓겨나던 시점으로 흘러갔다. 샤를
10세는 나폴레옹이 실각하면서 수립된 왕정복고 체제의 두 번째 군주
였다. 1824년에 왕위에 오른 그는 절대왕정을 되살리기 위한 반동적
정책을 펼치다가 1830년 7월 혁명에 의해 쫓겨났다. 그 뒤를 이은 것
이 루이필리프의 입헌군주정이었다. 토크빌은 루이필리프를 엄호하
는 '질서 옹호자'들을 극도로 혐오했다. 결국 이 체제도 1848년 2월 혁

---

34)  귀족주의와 '새로운 자유주의'를 연결시키는 시각에 대해서는 Mansfield 2010a,
     p. 8 참조.

명에 의해 무너지고 프랑스 정치는 일단 '더러운 민주주의자'들의 손아귀에 떨어졌다. 토크빌은 이런 일련의 소용돌이를 촉발시킨 1830년 샤를 10세의 몰락을 되돌아보면서 중요한 말을 남겼다:

"나는 최상의 유년시절을 보냈다. 그 당시 프랑스 사회는 자유를 되찾으면서 번영과 위대함도 함께 되찾은 것처럼 보였다. 나는 질서 속에 규율이 있는 자유(liberté modérée, régulière)의 관념을 체감할 수 있었다. 다시 말해 종교적 믿음과 습속, 그리고 법에 의해 통제되는 그런 자유를 누리는 기쁨에 가슴 벅찼다. 그 자유는 내 모든 삶을 지탱하는 열정이 되었다. 그 당시 나는 이런 자유를 잃는다면 그 무엇으로도 보상받을 수 없으리라고 생각했다. 이제 나는 그와 같은 자유를 다시는 누릴 수 없으리라는 사실을 분명히 깨닫는다."(Recollections, p. 65)

토크빌이 1850년 무렵 한 말이다. 그는 '질서 속에 규율이 있는 자유'를 누리는 기쁨에 가슴 벅찼다고 했다. 프랑스 사회도 그 자유와 함께 번영과 위대함을 회복했다고 했다. 토크빌이 그리는 이상적인 자유의 모습이었다. 그는 이제 다시는 그런 자유를 누릴 수 없는 비감(悲感)을 솔직하게 토로했다.[35]

토크빌은 새로운 자유를 추구했고, 질서 속에 규율이 있는 자유를 그렸다. 그가 품었던 바람직한 자유의 관건은 도덕과 종교, 질서, 그리고 자유와 법 앞에서의 평등을 함께 아우르고, 종교적 믿음과 습속, 그리고 법에 의해 통제되는 것이다. 그는 이러한 '아름다운 과업'

---

35) 토크빌은 1848년 스토펠에게 '합법적이고 강력하며 자유로운 정부'를 세우는 것이 젊은 날 그의 꿈이었다고 토로한 바 있다.(Selected, p. 215)

에 자신을 던졌다.(Reader, p. 152) 토크빌은 자유의 요건들을 여러 개 열거했다. 그 가운데서 종교와 질서를 특히 유념해서 분석해볼 필요가 있다. 밀과의 차별성이 두드러져 보이기 때문이다.

### (1) 종교와 자유

토크빌이 민주주의의 안착에 종교가 큰 역할을 한다고 주장한 것은 앞에서 이미 살펴보았다. 그의 생각에, 신앙 없이 완전한 정치적 자유를 누린다는 것은 불가능한 일이다. 자유를 누리자면 반드시 믿음을 가져야 한다는 것이다.(DA, pp. 418–419)

종교가 평등을 거부하고, 자유에 저주를 퍼붓는 일이 흔했다. 그러나 토크빌은 종교와 자유가 아주 상반된 것처럼 보이지만, 실제로는 상호 협력관계에 있다고 생각한다. 그는 종교인 옆에 자유를 주창하는 사람들이 같이 있음을 주지시킨다. 종교인들은 자유를 가장 숭고한 미덕, 가장 위대한 선의 원천으로 본다는 것이다.

토크빌은 그 이유를 습속의 역할에서 찾는다. 습속은 신앙이 있어야 온전히 힘을 발휘할 수 있다. 그런데 자유는 습속이 튼튼해야 존재할 수 있다. 자유는 습속에 의존하고 습속은 신앙에 의존한다. 따라서 신앙이 없으면 자유도 없는 것이다.(『아메리카』 I, p. 26)

토크빌은 민주사회의 특성 때문에 종교의 역할이 커진다고 말하기도 한다. 민주사회의 사람들은 개인주의의 늪에 빠져 있고, 따라서 정치적 유대가 미미하다. 이런 사회에서는 종교적 유대가 그 빈자리를 메꿔야 한다. 종교적 유대마저 강화되지 않으면 사회의 파멸을 피할 수 없다. 그가 모든 시민을 오랫동안 같은 목표를 향해 나아가게 할 수 있는 유일 동력이라면서 애국심과 종교를 같은 위치에 올려두는 것도 이런 이유에서이다. 토크빌은 왕정보다 공화정, 그것도 민주공화정에서 종교가 더욱 필요하다고 역설한다. 전제정치는 신앙 없이 유지될 수 있지만, 자유는 그렇지 않다. 신앙 없이 자유가 존재할 수 없다는 것이다.(『아메리카』I, p. 159, 502)

토크빌은 『아메리카의 민주주의』에서 자유가 종교를 동반자요, 요람이며, 신성한 원천이라고 여긴다고 썼다. 자유를 사랑하는 사람들은 종교를 자기편이라고 생각한다는 말도 했다.(『아메리카』I, pp. 77-78, 26) 그는 당시 기독교가 가장 큰 영향력을 행사하는 나라가 가장 계몽되고 가장 자유롭다는 것은 그 종교가 인간 본성에 유용하고 적합하다는 사실을 입증하는 것이라고 생각했다.(『아메리카』I, p. 496) 아메리카에서 종교는 사회통치에 직접 관여하지 않지만 정치제도들 가운데 으뜸가는 위상을 차지한다고 볼 수 있다. 자유에 대한 취향을 직접 불어넣어 주지는 않지만 자유를 누리는 데 유리한 여건을 조성하기 때문이다.(『아메리카』I, p. 499)

토크빌은 종교가 없으면 위대함도 불가능하다고 생각했다. 그는 1853년 글에서 자유주의적 감정과 종교적 감정이 함께 조화를 이루어야 '진정한 위대함'이 실현 가능하다고 말했다. 자유와 종교를 함께 일구어내는 것이 자신의 30년 정치인생의 목표였다는 말도 덧붙였다.(Selected, pp. 294-295) 토크빌이 질서 속에 규율이 있는 자유를 말하면서 종교적 믿음을 강조한 것은 이런 배경에서이다.

토크빌의 앞 세대, 즉 18세기 철학자들은 자유가 확립되고 지식이 축적됨에 따라 종교적 열정이 시들 것으로 내다보았다. 그러나 토크빌은 시대가 그들 생각과 달리 진행하고 있다고 믿었다. 아메리카에서 종교와 자유가 서로 긴밀하게 연결된 채, 같은 땅 위에서 함께 군림하는 것을 목격한 것이다.(『아메리카』I, p. 503)

토크빌은 자유를 은혜의 산물로 여기면서, 오직 창조주와의 관계

속에서만 자유를 이해할 수 있다고 주장했다. 종교와 자유를 화해시키고, 그 둘 사이에 완전한 일치를 추구하는 것이 토크빌의 새로운 자유주의의 지향점이었다.(Ossewaarde, pp. 83-84, 1 참조)

## (2) 질서 있는 자유

동시에 토크빌은 법질서 확립을 매우 강조하였다. '질서와 적법성에 대한 사랑'이 자유에 대한 '성숙하고 사려 깊은 취향'을 낳았고, 그 바탕 위에서 미국 민주주의가 성공을 거둘 수 있었다고 진단했다.[36] 질서 존중이 독재자 추종으로, 자유를 숭상하는 것이 법에 대한 경멸로 혼동되어선 안 된다고 역설했다.(『아메리카』I, pp. 27-28)

토크빌은 '질서 있고 안정된 자유'(Recollections, p. 239, 65)를 꿈꾸면서 질서와 자유를 동일선상에 놓았다.(Selected, p. 84) 언제나 질서 편에 서고 혼란을 야기하는 급격한 변화를 매우 싫어했다.(Reader, p. 22) 적정 수준을 넘어가는 혁명적 선동을 배격했다. 천천히, 매우 신중하게 변화를 추구했다.(Reader, pp. 157-158) 민주사회 사람들이 질서를 사랑하고 질서 앞에 기꺼이 머리를 숙여야 자유를 평화롭고 유용하게 향유할 수 있다고 생각했다.(『아메리카』II, p. 475)

토크빌은 '천천히, 신중하게, 합법적인 방법으로' 일을 꾸미고자 했다. 그 스스로 '미신에 가깝다고 할 정도로' 법을 존중했다. 따라서 그는 급진주의자들이 법질서를 훼손하는 것을 참을 수 없었다.(Reader,

---

36)  토크빌은 미국혁명이 독립에 대한 막연하고 무한 본능이 아니라 자유를 향한 성숙하고 사려 깊은 취향에 의해 촉발되었다고 분석했다. 무질서에 대한 열정이 아니라 그 반대로 질서와 합법성에 대한 애정이 큰 역할을 했다고 보았다. 그는 미국 사람들이 무엇이든 할 수 있는 권리를 가졌다고 주장하지 않고 거꾸로 다른 나라에 비해 보다 다양한 의무를 이행한다는 사실을 눈여겨보았다.(『아메리카』I, pp. 120-121)

pp. 157-158) 세월이 흘러 『회고록』을 쓸 때도 생각이 바뀌지 않았다. 그는 가능하다면, '체계적이고, 온건하며, 보수적인, 그리고 철저하게 헌정질서를 지키는' 공화국을 만들고 싶었다.(Recollections, p. 192) '규율 있는 자유와 적법성을 철저하게 존중하는 것'이 토크빌 정치철학의 근본원리였다.(Selected, pp. 266-267) 그가 법조인들의 권위와 영향력이 미국 민주주의의 퇴행을 막아주는 가장 강력한 방파제라고 주장했던 이유가 여기에 있다.(DA, p. 251) 법을 전공한 사람들은 본질적으로 질서를 존중하고 규칙에 집착하기 때문에 혁명적 정신과 민주주의의 사려 깊지 못한 열정에 일종의 브레이크 역할을 한다는 것이다.(『아메리카』 I, pp. 446-459)

## 3. 밀의 공감

나는 이 책에서 밀의 정치사상을 한마디로 특정하기가 어렵다는 말을 자주 하고 있다. 그의 자유론이 특히 그렇다. 생각의 여러 갈래가 혼란스러울 정도로 같이 섞여 있기 때문이다. 밀은 적극적 자유를 외치는 루소를 좋아하지 않지만 소극적 자유론에 머물지 않는다. 그는 분명 자유주의를 지향하지만 그가 의지하는 논리적 토대는 민주주의와 공화주의이다. 사람에 따라서는 그 어느 쪽도 아닌 것처럼 보인다.(Urbinati 2002, pp. 11-12; Urbinati 2007, p. 68)

밀은 일단 토크빌의 자유주의에 공감했다. 토크빌은 자유주의자답게 각 개인에게만 관련되는 일이라면 사회가 개인의 행동을 규제해서는 안 된다고 주장했다. 개인의 행동이 사회의 이익을 침해하거나 사회가 개인의 협조를 요구할 필요가 있는 경우를 제외하면 각자가 자

신의 삶에 주권자 노릇을 해야 한다고 생각했다.(『아메리카』I, pp. 137-138, 110-111)

이 점에서 밀도 생각이 똑같았다. 남에게 해를 끼치지 않는 한 어떤 경우에도 개인의 자유를 구속해서는 안 된다는 것이 그의 '자유의 기본원리'였기 때문이다.(『자유론』, p. 36) 밀은 안락이나 물질적 풍요 또는 평등을 위해 자유를 희생한다면, 그것은 인간의 본성 중에서 가장 소중한 것을 포기하는 것이나 마찬가지라고 했다.[37]

토크빌은 나폴레옹 3세의 헌정 유린에 항의하면서 1851년 정계를 은퇴했다.[38] 밀은 프랑스가 "지금 비참한 정치적 압제에 신음"하고 있다면서 그런 체제에 대한 '지속적 저항'을 담고 있는 『앙시앵레짐과 프랑스 혁명』에 박수를 보냈다.(CW, XV, p. 518)

중요한 것은 밀이 『앙시앵레짐과 프랑스 혁명』에서 자유를 고결하게 사랑하는 토크빌을 읽어냈다는 점이다. 고결한 자유야말로 밀이 평생 지키고 가꾸어온 화두가 아니겠는가. 밀은 토크빌이 고매한 가치를 앞세우고 공동체에 대한 헌신을 강조하며 개별성을 상실하고 있는 민주주의 사회를 염려하는 것에 전적으로 공감했다. 그가 오랜 시간의 단절에도 불구하고 토크빌의 『앙시앵레짐과 프랑스 혁명』을 높

---

37)  Mill, 1894, *Principles of Political Economy*, p. 129.
38)  나폴레옹 3세는 정권을 연장하기 위해 1851년 12월 2일 쿠데타를 일으켰고, 토크빌을 비롯한 의원들을 불법 감금하는 등 헌정질서를 유린했다. 토크빌은 이 탈법을 결코 용서할 수 없었다. 나폴레옹의 폭거에 항거하는 표시로 의원직을 내던졌다. 쿠데타 직후 관영 매체가 나폴레옹의 입장에서 사실을 호도하자 진상을 밝히는 글을 영국의 일간 신문 《타임스(*Times*)》에 익명으로 보냈다. 《타임스》는 1851년 12월 11일자에 우파와 중도파 의원 거의 전원을 포함한 218명이 나폴레옹을 비판하는 회동을 가졌고, 고등법원 비밀회의가 권력남용 혐의로 대통령 나폴레옹에 대한 해임 결정을 내렸다는 사실을 보도했다.(『위대한 정치』, pp. 328-329 참조)

이 평가한 것은 그만큼 고결한 자유에 대한 두 사람의 철학적 공감대가 컸기 때문이다. 이 점을 차례로 검토해보자.

## 1) 방향이 있는 자유

토크빌은 평등사회의 사람들이 물질에 집착하며 소시민적 안락에 탐닉하는 것이 못마땅했다. 그의 자유론은 기본적으로 사람이 마땅히 추구해야 할 위대한 가치 위에 서 있다. 이 점에서 그의 사유체계는 밀의 공리주의 철학과 맥을 같이한다.

밀의 공리주의는 자기발전(self-development)을 궁극적 가치로 상정한다. 따라서 자기발전에 도움이 되지 않는 자유는 의미가 없어진다.[39] 따라서 밀의 자유론에는 일정한 방향이 전제되고 있다. 나무는 땅 밑에서 자기가 원하는 대로 뿌리를 뻗지만, 거기에는 방향이 있다. 나무는 '생명의 원리'에 부합하는 방향으로 뿌리를 뻗어나간다. 인간도 생명원리가 지시하는 대로 살아가야 한다. 밀은 자기발전이라고 하는 목적론적 가치가 인간의 생명원리를 구성한다고 생각한다. 자신의 발전에 부합하는 방향으로 자유를 행사해야 진정한 자유인 것이다.

밀이 자기발전을 바라보았다면, 토크빌은 위대함이라는 가치를 염원했다. 이름은 상이하지만, 사람을 크게 만든다는 점에서 두 사상가의 지향은 다르지 않다. '주인의 자유'를 추구하는 것도 공통된다. 밀이 토크빌의 『앙시앵레짐과 프랑스 혁명』을 관통하는 자유의 정신에 다시없는 공감을 표시한 데에는 그만한 이유가 있었던 것이다.

---

39) Crisp, p. 175, 190; Habibi, p. 196. 물론 밀은 자유를 행복한 삶의 전제조건으로 삼는다. 밀에게 개별성은 행복에 이르는 필요조건에만 그치는 것이 아니다. 동시에 그것의 구성요소도 된다.(3부 참조)

## 2) 개별성

### (1) 자기 방식의 소중함

토크빌은 사람들이 각자 '타고난 독창성과 색채와 윤곽'을 발전시켜야 한다고 강조했다. 그런 의미의 개별성이 평등사회에서 힘을 쓰지 못하는 현실에 크게 낙망했다. 밀은 이 점에서 토크빌과 생각이 일치했다. 개별성에 대한 이런 공감대가 있었기 때문에 밀이 그의 자유론을 흔쾌히 받아들였을 것이다.

밀의 『자유론』은 그 제목에 자유(liberty)를 내세웠지만 사실상 개별성의 소중함을 강조하고 개별성을 질식시키는 현대사회에 엄중하게 경고하기 위해 쓰인 책이다. 밀은 인간이 기계가 아니라 나무처럼 살아야 한다고 역설한다:

"인간은 모델에 따라 똑같은 것을 찍어내는 기계가 아니다. 인간의 본성은 오히려 나무를 닮았다. 나무는 생명의 내재적인 힘이 지시하는 바에 따라 온 사방으로 자유로이 그 뿌리를 뻗어나가야 한다."(『자유론』, p. 130)

땅 속의 나무는 자생(自生)의 원리에 의해 온 사방으로 자유롭게 뻗어나간다. 어떤 방향으로, 얼마나 빨리 뿌리를 뻗어나가는가 하는 것은 오직 나무 자신의 판단과 결정에 달려 있다. 원치 않은 간섭이나 지시에 얽매이지 않는다. 나무는 그렇게 살아야 가장 잘 자랄 수 있다. 밀은 인간도 각자의 목표와 가치, 취향에 따라 자기가 원하는 대로 자신의 삶을 주체적으로 꾸려나갈 것을 촉구한다. 그는 이처럼 자기만의 방식대로 삶을 설계하고 실천해나가는 것을 개별성(individuality)이라고 불렀다. 개별성을 발휘하는 것이 행복의 조건이면서 동시에 행복한 삶의 특징적 양상, 혹은 그 구성요소 자체라고 설명한다.

자신의 삶을 자기 방식대로 사는 것이 왜 그토록 중요할까? 자기에게 가장 이익이 되는 일은 본인 자신이 누구보다 더 잘 알기 때문일까? 맞는 말이기는 하지만 밀에게는 더 중요한 것이 있다. 그는 결과가 어찌 되든, 자기 방식대로(his own mode) 살아가는 것 자체가 소중하다고 생각한다. 자기 방식의 삶을 살지 못하면 남과 구별되는 자신만의 색깔이 없다. 밀은 그런 삶은 살아 있어도 산 것이 아니라는 말까지 한다. 그래서 그는 "자신의 존재양식을 자신의 뜻과 기호에 따라 펼쳐나가는 것" 이상으로 인간을 더 행복하게 만드는 것은 없다고 주장한다. 설령 결과가 나쁘게 나오는 일이 있더라도, 자기가 선택한 삶의 방식은 그 자체로서 소중하다는 것이다.(『자유론』, p. 145, 42)

그러므로 개별성을 발양함으로써 인간이 성숙해진다. 개별성과 발전은 서로 떼어놓을 수 없는 사이이다. 인간을 인간답게 만드는, 그리고 인간의 발전을 최대한 촉진시키는 것, 그것이 바로 개별성이다. 중요한 것은 각 개인의 개별성이 발달하는 것과 비례해서 사람이 자기자신에게, 그리고 그 결과로 타인에게도 더 소중한 존재가 된다는 점이다. 개인의 삶이 윤택해지면, 그 개인들이 모여 이룬 사회 또한 더 풍요로워진다.(『자유론』, pp. 137-138) 따라서 개별성은 개인뿐만 아니라 사회 전체를 위해서도 중요한 요소가 된다. 개인의 행복을 위해서나 사회 발전을 위해서도 없어서는 안 될 요소가 바로 개별성인 것이다.(Himmelfarb, p. 59)

밀은 개별성이 잘 발전하도록 허용하고 있는가 여부에 따라 좋은 사회와 그렇지 못한 사회를 구별할 수 있다고 단언한다. 아무리 독재체제라 하더라도 그 속에서 개별성이 살아 있으면 그것을 최악의 사회라고 부를 수 없다. 반대로, 개별성을 말살하는 체제는 그 이름이 무엇이든 독재라는 규정을 피할 수 없다. "개별성을 파괴하는 것은 그 무엇이든 독재"이기 때문이다.(『자유론』, p. 138) 밀의 생각은 이 정도로 완강하다.

### (2) 현대사회와 개별성의 위기

밀은 현대사회에서 개별성을 보존하기가 점점 어려워진다고 염려한다. 사람들이 자기 자신의 문제를 처리할 때도 타인의 눈을 의식한다. 자신이 무엇을 원하고 무엇이 자기에게 최선의 선택이 될 것인가를 고민하기에 앞서 다른 사람의 입장과 시각에 우선 신경을 쓴다. 단순한 쾌락을 찾을 때도 사회의 정형화된 틀(conformity)에 따라가려고 한다. 이제 각 개인의 정신에 족쇄가 채워졌다. 인간으로서 타고난 욕구나 기쁨을 향유하지 못한다. 자기 스스로의 감정이나 의견을 내세우지도 못한다. 사람들의 능력이 쇠퇴하고 멍들 수밖에 없다.(『자유론』, pp. 133-134)

밀은 현대사회의 여러 속성이 개별성을 점점 억압하고 있다고 진단했다. 우선 교육이 문제가 된다. 교육의 기회가 확대되면서 보다 많은 사람이 교육의 혜택을 받을 수 있다는 것은 매우 중요한 발전이다. 문제는 정형화된 교육 시스템이 확산되면서 사람들이 비슷한 생각을 하게 된다는 점이다. 커뮤니케이션의 발전 덕분에 서로 멀리 떨어져 있는 사람들끼리도 개인적인 접촉이 용이해졌다. 지리적 이동도 훨씬 쉬워졌다. 그러다 보니 다른 사람의 생각을 배우거나 그 영향을 받을 수 있는 가능성도 커졌다. 밀은 자본주의 사회에서 사람의 관심이 돈 버는 문제로 온통 쏠리고 있는 현상도 매우 우려한다. 사람이 이런 문제에 정신이 팔리게 되면 삶의 참된 목적, 특히 개별성의 소중함에 대해 신경을 쓰지 않게 된다. 밀은 이런 이유에서 현대사회의 변화양상을 우울한 시선으로 지켜보았다.(CW, XVIII, p. 129)

### (3) 여론의 압제

밀은 현대사회에서 사람들의 개별성이 제대로 발휘되지 못하는 결정적인 이유로 여론의 영향력을 지목한다. 더 이상 여론을 무시할 수 없게 된 것 그 자체야 나무랄 일이 아니다. 지금까지 소수의 특권층이 전횡하던 것과 비교해본다면 다수의 의견, 즉 여론이 큰 힘을 발휘하게 된 것은 커다란 진보가 아닐 수 없다. 문제는 이제 여론과 동떨어진 개인의 의견이 설 자리가 점점 좁아지고 있다는 점이다. 여론과 어긋난 생각이나 주장은 그 정당성이 의심받으면서 '철회'를 강요당하게 된 것이다. 밀은 이 여론이라는 것이 물리적 권력보다 훨씬 더 무서운 힘으로 개인의 삶을 위협하고 있음을 간파했다.(『자유론』, pp. 147-148)

사람들은 흔히 폭력이라고 하면 물리적 강제력이나 정치적 권력이 자행하는 탄압을 연상한다. 이런 전통적 폭력이 두렵기는 하지만 주로 신체를 대상으로 하기 때문에 그 영향력의 범위가 한정되어 있었다. 여론이 무섭다는 것은, 그것이 전혀 새로운 차원의 폭력, 즉 육신이 아니라 영혼을 통제하기 때문이다. 여론은 다수의 힘 또는 진리에 대한 독점적 해석권을 내세워 개인의 사사로운 삶, 나아가 그 영혼까지도 억압할 수 있게 되었다.

그러므로 현대사회에서는 정치권력의 남용을 방지하는 것만으로는 불충분하다. 여론, 전통, 관습 등 다수가 장악하고 조종하는 여론의 가공할 힘을 견제하는 것이 시급해졌다. 사회가 모든 사람의 성격이나 개성을 하나의 표준에 맞추어서 획일화하려는 시도를 차단해야한다. 밀은 사회가 개인의 생각과 선택에 부당한 압박을 가하지 못하게 막는 것은 정치적 독재를 방지하는 것 못지않게 인간생활의 발전에 긴요하다는 점을 되풀이해서 강조한다.(『자유론』, pp. 27-28)

밀은 이런 때일수록 소수가 대중의 생각과 다른 방향으로 행동하고 살아가는 것이 장려되어야만 한다고 역설한다. 이 시대에는 획일성을 거부하고 관습을 따르지 않는 것 그 자체만으로도 인류에게 크게 봉사하는 셈이라는 말까지 한다.(『자유론』, p. 144)

그는 사람들을 하나의 기준으로 묶는 획일화가 아직 확실하게 고착되지 못한 지금이 개별성의 발양을 위해 노력할 수 있는 최적기라고 생각했다. 사람들이 너무 오랫동안 다양성과 벽을 쌓고 살다 보면 그 중요성을 아예 잊고 살게 된다. 다행히도 현재가 그 정도로까지 되지는 않았다는 것이 밀의 판단이다. 그래서 밀은 사람들이 더 늦기 전에 개별성을 발전시키기 위한 노력을 기울여야 한다는 점을 역설하는 것이다.(『자유론』, pp. 156-157)

밀은 『자유론』의 첫머리에서 대중사회의 '흥기', 즉 다수의 압제에 전율하고 있다. 그리고 그 책의 핵심 주제는 개별성을 지키고 보호하는 것이다. 그런데 이 두 개념은 사실상 밀이 20여 년 전에 나온 토크빌의 『아메리카의 민주주의』에서 '차용'한 것이나 마찬가지이다. 밀이 토크빌의 자유론을 구성하는 기본 틀에 얼마나 공감했는지 더 이상 설명이 필요 없을 것이다.

## 3) 사회성

토크빌은 평등사회 사람들이 개인주의 뒤로 몸을 숨기는 것을 질타한다. 그가 지적하는 개인주의는 평등사회 특유의 부산물로서 물질에 집착하느라 고상한 가치에 등을 돌린다. 위대함을 찾는 토크빌로서는 개인주의를 극복하는 일을 자신의 첫 번째 과제로 삼지 않을 수 없었다. 그는 미국 사회의 관찰을 통해 참여가 그 단초가 됨을 확인할 수 있었다. 참여가 개인주의의 폐단을 치유해준다는 것이다. 토크빌은 참여가 자유와 같은 효과를 거둔다고 강조하면서 두 개념을 사실상 같은 의미로 사용한다. '공화주의자' 토크빌의 면모가 두드러지는 장면이다.

이 점에서도 밀과 토크빌은 문제의식을 공유한다. 밀이 개별성의 소중함을 강조하지만 그가 개별성과 사회성(sociality)을 쌍 개념으로 이해했음을 기억해야 한다.(『자유론』, p. 106) 밀은 사람들이 지적 · 감정적 · 도덕적 성숙을 통해, 또는 그 성숙을 향해 노력하는 과정에서 느끼는 심리적 충족감이 바로 행복이라고 규정했다. 그는 자신의 행복관을 개별성과 사회성이라고 하는 두 개념 위에서 정립하고 있다. 이 둘은 행복의 조건이면서 동시에 행복한 상태를 구성하는 요소이기도 하다.[40] 보기에 따라서 밀이 개별성보다 사회성에 대한 기대가 더 컸다고 할 수 있다. 사회성이 인간 본성에 깊숙이 들어 있다고 믿었기 때문이다. 이에 비해 개별성은 그 뿌리가 깊지 못해 시간을 다투어 그

---

[40]  밀은 개별성과 사회성의 관계를 이렇게 정의한다: "각자의 개별성이 발전하는 것과 비례해서 사람은 자기 자신에게 더욱 가치 있는 존재가 되며, 또 그로 인해 다른 사람에게도 더욱 가치 있는 존재가 될 수 있다. 자기 존재에 더욱 충만한 감정을 느끼게 되는 것이다. 각 개인이 이처럼 의미 있는 삶을 영위하면, 개인들이 모인 사회 역시 더욱 의미 있는 존재가 될 것이다. 인간의 본성 가운데 어떤 강력한 것이 다른 요소들의 발전을 저해하면 그렇게 하지 못하도록 적절하게 억압할 수밖에 없다. 그러나 이런 억압은 충분히 의미 있는 결과를 낳는다. 인간 발전이라는 측면에서 보더라도 그렇다. 다른 사람에게 해를 주지 않기 위해 자신의 기질을 억제하면 자기발전의 수단을 잃게 된다. 그러나 그런 수단은 주로 다른 사람이 발전할 수 있는 기회를 희생시킴으로써 얻는 것이다. 따라서 이기적 요소를 억제하면 자기 내면의 사회적 요소(social part)를 더욱 발전시키게 되고, 결과적으로 그에 못지않은 것을 새로 얻게 된다."(『자유론』, pp. 136–137)

토양을 비옥하게 해주어야 한다고 생각했다.

밀은 『공리주의』에서 사회성의 본질을 간단명료하게 설명한다. 어떻게 하면 행복하게 살 수 있는가? 밀은 우리 삶을 불만족스럽게 만드는 첫 번째 원인으로 이기심을 꼽는다. 그다음은 '정신 교양의 부족'이다. 일반의 예상과 달리, 밀은 정신 교양의 부족이 아니라 이기심을 가장 중요한 원인으로 특정(特定)했다. 이기심을 극복해야 우리 삶이 행복해진다는 것이 밀 공리주의의 핵심이다.(『공리주의』, pp. 39-40) 이런 측면에서 사회성 개념은 밀 공리주의의 뼈대가 된다.

밀은 '내 방식대로' 사는 삶의 중요성을 되풀이해서 강조한다. 그래서 『자유론』은 개별성에서 시작해서 개별성으로 끝난다. 그런데 밀은 바로 그 『자유론』에서 '사회성과 개별성이 똑같은 비중으로 인정받아야 한다.'고 주장한다. 개별성과 사회성이 함께 발전될 때 행복해진다는 것이 밀의 생각이다.

밀은 사회성을 직접 설명하지는 않는다. 대신 그는 인간이 사회적 감정(social feeling)을 타고난다는 표현을 쓴다. 이 말로 미루어 사회성의 개념을 유추할 수 있다. 첫째, 인간은 이웃이나 동료와 하나가 되고자 하는 욕구를 지닌다. 따라서 다툼이 생기더라도 이웃을 적대적인 경쟁자로 생각하지 않는다. 둘째, 인간은 서로 협력하며 살아가는 존재이다. 셋째, 공동이익을 무시하고 자신의 욕심만 채우는 일은 인간의 본성과 거리가 멀다.[41]

밀은 남과 하나가 되고자 하는 감정이 이미 깊숙하게 인간의 천성 속에 들어 있다고 주장한다. 사회성이야말로 밀의 공리주의 도덕률의 중심 요소인 것이다. 토크빌도 개인주의를 넘어 공공선에의 헌신을

---

41)  CW, X, p. 231; Himmelfarb, pp. 103-105 참조.

역설했다. 두 사람의 자유론이 사회성을 중심으로 깊은 공명을 나누고 있는 것이다.[42]


## 4. 밀의 이견

위에서 토크빌의 자유론을 고결한 자유, 새로운 자유, 이상적 자유의 세 차원에서 정리해보았다. 밀은 토크빌이 지향한 고결한 자유에 크게 공감했지만, 부분적으로는 생각이 달랐다. 특히 개별성을 키우기 위한 조건, 나아가 개별성 그 자체에 대한 철학적 고민의 차원에서 두 사람 사이에 간격이 보인다. 새로운 자유, 이상적 자유에 대해서는 좀 더 크게 생각이 엇갈렸다. 따라서 토크빌의 소망과 달리 두 사람이 자유를 향해 두 손을 맞잡고 진군하기는 쉽지 않아 보인다.

### 1) 개별성에 대한 고민의 차이

개별성에 관한 한 밀은 토크빌과 생각이 다를 수 없었다. 그의 『자유론』도 실상 현대사회에서 고사 위기에 빠진 개별성을 구출하기 위

---

[42] 밀이 참여가 도덕적인 측면에서 긍정적인 방향으로 사람을 변화시킨다고 강조한 것도 기억해야 한다: "사람들이 공공 영역에 참여하면 … 자신이 사회의 한 구성원이라는 느낌을 가지게 되면서 사회 전체의 이익이 곧 자기 자신에게도 이익이 된다는 생각을 품게 된다."(『대의정부론』, pp. 73-74) 이런 이유에서 밀은 '토크빌의 위대한 저작'(즉, 『아메리카의 민주주의』)을 인용하며, '인류의 대다수가 높은 수준의 정신적 진보를 이루는 것을 정녕 꿈꾼다면 참여를 늘려야 한다.'고 역설했다.(『대의정부론』, p. 165) 이와 관련, 토크빌 자유론의 공화주의 맥락을 강조한 이용재(2009) 및 밀의 공리주의적 공화주의(utilitarian republicanism) 측면을 조명한 Claeys, p. 217 참조.

한 '절규'에 가까웠다. 사람이 각자 자기 고유의 색깔과 취향을 개발해야 한다는 토크빌의 주장은 밀의 문제의식과 정확하게 일치했다.

문제는 토크빌이 개별성이 자랄 수 있는 '비옥한 토양'을 제공했다면서 흘러간 시절에 대한 미련을 지우지 못했다는 점이다. 토크빌은 개별성의 원천으로 귀족사회의 신분제를 꼽았다. 사회의 구조적 차별과 직업의 차등 때문에 귀족시대 사람들이 각자 다른 색깔과 모습을 간직할 수 있었다고 분석했다. 그가 볼 때, 평등사회의 등장은 개별성이 싹틀 수 있는 터전 자체를 잠식하고 말았다.

이 점에서 밀의 생각은 조금 달랐다. 그는 새로운 '르네상스'의 도래가 야기할 복합적 현상을 주목했다. 우선 이제껏 정치적 참여가 배제되었던 다수 사람들이 발언권을 행사할 기회가 커졌다. 상업과 제조업의 발달로 모든 사람에게 경제적 성공의 가능성이 열렸다. 사람 사는 것은 '자기하기 나름'이라는 생각이 퍼져나가면서 전통적인 신분 질서는 힘을 잃게 되었다.

부정적인 측면도 생겼다. 토크빌은 당시 프랑스 사람들이 너무 서로 닮아가고 있다고 걱정했는데, 밀의 눈에 영국은 그 정도가 더 심했던 모양이다. 과거에는 계급이 서로 달랐고 사는 환경 또한 상이했었다. 그러나 이제는 아니다. 보고 듣고 즐기는 것, 그리고 희망하는 것이나 두려워하는 것도 서로 닮아가고 있다. 밀은 영국 사회에서 다양성의 조건이 심각하게 위축되고 있는 현상을 걱정스럽게 바라보았다.

그러나 밀은 『자유론』에서 민주주의 이전 시대가 개별성의 함양에 더 유리했다는 말은 하지 않았다. 이 점에서 토크빌과 달랐다. 제한된 소수 사람에게만 기회가 열려 있는 그런 환경을 그리워할 밀이 아니었다. 그는 상업적 대중사회의 등장에 우려의 눈길을 보냈지만 토크빌처럼 계급제도나 신분사회의 변화에 초점을 맞추지 않았다.

밀은 개별성을 저해하는 것으로 관습, 전통, 복종, 획일성, 자제, 법, 규율 등을 꼽았다. 반면 개별성을 촉진하는 요소로는 실험, 자발성, 창의성, 다양성, 선택, 원기, 활력 등을 생각했다.(Himmelfarb, p. 59 참조) 그러나 그 무엇보다 소중한 것은 자유이다. 개개인이 사상이나 실천을 다양한 방향으로, 그리고 자발적으로 시도할 자유를 지녀야 한다는 것이다. 다시 말해 각자가 스스로 생각하고 스스로 실험할 수 있어야 한다. 이것은 사람들이 자기 문제에 관해 생각하고 실천에 옮기는 문제를 그 누구의 손에 맡겨서도 안 된다는 말이다.[43] 이를 위해서는 1차적으로 외부로부터 부당한 제약을 받지 않을 것, 즉 소극적 자유의 확보가 필요하다. 동시에 각 개인 스스로가 독립심 및 자조 정신을 개발시켜야 한다.(Williams, p. 503 ; Kurer 1991, pp. 713-715)

밀은 특히 토론의 자유를 절대적으로 보장하는 것이 필수불가결하다고 생각했다. 의견의 차이를 허용하는 것, 나아가 그 차이를 조장하는 것도 진리를 위해 필요하다. 사람의 이성이라는 것은 다양한 의견 중에서 하나를 골라 선택하는 능력을 적극적으로 배양할 때 발전 가능하기 때문이다. 행동의 자유를 최대한 허용, 촉진하는 것도 개별성의 발양에 뺄 수 없는 조건이 된다. 삶의 계획, 삶의 실험을 자유롭게 도모할 수 있을 때 개인의 독특한 성격이 활발하게 발전하기 때문이다. 이성이 사고의 자유로운 선택을 통해 발전하듯이, 개별성 또한 삶의 방식을 다양하게, 자유롭게 선택할 수 있을 때 최대한 발전하는 것이다.(Himmelfarb, p. 59 참조)

이처럼 밀과 토크빌은 개별성의 소중함을 똑같이 강조했지만, 그러

---

43)  John Stuart Mill. 1976. *On Socialism*. Buffalo: Prometheus Books(이제부터 OS라고 표기), p. 130.

한 개별성의 기원이나 조건에 대해서는 시점(視點)이 사뭇 달랐다. 토크빌이 과거로 시선을 돌렸다면 밀은 현대사회에서 개별성을 촉진할 수 있는 구체적 조건에 더 많은 관심을 기울였다.

## 2) '새로운 자유'에 대한 의문

토크빌은 부르주아 중심의 현실안주파와 자유를 등한시하는 혁명 좌파를 배제한 '새로운 자유주의'를 추구했다. 밀도 물질적 개인주의에 함몰된 질서 옹호자들을 좋아할 수가 없었다. 그 점에서는 토크빌과 같은 입장이었다. 그러나 좌파에 대한 밀의 평가는 상대적으로 더 우호적이었다. 사회주의에 대해서는 한 발 더 나갔다.

토크빌은 2월 혁명의 와중에서 '사태 악화'를 방지하기 위해 몸을 던지다시피 했다. 그의 『회상록』은 이를 생생하게 증언하고 있다.[44] 그러나 밀은 2월 혁명을 다른 시각에서 바라보았다. 영국 독자들에게 폭력이나 종교에 대한 공격, 재산 파괴 등 혁명의 부정적 양상이 그리 심각하지 않았음을 여러 차례 강조했다.(Turner, p. 163 참조)

오히려 밀은 2월 혁명을 기회로 생각했다. 그는 평소 정부가 일정 한도 안에서 사회주의적 원리에 입각한 생산조합공동체의 설립을 지원해야 한다는 주장을 펴왔다. 그가 볼 때, 프랑스에서 혁명이 일어나고 임시정부가 들어섰다는 것은 이러한 실험을 위한 천금 같은 기회가 도래한 것이나 다름없었다. 그러나 이런 기회가 제대로 활용되지 못하고 무산되고 말자 밀은 매우 안타까운 심경이었다.(CW, XX, pp.

---

44)  2월 혁명을 '진압 또는 저지'하기 위해 분투하는 토크빌의 모습은 『위대한 정치』, p. 87, 179 참조.

353-354)

사회주의에 이르면 밀과 토크빌은 더욱 확실하게 갈라선다. 밀은 스스로를 사회주의자라 불렀다. 민주주의에 큰 기대를 걸었던 젊은 시절의 밀은 "민주주의자였고, 결코 사회주의자는 아니었다." 그러나 '대중의 무지, 특히 그들의 이기주의와 야수성'을 개선시켜주리라 기대되었던 교육에 대한 실망이 커지면서 밀은 '훨씬 덜 민주주의자'가 되었다. 그 결과 궁극적인 사회 개선에 대한 그의 희망은 민주주의를 훨씬 초월하게 되면서 그 자신을 '사회주의자라는 일반적 명칭 아래 결정적으로 분류'하기에 이르렀다.(『자서전』, p. 184) '인류에 대한 궁극적 전망에 있어서 하나의 수정된 사회주의에 더욱 접근'하게 된 것이다.(『자서전』, p. 156)

밀은 공산주의와 사회주의라는 말을 구분해서 사용했다. 그는 공산주의를 현실적 가능성이 희박하다면서 '극단적인 사회주의' 또는 '혁명적 사회주의' 등으로 지칭했다. 밀이 공산주의를 받아들일 수 없었던 결정적인 이유는, 그 체제가 개인의 자율성을 총체적으로 부인한다고 생각했기 때문이다.(OS, p. 130) 밀은 마지막 승리를 달성하기 위해서는 실현 가능한 목표를 향해 실질적으로 노력하며 한 가지씩 축적해나가는 방법이 최선이라고 강조했다. 그래서 그는 새로운 사회를 꿈꾸는 '보다 사려 깊고 철학적인 사회주의자들'을 주목하였다.[45]

밀은 사회주의의 윤리적 목표에 마음이 끌리지만, 자본주의의 효율성을 도외시할 수는 없었다. 그는 과도기적 실험으로 두 체제를 함께 섞은 생산자협동조합 운동을 제창했다. 이 실험적 공동체는 자본

---

45) OS, pp. 60-61, 115, 119. 밀은 추종자의 수나 가능성, 그리고 열정이라는 점에서 주로 푸리에(Fourier)주의를 겨냥하여 '사려 깊은' 사회주의라는 말을 썼다. Mill. 1894. *Principles of Political Economy*. p. 125.

주의적 인센티브와 사회주의적 공동선을 동시에 지향했다. 밀은 그 전제로 개인의 자유를 내세웠다. 그래서 그는 자유사회주의자(liberal socialist)라 불린다.(『자유의 본질』, 11장 참조)

이렇게 본다면, '더러운 민주주의자'에 대한 토크빌의 경멸은 밀의 지지를 이끌어내기 어렵다. 밀과 비교할 바는 못 되지만, 1848년을 전후한 발언을 되짚어보면 사회주의에 대한 토크빌의 문제의식도 만만치 않다. 그는 평등사회의 끝이 사회주의를 향할 것을 알고 있었다. 그러나 종합적으로 보면, 밀은 사회주의를 껴안으려 했고, 토크빌은 경계의 날을 세웠다.[46] 이 지점에서 밀은 토크빌의 '새로운 자유'를 흔쾌히 받아들이기 어려웠을 것이다.

### 3) '이상적 자유'에 대한 비판

토크빌은 온건하고 점진적인 변화를 원했다. 변화를 거부하지는 않았지만, 질서정연한 변화여야 했다. 그가 품었던 자유론도 마찬가지이다. 그는 질서 속에 규율이 있는 자유를 고대했는데, 그것의 요체는 도덕과 종교, 질서였다. 토크빌은 전통과 관습으로 나타나는 기존 질서에 일단 순응하는 모습이었다.

밀은 달랐다. 토크빌이 관습의 독재에 무덤덤했다면 그는 매우 민감하게 반응했다. 그는 관습이 현상을 개선시키고자 하는 일체의 시도, 즉 자유 또는 진보의 정신과 끊임없이 갈등을 일으킨다고 성토했

---

46) 보비오는 "우리는 자유주의자이면서 민주주의자일 수 있다. 민주주의자이면서 동시에 사회주의자일 수 있다. 그러나 자유주의자이면서 동시에 사회주의자이기는 훨씬 어렵다."(Bobbio, p. 68)고 했다. 이 점에서 그는 토크빌과 생각을 같이한 것 같다. 물론 밀은 그렇게 생각하지 않았다.

다. 사람들을 현실에 무비판적으로 순응시키며, 생각 없이 살아가게 만드는 '원흉'이라고 비판했다. 밀은 다른 사람이 살아가는 방식을 아무런 문제의식 없이 따라가는 삶의 유형에 극단적일 정도로 거부감을 느꼈다.

밀은 전통과 관습을 맹목적으로 추종하는 것을 특히 경계했다. 전통이나 관습은 사람들이 경험에서 터득한 지혜를 담고 있기 때문에 나름대로의 가치를 지니고 있음을 부인할 수는 없다. 그러나 그러한 것은 본질적으로 남이 경험하고 판단한 결과이다. 그 경험이 지나치게 편협한 것일 수도, 또 사람들이 그 경험을 잘못 이해할 가능성도 있다. 경험에 대한 해석이 타당하다 하더라도 다른 사람에게는 부적합할지 모른다. 설령 그 관습이 정당하고 적합하다 할지라도 그저 관습이기 때문에 따라 한다는 것은 인간 내면의 성장에 아무런 도움이 안 된다. 인간을 인간답게 만드는 가장 중요한 조건은 성년의 나이에 이른 사람이 자기 자신의 경험을 자기 나름의 시각에서 해석하고 또 그것을 이용하는 것이다.[47]

밀은 이런 이유로 관습에 대한 맹종 또는 관습의 굴레를 벗어날 수

---

[47] 전통과 관습을 맹종하는 사람들을 비판하는 밀의 의식 밑에는 자신과 해리엇 테일러의 비정상적 연사(戀事)를 꼬집는 세평에 대한 거부감이 자리 잡고 있었다. 전통적인 도덕률의 관점에서 볼 때, 유부녀와 20년 가까운 세월 동안 긴밀한 관계를 맺으면서 해리엇의 남편에게 고통을 안겨준 밀의 행태는 용납되기 어려운 것이었다. 밀 자신도 이 점을 잘 알고 있었다. 확인할 수야 없는 일이지만, 두 사람은 그러면 그럴수록 윤리적인 흠집을 안 잡히기 위해 노력했다고 전해진다. 그녀 남편에 대한 인간적 미안함, 윤리를 앞세운 전통과 관습의 무게, 이런 것들에 심적인 부담감을 느끼면서도, 밀은 자신의 방식대로 살고 싶은 욕구를 획일적으로 억누르고자 하는 사회의 '횡포'에 저항하고자 했다. 개별성에 대한 밀의 집착을 제대로 이해하기 위해서는 이와 같은 개인사를 염두에 두어야 할 것이다.(『위대한 정치』, pp. 43-47 참조)

있는 곳에서만 역사가 발전한다고 믿었다. 전통이 전횡하는 사회에서는 엄격하게 말해 역사가 없는 것이나 마찬가지라는 말도 했다.(『자유론』, pp. 149-151)

토크빌의 민주주의이론에서는 종교가 차지하는 비중이 크다. 그의 자유론도 종교의 역할을 강조한다.[48] 그러나 밀은 종교와 자유를 연결시키는 토크빌의 생각에 동조하기 어려웠을 것으로 유추된다.(Hamburger 1976, pp. 118-119 참조) 밀은 토크빌의 책에 관한 두 번의 긴 서평에서 종교에 대해 아무런 언급도 하지 않았다. 그 책에서 종교가 차지하는 비중을 생각해본다면 다소 의외라고 할 수 있다. 이런 밀의 의도적인 침묵은 곧 토크빌의 종교관에 대한 명시적 도전으로 읽어도 무방할 것이다.(Turner, pp. 161-162 참조)

다른 주제도 그렇지만 밀의 종교에 관한 입장도 단순하지가 않다. '종교를 갖지 않을 자유'를 주창하면서 기성 종교에 대한 적대감을 숨기지 않았다. 밀은 (너무나 불충분한 증거 위에 서 있는) "이런 단순하고 순진한 믿음은 비판적 사고능력이 부족하고 무기력한 사람들에게나 가능하다."고 단정했다.[49]

그러나 밀은 자신이 무신론자라는 세간의 평가를 정면 부인했다. 그는 1868년 선거를 앞두고 자신의 종교론이 다시 문제가 되자, "누구든 또 나를 무신론자라고 비난한다면, 근거가 무엇인지, 내가 쓴 무수한 글 중 어디에 그런 말이 나오는지 증거를 대보라. 아무도 제대로 된

---

48) 토크빌의 개별성은 종교적 색채가 짙었다. 토크빌은 개인주의를 극복하기 위해서는 개별성을 살려야 한다고 주장했다. '자존심을 살리는 행동을 통해 영혼을 확장'하는 것이 그 해법이었다.(Lawler, p. 132 참조)

49) 대영박물관의 소장도서 카탈로그가 한때 그의 이름에 '적(敵)그리스도(Antichrist)'라는 표제어를 붙여두었다고 한다.

증거를 제시하지 못할 것"이라고 강하게 반박했다.[50] 밀은 한 발 더 나아가, "인간을 염려하는 강력한 어떤 한 존재가 전체든 부분이든 세상을 만들었다는 것은, 비록 증명되지는 않지만, 내가 볼 때 굉장히 개연성 있는 가설임이 분명하다."고 했다. 자연에서 발견되는 창조의 흔적들이 피조물의 행복에 기쁨을 느끼는 선한 창조주에 대한 믿음을 정당화하기에 충분하다는 말까지 했다.(『위대한 정치』, p. 77 참조)

밀은 종교의 존재이유 자체를 부정하지는 않았다. 오히려 그 반대였다. 그는 도덕적·사회적 목적을 위해 종교가 필요하다고 믿었다. 밀은 인류가 내면적으로 진전을 이루지 못한 상태에서 모든 종교와 담을 쌓는 것은 사회발전에 결코 도움이 되지 않는다고 생각했다. 그는 종교를 유용성 차원에서 바라보았다. 종교가 지적인 측면에서 존립 근거가 희박하더라도 도덕적으로는 얼마든지 유용할 수 있다고 생각했다.[51]

문제는 밀이 종교, 특히 당시 기독교가 사람들 위에서 군림하며 영혼을 통제한다고 생각했다는 점이다. 밀은 각자 원하는 대로 자기만의 삶을 추구하는 것을 중시했다. 그런 밀에게 종교는 '도덕적 억압의 동력'이나 다를 바 없었다. 자유를 침해하는 최대 적이었다. 그는 "지금까지 거의 언제나, 인간의 행동 하나하나를 통제"해온 종교의 흑역

---

50)　무신론을 부인하는 듯한 이런 발언은 그 자신의 지지자들 사이에서 큰 후폭풍을 불러일으켰다. 여러 사람이 시류에 편승했다며 그를 공격했다. 밀은 이에 대해서도 침묵을 지켰다. 자신의 침묵이 남에게 해를 주지 않는 한, 아무도 자신에게 신앙고백을 강요할 권리가 없다는 이유에서였다.(『위대한 정치』, pp. 77–78 참조)

51)　밀은 새로운 종교를 생각하고 있었다. 그는 초자연적 현상에 의탁하지 않는 '인간 종교(Religion of Humanity)'를 추구했다. 밀의 종교론은 '보편적 사랑'의 확대와 실천을 인간 행복의 요체로 꼽는 공리주의 철학과 같은 지향점 위에 서 있다. 밀은 그 나름의 '건설적 신학(Constructive Theism)'을 고민했던 것이다.(『위대한 정치』, pp. 72–81; Mill, 『종교에 대하여』, '해제' 참조)

사를 직시했다.(『자유론』, p. 43)

이런 생각을 하고 있는 밀에게 종교가 자유를 진작시킨다는 토크빌의 주장은 귀에 들어오지 않았을 것이다. 더구나 토크빌은 '종교적 독단'을 매우 긍정적으로 평가했다. 그는 "인간은 독단적 신념 없이 살 수 없기 때문에 그런 신념을 가지는 것이 매우 바람직하다."면서 그중에서도 특히 종교와 관련된 독단적 신념이 가장 바람직하다고 말했다.(Turner, pp. 161-162 참조) 밀로서는 도저히 받아들일 수 없는 주장이었다. 밀과 토크빌의 자유론이 엇박자를 내는 중요한 국면이 아닐 수 없다.[52]

## 5. 맺는 말

밀은 토크빌의 '고결한 자유'에 깊은 공감을 표했고, 토크빌은 밀더러 '자유를 향해 같이 가자.'고 말했다. 한 시대를 풍미했던 두 사상가가 그들 인생의 마감 길에 자유를 놓고 마음을 털어놓았다. 이 책은 그런 언사의 맥락과 의미를 찾고 싶었다.

밀이 토크빌의 『앙시앵레짐과 프랑스 혁명』을 두 번 정독한 뒤, 그 책이 강조하고 있는 '자유에 대한 고결한 사랑'에 깊은 공감을 표한

---

52) 똑같이 개인주의를 고양했지만 밀과 토크빌의 생각은 그 결이 많이 달랐다. 벤담이 각자의 선호에 강조점을 주는 공리주의적 개인주의, 밀은 개인의 개성을 드러내는 자기 표현적(expressive) 개인주의에 기울어졌다면, 토크빌은 영혼의 발전에 초점을 맞추는 종교적 개인주의를 추구했다. 벤담과 밀은 합리적 자기결정의 소중함을 역설했으나, 토크빌이 볼 때 그런 자율성 원리는 전통을 거부함으로써 자유가 아니라 개인들 사이의 도덕적 유대를 침식하는 고립을 낳을 뿐이었다.(Ossewaarde, pp. 39-41 참조)

것은 충분히 이해할 만하다. 그의 『자유론』 역시 비슷한 방향 위에 전개되고 있기 때문이다. 자기발전과 위대함을 고리로 하여, 두 사람은 함께 '주인의 자유'를 구가했던 것이다. 그러나 밀이 토크빌의 자유론을 전부 받아들인 것은 아니다.

토크빌은 평등사회에 대한 두려움이 컸다. 귀족주의 시절에 대한 미련을 완전히 떨쳐내지 못했다. 그가 종교와 질서를 강조한 것도 평등사회의 반작용을 견제하기 위한 의중의 발로였다. '평등의 화신'인 좌파와 사회주의를 저어한 것은 더 말할 필요도 없다. 결국 토크빌의 자유론을 규정하는 위대함이라는 가치도 질서와 규율의 틀 속에서 추구되어야 했다.[53]

밀은 개별성을 옥죄는 관습의 타성과 종교적 독단을 날카롭게 비판했다. 따라서 질서와 규율을 통해 자유를 확보하고자 했던 토크빌의 생각을 수용하기 어려웠을 것이다. 나아가 밀은 토크빌만큼 평등을 두려워하지 않았다. 그는 평등사회가 아니라 대중사회의 도래를 더 걱정하고 있었다.(Hamburger 1976, p. 124)

토크빌이 사회주의가 자유의 토대를 잠식한다고 의심한 것은 충분히 이해할 수 있다. 그러나 밀은 사회주의적 윤리와 자유의 공존을 불가능한 꿈이라고 생각하지 않았다. 그는 이론적으로나 실천적으로 자유사회주의자로 불리기에 부족한 사람이 아니었다. 따라서 밀이 이상적 자유, 귀족적 자유, 더러운 민주주의 배격 등의 개념을 뚫고 지나가는 토크빌의 자유론에 전적으로 동의했을 것 같지 않다.

---

53)  토크빌을 다른 각도에서 이해하는 사람도 있다. 질서와 권위를 강조하며 국가주의적 · 반자유주의적 성향을 보이는 프랑스 자유주의의 전통에 맞서, '국가와 교회보다 개인을 먼저 내세웠던 몇몇 자유주의자' 가운데 한 사람으로 토크빌을 지목하는 관점에 대해서는 Ossewaarde, pp. 38–39 참조.

4장

# 밀은 토크빌의 '학생'?

밀의 민주주의이론이 토크빌의 영향을 크게 받았다고 생각하는 사람이 많다. 특히 밀 자신이 그런 말을 하니 달리 해석하기 쉽지 않다. 그러나 이 장에서는 그런 통설을 뒤집어 보고 밀 본인의 언급에 대해서도 의문을 제기해본다.

## 1. 토크빌의 영향

1835년 5월 런던에서 처음 얼굴을 마주했던 밀과 토크빌은 그날 이후 "매우 흥미롭고 치밀한 서신교환"을 이어갔다. 이 '밀월'[54] 시기에 밀은 토크빌에게 "현재 살아 있는 유럽 사람들 중에 선생보다 더 존경하는 사람이 없다."고 했다.(CW, XIII, p. 435) "정치철학의 지평을 바꿔버린 현존 최고 권위자"에 대한 "진정 존경하는 마음"이 있었기 때문에 밀이 두 차례나 길게 서평을 썼을 것이다. 밀은 두 사람의 관계가 서먹해지던 시기에도 토크빌에 대한 존경의 마음을 솔직하게 드러냈다. 그는 1843년 11월 3일의 편지에서 토크빌이 자신을 "지적·사회적 진보를 향해 함께 걸어가는 동반자로 인정해준다면 더할 수 없이 큰 영광"이라고 썼다.(CW, XIII, p. 612) 전후 맥락으로 보아 의례

---

54) 파페(H. O. Pappé)는 특별히 1835~1840년의 기간을 "밀과 토크빌의 밀월 시기"라고 불렀다. Pappé, p. 220, 222 참조.

적 수사(修辭)는 아니었다. 그러나 앞에서 보았듯이, 그 우정의 끝은 씁쓸했다. '이상한 단절'이 오래 이어진 뒤 다시 연락이 닿자 토크빌은 다시 옛날처럼 이야기를 길게 나눌 수 있기를 희망했다.

그로부터 다시 적잖은 시간이 흐른 뒤 밀은 『자서전』에서 의미심장한 말을 했다. 밀은 자신이 토크빌의 영향을 받아 민주주의에 관한 생각을 크게 바꾸게 되었다고 술회했다. 젊은 시절의 밀은 '급진주의자', 민주주의자였다. 그러나 세월이 흐르면서 '정치와 인간의 궁극적 문제'와 관련해서 본질적인 변화가 생겼다. '순수 민주주의'에서 수정된(modified) 형태로 그의 이상적 정치체제가 옮겨간 것이다. 밀은 수정 민주주의를 향한 자신의 변화가 아주 점진적으로 일어났으며, 토크빌의 『아메리카의 민주주의』를 읽고 공부한 것이 그 출발점이 되었다고 밝혔다. 그는 그 책에 대해 쓴 두 번의 서평과 『대의정부론』이 자신의 이런 생각을 잘 담아내고 있다고 말했다.(A, pp. 199-201)

밀과 토크빌이 나누었던 특별한 우정을 생각해보면 그럴듯한 이야기이다. 밀은 『자서전』에서 벤담, 콩트 등 자신이 만나 교류한 이런저런 거장들의 한계를 어김없이 지적했다. 아버지 제임스 밀도 예외가 아니었다. 그러나 토크빌에 관해서는 그 어떤 비판적 언사도 남기지 않았다. 오히려 토크빌 때문에 자신의 생각이 크게 바뀌었다고 진술했다. 밀 같은 사람이 동년배의 토크빌에게 그런 찬사를 보내는 것은 결코 흔한 일이 아니다.[55]

이런 측면에서 밀의 『자유론』을 유심히 읽어볼 필요가 있다. 그의 대표작이라고 할 이 책의 주요 내용이 사실상 토크빌의 『아메리카의

---

[55] 밀이 1842년 토크빌에게 선생이 학생을 야단치듯 "좀 더 성숙해지라.", "교양 있게 행동하라."고 윽박질렀던 것을 기억해보면 더욱 그렇다.(바로 뒤 4장 참조)

민주주의』를 옮겨놓은 것이나 마찬가지라고 할 수도 있기 때문이다. 『자유론』의 첫 장은 토크빌이 민주주의 사회에서 그토록 경계했던 '다수의 압제'에 대한 염려로 시작한다. 『자유론』의 핵심 주제가 20여 년 전 출간된 『아메리카의 민주주의』를 반복하고 있는 것이다. 밀이 자유 대신에 사용했던 '개별성' 개념도 토크빌의 사유범주와 정확하게 일치한다. 『자유론』의 마지막 부분은 참여의 중요성을 강조하고 있는데, 이것 역시 토크빌이 평등사회의 해악을 치유하기 위해 중점적으로 제시했던 생각이다. 냉정하게 말하면 『자유론』은 『아메리카의 민주주의』의 복사판이다. 밀 자신만의 고유한 주장을 찾기가 어렵다.

그동안 두 사람의 개인적인 관계에 관심을 기울이는 학자들은 그리 많지 않았다. 얼마 안 되는 그 전문가들 대부분은 '밀이 토크빌의 영향을 크게 받았다.'고 평가한다. '밀의 정치적 견해 거의 전부가 토크빌의 소산'이라며 밀을 일방적 '수혜자'로 규정하는 것을 주저하지 않는다.[56] 한 발 양보하더라도, '밀이 토크빌과 같은 생각을 하고 있었다.'고 주장한다. 그래서 밀에게 결정적 영향을 끼친 사람으로 아내 해리엇과 아버지 제임스 밀 다음으로 토크빌을 꼽기도 한다.(Robson, p. 112; Mazlish, pp. 270-274; Jones, p. 154)

그러나 달리 생각하는 사람들도 있다. 밀과 토크빌은 기본적으로 생각이 상당히 비슷했지만,[57] 차이가 없지 않았다는 것이다. 파페(H. O. Pappé)는 밀과 토크빌의 관계를 면밀히 분석한 끝에 '토크빌 영향

---

56) 아예 밀을 토크빌의 제자(disciple)라고 치부하는 시각도 존재한다.(Qualter, p. 881 참조)

57) 롭슨(John Robson)은 밀과 토크빌이 생각은 물론 기질에서도 유사한 점이 많았다고 주장한다. 특히 철저하게 불편부당한 자세를 취했다는 점에서 두 사람이 놀라울 정도로 닮았다고 역설한다.(Robson, p. 114)

론'을 정면으로 반박했다. 그는 밀과 토크빌이 민주주의, 중앙집권화, 개별성 문제 등에 관해 대등하게 생각을 주고받는 입장이었지 일방적인 '선생-학생 관계'는 아니었다고 역설한다.(Pappé, pp. 229-231) 보에쉬(Roger Boesche)는 두 사람이 당시의 국제정세뿐 아니라 상업 사회의 등장에 대해서도 '지적 · 개인적' 의견 차이를 보였다고 생각한다.(Boesche 2005, p. 738) 밀과 토크빌이 종교, 자유, 민주주의 등을 놓고 시각이 달랐다는 주장도 있다.(Hamburger 1976 및 Kinzer 참조)

나는 밀과 토크빌의 관계를 '일방적 영향'의 틀에서 분석하는 것에 동의하지 않는다. 밀이 토크빌에 대한 '존경심'을 감추지 않았지만, 그렇다고 그 앞에서 사상적 '주체성'을 포기한 것은 결코 아니다. 바로 앞 2장에서 보듯이, 여러 측면에서 토크빌과 대비되는 자신의 생각을 분명하게 피력했던 밀이었기 때문이다.

같은 맥락에서 나는 『아메리카의 민주주의』를 읽고 민주주의에 관한 생각을 바꾸게 되었다는 밀의 주장에 의문을 제기한다. 당사자가 하는 말에 토를 달기가 조심스럽지만, 전후 맥락을 살펴보면 밀은 그 책을 공부하기 전에 이미 그런 방향으로 생각을 가다듬고 있었기 때문이다. 밀은 토크빌의 영향을 받아 수정 민주주의자가 되었다고 했다. 그러나 그 수정 민주주의의 큰 줄기는 그가 토크빌을 만나기 전에 이미 형성되었다. 나아가 밀은 『아메리카의 민주주의』를 탐독했지만 정작 토크빌이 그 책에서 마음에 담았던 핵심 문제의식은 소홀히 했다. 이런 지점들을 눈여겨보면서 4장은 밀이 『자서전』에서 토크빌의 영향에 대해 진술한 내용을 비판적으로 검토해본다.

아래에서는 밀이 『자서전』에서 밝힌 '토크빌의 영향'에 대해 종합적으로 검토하기 전에, 1840년대 들어 "이상한 단절"이 생기면서 두 사람의 밀월 관계에 금이 가게 된 상황을 먼저 살펴보고자 한다. 토크빌의 '일방적 영향론'을 무색하게 할 만큼 밀이 여러 차원에서 '철학적 도전'을 시도했고, 이것이 두 사람 관계에서 사단을 일으키게 되기 때문이다.

## 2. '철학적 기초'의 대립

### (1) 시국관의 충돌

전문가들은 1840년대 초반의 국제관계를 둘러싼 두 사람의 대립이 그들의 우정을 파국으로 이끌었다고 생각한다. 프랑스의 국제적 위상이 크게 흔들리는 위기 국면[58]을 맞아 토크빌은 자신의 생각을 절박하게, 그러나 듣기에 따라서는 도발적으로 표명하기 시작했다. 토크빌은 1839년 7월 하원의원으로서 의사당의 발언대에 처음 선 자리에서 열강들을 상대로 적대적 노선을 취하는 것도 불사해야 한다고 주장했다. 이어 18개월 뒤에는 프랑스의 명예를 위해 "차라리 전쟁을 선택하는 편이 낫다."라는 말까지 했다.(『위대한 정치』, pp. 200-201 참조)

이런 토크빌의 발언에 대해 밀은 1842년 그를 가혹할 정도로 나무라는 글을 보냈다. 밀은 아무리 민족적 자긍심이 소중하다고 해도 "자유와 진보, 심지어 물질적 번영에 대한 사랑"까지 다 팽개칠 수는 없다고 했다. 그러면서 토크빌에게 "이 시대의 보다 고상하고 보다 교

---

58)  당시 오스만 제국이 쇠퇴하면서 동방 문제가 불거졌다. 오스만 제국과 그 나라의 속국인 이집트 사이에 분쟁이 일자 유럽 열강들이 갈라져 다툼을 벌이게 되었는데 이것이 '동방 문제'였다. 영국이 오스만 제국 편을 든 반면에 프랑스는 이집트를 후원했다. 영국은 러시아와 손잡고 오스트리아와 프로이센의 지원까지 끌어낸 다음 1840년 7월 15일에 이 국가들 간에 런던 조약을 맺었다. 프랑스가 국제 사회에서 따돌림을 당한 순간이었다.(『위대한 정치』, p. 200 참조)

양 있는" 사람들처럼 행동할 것을 요구했다.

"[…] 그러나 프랑스와 문명의 이름으로, 우리 후손들은 선생같이 고상하고 교양 있는 사람에게, 지금 이 시대를 휩쓸고 있는 천박하고 유치한 것이 아니라, 무엇이 진정 민족에게 영광이고 중요한 것인지 보다 나은 생각을 가르쳐줄 것을 요구하고 있습니다. 현재 유럽 대륙에서 스페인을 제외하고 그렇게 유치하고 저급한 감정에 휩쓸리는 나라가 또 어디 있습니까. 여기 영국에서는 어리석고 무식한 사람들조차 요란하고 시끌벅적하게 내세우는 것은 결코 중요하지 않다는 사실을 잘 알고 있습니다."(CW, XIII, pp. 536-537)

두 사람의 관계에 비추어볼 때 이것은 거의 '인격모독' 수준이었다. 그 무렵 밀은 유럽에서 또 전쟁이 일어날까 봐 굉장히 염려하고 있었으므로 프랑스의 명예를 위해 전쟁도 불사해야 한다는 토크빌의 '비이성적 발상'을 용납하기 힘들었을 것이다. 그렇다 하더라도 밀이 토크빌을 문명국가 시민들에게 어울리지 않는 '비교양적' 행동을 한다고 힐난할 수 있을까? 그는 마치 선생이 학생을 야단치듯 그렇게 토크빌을 윽박질렀다. 예의를 갖춰 서로를 존중하는 사이에서는 있을 수 없는 일이었다.[59]

나는 1840년대 국제정세를 둘러싼 이견 때문에 두 사람이 서로 소원해졌다는 통설에 동의하지 않는다. 그 사건에 덧붙여 두 가지 사실을 더 눈여겨봐야 하기 때문이다. 우선 밀이 표방한 '선의의 제국주의'

---

59) 밀의 이런 '도발적 언사'에 토크빌은 특별하게 대응하지 않았다. 이것도 미스터리에 가깝다. 이런 일이 있고 나서 결과적으로 두 사람은 서로 소식을 거의 끊다시피 했다.(『위대한 정치』, pp. 201-206 참조)

를 토크빌이 매우 냉소적으로 바라봤다는 사실을 유념해야 한다. 그리고 프랑스의 유력 정치인 프랑수아 기조(François Pierre Guillaume Guizot, 1787~1874)[60]에 대해 두 사람이 극명하게 엇갈리는 평가를 내렸다는 점도 기억해야 한다. 이런 사안들은 밀과 토크빌의 정치철학을 가로지르는 핵심 개념과 직접적으로 맞닿아 있기 때문에 세심하게 살펴볼 필요가 있다.[61]

### (2) '위선' 또는 '유치'

토크빌은 프랑스의 알제리 경영에 깊숙이 관여했다. 밀도 영국의 인도 식민 지배에 중요한 역할을 수행했다. 두 사람은 이 점에서도 서로 닮았다. 그러나 식민정책에 관한 두 사람의 생각은 완전히 달랐다.

토크빌은 식민정책을 포함한 국제정치는 근본적으로 자국의 이익을 중심으로 움직인다고 주장했다. 식민지를 개척하는 것은 오직 제국의 이익을 위해서지 그 밖의 다른 목적이 있을 수 없다고 생각했다. 토크빌은 프랑스의 알제리 지배가 인류애에 부응하는지, 또는 알제리

---

60) 프랑스의 역사가, 정치인. 7월 왕정 체제에서 외교장관과 총리를 지냈고, 1848년 2월 혁명 전까지 프랑스 정치권의 핵심 인물이었다. 젊은 시절에 토크빌은 기조의 강의를 듣고 깊은 감명을 받았다. 그러나 그가 정계에 들어간 뒤에는 기조와 정면 대립했다.

61) 밀은 "신념과 감정의 공유"가 우정의 버팀목이라고 생각했다. 밀은 이십 대 초반에 스털링(John Sterling)에게 쓴 편지에서 "공동의 목표를 위해 똑같이 분투하고 있다는 느낌을 공유"해야 친구라는 이름에 어울릴 수 있다고 말했다. 밀은 훨씬 나중에 쓴 『자서전』에서도 "인생의 중요한 문제에 대해 확신과 감정을 공유하는 것이 진정한 우정을 유지하는 데 빼놓을 수 없는 요소"라고 썼다. 친구들끼리 동일한 목표를 추구하는 것이 우정을 발전시키는 데 매우 중요하다는 밀의 평소 생각에 비추어본다면, 정치철학의 기본에 대해 서로 엇갈린다는 것은 매우 심각한 문제가 아닐 수 없다.(『위대한 정치』, pp. 207–209 참조)

사람들의 이익에 도움이 되는지 전혀 고려하지 않았다.[62] 그는 오직 프랑스의 국익만 문제 삼았다. 토크빌은 영국의 식민정책을 '위선'이 라는 이름으로 비웃었다. 그는 1840년대 초반에 작성한 「인도 노트」 에서 '영국 정치의 이중성과 위선'에 대해 다음과 같이 냉소적으로 비 판했다.

"나는 영국 사람들이 자기들은 원칙에 목숨을 건다거나 식민지 주민들의 이익을 위해 봉사한다고, 또는 자기들이 정복한 나라의 발전을 위해 애쓴 다고 끊임없이 합리화하는 행태를 도저히 참고 볼 수가 없다. 그들은 자기 들의 지배에 항거하는 종족을 무참하게 모욕했고, 폭력을 쓰지 않고는 그 어떤 절차도 확립할 수 없었다. 더 가관인 것은, 그들이 식민지 주민이나 유럽 사람들을 상대할 때만 이런 식으로 말하는 것이 아니라 자기들끼리 이야기할 때도 그런다는 점이다. 식민지 총독이나 고위 관리, 심지어 자기 부하들에게도 그 같은 말잔치를 펴고 있는 것이다."[63]

토크빌이 보기에 영국은 지난 한 세기 동안 인도 사람들의 발전을 위해 제대로 한 것이 없었다. 그는 영국 사람들이 원칙에 따라 행동하 고 식민지의 이익과 피정복국의 주권을 위해 노력한다고 말하는 것을 듣고 실소를 금치 못했다. 자기들끼리 있는 자리에서까지 그런 말을 한다는 것에 아연할 수밖에 없었다.

---

62) 그러나 토크빌을 변호하는 사람들도 있다. 특히 "식민지는 문명을 전파하는 인 도주의의 도구여야 한다."는 입장에서 그의 생각을 읽는 시각에 대해서는 『위대 한 정치』, p. 222 참조.

63) Tocqueville. 1962. "l'Inde", *Ecrits et Discours politiques*, *OC*, edited by André Jardin. Paris: Gallimard, III, p. 505.

밀의 생각은 달랐다. 밀은 오래전부터 '선의의 제국주의(benevolent imperialism)'의 대표적인 주창자로 이름이 높았다.[64] 이론과 실천 양면에서 그랬다. 밀은 영국이 인도의 발전을 위해 봉사해야 한다고 역설한 아버지의 뒤를 이어, 그 역시 제국주의 국가가 문명 발전이 뒤처진 국가에 선의의 개입을 해야 할 당위 또는 의무를 강조했다. 그는 식민지에서 제국의 정부가 해야 할 일은 오직 문명의 발전을 도모하는 것뿐이며 식민지 주민들의 희생을 대가로 그 어떤 이익도 추구해서는 안 된다고 역설했다.(CW, III, p. 963; CW, XXI, p. 111) 밀은 "자기 욕심을 채우기 위한 것이 아니라 원치 않지만 어쩔 수 없이 나서는 제국주의"를 옹호한 것이다. 따라서 그는 "전 시대의 편협하고 배타적인 애국주의"를 맹렬하게 비판했다.(CW, XVI, pp. 108-109) 밀은 나라를 사랑하되 "더 큰 나라, 즉 세계"를 사랑하라고 촉구했다. 따라서 밀은 "외국인에게 무턱대고 반감을 가지거나 자기 나라에 이익이 되면 어떤 짓도 마다하지 않는" 행태를 '유치하다.'고 비판했다.

토크빌과 밀이 식민정책을 놓고 직접 대화한 기록은 보이지 않는다. 그러나 두 사람이 상대방의 생각을 잘 알고 있었으리라 미루어 짐작된다. 토크빌은 밀의 이상주의를 '위선'이라고 공격했고, 밀은 토크빌의 현실주의를 '유치하다.'고 비웃었다. 밀은 국제 문제에 관한 인식이 '철학적 기초'에 바탕을 둔다고 생각했다. 따라서 두 사람의 시국관이 충돌하는 것을 범상히 보아 넘길 수 없었다.(『위대한 정치』, pp.

---

64) '선의의 제국주의'는 제국주의 국가가 본국의 이익이 아니라 식민지의 발전을 위해 '선의의' 식민정책을 펴는 것을 말한다. 이타적 봉사를 강조한다는 점에서 전통적인 식민주의와 전혀 다른 발상 위에 서 있다. 선의의 제국주의는 그동안 자유 제국주의(liberal imperialism), 관대한 제국주의(tolerant imperialism) 또는 후견 제국주의(paternal imperialism) 같은 이름으로 불리기도 했다.(『위대한 정치』, p. 220 참조)

220-224 참조)

### (3) 기조에 대한 상반된 평가

두 사람의 관계가 위태로운 상태로 치닫던 1840년 무렵, 밀과 토크빌은 당시 프랑스 루이필리프 정권의 정신적 지주 역할을 하던 저명한 역사가 프랑수아 기조에 대해 극명하게 상반되는 평가를 내리고 있었다.

밀은 젊은 시절부터 『유럽 문명사(*Histoire de la civilization en Europe*)』를 쓴 기조를 "위대한 사상가요, 저술가"라고 부르며 대단히 존경했다. 기조에 대한 밀의 예찬은 영국-프랑스 갈등이 고조되던 1840년 무렵 정점에 이르렀다. 그는 기조가 영국을 겁박하지 않은 것을 아주 좋게 평가했다. 특히 기조가 프랑스의 영향력을 키우기 위해서는 "쓸데없는 수사(修辭)나 전쟁" 같은 데 매달릴 것이 아니라(토크빌이 연상되지 않는가?) 이웃 나라들과의 상업활동을 확대하는 데 주력해야 한다고 자기 국민을 설득하는 것을 보고 크게 감명받았다. 밀은 1840년 토크빌에게 보낸 편지에서 기조를 "현존 정치인 중 그 누구보다 훌륭한 인물"이라고 칭찬했다. 5년 후에도 밀은 당시의 유럽이 평화를 누릴 수 있는 것은 전적으로 "프랑스의 외교장관"(기조) 덕분이라고 말했다.

밀과 마찬가지로 토크빌도 '역사가 기조'를 존경했다. 그는 20대 중반에 기조의 역사 강좌를 열심히 들었다. 그러나 토크빌은 '정치인 기조'를 극단적으로 혐오했다. 토크빌의 눈에 기조는 원칙을 농락하고 자유와 민주주의를 겉치레로만 읊고 다녔다. 권력을 유지하기 위해 의원들을 타락시켰고 정치개혁도 방해했다. 토크빌은 한마디로 기조의 생각과 감정 그 자체를 싫어했다. 1841년 토크빌은 유화주의자들이 프랑스 국민을 물질적 향락과 하찮은 쾌락에 빠져들도록 몰아간다며 울분을 터뜨렸다. 그는 그런 인간들이 애용하는 "꾀죄죄한 민주주의적 부르주아 수프 냄비"에 신물이 났다.(Selected, p. 143) 토크빌이 볼 때, 이 유화주의자와 '질서 옹호자' 세력의 중심인물이 바로 기조였다.(Recollections, p. 73) 토크빌은 그를 증오했다.(Selected, p. 154)

이처럼 밀과 토크빌은 기조라는 인물에 대해 극명하게 엇갈린 생각을 하고 있었다.(『위대한 정치』, pp. 215-220 참조) 생각이 다르다는 것은 '철학적 기초'가 대립한다는 말이다. 밀이 일방적으로 토크빌의 생각을 따라갔다고 볼 수는 없는 것이다.

## 3. 수정 민주주의의 기점

밀은 『자서전』에서 자신이 토크빌의 영향을 받아 '수정 민주주의자'가 되었다고 술회했다. 그는 자신의 지적 여정(旅程)을 되돌아보며, '급진주의자'로서, 그리고 민주주의자로서 자신의 생각의 큰 틀은 이미 청년 시절에 확립되어 있었다고 밝혔다. 다만 정치와 인간의 궁극적 문제와 관련해서 본질적인 변화가 딱 두 가지가 생기는데, 그 하나는 '제한된 사회주의(qualified Socialism)'에 대한 관심이었고, 다른 하나는 이상적 정치체제가 흔히 말하는 '순수 민주주의'에서 수정된 형태로 옮겨간 것이었다. 밀은 수정 민주주의를 향한 자신의 변화가 아주 점진적으로 일어났으며, 그 출발점은 토크빌의 『아메리카의 민주주의』를 공부하면서 시작되었다고 밝혔다.(A, p. 199)

그런데 밀은 '자신이 그 무렵 이미 그런 생각을 받아들일 준비가 되어 있었기 때문에 그 이후 그의 생각은 점점 더 같은 방향으로 굳어져

갔다.'고 했다.(A. p. 201) 밀은 분명 토크빌의 책을 공부하고 나서 생각에 변화가 일어났다고 밝혔다. 그러나 그는 동시에 자신이 그 무렵 이미 그런 생각을 받아들일 준비가 되어 있었다고 한다. 이 미묘한 표현의 차이를 세밀하게 분석할 필요가 있다.

밀이 토크빌의 영향을 받아 정치적 관점을 바꾸었다면, 토크빌의 '새로운 정치학'이 그 발단이 되었을 가능성이 크다. 토크빌은 민주주의의 폐단을 시정하기 위해 '새로운 정치학'을 개척하고자 했는데, 그 핵심 중의 하나는 인민의 '열정과 무지'를 견제하는 것이었다. 이 점에서 밀의 '수정 민주주의'와 다르지 않았다. '수정 민주주의' 역시 대중의 수준에 대한 현실적 판단을 근거로 하여 능력 있는 전문가들의 발언권을 강화하는 방향으로 흘러가기 때문이다 .

이 대목에서 정치적 대표의 위상과 역할에 관한 두 사람의 생각을 살펴볼 필요가 있다. 대표의 정치적 발언권을 강화하고 대중의 참여를 어렵게 만드는 데 의견이 일치하기 때문이다. 그런데 적어도 이 문제에 관한 한, 밀이 토크빌의 영향을 받았다고 보기 어렵다. 오히려 밀이 토크빌에게 가르침을 주었다는 것이 더 정확하다.

밀은 1835년 토크빌을 만나기 전에 이미 '대표론'에 기울어 있었다. 그래서 토크빌이 『아메리카의 민주주의』에서 자신의 생각과 비슷한 주장을 펼치자 1835년 서평에서 '대표' 개념을 자세하게 논의한다. 밀은 대표 자리에 대리인이 앉아 있는 것이야말로 민주주의가 직면한 단 하나, 유일한 위험이라고 강조한다.

토크빌은 밀의 생각에 전폭적인 지지를 보냈다. 그는 1835년 12월의 편지에서 밀이 대표와 대리인을 구별한 것에 찬사를 아끼지 않았다. 밀은 이에 대한 답장에서 자신이 이미 몇 년 전의 글에서 대표와 대리를 분명히 구분했다고 밝혔다. 자신보다 훨씬 민주주의자인 아버지

제임스 밀도 이런 의견에 전적으로 동조했다고 말했다.(3부 2장 참조)

밀이 '몇 년 전의 글'이라고 지칭한 것은 그가 1830년《이그재미너》에 쓴 「시대의 정신(The Spirit of the Age)」을 말한 것으로 보인다. 밀은 그 글에서 어느 사회이든지 가장 유능한 사람(fittest persons)이 세속적 권력과 도덕적 영향력을 견고하게 행사하는 것이 민주정치의 가장 중요한 과제가 된다고 주장했다. 유능한 사람, 즉 정치적 대표가 정치의 일선을 담당해야 한다는 것이다.(CW, XXI, p. 227 ff)

그런데 밀은 그 전에도 이런 생각을 하고 있었다. 그는 1829년 11월과 1830년 2월 다이그딸(Gustave d'Eichthal)에게 보낸 두 번의 편지에서 보통 사람들이 도덕과 정치 분야에서 정신적 능력(pouvoir spirituel)이 뛰어난 지도자의 권위를 존경하고 복종하는 마음을 가져야 한다고 주장했다.(Hamburger 1966, p. 84 참조)

밀은 인민주권은 위임 주권(delegated sovereignty)일 수밖에 없다고 생각했다. 가장 현명한 최상의 대표를 뽑았다면 그를 믿고 맡겨야지 이래라 저래라 지시하면 안 된다는 것이다. 환자가 의사에게 자기가 원하는 대로 처방을 내리도록 요구해서는 안 되는 것과 마찬가지라고 주장했다.(CW, XXIII, pp. 489-491) 밀도 인민, 심지어 수적으로 다수인 사람들의 의지가 궁극적으로는 최고 위상을 자치해야 한다고 생각했다. 그러나 정치에서 마땅히 추구해야 할 것은 인민의 의지가 아니라 인민에게 이익이 되도록 하는 것이라고 강조했다.(CW, XXIII, p. 502) 대의 민주주의가 우민(愚民)이 지배하는 정부로 전락하지 않으려면 지력이 뛰어난 지도자가 제 역할을 하도록 해야 한다.(CW, XXIII, p. 504)

밀은 어린 나이에 급진주의운동에 투신했지만, 그가 토크빌을 만날 무렵에는 보수적 정치이론, 즉 수정 민주주의로 경도되고 있었다. 대표와 인민을 대척선상에 놓는 발상이 그 대표적인 사례가 될 것이다. 그런데 밀은 토크빌을 만나기 전에 이미 그 생각을 굳히고 있었다. 적어도 대표 개념에 관한 한 밀은 토크빌의 영향을 받은 바 없다. 따라서 토크빌의 책을 읽고 민주주의에 관한 생각을 수정하게 되었다는 밀의 회고를 글자 그대로 받아들이기가 어렵다.

## 4. 강조점의 차이

### (1) 참여와 자유

토크빌의 '새로운 정치학'이 인민의 열정과 무지를 제한하는 데만 관심을 둔 것은 아니었다. 그는 역설적으로 민주주의를 통해야 민주적 사회상태가 빚어내는 각종 해악을 제어할 수 있다고 주장했다.(『아메리카』I, p. 328) 민주주의를 온건하게 만들기 위해서는 참여를 늘릴 것을 강조했다. 한편으로는 인민주권을 위축시키고 다른 한편으로는 인민의 참여를 촉구한 것이다. 그의 정치학이 새로운 것은 바로 이런 이유 때문이다.

참여의 중요성을 강조하는 측면에서는 밀도 토크빌 못지않았다. 밀이 1835년 『아메리카의 민주주의』에 대한 서평에서 참여에 관한 토크빌의 생각을 길게 소개한 것도 저자의 주장에 전폭 공감했기 때문이다.

밀은 『아메리카의 민주주의』에 대한 1840년 서평에서도 민주적 정치제도만이 민주사회가 직면한 최악의 폐해를 치료해줄 수 있다고 하는 저자의 주장을 잊지 않고 인용했다. 참여를 통한 교육(popular education), 특히 정치적 권리의 확대와 보급에 의해 촉진되는 자유의 정신(spirit of liberty)이 민주정치가 배태하는 해악에 대한 중화제 역할을 한다는 토크빌의 생각에 공감했기 때문이다.(Mill 1977b, p. 188)

나아가 밀은『자유론』과『대의정부론』같은 그 자신의 후기 저작에서도 참여가 사람을 어떻게 긍정적으로 변화시키는지 열정적으로 묘사하고 있다. 그는 '사회의 일반적 진보 수준이 허용하는 한도 안에서' 참여가 최대한 확대되어야 마땅하다고 주장했다. 이 점에서 토크빌과 다를 바 없었다. 밀은 특히 사람들이 국가의 중요한 문제를 직접 결정하는 일에 참여하면, 지성과 심성을 교육시키는 효과를 얻게 된다고 강조했다. 인류의 대다수가 높은 수준의 정신적 진보를 이루는 꿈같은 일이 참여를 통해 현실화될 수 있다고 확언했다. 그는 참여의 교육적 효과에 큰 기대를 걸었다.

밀은『아메리카의 민주주의』를 원용해서 미국에서 정치적 삶이 가장 소중한 학교 역할을 한다는 사실을 소개했다. 국가의 중요한 문제를 직접 결정하는 일에 참여하면, 지성과 심성을 교육시키는 효과를 얻게 된다는 것이다. 밀은 특히 미국의 민주적 제도들이 최하층계급 사람들의 정신적 발전을 촉진하는 데 탁월한 기여를 한다는 사실을 주목했다. 육체노동자도 정치토론에서 많은 것을 배울 수 있고, 선거권을 행사함으로써 정신적으로 성숙해지는 엄청난 변화가 생긴다는 것이다.(『대의정부론』, pp. 164-167)

이처럼 참여의 중요성에 이르면 밀과 토크빌의 목소리는 구분되지 않는다. 두 사람 모두 참여가 사람을 만든다고 생각했다. 평자에 따라서는 다시 한 번 밀이 토크빌의 영향을 크게 받은 결과라고 볼 수 있을 정도이다.[65]

---

65) 밀이 생산자협동조합을 통해 노동자들의 경영 참가를 도모한 것을 토크빌이『아

그러나 밀은 『아메리카의 민주주의』가 강조하는 중요한 사실 하나를 놓치는 듯하다. 밀은 참여를 통해 사람이 바뀔 수 있다는 교육적 효과에 관심을 기울였지만 토크빌은 그 이상을 바라보고 있었다. 토크빌은 참여가 자유를 진작(振作)시키는 것을 목격하고 확인했다. 밀은 참여의 교육적 효과에 집중하느라 이 두 번째 의미를 놓쳤다. 토크빌이 무엇보다 의미심장하게 지켜보았던 참여와 자유 사이의 연결고리를 지나친 것이다.

토크빌은 민주주의가 '평등제일주의'에 빠져 자유를 간과하는 현상에 큰 충격을 받았다. 민주주의가 자유를 제약하는 이런 상황에 경악했다. 그런데 토크빌은 미국의 사례를 통해, 참여가 늘어나면 민주주의가 빚어내는 그런 해악을 방지할 수 있음을 깨달았다. 참여가 자유를 지켜준다는 것이다. 그래서 토크빌은 평등이 초래하는 여러 폐해에 맞서 싸우기 위해 정치적 자유를 확대할 것을 역설했다.

토크빌은 자유와 정치를 떼어서 생각했던 전통 계약이론과 달리 인간의 자유가 정치 속에서 발견되어야 한다고 생각했다.(Mansfield 2010b, p. 3) 왜 그럴까? 토크빌은 평등사회의 문제점을 '물질적 개인주의'로 압축해서 지목했다. 토크빌은 참여가 이 병폐를 극복하게 해준다고 생각했다. 참여가 개인주의의 벽을 허물어버리고, 물질적 탐닉에서 벗어나게 해준다는 것이다. 이 바탕 위에서 자유가 나온다는 것이 그의 결론이다.

토크빌이 미국 민주주의의 현장을 직접 관찰한 바에 따르면, 지역 단위의 공동체 및 각종 중간집단의 활발한 활동은 자유시민이 자기

메리카의 민주주의』 끝부분에서 '현대 산업귀족'의 등장을 우려한 것에 대한 응답으로 간주하면서 이 점에 관해 밀이 토크빌보다 한 발 더 나간 것이라는 해석은 Zakaras, p. 200, 208 참조.

사회에 애착과 소속감을 가지게 해준다. 공공 문제에 대한 참여를 통해 자기이익 중심적 시각에서 벗어나 주변의 동료나 이웃들과 협력하게 된다. 뿐만 아니라 참여는 참여하는 사람 자신에 대해 일종의 자존심을 느끼게 만든다.(DA, p. 233) 그 결과 평등사회 사람들이 남 뒤로 숨고 다중의 이름으로 자기 생각을 대신하는 병폐를 벗어나게 된다. 정치에 참여하게 되면 책임감을 느낌으로써 군중 속에 매몰되는 것을 방지해준다. 자유의 토대가 확보되는 것이다. 토크빌은 20년이 지나 출판된 『앙시앵레짐과 프랑스 혁명』에서도 참여가 물질적 개인주의의 해독제라는 사실을 환기시킨다. 정치적 자유가 모든 국민 사이에 호혜와 연대 감정을 창조하는 놀라운 효과가 있다고 강조한다.(OR, p. 81)

토크빌 민주주의론의 핵심이 여기에 있다. 그런데 밀은 그 중요한 대목을 놓쳤다. 토크빌이 평등에 대해 품었던 심각한 고뇌, 그리고 이 연장선에서 그가 참여에 대해 걸었던 기대가 밀의 글 속에서는 그다지 두드러지게 나타나지 않는다. 참여의 교육적 효과에만 집중한다는 것은 토크빌 정치사상의 깊숙한 구조를 간과하고 있다는 지적을 피하기 어렵다. 결국 토크빌이 역설한 참여의 미학을 밀은 온전히 읽지 못한 것 같다. 그가 토크빌의 영향을 받았다고 하는 술회에 대해 고개를 갸우뚱하게 되는 또 다른 이유이다.

(2) 이성과 습속

밀이 토크빌의 영향을 받아 민주주의에 관한 생각을 수정하게 되었다는 그의 회고를 미심쩍게 만드는 또 하나의 고리가 있다. 토크빌은 민주주의가 성공적으로 안착하기 위한 선결조건으로 습속(習俗)의 순화를 매우 강조했다.(2부 5장 참조) 그러나 밀은 이 점을 그다지 눈여겨보지 않았다. 밀은 맹신에 가까울 정도로 이성의 힘을 믿었다. 교육을 통해 세상을 바꿀 수 있다는 믿음을 끝까지 견지했다.

밀도 '자유에 대한 사랑과 절제하는 습속'의 중요성을 언급했다. 성숙한 정치를 펴기 위해서는 그 전제조건으로 항상 상호 관용과 타협의 정신에 의해 움직여야 한다는 것이다.(『대의정부론』, p. 256) 그러나 밀은 시종일관 이성의 힘에다 모든 것을 걸었다.(A, p. 108) 교육을 민주주의의 성공을 위한 필수조건으로 간주했다.(Pappé, pp. 225-227) 그에게 교육은 민주주의가 직면한 문제들을 풀어줄 '만능 해독제'나 다름없었다. 밀은 사람의 생각(opinion)을 바꾸는 것이 진보의 요체라고 확신했다. 따라서 지적 능력을 갖춘 지도자의 역할이 중요했다. 밀은 이들을 지성과 학식의 힘으로 계급이익을 누르고 일반이익을 추구할 수 있는 존재라고 여겼다. 특히 이들이 대중에게 발휘할 수 있는 도덕적 권위에 대단한 기대를 걸었다. 그래서 그는 배운 사람들 사이에서 의견이 모아지면 대중이 서슴없이 따라올 것으로 믿었다. '신념을 가진 한 사람이 그저 이익만 생각하는 99명과 맞설 수 있다.'고 생각했다.(『대의정부론』, p. 21)

밀은 젊어서부터 '학자 정치인(scholar in politics)'에 대한 믿음을 견지해왔다. '귀족 정치인'에 대한 불신과 반비례했다. 대중을 불신하는 만큼이나 귀족사회를 혐오했다. 밀에게 민주주의란, 선출된 교육 엘리트가 세습 귀족제를 대체하는 것을 의미했다. 오늘날 세태에 비추어본다면, 교육을 많이 받은 사람들이 사적·계급적 편견에서 자유로울 수 있다는 밀의 발상은 소박하기까지 하다. 그러나 문맹자가 태반을 차지하던 당시 상황에서 교육에다 큰 희망을 거는 것을 터무니없다고 평가절하하기는 어려울 것이다.(Schapiro, pp. 85-86 참조)

중요한 것은 밀이 지성의 힘에 집중하느라 토크빌의 습속이 가지고 있던 다차원적 의미를 간과했다는 점이다. 이것은 밀이 참여를 교육적 효과 측면에 기울어서 조망했고, 더 거슬러 올라가면 대표나 복수 투표권 등 그의 정치이론의 근간이 되는 것들이 모두 이성의 힘에 과도하게 기대를 걸었던 사실과도 연결된다.


## 5. 맺는 말

나는 토크빌의 책을 읽고 민주주의에 관한 생각을 바꾸게 되었다는 밀의 회고에 의문을 제기했다. 밀 본인이 자신의 지적 여정을 되돌아보며 『자서전』에서 밝힌 내용이니만큼 가볍게 볼 일이 아닌 것은 분명하다. 그러나 그가 급진주의, 순수 민주주의에서 잘 규제된 민주주의, 수정 민주주의, 숙련 민주주의로 발걸음을 옮기게 된 것이 순전히 토크빌 때문이라고 단정하기에는 석연치 않은 것들이 있다.

전후 사정을 보면, 밀의 이어지는 언급, 즉 '자신이 그 무렵 이미 그런 생각을 받아들일 준비가 되어 있었다.'고 하는 부분이 문제를 푸는 열쇠가 될 것 같다. 밀은 일찍부터 생시몽주의자들의 '지도자론'에 깊이 공감하고 있었다. 그래서 그의 '대표' 이론의 뿌리를 생시몽주의에서 찾는 사람도 있다.(Krouse, p. 522)

이와 관련, 프랑스의 기조를 주목할 필요가 있다. 밀은 기조의 저작을 소개하는 두 편의 글을 쓰는 등 그의 사상을 깊숙이 받아들였다. 기조는 인민주권에 바탕을 둔 민주주의론을 비판하며 '이성주권'을 강조했다. '이성에 따라 행동할 수 있는 자격'을 갖춘 사람이 정치의 주체가 되어야 한다고 역설했다. 기조는 능력 있는 대표가 이성의 봉사자 노릇을 할 것을 주장했는데(홍태영 2008, pp. 104-110 참조), 밀의 『대의정부론』도 정확하게 같은 주장을 폈다.[66] 따라서 기조의 영향을 받아 밀이 '그 무렵 이미 그런 생각'을 받아들일 준비를 하고 있었다고 추론해도 크게 무리가 아닐 것이다.[67]

밀은 토크빌을 만나기 몇 년 전에 이미 지적 능력이 뛰어난 대표의 정치적 자율성에 문제의식이 싹트고 있었다. 이것은 나중에 숙련 민주주의로 압축되는 그의 정치이론의 토대가 되는 것이다. 그러던 중 밀은 토크빌의 새로운 정치학이 자신의 고민과 궤를 같이하고 있음을 발견했다. 이미 그런 생각을 하고 있었기 때문에 밀은 주저 없이 토크빌의 생각을 받아들였다. 그러나 다 공감했던 것은 아니다. 자기 생각을 강화해줄 특정 요소만 선별해서 받아들였다. 참여와 습속을 둘러싸고 밀이 토크빌과 동일한 목소리를 내지 않은 이유가 여기에 있다.

밀은 토크빌의 책을 읽고 민주주의에 대한 생각을 바꾸었다고 했다. 그러나 그 무렵 그의 머릿속에는 기조의 문제의식이 먼저 들어와 있었다. 토크빌의 책을 읽고 민주주의에 관한 생각을 바꾸게 되었다는 밀의 회고에 의문을 품을 수밖에 없다. 엄밀히 말하면, 밀은 당시 자신이 기왕에 품고 있던 생각과 부합하는 토크빌의 글만 받아들였다.[68] 그 내면을 분명히 알 수는 없지만, 토크빌의 영향에 대한 밀의

---

66) 흥미로운 것은 토크빌 역시 기조의 영향을 많이 받았다는 사실이다. 민주주의를 '사회상태(état social)'로 간주한 것이 특히 그렇다.(Richter 2004 참조) '모든 이해당사자가 아니라 가장 의식이 앞서고 도덕적인 사람들의 참여'를 주장한 그의 대의제론도 기조의 주장을 연상시킨다.(Selected, p. 56)

67) 바룩사키스(Gergios Varouxakis)도 밀의 이 언급을 주목하며, 토크빌보다 기조가 밀의 관점 형성에 더 큰 영향을 끼쳤다고 본다. 다만 그는 민주주의가 아니라 문명론 일반에 대한 기조의 파급효과를 강조한다. 밀은 1840년 서평에서 토크빌이 상업화를 중심으로 한 문명의 작용을 민주주의와 등치시킨 오류를 비판하고 있는데, 바로 이런 밀의 문명관이 기조로부터 나왔다는 것이다.(Varouxakis, 305 참조)

68) 이와 관련, 햄버거(Joseph Hamburger)는 밀이 토크빌의 주장 중 자기 생각과 일치하는 것만 집중 거론했기 때문에 밀이 쓴 두 개의 서평이 토크빌의 핵심 명제

술회는 한 줄 걸러서 읽는 것이 좋겠다.


5장
# '자유를 향해 두 손을 맞잡고'


밀은 『자서전』에서 "지적·도덕적으로 뛰어난 사람과 공명하고 친교를 맺는 데서 생기는 기쁨과 이익"에 대해 길게 이야기한다. 그는 신념과 감정이 일치해야 우정이 오래갈 수 있다면서, 될 수 있으면 지식과 지능, 고결한 정서 측면에서 자기보다 우수한 사람과 사귀는 것이 좋다고 충고한다. 그의 주위에는 친구들이 적지 않았다. 이름만 들어도 고개가 끄덕여질 정도의 '거인'들도 꽤 많았다. 우선 그는 아버지 덕분에 여러 저명인사들을 쉽게 만날 수 있었다. 아버지의 벗들이 집으로 찾아와 담론하는 것을 옆에서 듣는 것만으로도 큰 공부가 되었다.[69]

---

를 거의 건드리지 못했다고 비판한다. 동시에 그는 "밀과 토크빌의 생각이 매우 유사하다고 쉽게 단정해서는 안 된다."고 주장한다. 그에 따르면, 토크빌의 근본적인 문제의식은 민주주의가 자유를 위협한다는 데 있었다. 그런데 밀은 이 부분을 너무 간과했다. 햄버거는 두 사람이 생각하는 자유 개념의 차이가 이런 어긋남을 초래했다고 해석한다.(Hamburger 1976, pp. 120-121, 125)

69) 이를테면 아버지의 가장 친한 벗 리카도(David Ricardo, 1772~1823)가 그런 사람 중 하나였다. 늘 아버지의 서재에 있던 어린 밀은 아버지를 찾아온 리카도의 귀염을 많이 받았다. 영국 고전학파 경제이론을 체계화한 리카도는 자기 학설에 대한 확신이 없어 망설이던 중 제임스 밀의 강력한 권유로 『정치경제학과 과세의 원리(*Principles of Political Economy and Taxation*)』라는 "아주 획기적이고 위

밀은 배울 것이 있다 싶은 사람들이면 누구든 가리지 않고 적극적으로 다가가 손을 내밀었다. 국적과 상관없이 배움을 청했다. 서신을 주고받으며 그들의 생각을 맘껏 흡수했다. 그러나 끝이 좋은 경우가 드물었다. 일정 기간 교제가 진행되고 나면 거의 어김없이 '결별' 수순을 밟게 된다. 생각의 차이 때문이다. 또 하나의 변수는 아내 해리엇의 '입김'이었다. 그렇게 보면 토크빌은 조금 예외에 가깝다.

벤담이 밀에게 얼마나 큰 영향을 끼쳤는지 새삼 언급할 필요는 없을 것이다. 그러나 밀은 나이가 들면서 젊은 시절 한때 "최선의 의미에서 하나의 종교"로 받아들였던 벤담의 사상을 차갑게 비판하기 시작했다. "진리를 캐내기 위해서는 모든 부분 진리들을 찾아서 합쳐야" 한다는 신념을 가졌던 밀이 볼 때, 벤담은 문제의 한쪽에만 초점을 맞춘 "체계적 반쪽 사상가"에 불과했기 때문이다.

밀은 『실증철학 강의(Cours de philosophie positive)』를 쓴 프랑스의 콩트(Auguste Comte, 1798~1857)에 흠뻑 빠지기도 했다. 1837년 실증주의 철학의 핵심을 담은 콩트의 첫 책이 영국에 들어오자 밀은 그의 저작을 대단히 높이 평가했다. 인과관계를 관찰하는 과학적 연구 방법이 정확하고 심오하다고 생각했다. 마침 그때 밀도 자신의 첫 책 『논리학 체계(A System of Logic)』를 준비하면서 연역이론 부분의 집필을 마친 직후였다. 밀은 두 사람의 추론과정이 크게 다른데도 거의 똑같은 결론에 이른 것을 보고 충격을 받았다. 그는 1841년 11월에 그에게 먼저 편지를 보내 서신교환을 제의했다. 밀은 두 사람이 협력하

---

대한" 책을 출간할 수 있었다. 1년 후에는 역시 그의 유도에 힘입어 하원의원에 당선되었다. 아들 밀은 그 책으로 처음 경제학 공부를 시작했다. 리카도는 밀을 자기 집에 초대하거나 같이 산책하면서 가르침을 많이 주었다.(『위대한 정치』, p. 58 참조)

면 영국과 프랑스에서 위대한 혁신적 철학 체계를 동시에 선보일 수 있을 것이라며 흥분을 억누르지 못했다. 밀은 "영국 사람과 프랑스 사람이 같이 동의한다면 그 둘이 하는 일은 옳을 것"이라는 볼테르의 말을 인용하기도 했다.

그러나 몇 년 못 가 두 사람 사이에 틈이 벌어지기 시작했다. 콩트는 정신이 육체에 의존한다면서 여자의 뇌가 남자의 뇌보다 작기 때문에 여자가 남자에게 복종하는 것이 옳다고 강변했다. 여자가 부분적으로 감성에서 우위를 보이는 것도 이성이 부족하기 때문이라고 주장했다. 밀은 이런 남녀차별론을 받아들일 수 없었다. 남녀 사이에서 목격되는 모든 차이는 교육, 환경 등 여건의 불평등에서 비롯되는 것이라고 믿었기 때문이다.[70] 밀은 무엇보다 콩트의 이론이 권위주의 정치체제를 정당화하는 것을 용인할 수 없었다. 많이 배운 사람이 사회를 이끄는 것은 맞지만, 그렇다고 비민주적 통치로 흘러가서는 안 된다는 것이 밀의 생각이었다.

서신교환이 논쟁으로 번져가면서 피차 열정이 식어갔다. 견해 차이가 "단순히 사소한 이론과 관련된 것이 아니라 그들이 가장 소중하게 여기는 감정과 그들이 진지하게 갈망하는 바를 가로지르는 것"이었기에 틈이 벌어질 수밖에 없었다. 1843년 11월, 콩트는 '밀의 정신 역량이 아직 자신의 근본 진리를 이해할 단계에 이르지 못했다.'면서 관계 단절을 선언했다. 밀의 증언에 따르면, "서신 왕래를 먼저 게을리한 것은 밀이었고 먼저 중단한 것은 콩트"였다. 밀은 자신의『논리학 체계』가 8년 연상인 콩트로부터 '학문적 빚'을 졌을 것이라는 세평을 전면 부인했다. 밀은『자서전』에서 콩트를 만나기 전에 이미 자기 생각의 알

---

70)   그의『여성의 종속』이 바로 이런 내용을 담고 있다.

맹이가 완성되어 있었다고 주장했다.(『위대한 정치』, pp. 57-64 참조)

해리엇의 개입도 큰 변수였다. 그녀가 밀 주변의 사람에 대해 부정적 평가를 내리면 밀도 머지않아 그 사람과의 접촉을 줄이게 된 사례가 많았다. 콩트가 그런 경우였다.[71] 특히 밀의 친구가 두 사람의 '비정상적인 관계'에 대해 싫은 소리라도 한마디 하면 금세 예민하게 반응했다.[72] 해리엇은 토크빌도 별로 좋아하지 않았다. 1849년 어느 날, 해리엇은 밀에게 "유치한 도덕률과 한심한 지적 수준에서 벗어나지 못한 인간들을 깡그리 경멸"하라고 말했다. 토크빌도 그런 '인간'의 리스트에 포함됐다. 그녀는 토크빌을 무섭게 공격했다. '강아지보다 못하다.'고 했다:

> "토크빌은 스털링, 로밀리(John Romilly), 칼라일(Thomas Carlyle), 오스틴 (John Austin)과 똑같은 족속이다. 상류 계급(gentility class)의 좋은 가문 출신이지만 도덕적으로 나약하고, 지적으로 편협하고, 소심하고, 자만심

---

71) 해리엇은 콩트를 별로 좋아하지 않았다. 밀은 『자서전』에서 중요한 문제에 대한 생각의 차이로 두 사람의 교신이 뜸해졌다고 했지만, 해리엇이라는 변수도 크게 작용했을 것이다. 그녀는 콩트가 "편파적이고 편견에 가득 차 있다."면서 "이런 무미건조하고 형편없는 사람은 상대할 가치조차 없다."고 혹평했다. 밀이 그에게 너무 저자세를 취하는 것도 못마땅했던 모양이다: "콩트는 … 확실히 프랑스 사람이다 … 당신 편지가 사과에 가까운 투로 흘러가고 있어 실망스럽다 … 이런 하찮은 사람은 가치 있는 비판자를 맞이할 자격도 없다. 당신이 가지고 있는 그 양심적이고 공정한 지성의 품격에 비추어볼 때, 당신만큼 그 문제에 대해 정통하게 판단할 사람이 어디 있겠는가? 지적 능력으로 말하자면, 당신은 시대를 앞서가는 사람이다 … 완벽한 공정성, 정의에 대한 확고한 사랑, 이런 측면에서 누가 당신을 따라가겠는가?"(『위대한 정치』, p. 228, 63 참조)

72) 그녀는 스털링이 자신들을 둘러싼 험담을 생각 없이 받아들였다고 "어리석고 나약한 남자"라고 비판했다. 결국 밀은 '절친' 스털링을 멀리할 수밖에 없었다.(『위대한 정치』, p. 229 참조)

이 하늘을 찌르고, 남 험담하기나 좋아하는 그런 인간들이다. 그런 작자들보다는 웬만한 강아지가 더 낫다고 할 수도 있다."(『위대한 정치』, p. 229 참조)

해리엇은 토크빌에 대해 안 좋은 인상을 갖고 있었던 것이 분명하다.[73] 그녀는 토크빌을 스털링, 칼라일과 한통속으로 규정하면서 "멍청한 감성적 이기주의자"로 매도했다. 헛된 자만심에 젖어 겸손함이나 진정한 탁월함과 너무나 거리가 멀다는 것이 그녀의 평가였다. 밀로서는 그녀의 '교시'를 따르지 않을 수 없었다. 밀은 자신이나 자신의 우상(즉, 아버지와 아내)을 실망시키는 사람은 누구든 침묵 또는 등을 돌리는 방법으로 '처벌'하곤 했다. 토크빌도 예외가 아니었을 것이다.

밀과 토크빌의 우정이 짧고 뜨거운 밀월 기간을 뒤로하고 하루아침에 '이상한 단절'로 내리막길을 걷게 된 데는 여러 요인이 복합적으로 작용했다. 시국관을 가로지르는 철학의 차이에다 해리엇의 입김 같은 밀의 개인적 변수가 한데 얽히면서 두 사상가의 아름다운 우정은 씁쓸한 뒷맛을 남기고 말았다. 그나마 토크빌이 숨을 거두기 얼마 전 두 사람의 관계가 그런대로 복원된 것이 다행이라고나 할까. "자유를 향해 같이 손잡고 나가자."는 토크빌의 마지막 말이 큰 울림으로 다가온다.(『위대한 정치』, pp. 228-230 참조)

그런데 이런 전례에 비추어본다면 밀의 『자서전』에 등장하는 토크

---

73) 파페는 그녀가 토크빌에게 일종의 질투심을 품고 있었고 그것이 나쁜 인상으로 이어진 것 같다고 해석한다.(Pappé, pp. 221-222) 밀과 토크빌이 처음 만났을 때 토크빌의 위상이 상대적으로 압도적이었던 만큼 그런 불균형이 해리엇을 불편하게 만들었는지도 모른다. 거기에 덧붙여 토크빌의 시국관과 보수적 여성관이 해리엇의 마음을 더욱 차갑게 만들었을 것이다.

빌의 위상은 남다르다. 밀은 『자서전』에서 자신이 만나 교유했던 여러 사상가들에게 날카로운 비판을 덧붙였으나 토크빌에게는 그렇게 하지 않았다. 부정적 언급을 하기는커녕 오히려 칭찬을 해주었다. 그것도 대단히 품위 있게.

밀은 자신의 정치적 이상이 "순수 민주주의로부터 수정된 형태로 변화"한 것이 토크빌의 『아메리카의 민주주의』를 "읽고, 아니 공부하고 나서"였다고 고백했다. 밀은 그 "대단한 책"이 민주주의의 장점과 함께 민주주의에 따라다니는 특별한 위험도 탁월하게 논했기 때문에 이후 자신의 관점도 점점 같은 방향으로 변화해나갔다고 회고했다. 그는 또한 중앙집권 문제에 관한 토크빌의 심층 분석에서도 많은 것을 배웠다고 말했다. 토크빌의 혜안 덕분에 지방분권의 이점을 살림과 동시에 중앙정부의 간섭이 갖는 긍정적 측면도 헤아릴 수 있었다고 했다. 밀은 자신이 양극단의 과오를 조심스럽게 피해가며 각각의 장점만을 종합할 수 있었던 것이 토크빌의 가르침 덕분이었다고 고마워했다.(『자서전』, pp. 156−158)

밀이 『자서전』 초고를 완성한 것은 1854년 무렵으로, 두 사람이 연락을 끊고 지내던 시기였다. 밀이 토크빌의 '성숙하지 못한 시국관' 때문에 크게 실망했다는 통설과 달리 적어도 그의 『자서전』은 토크빌에 대해 그 어떤 나쁜 감정도 담지 않았다. 오히려 토크빌에게 호의적인 평가만 기록했다.[74]

그러나 이 책은 토크빌과 밀이 나눈 대화 중에서 세 군데에 대해서는 의문을 제기했다. 밀 자신은 『아메리카의 민주주의』를 읽고 수정

---

74)  밀은 아버지 제임스 밀이 토크빌의 책을 높이 평가한 것이 자신을 크게 고무시켰다고도 했다.(『자서전』, p. 164)

민주주의로 기울어졌다고 회고했지만, 전후 맥락으로 볼 때 그 말은 사실과 거리가 먼 것 같다. 밀은 1835년 토크빌과 교제를 시작할 때 이미 철학적 급진주의의 본류(本流)로부터 떨어져 있었다. 따라서 토크빌의 영향을 받아 민주주의의 본질에 관한 생각이 근본적으로 바뀌게 되었다고 볼 수 없다.

같은 이유에서 밀이 1835년 토크빌에게 보낸 편지에서 자신이 그보다 민주주의에 좀 더 친화적이라고 평가한 것도 납득하기 힘들다. 그 무렵 밀의 생각은 숙련 민주주의를 향해 변화의 발길을 떼기 시작했기 때문에 참여 민주주의의 가능성을 조심스럽게 두드리던 토크빌보다 '좀 더 민주적'이라고 규정하는 것은 사실과 부합하지 않는다.

밀과 토크빌이 고결한 자유에 대해 의기투합한 것은 충분히 가능한 일이었다. 토크빌이 숨지기 얼마 전에 주고받은 편지에 나오는 내용이기 때문에 두 사람의 역사를 알고 읽으면 애잔한 느낌을 지울 수 없다. 그렇다고 밀과 토크빌의 자유론이 모든 점에서 의견의 일치를 보인 것은 아니었다. 개별성의 근원과 그 발전 방향에 대해서는 적잖게 엇갈렸다. 그래서 '자유를 향해 두 손을 맞잡고 걸어가자.'는 토크빌의 소망이 더욱 여운을 남기는지도 모르겠다.

5부

# 결론

밀과 토크빌은 민주주의의 가능성을 믿었지만 그 한계와 과제도 분명히 지적했다. 밀은 사악한 이익-계급입법의 굴레를 벗어나기 위해 숙련 민주주의를 구상했다. 토크빌은 다수의 압제-민주적 전제의 덫에 빠지지 말아야 할 당위를 역설했다. 두 사람은 참여가 생각과 의식의 변화를 이끌어내 민주주의의 건강을 지켜줄 것으로 기대했다. 5부는 밀과 토크빌의 이런 주장을 한국의 현실에 비추어 음미해볼 것이다. 민주주의의 미래에 대한 '출구 없는 걱정'은 읽는 이 모두의 숙제로 남겨두어야 할 것 같다.

# 1장

# 우리 시대에 대한 성찰

나는 이 책에서 밀과 토크빌의 문제의식을 민주적 플라톤주의의 현대적 구현과 민주독재를 예방하기 위한 참여 민주주의의 실천으로 압축, 정리했다. 지나친 단순화의 오류를 범할 수도 있겠지만, 나는 현대 민주주의의 실체와 그것이 직면한 어려움을 보다 직설적으로 드러내기 위해 그런 접근법을 선택했다.[1] 1장에서는 밀과 토크빌의 민주주의이론을 세 측면에서 음미해보고자 한다. 우리는 이 두 사람의 성찰과 혜안에서 무엇을 배울 수 있을까. 밀과 토크빌은 현대 민주주의, 특히 한국 사회에 어떤 말을 해줄 수 있을까.

---

[1]   최근 들어 민주주의의 발전 방향에 관해 무수히 많은 논의가 쏟아져 나오고 있다. 나는 그런 비판적 성찰에 두루 관심이 많다. 이를테면 나는 크라우치(Colin Crouch)의 『포스트 민주주의』를 유심히 읽고 있다. 다국적기업에 권력이 집중되는 등 정치, 경제 계급이 새로운 지배 엘리트로 등장하면서 민주주의가 후퇴하고 있다는 주장은 새겨들을 만하다. 그러나 민주주의를 정치에서 경제 영역으로 확대해야 한다는 그 책의 결론은 진부하고 공허하다. 마찬가지로 나는 무페(Chantal Mouffe)가 말하는 급진 민주주의, 더 구체적으로는 경합적 다원주의(agonistic pluralism)의 문제의식에 다가가기 위해 노력하고 있다. 그러나 나는 '경합적 다원주의는 그 이상을 실현하는 그 순간에 분해될 수밖에 없는 것이라서 도달할 수 없는 한에서만 좋은 것'(Mouffe 2007, p. 21)이라는 무페의 주장으로부터 어떤 구체적인 생각거리를 얻을 수 있을지 회의적이다. 또 나는 AI 등 미래 기술이 민주주의의 운명에 어떤 영향을 미칠지 궁금하다. 내 입장은 분명하다. 정치는 인간이 하는 것이다. AI가 더 나은 정치적 선택을 안내할 수는 있겠지만 정치 활동의 본질, 즉 '정치 공동체 안에서 인간다운 삶을 살게 해주는 기능'까지 대신할 수는 없다.(*Guardian*, 1 May 2018 참조) 나는 이런 문제 제기들이 다 나름대로 의미가 있다고 보지만, 이 책에서는 그저 밀과 토크빌의 화두에만 집중하고 있다.

## 1. 정치의 복원

### 1) '구원' 없으면 정치가 아니다

밀과 토크빌은 민주주의, 나아가 정치를 수단의 차원에서 한정하는 기능론자들과 명확하게 선을 그었다. 나는 두 사람이 민주주의를 통해 사람의 생각이 바뀌고 삶의 태도도 변화하는 발전론을 주창했다는 점에서 현대의 주류 사회과학자들보다 훨씬 진보적인 색채를 띤다고 생각한다. 그들의 생각이 (민주적) 엘리트주의와 일정 부분 겹치기는 하지만 그 방점은 엘리트가 아니라 민주주의에 있다고 본다.

하이에크(F. Hayek)는 민주주의를 철저하게 방법 또는 절차 차원에서 접근한다. 민주주의란 정치적 문제를 해결하고 정부 정책을 결정하는 하나의 절차로 그 의미를 한정해야 한다는 것이다. 그는 이런 본질을 망각하고 민주주의의 내용을 '적극적으로 규정'한 것이 현대 민주주의의 위기가 심화된 근본 이유라고 주장한다. 민주주의를 어떤 구체적인 목표나 가치(이를테면 정의나 평등) 또는 특정 방향과 동일시하면서 민주주의를 오랫동안 실천해왔던 국가들조차 점차 전체주의적 성향을 띠게 되었다는 것이다.[2]

---

[2]    따라서 그는 민주주의의 가장 큰 가치를 평화적 정권교체를 가능하게 하는 절차라는 측면에서 찾는다. 사람들이 지금까지 고안한 정치체제 중에서 평화적인 방법으로 변화를 일으키게 할 수 있는 가장 효과적인, 그리고 단 하나뿐인 방법이 바로 민주주의라는 것이다. 하이에크는 평화적으로 정권교체를 가능하게 한다는 바로 그 이유 때문에 민주주의를 '목숨을 걸고서라도 지킬 가치'가 있는 제도라고 부른다.(Hayek 1997, pp. 25-26, 164, 215) 그에 앞서 포퍼(Karl Popper)가 이미 『열린사회와 그 적들(*Open Society and Its Enemies*)』에서 같은 말을 한 바 있다. '정기적 선거, 비교적 자유로운 언론, 개방적 경쟁을 통한 집권 보장'이라는 측면에서 민주주의를 규정하는 Runciman, p. 24도 참조.

일리가 있는 말이다. 민주주의는 분명 절차 위에 서 있다. 다음 절에서도 강조되지만, 민주주의는 번거롭고 비용이 들더라도 절차를 지켜야 한다. 민주주의의 이름으로 절차를 무시하면 독재가 되고 만다. 권력이 일탈하지 않게 '제도적 올가미'를 거는 것이 바로 절차의 역할이다. 현대 민주주의 사회가 다원주의 사회일 수밖에 없는 것도 하이에크의 주장에 힘을 실어준다. '적극적 자유'에 대해 의심의 눈길을 보내는 바로 그 이유 때문에서라도 민주주의 사회가 특정 가치나 이데올로기를 강요해서는 안 되는 것이다.[3]

그러나 민주주의, 그리고 민주주의를 통해 실천할 정치의 요체를

---

3) 자유란 무엇인가? 자유의 성격에 대한 사람들의 생각은 크게 두 가지로 엇갈린다. 자유의지를 구속하는 외부의 제약을 주목하는 사람들은 '소극적 자유'가 자유 개념의 본질이라고 주장한다. 소극적 자유론의 바탕에는 가치의 객관성에 대한 회의가 짙게 자리 잡고 있다. 객관적이고 보편적인 가치를 드러낼 가능성이 없다면 각 개인의 주관적 판단을 존중하는 소극적 자유만이 자유의 기본이라는 주장이다. 이러한 관점은 현대 자유주의를 관통하는 기본 정신이다. 그러나 '적극적 자유'론을 주장하는 사람들은 대체로 가치의 객관성을 믿는다. 따라서 객관적 가치를 구현하지 못하도록 방해하는 인간 내면의 욕심과 무지를 문제 삼는다. 프랑스 혁명 당시 자코뱅(Jacobin)파가 "아무도 나쁜 짓을 할 자유는 없다. 누군가 옳지 못한 짓을 하려 한다면, 그가 그렇게 하지 못하도록 제재를 가하는 것은 곧 그 사람을 자유롭게 만들어주는 것이다."라고 강변한 것이 그 대표적인 예가 될 것이다. 적극적 자유론 속에는 날카로운 칼날이 들어 있다. 자칫하면 이성을 명분으로 개인의 자유를 억압할 수도 있다. 실제 인간의 역사는 자유의 이름으로 자유를 박탈했던 경우를 적지 않게 증언해준다. 벌린(I. Berlin)은 무엇보다 이 점을 경계한다. 벌린은 '최종 진리'에 대해 사람들 사이에 생각이 다른 것을 인간적 숙명으로 규정한다. 가치 다원주의를 인정할 수밖에 없는 상황이라면 선택의 자유가 그 무엇보다 중요하다. 롤즈(J. Rawls)도 벌린과 같은 생각이다. 각기 가치관이 다른 사람들에게 공통된 단일 기준을 적용하려 하는 것은 한마디로 '미친 짓'과 같다는 것이다. 그러나 나는 밀의 자유론 속에 '적극적 자유'에 관한 문제의식이 들어 있다고 본다. 내가 밀을 좋아하는 또다른 이유이다.(서병훈 2000, pp. 61-69 참조)

이처럼 '형이하학적'으로만 규정하게 되면 절차로서의 민주주의 그 자체마저 존재의 이유를 잃을 수 있다. 오늘날 특히 서구 국가에서 포퓰리즘이 창궐하게 된 원인을 이런 측면에서 규명하려는 시도를 유심히 살펴볼 필요가 있다. 캐노번(Margaret Canovan)은 민주주의, 더 크게 보면 정치에 대한 해석 또는 기대의 차이가 포퓰리즘의 진원지가 된다고 주장한다. 캐노번에 따르면, 민주주의는 정치 활동을 통해 인간 삶의 구원을 약속하는(redemptive) 측면과 제도화된 규칙을 통해 갈등을 평화적으로 해결하고자 하는 실용적(pragmatic) 측면을 모두 가지고 있다. 민주주의의 '구원'을 강조하는 쪽에서는 정치 활동의 존재론적 의미에 주목한다. 구원의 실현을 위해 인민주권과 참여 확대를 요구한다. 정치참여, 즉 자기지배를 통해 구원을 약속하는 것이다. 그러나 민주주의의 '실용' 쪽으로 기우는 사람들은 민주주의의 존재이유를 갈등 해결과 적절한 분배를 위한 제도 차원으로 축소시킨다. 이 두 측면이 서로 갈등만 하는 것은 아니다. 상호 의존적이기도 하다. 실용주의를 배제한 채 구원만 강조하면 정치가 이념 과잉으로 흘러간다. 자칫 '신정(神政)정치'의 과오를 되풀이할 수 있다. 반면, 구원을 외면하고 실용 일변도로 흘러가면 정치가 무미건조해진다. 타락의 지름길이 되고 만다.[4]

---

4)  이런 분석틀은 오크숏(Michael Oakshott)의 개념 구분에 따른 것이다. 오크숏은 서구사회에서 정치를 통해 삶의 근본을 바꿀 수 있다고 믿는 "신념의 정치(politics of faith)"가 뒤로 밀리면서 정치의 역할을 최소화하는 "회의(懷疑)의 정치(politics of scepticism)"가 주류가 된 지 오래라고 주장한다. 정치를 "사회적 자원의 권위적 배분(authoritative allocation of values for a society)"으로 규정하는 '기술적·행태론적' 시각이 정치학 교과서의 첫머리에 나오는 것도 그런 시류와 무관하지 않다. 개인의 이익을 지키고 사회 질서를 잡아주는 차원으로 정치를 규정하면 그러한 정치 속에는 인간 삶의 본질에 대한 고뇌가 설 자리는 없다. 물론 정치가 인간 존재의 본질과 깊숙하게 맞닿아야 한다는 "신념의 정치"

캐노번은 현대 정치가 실용주의에 의해 지배된다고 본다. 정치참여에 그다지 무게를 두지 않으면서 전문가 지배를 강조하는 엘리트 민주주의자들이 바로 이런 실용주의자의 전형이 된다고 할 수 있다. 캐노번은 현대 민주주의가 구원과 실용 사이에서 균형을 찾지 못한 채 실용 쪽으로 지나치게 기우는 까닭에 포퓰리즘에 빌미를 제공한다고 주장한다. 인민에게 슬픔과 고통을 주는 사회적 환경 못지않게, 민주주의 내면에 존재하는 본질적 긴장 또한 포퓰리즘을 불러일으키는 요인이 된다는 것이다.(서병훈 2008, pp. 231~233 참조)

캐노번의 말처럼, 포퓰리스트들은 '진짜 민주주의'라는 화두를 통해 정치의 근원을 파고든다. 인간 존재의 본질에 대한 성찰을 자극한다. 그들이 속물적 욕망의 충족을 위해 동원하는 언설이 현대사회의 아픔을 깊숙하게 건드리고 있는 것이다. 민주주의가 터전을 두고 있는 현대사회가 그만큼 척박하고 헛헛하기 때문이다. 따라서 서구 '선진국' 사람들이 포퓰리스트들이 내거는 '구원의 약속'에 귀를 기울이는 현상을 가볍게 보아서는 안 된다. 하이에크처럼 절차로서의 민주주의에 집중하다가 그 절차마저 잃어버릴 수도 있다.

이 점에서 밀과 토크빌은 다르다. 그들은 '구원의 정치'에 관심이 많았다. 플라톤처럼 외곬은 아니었지만 정치가 인간 존재를 구현하는 본질적 소명에 충실해야 한다는 생각에 투철했다. 두 사람이 민주주의의 절차적 성격을 도외시한 것은 결코 아니다. 그런 절차 중심의 기능론이 지향해야 할 가치의 방향에 우선적으로 관심을 기울였을 뿐

---

가 초래할 수 있는 부정적 양상도 간과해서는 안 된다. 정상을 이탈한 '정치과잉'이 인간 삶을 얼마나 황폐하게 만들었는지는 히틀러가 잘 보여준다. 오크숏은 두 차원의 정치가 적절히 균형을 이루어야 한다고 강조했다.(서병훈 2017, p. 267 참조)

이다. 구원의 터전 위에서 실용을 바라본 것이다. 나는 이런 이유에서 밀과 토크빌의 사상이 보다 진취적이고 인간적이라고 생각한다.

## 2) '새정치'는 새정치가 아니다

언젠가 큰 기업을 경영하는 사람이 대통령선거에 출마한 적이 있다. 그는 당시 경쟁을 펼쳤던 직업 정치인들을 '정치적 동물'이라고 비난했다. 아마 권력을 탐하는 모리배 같은 인간을 그렇게 표현했던 것 같다. 국가공동체 안에서 정치적 행위를 해야 인간다운 삶을 살 수 있다면서 인간을 정치적 동물이라고 불렀던 아리스토텔레스가 들었다면 쓴웃음을 짓지 않을 수 없었을 것이다.

그 기업인뿐만이 아니다. 오늘날 세계 어느 곳에서나 정치를 욕하고 비웃는 소리가 드높다. 민주주의의 발상지인 영국에서 "초면에 또는 밥 먹는 자리에서 정치 이야기는 하지 마라."는 '격언'이 유행하고 있다. 나는 미국 유학 시절에 만난 어느 이공계 학생을 잊지 못한다. 그가 내 전공을 묻기에 정치학(political science)이라고 대답했더니 그 친구는 '아하, political silence!'라고 대꾸했다. 정치는 침묵을 지키는 것이 좋겠다는, 한마디로 정치는 '밥맛없다.'는 농담이었다.

이처럼 기성 정치에 대한 불만, 나아가 '반정치'를 조장, 선동하는 것은 서양과 동양, 정치 선진국과 후진국을 가릴 것 없이 하나의 보편적 현상이 되고 있다. '정치 신인'이 더 주목받고, '정치인 같지 않은 정치인'이 출세하며, 정치판에 나선 사람이 정작 정치는 싫다고 한다. 정치적 의견이 극명하게 엇갈리는 한국 사회이지만 정치인들을 비웃고 공격하는 데는 의견이 일치한다. 정치개혁을 위해 제시되는 방안들 중 첫머리를 장식하는 것이 의원 정수를 축소하고 세비를 깎자는 주장들인 것만 봐도 그렇다. 국회 무용론, 아니 해산론까지 거론될 정도이다.

정치혐오가 극심하다 보니 '새정치' 깃발만 들어도 표가 몰린다. 10년 전쯤 '안철수 현상'이 한국정치를 강타했던 것이 기억에도 새롭다. 대통령선거를 불과 한두 달 앞두고 새로운 정당이 급조되는 경우도 있다. 기성 정치에 대한 유권자들의 불만을 대변한다고 하지만, '만일' 그들이 집권하는 사태가 벌어진다면 어떻게 될까? 생각만 해도 아찔한 일이 아닐 수 없다.

정치가 마음에 안 든다고 정치를 외면하고 부정하면 그 정치는 더욱 나쁜 모습으로 되돌아온다. '악화가 양화를 구축'한다는 말은 정치 세계에 그대로 들어맞는다. 비판적 의식을 가진 사람들이 정치에 등을 돌리면 세상은 사악한 정치꾼들의 독무대가 되고 만다. 보다 나은 정치를 희구하는 마음이 결과적으로 부작위적 죄악을 저지르는 셈이 된다. 그래서 우리는 정치가 실망스러울수록 그 옛날 페리클레스의 문제의식을 되살려야 한다.[5] 냉담자가 되어서는 안 된다. 민주정치의 주인으로서 자기 위치를 더욱 굳건히 해야 한다. 정치인이 밉다고 정치 자체를 내칠 것이 아니라 오히려 정치가 제 모습을 되찾을 길을 고민하는 것이 정답이다.[6]

---

[5] 페리클레스(Pericles)는 민주주의의 성공 요건으로 정치 문제에 대한 시민들의 적극적인 관심과 참여를 꼽았다. 그래서 그는 국사에 관심이 없는 사람을 '쓸모없는 자', '무엇이 정말 중요한 일인지 잘 모르는 자'라고 혹평했는데, 이런 사람을 지칭하는 그리스어 idiōtēs가 영어에서 '바보, 멍청이'를 뜻하는 idiot의 어원이 된 것을 눈여겨봐야 하겠다. 솔론(Solon)도 비슷한 말을 했다. 도시에 내분이 잦은데도 무관심으로 방치하는 사람, 어느 쪽에도 가담하지 않는 사람에게 불명예를 주거나 국정 참여를 막아야 한다고 주장한 것이다.(서병훈 2011d, p. 44 참조)

[6] 이 대목에서도 발상의 전환이 필요하다. 오히려 의회의 규모를 키우는 것이 의원들의 일탈행위를 막는 보다 효과적인 방법이고, 그들이 일을 더 열심히 하도록

생각하기에 따라서는 희망도 없지 않다. 기대가 크기 때문에 실망이 큰 것이다. 현실에 대한 실망과 분노가 크다는 것은 그 대칭선상에서 바람직한 정치에 대한 소망도 뜨겁다는 반증이다. 누가 정치가 죽었다고 하는가. 적어도 한국 사회에서는 정치가 활활 타오르고 있다. 19세기 중반, 토크빌은 '쩨쩨한 욕심'에 휘둘리는 프랑스 사람들을 질타하며 삶의 본질을 들여다볼 것을 촉구했다. 2020년대 한국정치에서는 토크빌이 염려했던 자본주의적 경박함과 그가 소망했던 위대한 정치에 대한 염원이 함께 어우러져 있다. 절망과 희망의 교차로에서 어떤 길을 찾을 수 있을까?

첫째, 정치인에 대한 지나친 기대는 접는 것이 좋다. 기성정치의 실망은 1차적으로 정치인에 대한 실망에서 비롯한다. 분명히 그럴 만하다. 그러나 민주주의 사회에서는 여러 의미로 사람들이 평등하다. 왜 과거에 비해 큰 인물이 적을까?(아니, 적은 것처럼 보일까?) 과거에 비해 정치적 자원이 평등하게 배분되고 있기 때문이다. 권위주의 시절에는 권력자가 각종 자원을 독식하면서 그 힘으로 권력을 확대재생산할 수 있었다. 이미지 조작도 가능했다. 이제는 그런 시대가 아니다. 모든 것이 열려 있는 사회에서는 모두가 자신의 민낯을 보일 수밖에 없다. 돈을 뿌릴 수도 없고 물리적 폭력을 동원할 수도 없다. 세상을 들었다 놓았다 할 인물이 나올 수 없는 것이다. 민주주의 사회에서 영웅을 기다린다는 것은 비민주적인 발상이다. 남이 해주기를 바라지 말고 내가 그 일을 해야 한다.

둘째, 고만고만한 사람들끼리 모여 사는 사회에서 정치인이라고 특별한 능력을 가질 수 있겠는가? 과부하가 걸리지 않게 정치인의 부담

---

세비를 올리는 것이 필요하다는 주장에 대해서는 Mounk, pp. 311~312 참조.

을 줄여야 한다. 더구나 하루가 다르게 전문화, 기술화되는 현대사회가 아닌가. 분권화가 답이다. 능력이 모자라는 정치인에게 과도하게 힘을 실어준 것이 실패의 원인이었다. 나아가 사람이 아니라 제도가 일을 하도록 해야 한다. 이것이 사람에 대한 실망을 줄이는 첩경이다. 정치 불신의 확산을 막을 비법이다.

셋째, 하늘 아래 '새 정치'는 없다. 부수는 것이 결코 능사가 될 수는 없다. 마음에 안 든다고 기성 질서를 자꾸 부정하면 후퇴만 있을 뿐이다. 막스 베버가 말했듯이, 정치란 '두꺼운 널빤지를 서서히 뚫는' 작업이다. 신기루를 찾아다니는 것 자체가 민주주의의 토대를 허무는 일이다. 제도를 세우고 차근차근 개선해나가는 것 외에 다른 방법이 없다. 새 정치에 더 이상 현혹되어서는 안 된다.

마지막으로 밀이 제시한 '성숙한 정치'를 위한 전제조건을 깊이 음미할 필요가 있다. 밀은 자유에 대한 사랑과 자유를 절제하는 습속이 함께 어우러질 것을 강조한다. 특히 절제가 상호 관용과 타협의 정신으로 이어져야 한다고 역설한다. 그는 이 바탕 위에서 두 가지를 당부한다. 첫째, 정치세력끼리 서로 생각을 맞추는 노력을 하는 것이 필수적이다. 적극적으로 타협하고 양보하는 자세를 갖추어야 한다. 둘째, 반대쪽 입장을 가진 사람들을 가능하면 자극하지 않도록 노력하는 자세가 꼭 필요하다. 무분별한 언행으로 관용과 타협의 정신을 퇴색시키지 않도록 조심해야 한다는 것이다.(『대의정부론』, pp. 239, 255–256) 한국 정치 현실에 비추어볼 때, 결코 쉬운 일은 아니지만 밀의 생각은 그렇다.

## 2. 자유 없는 민주주의에 대한 경고

### 1) '오만'의 끝

과학기술의 발달은 민주주의의 운명에 새로운 기회를 열어주고 있다. SNS 등을 통해 소통의 장이 혁명적으로 확대되면서 지금까지 민주주의를 옥죄던 물리적 한계를 넘어설 수 있게 된 것이다. 한국의 촛불 집회나 프랑스의 '노란 조끼' 운동은 민주주의의 가능성을 입증하는 좋은 예가 되고 있다. 댓글문화도 큰 의미를 지닌다. 가세트(José Ortega y Gasset)가 말했듯이, 불과 얼마 전까지만 해도 여론은 지식인 등 소수의 엘리트가 주도해왔다. 그것은 하향식 일방소통이었다. 그러나 댓글은 전문가의 성역을 허물어버리면서 평등한 쌍방향 소통을 가능하게 해준다. 명실상부한 대중 민주주의의 새 장이 열린 것이다.

그러나 과학기술의 발달이 장밋빛으로만 가득 찬 것은 아니다. '나보다 나를 더 잘 아는' 인공지능(AI)이 나의 정치적 선택을 대신해줄 가능성이 현실화될 경우 민주주의는 껍데기만 남을 수 있다. 온라인 참여가 긍정적인 효과만 내는 것도 아니다. 댓글을 조작해서 여론을 왜곡하는 선동가의 출현을 예사로 볼 일이 아니다. 특정 개인에게 '악플'을 다는 일이 만연하면서 연예 기사에 댓글을 달 수 없게 되었다. 밀이 지적했던 그대로, '자유를 누릴 자격'에 대해 다시 고민해야 하는 상황이 된 것이다.

결국 사람이 문제이다. 민주주의의 미래가 사람에 달려 있음을 재확인할 수밖에 없다. 그 요체는 시민들이 정치의 주체로서 주인의식을 가지는 것이다. 주인은 권리를 누리지만 의무도 진다. 나라의 운명에 책임의식을 느끼는 사람이 많아야 민주주의가 건강하게 발전할 수 있다. 나는 그런 의미에서 다시 한 번 '민주주의의 겸손'이라는 화두를 던지고 싶다. 민주주의가 정도 이상 오만해지면 파국을 피할 수 없기 때문이다.(Keane, p. 1060; Runciman, pp. 14-15)

무엇보다 '인민주권'은 성역이 아니다. 인민이 최고 주권자라는 믿음은 민주주의의 성스러운 토대이지만 그것이 독배(毒杯)도 될 수 있음을 직시해야 한다. 1789년 프랑스 혁명 직후 바레르(Bertrand Barère)는 국민이 자기 자신에 대해 권력을 행사하는 것이라면서 자코뱅 독재를 정당화했다. '국민의 뜻'은 초월적 권력이라는 미명을 앞세워 20세기 대중독재가 출현하였음을 잊어서는 안 된다.(임지현, pp. 38-39)

따라서 민주주의는 금도(襟度)를 지켜야 한다. 국민의 뜻이라고 아무 일이든 다 할 수 있는 것은 아니다. 다수의 힘을 믿고 '자신들 가운데 일부를 억누르고 싶은 욕망'을 품지 않도록 경계를 게을리해서는 안 된다.(『자유론』, p. 26) 이런 의미에서 미국 민주주의가 건강을 잃지 않을 수 있었던 비결로 '성문화되지 않은 규범', 즉 상호 관용과 (제도적 권리를 행사할 때 신중함을 잃지 않는) 자제를 꼽은 것을 주목해야 한다. 자유와 평등이라는 민주주의의 절대적 가치가 온전하게 발현할 수 있게 도와주는 정치문화적 기반이 중요하다는 말이다.(Levitsky and Ziblatt, p. 15, 269)

민주주의의 자제와 관련, '매디슨의 지혜'라고 불리는 미국의 정치적 관행을 눈여겨보아야 한다. 매디슨(James Madison)과 그의 후계자들은 모든 성인 시민의 정치적 평등을 추구하면서도 그들의 주권을 제한하기 위한 실천 방안을 다양하게 마련했다.[7] 그들은 특히 다수가

---

7)  이를테면 견제와 균형에 관한 복잡한 헌법 규정, 대통령의 비토권, 양원제 의회,

결정권을 가지는 민주주의 체제라 하더라도 국민투표(plebiscite)를 너무 자주 또는 정기적으로 하는 것은 좋지 않다고 생각했다. 졸속 또는 바람직하지 못한 선택을 할 수 있다는 우려 때문이다.[8] 헌법 개정 등 주요 사안에 대해 절차를 어렵고 복잡하게 하며 시간도 오래 걸리게 제동 장치를 설치해두는 것도 같은 이유에서이다. 개정과정에서 상호 협상을 할 수 있고, 또 성가신 과정과 강제 유예 기간 등을 통해 국민들에게 생각할 기회를 줌으로써 결과적으로 정책 결정의 질을 향상시킨다는 것이다.(Akkerman, pp. 156-157)

---

대통령의 임명직에 대한 상원의 인준권 부여, 사법부의 사후 심의권 등이 그런 것이다.(Dahl, 1956, pp. 4-9, 14-15)

[8]  포퓰리스트들을 중심으로 국민투표제의 확대를 주장하는 목소리가 많은데 그것이 민주주의의 운명에 미칠 상반된 효과를 두루 고려하지 않으면 안 된다. 스위스에서는 어떤 사안이든 18개월 안에 10만 명의 서명만 모으면 국민투표가 가능하다. 최근 20년간 매년 평균 9개 안건을 국민투표로 결정했다. 2018년 11월 유류세 인상안을 반대하며 등장한 프랑스의 '노란 조끼' 시위대는 시민주도형 국민투표제(RIC) 도입을 주장하고 있다. 온라인 청원으로 70만 명 이상의 서명을 얻으면 국민투표를 실시하도록 헌법을 바꾸자는 것이다. 프랑스 헌법은 등록 유권자의 10분의 1 이상(약 470만 명) 서명 혹은 전체 의원 5분의 1 이상의 동의가 있을 때 국민투표가 가능하다. 이 요건을 대폭 낮추자는 것이 이들의 주장이다. 국민투표의 대상 범위는 더 파격적이다. 대통령, 장관, 의원 등 선출직 공무원의 해임도 가능해야 한다고 주장한다. '노란 조끼'는 "RIC는 선출직 공무원이 내건 약속을 지키게 할 수 있는 가장 확실한 방법"이라며 "합법적으로 혁명을 일으킬 수 있는 제도를 마련해달라."고 외친다. '노란 조끼' 측은 "누구나 손쉽게 참여할 수 있는 온라인 서명만으로도 국민의 뜻을 확인할 수 있다. 국민투표의 정당성은 문제없다."고 주장한다. 그러나 히틀러가 1934년 대통령과 총리직을 합치는 '총통직 신설'을 국민투표에 부쳐 88.1%라는 압도적 찬성으로 총통이 됐던 역사적 현실을 기억해야 한다. 히틀러는 4년 뒤 오스트리아를 독일에 합병하는 국민투표를 실시했고 이것이 제2차 세계대전 발발로 이어진 것은 우리가 다 아는 그대로이다.(《동아일보》 2019년 2월 2일자 참조)

## 2) 자유주의와 동행

일부 민주주의자들은 민주주의를 제약하는 이런 정치제도를 인민주권론에 위배된다면서 매우 싫어한다. 그들은 민주주의를 곧 '인민의 지배'로 등식화하면서 인민이 원하면 언제든지 게임의 규칙을 바꿀 수 있어야 한다고 맹신한다. 어떤 법적 장치나 제도도 인민의 의사를 제한할 수 없으며 헌법이라도 민주적 의사에 반하는 독자적 지위를 누려서는 안 된다는 것이다.[9]

그러나 제도적 제약은 민주주의를 보호하기 위한 안전판이나 다름 없다.[10] 법을 능멸하는 '초법적' 민주주의가 어떤 결말을 맞는지 고대 아테네의 역사가 잘 보여준다. 아테네 시민들은 자신이 원하면 무엇이든 할 수 있는 것이 민주주의라고 생각했다. 주권자의 뜻을 가로막는 것을 용납할 수 없었다. 그 어떤 법도 민주시민들을 제어할 수 없었다. 그 결과 아테네 시민들은 점차 '폭군'으로 변해갔다. 하이에크가 말했듯이, 민주시민들이 제도적 올가미로 스스로를 제약하지 않으면 '야만인' 행세를 하지 않을 도리가 없는 것이다:

"어느 잊지 못할 순간에 회의장의 아테네 시민들은 자신들이 선택한 것이 무엇이든 그것을 못하도록 가로막는 것은 절대 부당하다고 선언했다. 아무도 그 기세를 막을 수 없었다. 그들은 그 어떤 의무에도 구애받지 않을

---

9) 이를테면 달(Robert Dahl)은 2001년에 출간한 『미국 헌법은 얼마나 민주적인가 (*How Democratic Is the American Constitution?*)』에서 미국 헌법이 민주주의의 발목을 잡고 있다고 비판한다.(박성우, p. 57 참조)

10) 프랑스의 철학자 자크 마리탱(Jacques Maritain, 1882~1973)은 '인민주권'이라는 도그마에 빠지면 전체주의로 추락할 수 있다면서 민주주의에 제도적 제한을 두어야 한다고 역설했다.(Keane, 1060 참조)

것이고, 자신들이 직접 만든 것이 아니면 아무 법에도 속박받지 않을 것이라고 결의했다. 이렇게 해서 아테네의 자유시민들은 점차 폭군으로 변해갔다."[11]

아리스토텔레스는 무엇이든 다수가 원하면 곧 법이 되는 그런 체제를 용인할 수가 없었다. '법이 주권의 위치에 서 있지 못한' 최악의 민주정은 참주정으로 타락하고 말 것이라고 경고했다. 그는 민주주의가 중우정치로 타락하는 것을 막으려면 법이 인민의 뜻 위에 서야 한다면서 법치주의의 확립을 역설했다.(Aristoteles, p. 212) 아리스토텔레스의 걱정은 기우가 아니었다. 너무 민주적인 헌정체제 안에서는 헌법의 존재가 더 이상 존중되지 않는 현상이 반복되고 있기 때문이다.(Sartori, p. 312 참조) 따라서 나는 인민이 궁극적 주권자임을 인정하면서도, 개인의 자율성이나 평등과 같은 민주주의의 본질적 가치를 실현하기 위해서는 인민의 권력을 적절한 수준에서 제한하는 것이 필수적이라고 생각한다. 과도한 인민주권론을 견제하는 헌정(憲政, constitutional) 민주주의 이론가들이 이런 입장을 취한다.

이 대목에서 민주주의자와 자유주의자가 정면충돌한다. 자유주의자들은 법의 지배를 회복해야 민주주의의 폭주를 예방할 수 있다고 주장한다. 다수지배의 폐단을 저지하기 위해 법적 제동 장치의 중요성을 역설한다. 자유주의의 기본질서를 재확립함으로써 민주주의의 일탈을 방지해야 한다는 생각이다. 자유주의로 민주주의를 적절하게 제어해야 한다는 것이다.[12] 그러나 민주주의자들은 수긍하지 않는다.

---

11) Lord Acton, *History of Freedom*(London, 1907), 12, recit., Hayek 1997, pp. 19-20; Hayek 2018, p. 29, 74.
12) 하이에크가 바로 이런 입장을 개진한다. 대중이 법을 따르지 않고 직접 지배를

자유주의자의 '반민주적' 속성을 강하게 비판한다.

　사실 자유주의와 민주주의를 대립선상에 놓고 보는 생각은 그 뿌리가 깊다. 자유주의와 민주주의를 딱 부러지게 구분하는 것이 쉽지 않지만 전자가 법의 지배, 권력분립, 개인 자유에, 후자가 평등, 인민 주권에 방점을 찍는다고 보는 사람이 많다. 그렇게 구분하는 사람들은 두 전통 사이에는 무슨 필연적 연결점이 있는 것은 아니라고 생각한다. 그저 절대주의에 맞서 함께 싸우면서 '우연한 역사적 접합'이 생겼을 뿐이라고 주장한다.(Mouffe 2019, p. 28 참조) 한 걸음 더 나아가, 아예 자유주의를 반민주주의적 헤게모니 다툼의 선봉으로 간주하기도 한다.(김인중, pp. 238-240 참조) 각도는 다르지만, 슈미트(Carl Schmitt)는 절대적 인간 평등을 내건 자유주의와 통치자-피통치자의 동일성에 매달리는 민주주의는 본질적으로 상호 이질적이기 때문에 '자유주의는 민주주의를 부정하고 민주주의는 자유주의를 부정한다.'는 유명한 명제를 남겼다.(Mouffe 2007, pp. 167-169 참조)[13]

---

하려 드는 '과대 민주주의' 때문에 자유주의가 소멸하고 만다는 경고(Ortega y Gasset, p. 24, 106)나 외형상으로는 민주주의의 요건을 갖추었지만 시민들의 기본적 권리와 자유를 침해하는 등 자유주의 정치질서의 근본을 훼손하는 '비자유주의적 민주주의(Illiberal Democracy)' 현상을 분석한 글(Zakaria, pp. 22-28, 42-43 참조) 등이 모두 같은 문제의식을 담고 있다. 현대사회에서 자유주의와 민주주의가 서서히 갈라지면서 개인 권리를 보장하지 못하는 반자유적 민주주의(democracy without rights)와 민주주의 없이 권리만 보장하는 비민주적 자유주의(rights without democracy)의 대두를 염려하는 시각은 Mounk 2018, p. 13, 24, 32 참조.

13)　나는 자유주의와 민주주의를 도식적으로 대비하며 자유주의를 자본주의의 대변인 또는 그 산물로 단정하는 관점에 동의하지 않는다. 프랑스 대혁명 이후 기득권 세력이 자유주의를 내세워 민주주의를 포박하려 든 것은 사실이다. 그러나 17세기 이전, 특히 고대 아테네 사회에서 정치적 자유는 물론 개인적 자유도 의미심장하게 목격된다면, 아테네의 불완전 민주주의를 현대 민주주의 기원으로 삼

그러나 자유 없는 민주주의는 생각할 수가 없다. 민주주의가 자유주의를 거부하면 전체주의로 가는 문이 활짝 열릴 수 있다. 급진 민주주의자 무페가 '자유주의와 민주주의의 접합을 통해서만 인민주권 논리가 독재로 전락하는 것을 피할 수 있다.'고 주장하는 것을 유념해야 한다.[14] 인민주권 등 완전 민주주의의 구현이라는 환상에 젖어 자유주의를 폐기하면 조만간 민주주의의 기초 그 자체도 함몰되고 만다. 그런 재앙적 결과로 점철된 20세기 역사의 교훈을 잊어서는 안 된다.(Beetham, 1992, pp. 41-42)[15]

---

는 논리가 아테네의 자유에 대해서는 적용되지 못할 이유가 없다. 자유주의와 민주주의 사이에 철통같은 경계를 세우는 것도 마땅치 않다. 그 둘 사이가 '너와 함께는 안 되고 너 없이도 안 되는' 불편한 관계인 것은 사실이지만 그럼에도 필연적으로 상호 연결되어 있기 때문이다. 그래서 나는 '민주주의만이 자유주의의 이상을 최대한 실현하며, 자유주의 국가를 통해서만 민주주의가 작동할 수 있다.'는 보비오의 말에 동의한다. 자유주의 국가의 존립을 위해 민주주의가 필요한 것일까? 아니다. 민주주의가 제대로 작동하기 위해서는 자유주의, 특히 개인 권리가 철저하게 보장되어야 한다.(Bobbio, pp. 102, 60-61, 50)

14)  "볼셰비즘과 파시즘은 확실히 반자유주의적이지만 반드시 반민주적인 것은 아니다."라는 슈미트의 주장을 깊이 새겨들어야 한다.(Mouffe 2007, pp. 167, 174-175, 191 참조) 이런 체제는 분명 반자유주의적이지만 스스로에 대해 민주적이라고 부른다. 역설적이지만 민주주의는 자유주의보다 파시즘이나 볼셰비즘에 더 친화성을 느낄 수도 있는 것이다.

15)  아테네 민주주의를 찬양하는 사람이 많지만, 죄 없는 소크라테스를 죽음으로 내몬 것도 바로 그 아테네 민주주의라는 사실을 망각해서는 안 된다. 만일 민주주의를 '직접적인 다수지배를 최대한 실현하는 것'으로 규정한다면, "토론과 다수투표 끝에 마녀를 화형에 처하는 결정을 내린 세일럼(Salem)의 마녀 재판에 대해서도 민주적"이라는 훈장을 씌워야 마땅할 것이다.(Canovan, p. 8 참조) 이 두 사건은 자유주의가 제대로 작동하지 않으면 민주주의도 존립할 수 없다는 것을 웅변한다.

## 3) '촛불'의 진화

토크빌은 참여가 민주주의의 잠재적 고질을 치유해줄 수 있다고 생각했다. 평등사회에서 왜 다수의 압제가 발생하는가. 스스로에 대한 믿음이 없는 사람들이 다수의 뒤에 숨기 때문이다. 그러나 참여는 대중의 자존감을 키워준다. 자신이 정치의 주체라는 자신감을 고취한다. 따라서 다수의 이름으로 소수를 억압할 일이 없어진다. 개인주의에 갇힌 채 절대권력에 투항하지 않게 된다. 토크빌은 다수압제와 민주적 전제를 방지하기 위해 정치참여를 다양하게 확대해야 한다고 주장했다.

그런 면에서 2017년 '촛불 시위'는 한국 민주주의 역사에 큰 획을 그었다. 민주주의 사회에서 민심을 거역하는 권력은 그 존재가 부정당할 수밖에 없음을 재확인해주었다는 점에서 그 의의는 크다. 자발적 참여를 통해 민의를 결집할 수 있었다는 것은 참여 민주주의의 새 장을 열었다고 해도 과언이 아니다.

그러나 그 후에 전개되는 한국 정치사의 단면 속에는 이 책에서 우려하는 내용도 발견되고 있다. 국민은 주권자이지만 무한권능자는 아니다. 사려 깊은 절제가 전제되지 않으면 인민주권이 오히려 민주주의를 위험에 빠뜨릴 수 있다. 서울 광화문 일대에 일상화된 집회와 시위는 참여 민주주의의 민낯을 보여줄 때가 많다. 공익을 고려하지 않는 참여는 아름다울 수 없다. 청와대 국민청원 제도가 민주주의를 희화화하는 경우도 없지 않다. '청원'이라는 이름에 걸맞은 고민과 품위가 동반해야 그런 제도가 제 의미를 찾을 수 있을 것이다. 민주주의 사회에서 다름은 틀림이 아니다. 관용과 상호 이해와 존중은 민주주의의 생명선이다. 정치적 견해가 다른 사람에게 '문자 폭탄'을 보내고

'신상털이'를 하는 일이 촛불 민주주의시대에 빈번하게 벌어지고 있다. 이것은 민주주의가 아니다.

한국의 최근 현대사에서 민주주의의 이름으로 '법의 지배'를 위협하는 사태가 점증하는 것도 가볍게 볼 수가 없다. 2017년 대통령 탄핵 판결을 앞두고, 그리고 2019년 법무부 장관 임명 문제를 놓고 각종 시위대가 경쟁이라도 하듯이 사법부에 위압을 행사했다. 마치 더 많은 시위 군중을 끌어 모으는 것이 민주적 정당성을 입증이라도 하는 듯 세 불리기에 여념이 없었다. 그 과정에서 민주주의를 등에 업고 조작과 왜곡이 난무했다. 판결에 불만을 품고 특정 법조인에게 '민주적 테러'를 가하는 행태도 비일비재하다. 청와대 국민청원의 압력에 못 이겨 재판부가 변경되는 일도 생겼다. 아테네가 증언했듯이, 이것은 민주주의의 망조(亡兆)나 다름없다. 민주주의의 건강을 지키기 위해서라도 법이라는 인위적 올가미를 존중하고 보호해야 한다. 민주주의는 자유주의를 고마워할지언정 적대시해서는 안 된다.

물론 법치주의가 온전히 작동하기 위해서는 사법부가 그 이름에 걸맞게 처신해야 한다. 지금처럼 자발적 정치 종속을 계속한다면, 일찍이 아테네의 소피스트 트라시마코스(Thrasymachos)가 질타했듯이, '법이 강자의 이익을 대변하는 하수인'에 불과하다는 오명을 모면할 수가 없다. 이런 상황에서 자유주의가 살아 움직이며 민주주의를 건강하게 견인한다는 것은 엄감생심일 뿐이다.[16] 법조인들이 성숙한 민주

---

16)   이 대목에서도 밀과 토크빌은 같은 생각이었다. 그들은 미국 민주주의가 성공할 수 있는 큰 요인으로 사법부의 '현명한 처신'을 꼽았다. 정치적 목적에 흔들리지 않고 공평한 판결을 내림으로써 민주주의의 간성 역할을 하고 있다는 것이다.(『대의정부론』, pp. 300-301) 이와 관련, 공부를 많이 한 한국의 어느 중견 법조인이 들려준 이야기는 충격적이었다. 그는 1990년대부터 인공지능 재판의 필요성을 주장했다. 법조계 인사들의 인성과 품성을 신뢰할 수 없었기 때문이다.

적 시민으로 거듭나는 것도 정치적 독립 못지않게 중요한 과제이다. 민주주의를 위한 최후의 보루가 될 수 있게 법관의 선발과 교육, 업무 등 다방면에 걸쳐 일대 쇄신이 시급하다.[17]

이런 맥락에서 최근 한국의 민주주의자들 사이에서 자유주의의 결별을 촉구, 미화하는 목소리가 커지는 것은 예삿일이 아니다. 자유주의를 적대시하다가는 민주주의의 존립 자체가 위험에 빠질 수 있다는 경고를 심각하게 받아들여야 한다. 자유주의를 자본주의와 개인주의의 부정적 측면과 직결해서 조망하려 드는 소아병적 태도는 지양되어야 마땅하다. 자유주의 안에는 민주주의자들도 마다하지 않을 긍정적이고 적극적인 토양이 풍부하게 들어 있다. 자유주의를 품어야 민주주의가 더욱 건강해질 수 있다는 철리를 명심해야 할 것이다.


## 3. 민주적 플라톤주의의 활용

### 1) '수직적 민주주의'

오늘날 민주주의에 대한 불만은 진보, 보수 가릴 것 없이 임계점에 이른 느낌이다. 생각은 다 다르지만 민주주의를 이대로 둘 수는 없다는 점에서는 의견이 일치한다. 문제는 민주주의를 구원하는 방법이

---

밀과 토크빌이 뭐라고 반응할까.

17) 다른 한편으로는 법치 만능주의에 대한 우려도 없지 않다. 민주적 통제를 벗어난 사법부가 최고 정치적 결정권을 가지고, 그 결과 '정치 실종' 사태가 일상화되면 민주주의는 정상적으로 발전할 수 없다. 정치적 문제는 가능하면 정치권에서 해결 수 있어야 한다. '법의 지배'에 관한 종합적인 고찰은 김비환의 책 참조.

다. 한쪽에서는 민주주의를 심화하는 것이 정답이라고 하는데, 다른 쪽에서는 민주주의를 '현저하게 억제'할 것을 주장한다.

민주주의 심화론자들은 "민주주의가 빚어내는 해악들을 치료하기 위한 유일한 방편은 더 많은 민주주의(more democracy)뿐"이라고 확신한다.[18] 페이트먼(Carole Pateman) 같은 참여 민주주의자들이 그런 입장이다. 페이트먼은 보통 사람들의 지적 능력이나 공공 문제에 대한 참여의식이 낮다면 그 이유는 개인 탓이라기보다 사회 전체의 구조적 결함 때문이라고 주장한다. 이런 상황에서 참여의 가치를 과소평가한다는 것은 현재의 불평등 구조를 정당화하겠다는 의도로 볼 수밖에 없다고 한다. 참여의 가치, 나아가서는 인간 삶의 의미에 대한 도구적 세계관 때문에 참여의 소중함을 등한시하게 된다는 것이다.(Pateman, pp. 1-19)

민주주의 심화론자들의 주장은 설득력이 있다. 동시에 그들의 생각이 너무 이상론에 가까운 것도 사실이다. 따라서 민주주의의 확대라는 처방이 '적어도 현 시점에서는 불에다 기름을 끼얹는 격'이라며 일축해버리는 민주주의 억제론에 더 시선을 보낼 수밖에 없다. 헌팅턴(Samuel Huntington)은 현대 민주주의의 위기를 다각도로 점검하면서 민주주의의 과잉(excess of democracy)을 문제의 근본원인으로 치부한다. 그는 아무리 좋은 가치라 하더라도 그것이 극단적으로 추구될 때 최상의 기능을 발휘할 수 없음을 환기시킨다. 그래서 민주주의가 적용될 수 있는 곳과 그렇지 못한 곳을 구분해야 한다고 역설한

---

18) Al Smith가 한 말이다. Huntington, p. 113 참조. 테일러(Astra Taylor)는 『민주주의는 없다』에서 사람들이 대단히 한정적인 민주주의 개념을 묵묵히 받아들인 탓에 소수 엘리트 지배가 굳어졌다면서 오늘날 민주주의의 진짜 병폐는 주권재민의 과잉이 아니라 그 부족이라고 주장한다. pp. 19, 426-428.

다. 더 민주적인(more democratic) 대학이 반드시 더 좋은(better) 대학은 아니듯이, 조직과 환경에 따라서는 민주적인 참여보다는 숙련도, 경험, 기능, 연공서열 등이 우선되어야 그 조직이 살 수 있다는 것이다. 헌팅턴은 민주적 정치체제가 원활하게 작동하자면 사회의 모든 집단이 골고루 자기억제(self-restraint)를 해야 한다고 주장한다.[19]

슘페터 같은 민주적 엘리트주의(democratic elitism) 이론가들을 굳이 거명하지 않더라도 현대 민주주의 국가에서 대중의 정치참여에 대해 회의적인 저작은 차고 넘칠 정도이다.[20] 달(Robert Dahl)이 엘리트 지배를 뜻하는 폴리아키(polyarchy)라는 개념에 착안한 것은 이런 배경에서다. 그의 생각에 대중이 직접 정치에 참여해서 정책결정을 한다는 것은 비현실적이다. 그것은 엘리트 몫이다. 대중은 주기적으로 실시되는 공명한 선거에서 자신들의 대표자를 뽑는 역할에 만족해야 한다는 것이다.

오늘날의 서구 민주주의는 대개 이런 원리 아래 작동되고 있다고 해도 과언이 아니다. 이를테면 사르토리(Giovanni Sartori)는 다수 대중이 수의 힘으로 압도하는 '수평적 민주주의'보다 지도자가 일정 역할을 수행하는 '수직적 민주주의'의 중요성을 더 강조한다. 그는 "민

---

19) Huntington, pp. 113-115. 토크빌은 민주주의를 막무가내로 늘리는 것은 민주주의의 참된 친구가 할 일이 아니라고 했다. 하이에크도 같은 이유에서 민주주의가 비정부적 조직체(교육, 의료, 군대, 상업기관 등)에는 적용되지 않는 것이 옳다고 강조한다.(Hayek 1997, pp. 25-26)

20) 이를테면, 좋은 정부가 되기 위해서는 단순히 국민들의 요구에 그저 잘 반응(responsive)하는 데 그치기보다 적절하게 책임지는 것(responsible)이 더 중요하다는 주장도 그중의 하나이다.(Papadopoulos, p. 52) 정치인들이 대중의 요구(public demands)에 귀를 기울여야 하지만 더 중요한 것은 그들에게 진정 필요한 것(public needs)을 충족시켜주는 것, 즉 참된 행복(well-being)을 책임지는 것이라는 주장도 같은 문제의식을 담고 있다.(Lane, pp. 33-34)

주주의만큼 위대한 지도자를 원하는 체제도 없다."는 브라이스(James Bryce)의 말에 전폭적인 공감을 표한다. 필요하다면 대중의 뜻과 무관하게 지도자가 판단해서 대중을 옳은 방향으로 이끄는 것이 대의민주제의 핵심이라는 것이다.

### 2) 민주적 통제가 출발점

밀은 엘리트 민주주의자와는 다르다. 엘리트 민주주의자는 엘리트를 앞세우고 그 뒤를 대중이 따르게 한다. 밀은 대중이 앞장서는 민주주의 체제에서 엘리트의 역할을 조금 강화하자는 입장이다. 그가 플라톤주의에 적절하게 제동을 걸고자 했던 깊은 뜻을 간과해서는 안 된다. 그는 숙련 민주주의를 제창했지만 그 출발점은 민주적 통제였다. 그가 고심했던 복수투표제는 민주주의의 토대 위에서 전문가의 목소리를 경청하자는 것이다. 밀은 민주주의의 대의를 놓지 않았다.[21] 이 점에서 플라톤의 철인왕 독재체제와는 거리가 멀다.

밀이 『공리주의』와 『자유론』 사이에서 고심한 것은 앞에서 살펴본 그대로이다. 나는 밀의 정치사상이 공리주의에 터 잡고 있지만 그것이 개별성에 대한 그의 염원과 충돌하지는 않는다고 생각한다. 가치와 자유를 함께 아울러야 밀의 생각을 온전히 들여다볼 수 있기 때문이다.

이 책이 밀을 민주적 플라톤주의자로 규정하는 것에 동의하지 않

---

21) 밀이 유능한 소수에게 권한을 주더라도 '주권은 공동체 전체에게 있어야 한다.' 는 한계를 넘어서는 특권까지 부여하지는 않았다는 것, 전체 인민을 대표하는 기구가 최종 결정권을 보유한 상태에서 지적 전문성을 가진 유능한 사람들이 업무를 맡아 처리하게 하지만 '이 둘 사이에 모순과 충돌이 일어나서는 안 된다.'(『대의정부론』, p. 120)는 것을 거듭 강조했다는 사실을 잊어서는 안 될 것이다.

는 사람이 적지 않을 것이다. '민주적'이라고 제한적 접두사를 붙이더라도 밀과 플라톤을 같은 잣대로 비교하는 것을 받아들이기 힘들 수 있다. 나는 이 문제도 위와 같은 방식으로 해결하려 한다. 공리주의자 밀은 분명 플라톤의 가치체계에 끌렸다. 그러나 그는 동시에 민주주의를 안고 가고자 했다. 그가 볼 때, 민주주의 없는 플라톤은 플라톤이 아니다. 그가 콩트와 결별하게 된 이유를 기억할 필요가 있다. 많이 배운 사람이 사회를 이끄는 것은 맞지만, 그렇다고 콩트처럼 권위주의 정치체제를 용인할 수는 없었던 것이다.

사실 민주적 플라톤주의는 생각 이상으로 우리 곁에 가까이 와 있다. 이를테면 고대 아테네의 시민총회가 그런 문제의식 위에서 운용되었다. 많은 사람이 칭송하듯이 시민총회는 아테네 민주정의 최고 결정기구였다. 그러나 시민총회가 모든 일에 결정권을 가진 것은 아니다. 보다 전문성을 띤 '500인 평의회'와 '법률심의위원회'가 입법 활동을 실질적으로 주도했다. 전문가와 대중의 역할 분담이 있었던 것이다. 밀의 숙련 민주주의도 이런 기조 위에 서 있다.[22]

최근 들어 각 방송사가 주최하는 음악 경연대회의 판정단 구성방식을 보면 밀이 연상된다. 어느 방송사에서는 전적으로 청중에게 판정을 맡겼다. 대중이 심판 역할을 한다는 점에서 대단히 민주적이지만, 전문 소양이 없는 대중에게 판정을 맡기면 '음악의 질'이라는 경연

---

[22] 밀은 정부 관리를 국민투표를 통해 임명하지 않는 것을 민주주의 국가에서 좋은 정부를 만들기 위한 가장 중요한 원리라고 역설했다. 정부 일을 제대로 수행하기 위해서는 특수 전문지식이 필요하고, 따라서 누가 공직을 맡는 것이 좋은지 결정하는 것도 상당한 분별력이 필요하기 때문이다. 밀은 이런 생각에서 법관을 국민투표로 임명하는 것은 더구나 옳지 않다고 주장했다. 그는 미국의 몇몇 주에서 주민투표로 사법 공무원을 임명한 것을 '민주주의의 가장 심각한 과오'라고 규정했다. 『대의정부론』, pp. 252-259.

대회의 본질을 담보하기가 쉽지 않다.(플라톤이 아테네 민주주의를 빗대서 비판한 장면을 상기해보라.) 그렇다고 작곡가 등 전문가들이 판정을 독식하는 것도 문제가 있다. 질을 확보할 수는 있을지 모르지만 전문가 집단의 내부 담합이라는 적폐를 해결해야 한다. 대중을 전적으로 배제한다는 것은 민주적 정당성에서도 문제가 된다. 대중은 비록 방청객 신분이기는 하지만 음악경연대회의 주인이나 마찬가지이다. 아무리 수준 높은 음악이라 하더라도 대중의 정서와 동떨어진 것은 그 존재의미가 떨어진다. 결국 현실적인 처방은 대중과 전문가가 일정 지분을 함께 나누어 가지는 것이 아닐까?[23] 이런 이유에서라도 나는 밀의 현실론에 믿음이 간다.

밀이 엘리트의 일탈 가능성을 간과한 것은 아니다. 특히 '선의의 독재'가 양날의 검이 될 수밖에 없다는 것을 누구보다 잘 알았다. 국가를 위해, 민족을 위해, 또는 그 무엇을 위해 부득이 독재의 칼을 꺼낼 수밖에 없다고 합리화하더라도 그 끝이 좋은 경우는 드물다는 것은 만고의 진리인 것이다.[24] 그래서 밀은 정치지도자에게 지적 탁월성뿐

---

23)  대표적인 음악경연대회인 「팬텀싱어2」가 그런 방식을 택했다. 경연대회 예선의 심사는 전적으로 전문가 6인에게 맡겼다. 그러나 결승전에서는 비전문가인 대중의 참여가 두드러졌다. 결승 1차전은 전문가 6인이 600점, 방청객 300인이 300점을 부여하도록 했다. 이 점수가 총점의 30%를 차지했다. 그러나 우승의 향방을 가르는 결승 2차전에서는 전문가를 배제하고 시청자의 문자 투표만 반영했다. 이 점수가 70%나 되었다. 결국 31만 명의 참여자 중에서 가장 높은 지지를 받은 팀이 우승하게 만든 시스템이었다. 우승을 좌우하는 2차전에서 전문가를 배제한 것에 의문을 가질 수 있다. 그러나 예선과 결승 1차전까지 전문가의 의견이 압도적인 비율로 반영되었다는 사실을 기억해야 한다. 전문가들이 결승에 진출한 세 팀을 선정했고 대중은 그 선택지 안에서 결정권을 행사했을 뿐이다.

24)  한국의 노무현 전 대통령이 "역사 속에서 구현되는 민심을 읽는 것과 국민들의 감정적 이해관계에서 표출되는 민심을 다르게 읽을 줄 알아야 한다."며 민심에 대한 '과감한 거역'을 공언하고 나섰던 전례도 많은 토론거리를 제공한다. 《한겨

아니라 도덕적 정당성도 갖출 것을 요구했다. 그가 복수투표제의 시행을 놓고 고심하면서 이 제도가 결코 엘리트의 사적 이익에 이용되어서는 안 된다는 사실을 명백하게 밝혔던 것을 잊어서는 안 된다.

밀은 이상적인 대의 민주주의의 작동 조건으로 대중이 사악한 이익에서 자유로울 것을 전제했다. 그동안의 사정을 종합할 때 이것이 얼마나 어려운 일인지, 또는 얼마나 현실성이 떨어지는 희망사항인지 부연할 필요는 없을 것이다. 밀이 교육의 쇄신을 강조하고, 참여를 통해 사람들의 생각과 의식이 변모하기를 고대했던 것도 바로 그런 이유에서이다. 오늘날 민주주의의 원칙 없는 독주에 방향성을 보완해줄 기제로 공화주의 덕목에 대한 기대가 높아지고 있지만, 단시일 내에 괄목할 만한 변화가 일어나기는 어려울 것이다. 따라서 방향은 그렇게 잡더라도 당분간은 밀이 시도했던 것처럼 정치지도자에게 다양한 형태로 책임을 지우는 일을 우선 할 수밖에 없다. 밀은 참여 민주주의의 초석을 깔았지만 현실을 직시했다. 참여가 의미심장한 효과를 거둘 때까지 지적 탁월성과 도덕적 정당성을 겸비한 지도자의 큰 역할을 기대한 이유가 여기에 있다.

### 3) 한국 사회에 대한 시사점

누가 뭐라고 하더라도 인민이 민주주의의 주인이다. 그렇다면 인민의 품성과 수준이 그 나라의 정치적 운명을 좌우할 수밖에 없다. 나는 이 측면에서 한국 사회가 공화주의적 덕목을 더 기를 수 있기를 희망한다.

---

레신문》, 2005년 8월 30일자 참조.

공화주의란 무엇인가? 여러 각도에서 설명할 수 있지만, 그 문제의 식이 아테네 민주주의의 한계에 대한 반작용에서 비롯된 것이라는 점을 강조하고 싶다. 민주주의는 당연히 인민의 참여를 요구하고 또 보장한다. 그러나 그 참여가 개인의 자기이익 보호에만 초점을 맞춘다면 정치체제의 건강을 담보하기 어렵다. 공화주의는 자기이익 못지않게 다른 사람, 나아가 사회 전체의 공익에도 관심을 기울일 것을 촉구한다.

한국 사회는 이 점에서 매우 취약하다. 권위주의 체제의 유산인 국가중심주의가 아직 그 똬리를 틀고 있는 상황이라 개인의 이익을 지키고 보호하기 위한 경각심을 탓할 수만은 없다. 그러나 한국 민주주의가 한 걸음 더 성숙하기 위해서는 궁극적으로 그런 수동적 방어 기제는 넘어갈 수 있어야 한다. 주인이라면 권리 못지않게 의무의 무게도 느껴야 마땅한 것이다. 따라서 나는 민주주의의 자제를 강조하고 싶다. 아직 참여가 더 활성화되어야 한다고 말하는 사람도 있지만, 나는 한국 사회가 참여의 확대와 공화주의적 배려를 역동적으로 혼용할 시점에 이르렀다고 생각한다.

사소한 일이지만, 그 상징적인 의미를 생각해서라도 이런 변화를 시도해보면 어떨까 한다. 이를테면, 대통령 국정지지도 여론조사 같은 것을 너무 자주 안 했으면 한다. 주 단위로 '인기조사'를 하다 보면 장기적 관점에서 국정을 밀고 나갈 수가 없기 때문이다. 여론조사라는 명목으로 대중이 정치인에게 압력을 가하는 일을 자제할 필요가 있다. 국민투표 예찬론에 동의할 수 없다는 것은 앞에서 이미 언급했다.

유권자가 잘못된 선택을 했을 때, 그에 상응하는 책임을 지게 하는 것도 생각해볼 만하다. 어떤 지역구에서 당선된 국회의원이 선거법을 위반한 탓에 의원직을 박탈당하면 보궐선거를 실시해야 한다. 이때 그 국회의원을 선택한 유권자들에게 자숙하게 하는 의미로 그 지역구 국회의원을 그 회기 동안 공석으로 두면 어떨까. 어떤 대통령의 국정운영방식이 국민 기대에 어긋난다면 그 사람을 지지한 국민도 책임감을 느껴야 한다. 대통령만 탓할 일은 아니다. 주권행사의 무거움을 체감해야 마땅하다.

밀은 입법단계에서 전문가의 도움을 받을 것을 제안했다. 최근 진영논리가 기승을 부리면서 합리적 토론의 가능성이 사라진 한국 사회에서도 밀의 구상을 다각도로 실험해볼 만하다. 국가적 현안에 대해 중립적 입장의 전문가들의 의견을 적극적으로 빌려보자는 것이다. 이를테면 주요 정당들이 동의한다는 전제 아래, 일종의 '국민배심원'을 활용해보면 어떨까. 문제의 성격에 따라 해당 분야 학자, 교수 등 전문가 가운데서 수십 명을 무작위 추출해서 배심원 역할을 맡기는 것이다. 이들 배심원이 양측의 발언을 경청한 뒤 나름대로 평결을 내리면, 사회적 정당성을 지닌 공론이 형성될 수 있는 것이다.[25] 이렇게 공론이 형성되면 사리에 맞지 않는, 또는 국민의 뜻에 어긋나는 진영논리는 세를 얻기 힘들 것이다. 터무니없는 궤변 또는 이해관계에 얽혀 진실을 호도하는 작태에 대해 여론의 준엄한 질타도 가능해질 것이다. 공론을 통해 시비를 가릴 수만 있다면, 진영 뒤에 숨어 기생하는 사이비 민주주의자들의 존립 기반을 허물어뜨리는 것이 가능하리라 본다.

앞에서 말한 음악경연대회 심사방식을 적용하는 것도 생각해볼 만

---

25) 여론(사안의 적절성과 상관없이 다수 대중이 주장, 지지하는 견해)과 정론(지지 대중의 수에 관계 없이 전문가적 입장에서 사안을 올바로 이해하고 이에 적절한 대안을 제시하는 주장)을 구별하면서 전문가의 역할을 강조한 윤선구, p. 257 참조.

하다. '동남권 신공항' 건설 문제처럼 여러 지자체의 이해관계가 평행선을 달려 국가적 차원의 결단이 필요할 경우, 중립적 전문가들에게 선택권을 주는 것이 어떨까. 또는 전문가들이 복수의 선택지를 만들고 유권자들이 그중에서 하나를 선택하게 하는 것도 방법이 될 수 있다. 교육감, 나아가 (미국처럼) 법관을 주민들이 직접 선출하는 것도 바꿀 필요가 있다. 해당 분야 관계자나 전문가들이 후보자를 먼저 추린 다음 주민들이 그중에서 한 사람을 선택하는 간선제가 더 바람직해 보인다.[26]

거듭 말하지만, 정치인이 밉다고 정치인의 존재 자체를 손쉽게 (따라서 무책임하게) 부정하는 세태는 상황을 더 악화시킬 뿐이다. 문제는 믿고 맡길 만한 정치인들을 찾기가 어렵다는 점이다. 결국 괜찮은 정치인을 육성, 양성하는 문제에도 관심을 기울여야 한다.

이를테면 하이에크가 훌륭한 자질을 가진 대표를 선출하는 것이 민주주의 발전의 관건이라는 생각에 플라톤의 철인정치를 연상시키는 제도를 구상한 것을 눈여겨볼 필요가 있다.[27] 실현 가능성이나 적실성에서 모두 좋은 점수를 주기 어렵지만, 하이에크가 정치지도자들의 현실태에 절망한 나머지 탈출구를 찾아보고자 제기한 문제의식 자체는 공감하지 않을 수 없다.

한국 사회에서도 정치인의 자질을 발전시키기 위한 실천적 고민을

---

26) 이와 관련, 윤선구도 전문가들이 옵션을 제시하고 대중이 그중에서 결정권을 가지는 방안을 생각하고 있다. 그는 '전문가'를 기능적 지식인이 아니라 '성찰적 지식인'으로 한정하고 있다. 윤선구, pp. 274-286 참조.

27) 하이에크는 각 연령별, 세대별, 지역별로 장차 정치적 재목이 될 인물을 키우자고 제안한다. 오랜 연륜을 쌓은 뒤 45세쯤 되면 동년배 집단에서 최적임자를 선출해서 이들 대표가 정치의 일선에서 큰 역할을 하게 하자는 것이다.(Hayek 1997, pp. 190-192)

시작해야 한다. 나는 정치인을 비롯하여 장차 사회를 이끌고 갈 지도자들을 다양한 방법으로 교육시키는 문제를 공론화할 필요가 있다고 본다. 이를테면 '국민의 기본권 침해'라는 족쇄가 무섭기는 하지만, 선출직 공직 후보자들이 사전에 일정 기간 '정치교육'을 이수하게 하는 것은 어떨까. 그런 교육을 받은 사람에게만 출마자격을 주자는 것이다. 이와 관련, 출마 희망자들의 예비등록 시한을 대폭 앞당기고 의무화하는 것이 바람직해 보인다. 하루아침에 정계진출을 결단하는 일은 지양해야 하기 때문이다. 밀은 150년 전에 이런 문제를 깊이 검토했다. 민주주의자라면 '숙련'의 당위성을 무겁게 받아들여야 한다.

## 2장
# 민주주의의 미래

밀과 토크빌의 주저(主著)가 세상에 나온 지 200년 가까운 세월이 흘렀다. 그동안 물질은 많이 발전했으나 정신은 오히려 뒷걸음친 느낌이 없지 않다. 민주주의도 부끄러운 모습을 많이 보여주고 있다. '이게 민주주의냐'라는 탄식이 곧잘 들린다. 미국과 영국, 일본 등 소위 선진국에서 어떤 사람이 최고 권력을 행사하고 있는지 보라. 이런데도 역사가 진보한다고 할 수 있을까. 그러나 나는 해괴한 특정 개인에게 책임을 물을 생각이 없다. 그런 인물에게 자신의 희망을 투사하는 대중을 더 주목해야 한다. 가짜 주제에 '진짜 민주주의'라며 혹세무민하는 포퓰리즘의 정신적 토양을 파헤쳐 보아야 한다. 나는 최근 전 세계에 만연하고 있는 두 가지 '세기말적 현상'을 소환한 뒤 밀과 토크빌에게 묻고 싶다. 이런데도 민주주의의 가능성을 이야기할 수 있을까.

첫째, 지금 이 시대는 진실이 죽어가고 있다. 우리 삶을 인도해줄 근원적 가치에 대한 소망도 함께 퇴색하고 있다. 2016년 말 옥스퍼드 사전이 '올해의 대표 단어'로 '탈(脫)진실'(post-truth)을 선정한 것은 그 의미가 심상치 않다. '탈진실'이란 사실의 진위와 상관없이 신념이나 감정이 여론을 주도하는 현상을 일컫는 말이다. 가쿠타니(Michiko Kakutani)는 『진실 따위는 중요하지 않다』에서 객관적 진실 개념이 개별적 관점 개념으로 대체되는 현상을 고발하고 있다. '보편적 진실은 없고 개개인의 작은 진실'만 있다면 극단적 상대주의가 힘을 얻을 수밖에 없기 때문이다.

아니나 다를까, 트럼프(Donald Trump)는 신(新)나치주의자들과 백인 우월주의 반대자들을 '양측'이라고 부르면서 대등하게 다루려 한다. 모든 진실이 불완전하다면 세상을 특정 관점으로 이해할 이유가 없다는 것이다. 객관성에 대한 철학적 부인의 끝이 어디까지 이어질까. 헉슬리(Aldous Huxley)의 『멋진 신세계』는 진실이 무의미의 바닥에서 익사할까 두려워한다.

진실이 욕을 먹는데 민주주의라고 온전할까. 토크빌은 사람이 스스로 판단할 능력을 잃으면 (아니 그럴 필요성을 못 느끼게 되면) 가축처럼 독재자의 품에 '귀의'하게 될 것이라고 예단했다. 밀은 개개인이 욕망도 느끼지 않고 꿈도 꾸지 않게 만드는 '선의의 독재'에 전율했다. 그는 사람이 생각을 멈추면 '야만 또는 준야만 상태'에서 허덕이는 것이 불가피하다고 했다.(『대의정부론』, p. 55, 70) 보통 일이 아니다.

둘째, 포스트모더니즘의 신천지에 SNS 등 첨단기술이 틈입하면서 확증편향(confirmation bias),[28] 한국식 어법으로는 진영논리가 온 세상을 갈라놓고 있다. 미국에서는 한술 더 떠 '정치적 부족주의(political tribalism)'까지 기승을 부린다.[29] 보고 싶은 것만 보고, 듣고 싶은 것만 들으면서, 믿고 싶은 것만 믿다 보면 '집단 극단화'가 심화될 수밖에 없다. 스나이더(Timothy Snyder)는 이성과 합리가 마비된 맹목적 믿음이 전체주의를 부른다고 경고했다. 확증편향의 저주가 아닐 수 없다.

밀은 남의 이야기를 경청하고 틀렸다 싶으면 자기 생각을 바꿀 수 있어야 대의민주주의가 힘을 발휘한다고 말했다. 토크빌은 언론의 자유가 보장되면 평등이 초래하는 문제의 대부분을 치유할 수 있다고 믿었다. 그러나 이 시대는 두 사람의 소망을 배신하고 있다. 편향성이 지배하는 사회에서 어떻게 성숙한 토론과 깊은 숙고가 가능하겠는가. 밀이 꿈꾸는 대의민주주의, 토크빌이 고대하는 시와 위대함은 언감생심일 뿐이다.

급변하는 세상, 과학기술은 끊임없이 '상종가'를 치는데 민주주의는 이렇게 곤궁한 처지에 놓여 있다. 상황이 이런데도 민주주의는 '자만의 덫'으로 빠져들고 있다. 당연히 이럴 때가 아니다. 우리도 막스 베버처럼 두꺼운 널빤지를 서서히, 끈질기게 뚫고 나가는 작업을 시작해야 한다. 우리가 민주주의를 버리고 어떤 다른 체제를 세울 수 있겠는가. 토크빌이 말한 대로, 그리고 밀이 동의했던 그대로, 우리에게

---

28) '새로운 진실이 기존 사고방식과 일치하면 잘 받아들이고, 기존 확립된 시각과 배치하면 저항하려는 경향을 말한다.(Macdonald, p. 25 참조)

29) 정치세계에서 어떤 집단(부족)에 소속하느냐가 이데올로기보다 더 중요하게 작용한다는 의미의 신조어이다. 집단본능이 배제본능을 낳기 때문에 문제가 된다는 것이다. Amy Chua, 2020, *Political Tribes: Group Instinct and the Fate of Nations*, 김승진 옮김, 『정치적 부족주의』, 부키.

는 달래고 얼러서 민주주의를 발전시키는 것 외에 대안이 없다. 그 출발점은 민주주의가 만능이라는 턱없는 오만을 지우는 것이다. 이렇게 전제한 뒤, 세태에 맞서 세 가지 고민을 함께 나누어보자.

첫째, 제도를 고쳐나가야 한다. 사람의 생각이 부족할 때 제도가 견인해나가는 것이 당연하다. 매디슨이 말했듯이, 제도를 변경하는 것이 사람들의 인식이 변화하기를 기다리는 것보다 물리적·시간적으로 더 효율적이기 때문이다. 그러나 세상을 한꺼번에 역전시킬 획기적인 대안은 보이지 않는다. 그런 일확천금을 기대하면 오히려 민주주의에 독이 된다. 작은 것부터 쌓아나가는 것이 정답이다. 한편으로 민주주의의 토대를 다각도로 확충하고 다른 한편으로 민주주의의 구멍 난 곳을 땜질하는 작업을 서둘러야 한다.[30]

둘째, 참여를 전방위로 늘려나가야 한다. 참여는 여전히 권력의 일탈을 견제하는 가장 효과적인 방법이다. 더 중요한 것은 밀이 강조했듯이 참여를 통해 사람들의 지적·도덕적 성장이 가능하다는 점이다. 토크빌은 평등사회 시민들이 주인의식을 가져야 다수압제와 민주독재를 예방할 수 있다면서 참여의 확대를 역설했다. 주인은 권리만 챙기지 않는다. 책임감도 함께 느낀다. 주인은 겸손할 수밖에 없다.

참여가 실제로 사람을 변화시킬 수 있을지 의문이 드는 것도 사실이다. 더구나 지금같이 정치적 양극화가 심화된다면 참여의 증대가

---

30) 이를테면 미국에서 정치적 양극화를 해소하기 위해 여러 제도개혁안을 다듬고 있는 것을 눈여겨볼 만하다. 정당 통제력을 강화하고 투표 참가자의 수를 늘리는 것, 그리고 선거운동 기간 제한 등이 양극화를 줄일 방안으로 거론되고 있다. 공개회의가 정치인들의 편향성을 심화시킨다면서 비공개회의 전환, 텔레비전 생중계 축소를 주장하기도 한다. 한국 학자들은 대개 승자독식 선거체제를 허물고 이념 정당화를 시도하는 등 거시적 개혁안에 집중하고 있다. 상황의 급박함을 감안한다면 미시적 개선방안에도 관심을 기울일 필요가 있다.

오히려 편향성을 증폭시킬 수도 있다. 그런 우려에도 불구하고 참여만큼 사람들의 생각과 의식을 단기간에 바꿀 수 있는 것도 없다. 따라서 밀이 말한 것처럼, 사회적 여건이 허락하는 한 최대한 참여를 늘려야 한다. 눈을 부릅뜨고 살아야 한다.[31]

셋째, 역시 교육에 기대를 걸 수밖에 없다. 소크라테스는 정치현장에서 아테네를 바꾸는 것이 무망(無望)함을 깨닫고 사람 교육으로 그 방향을 틀었다. 젊은이들을 잘 교육하는 것이 가장 효과적인 정치개혁 방법이라고 생각했기 때문이다. 이런 스승을 두고 플라톤은 진정한 의미의 '큰 정치인'이라고 불렀다.

그러나 교육이 시대와 맞서 싸울 여력이 있을까. 어떤 교육을 해야 사람들이 인간다운 삶을 고민하게 될까. 편리와 안락을 제1 가치로 숭배하는 기술문명 앞에서 어떤 교육이 민주주의에 힘을 실어줄 수 있을까. 반세기 전에 이미 마르쿠제(Herbert Marcuse)는 '답 없음'을 간파했다. 오늘날은 말해 무엇할까. 유일한 희망은 우리가 지금 출구 없는 어둠에 갇혀 있음을 자각하는 것이다. 이것이 교육의 출발점이 되어야 한다. 막연하지만 진실은 존재하며 그 진실을 찾는 것이 우리 삶의 푯대가 되어야 한다는 것, 이쪽저쪽 두루 살피며 진실에 다가

---

31) '포스트 민주주의'를 염려하는 크라우치는 기업 엘리트의 지배력 제어, 정치적 관행 개혁에 덧붙여 시민들의 '직접 행동'을 그 대책으로 제시한다. 특히 시대의 변화에 맞춰 새로 등장하고 있는 사회운동단체들을 적극 활용할 것을 촉구한다.(Crouch, 6장) 테일러는 경제력이나 국가권력이 아니라 사회세력이 주도하는 '민주사회주의'를 제창한다. 공공재와 공동자산의 확대, 일터와 학교 영역으로 민주주의를 확장하는 것이 그 핵심이다.(Taylor, pp. 426-428) 비덤(Beetham)은 참여를 확대하기 위한 구체적 지침을 준다: '지역에서부터 시작하라, 온라인 포럼, 토론단체에 가입하라, 전국 규모의 민주주의 단체나 인권단체에 가입하고 그 지역 지부에도 가입하라, 직장 노조에 가입하라, 각종 시위에 참가하라, 운동단체에 기부하라, 반드시 투표하라 등등.'(Beetham 2007, pp. 268-270)

가기 위해 노력해야 한다는 것, 민주주의가 생후 2000년 만에 처음으로 존재론적 위기에 봉착하고 있다는 것, 이런 사실들을 가르쳐야 한다.[32] 쉽지 않은 싸움이지만 달리 도망갈 곳도 없다.

32) 이와 관련, '인간성의 위기'와 '대학교육'에 대한 양승태의 책 참조.

# 참고문헌

강준호. 2017. 「벤담의 민주주의이론과 공리주의」.《범한철학》제84집.

고세훈. 2011. 『영국정치와 국가복지: 신(new)자유주의에서 신(neo)자유주의로』. 집문당.

김명환. 2013. 『영국 자유주의 연구』. 혜안.

김비환. 2016. 『민주주의와 법의 지배』. 박영사.

김영평 외. 2019. 『민주주의는 만능인가?』. 가갸날.

김원철. 2017. 「벤담의 정치적 급진주의에 관한 고찰」.《범한철학》제87집.

김인중. 2001. 「19세기 프랑스의 공화국과 정치적 자유주의」. 이근식·황경식 편. 『자유주의란 무엇인가』. 삼성경제연구소.

박성우. 2006. 「민주주의와 헌정주의의 갈등과 조화」.《한국정치학회보》 40(3).

서병훈. 2017. 『위대한 정치: 밀과 토크빌, 시대의 부름에 답하다』. 책세상.

_____. 2015a. 「민주주의: 밀과 토크빌」.《한국정치연구》24권 1호.

_____. 2015b. 「자유: 밀과 토크빌」.《정치사상연구》21권 2호.

_____. 2012a. 「'제국주의자'의 우정: 밀과 토크빌」.《한국정치학회보》46집

417

5호.

_____. 2012b. 「존 스튜어트 밀의 위선?: ‘선의의 제국주의’」. 《철학연구》 98
집.

_____. 2011a. 「‘유치한 제국주의’: 토크빌을 위한 변명」. 《정치사상연구》 17
권 2호.

_____. 2011b. 「토크빌의 새로운 자유주의」. 《한국정치학회보》 45집 4호.

_____ 외. 2011c. 『왜 대의 민주주의인가』. 이학사.

_____. 2011d. 「아테네 민주주의에 대한 향수: 비판적 성찰」. 전경옥 외 지
음. 『서양 고대·중세 정치사상사』. 책세상.

_____. 2010. 「토크빌의 ‘새로운 정치학’ 비판」. 《철학연구》 90집.

_____. 2009a. 「국민에 대한 거역?: 존 스튜어트 밀의 민주적 플라톤주의」.
《정치사상연구》 15권 1호.

_____. 2009b. 「민주주의의 확대 또는 축소: ‘메디슨의 지혜’」. 김인중·박창
호 외 공저. 『이제 문명의 조우이다』. 서울경제경영.

_____. 2007a. 「다수의 힘과 소수의 지혜: 존 스튜어트 밀의 ‘숙련된 민주주
의’」. 이근식·서병훈 엮음. 『자유주의와 한국 사회: 존 스튜어트 밀에
대한 재조명』. 철학과 현실사.

_____. 2007b. 「성실함과 진지함에 대한 향수: 존 스튜어트 밀의 생애와 사
상」. 이근식·서병훈 엮음. 『자유주의와 한국 사회: 존 스튜어트 밀에 대
한 재조명』. 철학과 현실사.

_____. 2004. 「플라톤의 ‘혼합체제’: 민주주의의 부분적 수용」. 《정치사상연
구》 10권 1호.

_____. 2000. 『자유의 미학: 플라톤과 존 스튜어트 밀』. 나남출판.

_____. 1995. 『자유의 본질과 유토피아: 존 스튜어트 밀의 정치사상』. 사회
비평사.

양승태. 2020. 『대한민국 무엇이 위기인가』. 철학과 현실사.

윤선구. 2015. 「포퓰리즘에 대한 대안으로서의 정론민주주의 연구」. 사회와
철학 연구회. 『다시 민주주의다』. 씨아이알.

윤성현. 2014. 「존 스튜어트 밀의 자유주의적 정당민주주의론 서설」. 《공법연구》 43집 1호.

_____. 2013. 「J. S. Mill 민주주의론의 기초개념으로서 熟議」. 《법사학연구》 제47호.

이용재. 2009. 「자유주의와 공화주의 사이: 토크빌 다시 읽기」. 《서양사연구》 40집.

이중원. 2019. 「인공지능과 민주주의」. 《철학과 현실》 겨울호.

이태숙. 2003. 「존 스튜어트 밀의 의회론」. 《영국연구》 9호.

이홍균. 2020. 『민주화의 역설: 대한민국 정치발전이 멈추다』. 대양미디어.

이황직. 2018. 『민주주의의 탄생: 왜 지금 다시 토크빌을 읽는가』. 아카넷.

임지현. 2004. 「'대중독재'의 지형도 그리기」. 임지현·김용우 엮음. 『대중독재』. 책세상.

임혁백. 2011. 「대의제 민주주의의 대의성」. 서병훈 외. 『왜 대의 민주주의인가』. 이학사.

정호원. 2011. 「칸트와 대의」. 서병훈 외. 『왜 대의 민주주의인가』. 이학사.

최봉철. 2019. 「밀의 자유제한의 원칙들」. 《법철학연구》 22권 2호.

홍철기. 2018. 「비밀투표는 '민주적'인가? 존 스튜어트 밀과 카를 슈미트의 비밀 투표 비판」. 《정치사상연구》 제24집 1호.

홍태영. 2011. 『정체성의 정치학』. 서강대학교 출판부.

_____. 2008. 『국민국가의 정치학』. 후마니타스.

Akkerman, Tjitske. 2003. "Populism and Democracy: Challenge or Pathology?", *Acta Politica* 38.

Alulis, Joseph. 1998. "The Price of Freedom: Tocqueville, the Framers, and the Antifederalists", *Perspectives on Political Science* 27(2).

Aristoteles. 2009. 천병희 옮김. 『정치학』. 숲.

Arneson, Richard. 1980. "Mill versus Paternalism", *Ethics* 90(4).

Barker, Ernest. 1959. *The Political Thought of Plato and Aristotle*. NY: Dover Publications.

Beetham, David. 1992. "Liberal Democracy and the Limits of Democratization", *Political Studies* XL, Special Issue.

_____. 2007. *Democracy*. 변경옥 옮김. 『민주주의』. 유토피아.

Bobbio, Norberto. 1992. *Liberalism and Democracy*. 황주홍 옮김. 『자유주의와 민주주의』. 문학과 지성사.

Boesche, Roger. 2005. "The Dark Side of Tocqueville: On War and Empire", *Review of Politics* 67(4).

_____. 1987. *The Strange Liberalism of Alexis de Tocqueville*. Ithaca: Cornell University Press.

Burns, J. H. 1987. "J. S. Mill on Democracy, 1829−1861", John Cunningham Wood, ed., *John Stuart Mill: Critical Assessments*. London: Croom Helm.

Canovan, Margaret. 1999. "Trust the People: Populism and the Two Faces of Democracy", *Political Studies*, XLVII.

Chua, Amy. 2020. *Political Tribes*. 김승진 옮김. 『정치적 부족주의』. 부키.

Claeys, Gregory. 2013. *Mill and Paternalism*. Cambridge: Cambridge University.

Crisp, Roger. 1997. *Mill on Utilitarianism*. NY: Routledge.

Craiutu, Aurelian. 2005. "Tocqueville's Paradoxical Moderation", *The Review of Politics* 67. No. 4.

Crouch, Colin. 2008. *Postdemocracy*. 이한 옮김. 『포스트 민주주의』. 미지북스.

Currie, George. 2016. *Alexis de Tocqueville, John Stuart Mill and Thomas Carlyle on Democracy*. Ph. D. Thesis. London University.

Dahl, Robert. 1971. *Polyarchy*. New Haven: Yale University Press.

_____. 1956. *A Preface to Democratic Theory*. Chicago: University of Chicago Press.

_____. 1999. *On Democracy*. 김왕식 외 옮김. 『민주주의』. 동명사.

De Dijn, Annelien. 2008. *French Political Thought from Montesquieu to Tocqueville*. Cambridge: Cambridge University Press.

Donner, Wendy. 1991. *The Liberal Self: John Stuart Mill's Moral & Political Philosophy*. Ithaca: Cornell University Press.

Duncan, Graeme. 1977. *Two Views of Social Conflict and Social Harmony: Marx & Mill*. Cambridge: Cambridge University Press.

Furet, François. 2005. "The Intellectual Origins of Tocqueville's Thought", *The Tocqueville Review* 26.

Gannett, Robert. 2006. "Tocqueville and the Politics of Suffrage", *The Tocqueville Review* 27(2).

Gray, John and G. W. Smith. 1991. "Introduction", John Gray and G. W. Smith, eds., *John Stuart Mill <On Liberty> in Focus*. London: Routledge.

Habibi, Don. 2001. *John Stuart Mill and the Ethic of Human Growth*. London: Kluwer Academic Publishers.

Hamburger, Joseph. 1976. "Mill and Tocqueville on Liberty", in John Robson and Michael Laine, eds., *James and John Stuart Mill: Papers of the Centenary Conference*. Toronto: University of Toronto Press.

_____. 1966. *Intellectuals in Politics: John Stuart Mill and the Philosophic Radicals*. New Haven: Yale University Press.

Hamilton, Alexander, James Madison and John Jay. 1961. *The Federalist Papers*. NY: New American Library.

Hayek, Friedrich. 2018. *Law, Legislation and Liberty*. 민경국 · 서병훈 · 박종운 역. 『법, 입법 그리고 자유』. 자유기업원.

_____. 1997. *Law, Legislation and Liberty III*. 서병훈 옮김. 『법 · 입법 그리고 자유』. 자유기업센터.

Held, David. 2010. *Models of Democracy*. 박찬표 옮김. 『민주주의의 모델

들』. 후마니타스.

_____. 1992. "Democracy: From City-states to a Cosmopolitan Order?", *Political Studies* XL, Special Issue, 10.

Himmelfarb, Gertrude. 1974. *On Liberty & Liberalism: The Case of John Stuart Mill*. NY: Alfred A. Knopf.

Jardin, André. 1988. *Tocqueville: A Biography*. Baltimore: Johns Hopkins University Press.

Jennings, Jeremy. 2011. "Constitutional Liberalism in France", G. S. Jones, et. al., eds. *The Cambridge History of Nineteenth-Century Political Thought*. Cambridge: Cambridge University Press.

Jones, H. S. 1999. "'The True Baconian and Newtonian method': Tocqueville's place in the formation of Mill's System of Logic", *History of European Ideas* 25.

Kakutani, Michiko. 2019. *The Death of Truth*. 김영선 옮김. 『진실 따위는 중요하지 않다』. 돌베개.

Keane, John. 2017. *The Life and Death of Democracy*. 양현수 옮김. 『민주주의의 삶과 죽음』. 교양인.

Kelly, George. 1992. *The Humane Comedy: Constant, Tocqueville and French Liberalism*. Cambridge: Cambridge University Press.

Kinzer, Bruce L. 1978. "Tocqueville and His English Interpreters, J. S. Mill and Henry Reeve", *The Mill News Letter* XIII(1), Winter.

Krouse, Richard. 2007. "'Classical' Images of Democracy in America: Madison and Tocqueville", Michael Saward (ed), *Democracy*. London: Routledge.

_____. 1982. "Two Concepts of Democratic Representation: James and John Stuart Mill", *The Journal of Politics* 44(2).

Kurer, O. 1989. "John Stuart Mill on Government Intervention", *History of Political Thought* 10(3).

_____. 1991. "John Stuart Mill and the Welfare State", *History of Political Economy* 23(4).

Ladenson, R. F. 1987. "Mill's Conception of Individuality", J. C. Wood, ed., *John Stuart Mill: Critical Assessments*. London: Croom Helm.

Lane, Robert. 1996. "'Losing Touch' in a Democracy: Demands versus Needs", Jack Hayward (ed.), *Elitism, Populism, and European Politics*. Oxford: Clarendon Press.

Lawler, Peter. 1993. *The Restless Mind: Alexis de Tocqueville on the Origin and Perpetuation of Human Liberty*. Lanham: Rowman and Littlefield.

Levitsky, Steven and Daniel Ziblatt. 2018. *How Democracies Die*. 박세연 옮김. 『어떻게 민주주의는 무너지는가』. 어크로스.

Macdonald, Hector. 2018. *Truth*. 이지연 옮김. 『만들어진 진실』. 흐름출판.

Macpherson, C. B. 1977. *The Life and Times of Liberal Democracy*. Oxford: Oxford University. Press.

Mahoney, Daniel. 2001. "Liberty, Equality, Nobility: Kolnai, Tocqueville, and the Moral Foundations of Democracy", *Perspectives on Political Science* 30(4).

Maletz, Donald. 2001. "Tocqueville on the Society of Liberties", *The Review of Politics* 63(3).

_____. 2002. "Tocqueville's Tyranny of the Majority Reconsiderded", *The Journal of Politics* 64(3).

Manent, Pierre. 1996. *Tocqueville and the Nature of Democracy*. John Waggoner(tr). Lanham: Rowman & Littlefield.

Manin, Bernard. 1997. *The Principles of Representative Government*. Cambridge: Cambridge University Press.

_____. 2007. *The Principles of Representative Governmen*. 곽준혁 옮김. 『선거는 민주적인가』. 후마니타스.

Mansfield, Harvey. 2010a. "A New Kind of Liberalism: Tocqueville's 'Recollections'", *The New Criterion*(March).

_____. 2010b. *Tocqueville: A Very Short Introduction*. Oxford: Oxford University Press.

Mansfield, Harvey and Delba Winthrop. 2000. "Introduction", A. Tocqueville, *Democracy in America* (tr. and ed.) Harvey Mansfield and Delba Winthrop. Chicago: University of Chicago Press.

Mayer, J. P. 1960. *Alexis De Tocqueville: A Biographical Study in Political Science*. NY: Harper & Brothers.

Mazlish, Bruce. 1975. *James and John Stuart Mill*. NY: Basic Books.

Mill, John Stuart. 1963-91. *Collected Works*, ed. by J. M. Robson. Toronto: University of Toronto Press.

_____. 1981. *Autobiography*. In J. M. Robson, ed. *Collected Works of John Stuart Mill*. Toronto: University of Toronto Press, I.

_____. 2019. *Three Essays on Religion*. 서병훈 옮김.『종교에 대하여』. 책세상.

_____. 2018. *Utilitarianism*. 서병훈 옮김.『공리주의』. 책세상.

_____. 2018. *On Liberty*. 서병훈 옮김.『자유론』. 책세상.

_____. 2012. *Considerations on Representative Government*. 서병훈 옮김.『대의정부론』. 아카넷.

_____. 1983. *Autobiography*. 최명관 옮김.『존 스튜어트 밀 자서전』. 서광사.

_____. 1977a. "De Tocqueville on Democracy in America[I]" in *Collected Works*, ed. by J. M. Robson. Toronto: University of Toronto Press. XVIII.

_____. 1977b. "De Tocqueville on Democracy in America[II]", in *Collected Works*, ed. by J. M. Robson. Toronto: University of Toronto Press. XVIII.

_____. 1976. *On Socialism*. Buffalo: Prometheus Books.

_____. 1894. *Principles of Political Economy*. London: Longmans, Green, and Co.

Mouffe, Chantal. 2019. *For a Left Populism*. 이승원 옮김. 『좌파 포퓰리즘을 위하여』. 문학세계사.

_____. 2007. *The Return of the Political*. 이보경 옮김. 『정치적인 것의 귀환』. 후마니타스.

_____. 2006. 이행 옮김. 『민주주의의 역설』. 인간사랑.

Mounk, Yascha. 2018. *The People versus Democracy: Why Our Freedom Is in Danger & How to Save It*. 함규진 옮김. 『위험한 민주주의』. 와이즈베리.

Ortega y Gasset, José. 2005. 황보영조 옮김. 『대중의 반역』. 역사비평사.

Ossewaarde, M. R. R. 2004. *Tocqueville's Moral and Political Thought: New Liberalism*. NY: Routledge.

Packe, Michael. 1954. *The Life of John Stuart Mill*. New York: Macmillan.

Papadopoulos, Yannis. 2002. "Populism, the Democratic Question, and Contemporary Governance", Mény Yves, Surel Yves (eds.), *Democracies and the Populist Challenge*. New York: Palgrave.

Pappé. H. O. 1964. "Mill and Tocqueville". *Journal of the History of Ideas* 25(2).

Pateman, Carole. 1983. *Participation and Democratic Theory*. Cambridge: Cambridge University Press.

Plato. 1968. *Laws*, B. Jowett, tr. *The Dialogues of Plato*. Oxford: Oxford University Press.

Qualter, Terence. 1960. "John Stuart Mill, Disciple of de Tocqueville", *The Western Political Quarterly* 13.

Rawls, John. 1993. *Political Liberalism*. NY: Columbia University Press.

Richter, Melvin. 2006. "Tocqueville on Threats to Liberty in

Democracies", Cheryl Welch (ed.) *The Cambridge Companion to Tocqueville*. Cambridge: Cambridge University Press.

_____. 2004. "Tocqueville And Guizot on Democracy", *History of European Ideas* 30.

Robson, John. 1968. *The Improvement of Mankind: The Social and Political Thought of John Stuart Mill*. Toronto: University of Toronto Press.

Rosen, Frederick. 2011. "From Jeremy Bentham's radical philosophy to J. S. Mill's philosophic Radicalism", Gareth Stedman Jones and Gregory Claeys, eds., *The Cambridge History of Nineteenth-Century Political Thought*. Cambridge: Cambridge University Press.

_____. 2007. "The Method of Reform: J. S. Mill's Encounter with Bentham and Coleridge", in Nadia Urbinati and Alex Zakaras. *J. S. Mill's Political Thought: A Bicentennial Assessment*. Cambridge: Cambridge University Press.

Rousseau, J.-J., 1962. "Social Contract", in *Essay by Locke, Hume, and Rousseau* with an Introduction by Sir Ernest Barker, NY: Oxford University Press.

Runciman, David. 2018. *The Confidence Trap*. 박광호 옮김. 『자만의 덫에 빠진 민주주의』. 후마니타스.

Sartori, Giovanni. 1965. *Democratic Theory*. NY: Praeger.

Schapiro, J. S. 1987. "John Stuart Mill, Pioneer of Democratic Liberalism in England", John Cunningham Wood, ed., *John Stuart Mill: Critical Assessments*. London: Croom Helm.

Schmitter, Philippe, et al. 1991. "What Democracy is … and is not", *Journal of Democracy*. 2(3).

Schumpeter, Joseph. 1950. *Capitalism, Socialism, and Democracy*. NY: Harper & Brothers.

Schofield, Malcolm. 2006. *Plato: Political Philosophy*. Oxford: Oxford University Press.

Skorupski, John. 2006, *Why Read Mill Today?* London: Routledge.

Smith, G. W. 1984. "J. S. Mill on Freedom", in Z. Pelczynski and J. Gray, eds., *Conceptions of Liberty in Political Philosophy*. NY: St. Martin's Press.

Smith, Steven. 2000. "Leo Strauss's Platonic Liberalism", *Political Theory* 28: 6.

Suh, Byung-Hoon. 2016. "Mill and Tocqueville: A friendship bruised", *History of European Ideas* 42(1).

Taylor, Astra. 2019. *Democracy may not exist but we'll miss it when it's gone*. 이재경 옮김. 『민주주의는 없다』. 반니.

Ten, C. L. 1998. "Democracy, Socialism, and the Working Classes", John Skorupski ed., *The Cambridge Companion to Mill*. Cambridge: Cambridge University Press.

Thompson, Dennis. 2007. "Mill in Parliament: When Should a Philosopher Compromise?" in Nadia Urbinati and Alex Zakaras. *J. S. Mill's Political Thought: A Bicentennial Assessment*. Cambridge: Cambridge University Press.

_____. 1976. *John Stuart Mill and Representative Government*. Princeton: Princeton University Press.

Tocqueville, A. 1954. *Correspondance Anglaise*. Édition définitive publiée sous la direction de J.-P. Mayer. Oeuvres Complètes. Paris: Gallimard. Tome VI.

_____. 1962. Écrits et Discours Politiques. Édition définitive publiée sous la direction de J.-P. Mayer. *Oeuvres Complètes*. Paris: Gallimard. Tome VIII.

_____. 1964. *Souvenirs*. J.-P. Mayer (ed.) *Oeuvres Complètes*. Paris:

Gallimard. Tome XII.

_____. 1968. *Correspondence and Conversations of Alexis de Tocqueville with Nassau William Senior from 1834 to 1859*. Vol. I, II. M. C. M. Simpson (ed.) NY: Augustus M. Kelley Publishers.

_____. 1983. *Correspondance d'Alexis de Tocqueville et de Madame Swetchine*. établi par Pierre Gibert. Oeuvres Complètes. Paris: Gallimard. Tome XV.

_____. 1985. *Selected Letters on Politics and Society*. Roger Boesche (ed.) Berkeley: University of California Press.

_____. 1995. *Recollections: The French Revolution of 1848*. J. P. Mayer and A. P. Kerr (ed.) London: Transaction.

_____. 2000. *Democracy in America*. Harvey Mansfield and Delba Winthrop (tr. and ed.) with an introduction. Chicago: University of Chicago Press.

_____. 2002. *The Tocqueville Reader: A Life in Letters and Politics*. Olivier Zunz and Alan S. Kahn (ed.) Oxford: Blackwell.

_____. 2006. *L'Ancien Régime et la Révolution*. 이용재 역. 『앙시앵레짐과 프랑스 혁명』. 박영률출판사.

_____. 2018. *De la Démocratie en Amérique*. 이용재 역. 『아메리카의 민주주의』 I, II. 아카넷.

Turner, Frank. 2006. "Alexis de Tocqueville and John Stuart Mill on Religion", *The Tocqueville Review*. Vol. XXVII, No. 2.

Urbinati, Nadia. 2007. "The Many Heads of the Hydra: J. S. Mill on Despotism", in Nadia Urbinati and Alex Zakaras. *J. S. Mill's Political Thought: A Bicentennial Assessment*. Cambridge: Cambridge University Press.

_____. 2002. *Mill on Democracy*. Chicago: University of Chicago Press.

_____. 1998. "Democracy and Populism", *Constellations* 5(1).

Varouxakis, Gergios. 1999. "Guizot's Historical Works And J. S. Mill's Reception of Tocqueville", *History of Political Thought* XX. No. 2.

Viereck, Peter. 1981. *Conservatism*. 김태수 옮김. 『보수주의』. 태창문화사.

Williams, G. L. 1987. "Mill's Principle of Liberty", J. C. Wood, ed., John *Stuart Mill: Critical Assessment*. London: Croom Helm.

Winch, Donald. 2009. *Wealth and Life: Essays on the Intellectual History of Political Economy in Britain, 1848~1914*. Cambridge: Cambridge University Press.

Wollheim, Richard. 1983. "Introduction", J. S. Mill, "Considerations on Representative Government", *Three Essays: On Liberty, Considerations on Representative Government, The Subjection of Women*. Oxford: Oxford University Press.

Wolin, Sheldon. 2003. *Tocqueville between Two Worlds: The Making of a Political and Theoretical Life*. Princeton: Princeton University Press.

Woodruff, Paul. 2012. *First Democracy*. 이윤철 옮김. 『최초의 민주주의』. 돌베개.

Young, Robert. 2008. "John Stuart Mill, Ronald Dworkin, and Paternalism", in C. L. Ten, ed., *Mill's On Liberty: A Critical Guide*. Cambridge: Cambridge University Press.

Zakaras, Alex. 2007. "John Stuart Mill, Individuality, and Participatory Democracy", in Nadia Urbinati and Alex Zakaras. *J. S. Mill's Political Thought: A Bicentennial Assessment*. Cambridge: Cambridge University Press.

Zakaria, Fareed. 1997. "The Rise of Illiberal Democracy", *Foreign Affairs* 76(6).

Zimmer, Louis B. 1976. "John Stuart Mill and Democracy, 1866−7", *The Mill News Letter* XI(2), Summer.

# 찾아보기

ㄱ

개별성 17, 51, 58, 181, 189, 234,
    238, 244~246, 255, 268,
    271, 294, 320, 334~346,
    349, 350, 353, 356, 357,
    380, 404
개인주의 36, 48~52, 55, 56, 109,
    116, 118, 121, 129, 132~134,
    299, 300, 303, 316~318,
    320, 330, 340~342, 346,
    350, 352, 369, 370, 399, 401
결사체 120, 123, 124, 134
계급입법 140, 205, 206, 208,
    212, 216, 221, 259, 382
『공리주의』 26, 179, 181, 234,
    235, 238, 242, 248, 254,
    342, 404

과학적 통치자 253
귀족적 자유 307, 309, 319, 321,
    353
근대적 자유 319
기술적 능력 255
기조(François Pierre Guillaume
    Guizot) 20, 30, 35, 108,
    360, 363, 364, 372, 373

ㄴ

나폴레옹 3세 22, 133, 317, 334

ㄷ

다면성 258, 261
다수의 압제 14, 17, 21, 56, 58,
    63, 81, 106, 125, 133,

134, 192, 267, 282, 290, 340, 382, 399

달(Robert Dahl) 224, 256, 395, 403

대리인 103, 104, 164~166, 176, 221~226, 296~298, 365

『대의정부론』16, 26, 141, 170, 174, 176, 179~181, 190, 192, 195, 199, 204, 208, 210~212, 220, 222, 223, 235, 236, 241, 243, 248, 250, 260, 270, 276, 300~302, 355, 368, 372

대표 61, 67, 103, 104, 163~167, 169, 176, 190, 208, 212, 221~227, 230, 233, 259, 261~263, 267, 268, 276, 297~299, 365~367, 372, 373, 410

'더러운 민주주의자' 323, 324, 326~329, 348

ㄹ

루소(J. J. Rousseau) 20, 35, 103, 191, 223, 315, 333

ㅁ

매디슨(James Madison) 102, 103, 108, 109, 224, 244, 393, 414

모틀리(Marie Mottley) 19, 112

무기명 비밀투표 161

물질주의 49, 130, 131, 318

민주독재 17, 31, 36, 38, 44, 55, 67, 68, 80, 90, 91, 115, 116, 133, 134, 383

민주적 엘리트주의 384, 403

민주적 전제(專制) 34, 36, 44, 45, 62~64, 134, 277, 382

민주적 통제 138, 170, 172, 194, 209, 211, 213, 301, 401, 404

밀(James Mill) 24, 141, 145~149, 152, 154, 157, 158, 162, 167, 168, 190, 267, 297, 298, 355, 356, 366, 374

ㅂ

배심원 109, 120, 122, 123, 186, 215, 409

법의 지배 14, 396, 397, 400, 401

벤담(Jeremy Bentham) 141, 143~146, 148, 152~157, 160~163, 168, 169, 172, 182, 206, 227, 267, 271, 297, 352, 355, 375

보몽(Gustave de Beaumont) 20, 40, 42, 55

보비오(Norberto Bobbio) 304, 348, 398

보통선거 88, 106, 107, 133, 162,

168, 264, 266
복수(複數) 투표권 372
부드러운 독재 64, 133
'비자유주의적 민주주의' 397

ㅅ

사악한 이익 138, 140, 145, 148,
　　205, 206, 247, 248, 256,
　　382, 407
사회성 181, 246, 294, 340~343
'새로운 자유주의' 23, 323, 328,
　　332, 346
'새로운 정치학' 38, 84, 117, 132,
　　291, 302, 365, 367, 373
서약 166, 169, 170, 223, 262,
　　297
선의의 간섭 234, 236, 237, 239,
　　240, 246
선의의 제국주의 30, 241, 359,
　　362
'수정 민주주의' 281, 357, 364~
　　366, 372
숙련(熟練) 민주주의 138, 141,
　　177, 179, 209, 211, 212,
　　216, 230, 242, 253, 266,
　　277, 300, 302, 303, 372,
　　380, 382, 404, 405
숙의(熟議) 197, 202, 231, 243,
　　244, 256, 268, 301
숙의 능력 255
'순수 민주주의' 175~178, 211,

281, 355, 364, 372, 379
슘페터(Joseph Schumpeter) 233,
　　250, 271, 403
습속(習俗) 32, 38, 54, 76, 87,
　　111, 114, 126~130, 134,
　　311, 312, 320, 329, 330,
　　370, 371, 373, 391
시니어(Nassau Senior) 47, 69,
　　70, 106, 280, 322

ㅇ

아리스토텔레스 87, 256, 278,
　　388, 396
『아메리카의 민주주의』 16, 20,
　　35~41, 43, 63, 68, 77,
　　81, 84, 87, 90, 96, 107,
　　115, 128, 132, 165, 172,
　　176, 279~282, 288~292,
　　297, 300, 303, 310, 314,
　　316~319, 322, 331, 340,
　　343, 355~357, 365, 367~
　　369, 379
『앙시앵레짐과 프랑스 혁명』 21,
　　43, 48, 63, 299, 305, 306,
　　315, 317~319, 334, 335,
　　352, 370
『연방주의자 논설집』 102, 109
오크숏(Michael Oakshott) 386,
　　387
위대한 정치 16, 18, 22, 28, 36,
　　39, 40, 43, 69, 70, 91,

97, 98, 130, 135, 140,
152, 153, 155, 181, 187,
221, 242, 265, 266, 269,
279~281, 286, 289, 306,
334, 346, 351, 358~360,
362, 364, 375, 377, 378
'이상적 자유' 129, 307, 328, 343,
348
일면성 294
일반이익 120, 185, 206, 207,
244, 248, 249, 256, 371
입법위원회 193, 214

ㅈ

자기발전 180~182, 203, 234, 238,
242, 255, 275, 335, 341,
353
『자서전』 26, 30, 31, 139, 144,
146, 149~151, 154~158,
169, 174~177, 190, 198,
210, 211, 251, 259, 269,
274, 281, 294, 347, 355,
357, 360, 364, 372, 374,
376~379
『자유론』 16, 26, 58, 177~180,
186, 188, 189, 192, 194,
195, 204, 205, 211, 229,
232, 234~244, 246, 247,
254, 255, 258, 260, 276,
282, 294, 305, 306, 334,
336~342, 344, 352, 353,

355, 356, 368, 393, 404
자유사회주의자 348
정신주의 130, 131
정치적 부족주의 413
조건들의 평등 45, 310
진보적 자유주의 27
'질서 옹호자' 323, 328, 364
종교 24, 58, 126, 128~132, 154,
292, 307, 323, 328~332,
346, 348, 350~353, 357,
375

ㅊ

'차등' 민주주의 259, 261
참여 17, 32, 34, 111, 116~121,
126, 129, 133, 140, 177,
184~189, 193, 198, 208,
212, 228, 230, 234, 237,
242~245, 250, 255~260,
263, 267, 271, 277,
300~304, 316~318, 341,
343, 356, 365, 367~371,
373, 382, 389, 399, 402,
406~408, 414, 415
참여 민주주의 90, 126, 140, 271,
301, 380, 383, 399, 407
철학적 급진주의 142~155, 159~
161, 170, 173, 176, 380

ㅋ

캐노번(Margaret Canovan) 386,
387
케르고를레(Louis de Kergorlay)
42, 44, 63, 81, 111
콜리지(Samuel Coleridge) 155,
156, 159, 160, 173
콩트(Auguste Comte) 162, 173,
355, 375~377, 405

ㅌ

탈(脫)진실 412
테일러(Harriet Taylor) 19, 25,
158, 402, 415
토크빌(Hervé de Tocqueville) 18
통치의 중앙집권화 67, 122, 276

ㅍ

페리클레스(Pericles) 200, 247,
389
포스트 민주주의 415
포퍼(Karl Popper) 14, 384
플라톤 13~17, 24, 228, 251~256,
259, 267, 271, 272, 278,
315, 387, 404~406, 410,
415

ㅎ

하이에크(F. Hayek) 384, 387,
395, 396, 403, 410
합리적 민주주의 165, 176, 177,
179, 211, 277, 298
해밀턴(Alexander Hamilton) 102,
103
행정의 중앙집권화 67, 122
확증편향 413
『회상록』 21, 43, 94, 299, 346
후견(後見)체제 66, 67

## 서병훈

연세대학교를 졸업하고 미국 Rice 대학교에서 정치학박사 학위를 받았다. 1989년부터 2020년까지 숭실대학교에서 〈서양정치사상〉, 〈문명론〉, 〈문학과 정치〉 등을 가르쳤다. 그동안 『민주주의』를 포함해서 여섯 권의 저서를 냈다. 밀과 토크빌의 삶을 다룬 『위대한 정치』(2017), 포퓰리즘 현상을 비판적으로 논구한 『포퓰리즘』(2008), 밀과 플라톤의 자유론을 비교 분석한 『자유의 미학』(2000), 밀의 사회주의 사상을 음미한 『자유의 본질과 유토피아』(1995), '칠레식 사회주의'를 따뜻하게 소개한 『다시 시작하는 혁명』(1991)을 잇달아 쓰면서 사회주의, 자유, 민주주의를 두드려보았다. 밀의 「자유론」, 「공리주의」, 「종교론」 등을 담은 『존 스튜어트 밀 선집』(2020)을 비롯해서 토마스 힐 그린의 『윤리학 서설』(2004), 하이에크의 『법, 입법 그리고 자유 Ⅲ』(1997) 등 자유주의 사상가들의 책도 여러 권 우리 말로 옮겼다

## 민주주의
### — 밀과 토크빌

대우학술총서 626

1판 1쇄 펴냄 | 2020년 11월 6일
1판 2쇄 펴냄 | 2020년 12월 30일

지은이 | 서병훈
펴낸이 | 김정호
펴낸곳 | 아카넷

출판등록 | 2000년 1월 24일(제406-2000-000012호)
주소 | 10881 경기도 파주시 회동길 445-3
전화 | 031-955-9510 (편집)·031-955-9514 (주문)
팩시밀리 | 031-955-9519
책임편집 | 이하심
www.acanet.co.kr

© 서병훈, 2020

Printed in Paju, Korea.

ISBN 978-89-5733-700-4 94300
ISBN 978-89-89103-00-4 (세트)

이 도서의 국립중앙도서관 출판예정도서목록(CIP)은
서지정보유통지원시스템 홈페이지(http://seoji.nl.go.kr)와
국가자료공동목록시스템(http://www.nl.go.kr/kolisnet)에서 이용하실 수 있습니다.
(CIP제어번호: CIP2020042261)